全国中等职业技术学校汽车类专业教材

汽车电控发动机构造与维修

人力资源和社会保障部教材办公室组织编写

中国劳动社会保障出版社

简介

本书的主要内容有：电控汽油发动机技术概述、空气供给系统主要元件的构造与检修、燃油喷射系统主要元件的构造与维修、电控发动机点火系统、怠速控制、排放控制、进气控制系统、故障自诊断系统、电控发动机综合故障诊断等。

本书由金君堂主编，黄振营、刘广起参加编写，羌春晓审稿。

图书在版编目(CIP)数据

汽车电控发动机构造与维修/金君堂主编. —北京：中国劳动社会保障出版社，2013
全国中等职业技术学校汽车类专业教材
ISBN 978-7-5167-0593-3

Ⅰ.①汽… Ⅱ.①金… Ⅲ.①汽车-电子控制-发动机-构造-中等专业学校-教材②汽车-电子控制-发动机-车辆修理-中等专业学校-教材 Ⅳ.①U472.43

中国版本图书馆 CIP 数据核字(2013)第 261836 号

中国劳动社会保障出版社出版发行
(北京市惠新东街 1 号 邮政编码：100029)

*

中国铁道出版社印刷厂印刷装订 新华书店经销
787 毫米×1092 毫米 16 开本 21.75 印张 447 千字
2013 年 11 月第 1 版 2013 年 11 月第 1 次印刷
定价：39.00 元

读者服务部电话：(010) 64929211/64921644/84643933
发行部电话：(010) 64961894
出版社网址：http://www.class.com.cn

前　言

为了更好地适应中等职业技术学校汽车类专业教学要求，全面提升教学质量，人力资源和社会保障部教材办公室组织有关学校的骨干教师和行业、企业专家，在充分调研企业生产和学校教学情况、广泛听取教材用户反馈意见的基础上，对全国中等职业技术学校汽车类专业教材进行了修订和补充开发。

本次教材修订和补充开发工作的重点主要体现在以下几个方面：

第一，完善教材体系，更好地满足教学需求。

结合职业院校汽车类专业设置和办学特点，调整并完善了教材体系，与专业通用基础教材相衔接，开发了汽车维修、汽车电器维修、汽车钣金与美容、汽车检测、汽车营销等专业方向教材，构建了“通用基础平台+不同专业方向平台”的教材体系。此外，还针对学校对电控技术、车载网络技术、新能源汽车等高新技术的教学需求，开发了相应的教材。

第二，反映技术发展，适应岗位职业能力需求变化。

随着汽车制造水平的不断提高，汽车维修的内容和工艺发生了相应变化；伴随着私家车保有量的不断增长，汽车营销、汽车美容等相关从业人员的职业能力要求也在发生相应变化。因此，本次修订工作注重在教材中增加新知识、新技术、新材料、新工艺等方面的内容，体现教材的先进性。同时，根据中级工从事相关岗位工作的实际需要，合理确定学习目标，对教材内容的深度、难度作了适当调整，同时注重综合职业能力的培养。

第三，融入先进教学理念，创新教材表现形式。

专业通用基础教材的编写以汽车及其零部件为载体，充分体现专业特色；专业方向教材的编写根据学校教学实际，充分体现一体化教学思路，增加了实训内容在教材中的比重。为了增强教材的表现效果，提高学生的学习兴趣，教材中使用了大量高质量的实物图片，部分教材采用双色或彩色印刷。

第四，开发辅助产品，提供教学服务。

为了方便教学，配套开发了习题册、教学参考书和电子课件。电子课件可通过中国劳动社会保障出版社网站（http：//www. class. com. cn）免费下载。

本次教材修订工作得到了河北、江苏、浙江、山东、山西、广东、广西、陕西等省、自治区人力资源和社会保障厅及有关学校的大力支持，在此表示诚挚的谢意。

人力资源和社会保障部教材办公室

2012 年 7 月

目　录

第 1 章　电控汽油发动机技术概述

§1—1　汽油机电子控制技术及其发展

学习目标

1. 理解电控发动机技术发展的主要动因。
2. 掌握电控燃油喷射系统的优点。

一、电控发动机的发展历程

汽油喷射技术最早可以追溯到 20 世纪初期，其初衷只是为解决航空发动机采用化油器不能进行曲线表演飞行、化油器的结冰和失火等问题而开发的。人们对降低发动机燃油消耗和有害物排放量的要求，促成汽油喷射技术走上了电子控制的发展历程。从机械控制汽油喷射到现在的发动机集中管理系统，汽油喷射技术用了近 50 年的时间，经历了 3 个技术发展阶段。

1. 第一阶段为 1952—1957 年

这一阶段的主要特征是：以提高发动机的动力性为主要目的。

1952 年，曾用于飞机的机械式汽油喷射技术被应用于轿车，德国戴姆勒——奔驰 300L 型赛车上装用了 Bosch 公司生产的第一台机械控制式汽油喷射装置。

20 世纪 60 年代以前，车用汽油喷射装置大多采用机械式柱塞喷射泵，其结构和工作原理与柴油机喷油泵十分相似，控制功能也是借助于机械装置实现的。

2. 第二阶段为 1957—1979 年

这一阶段的主要特征是：以减少排放污染及降低能耗为主要目的，以空燃比精确控制为基础的各种电子控制汽油喷射系统相继开发成功，汽油机控制进入电子控制的新阶段。

20 世纪 60 年代后期，随着汽车保有量的增加，汽车排放污染日益严重，同时 70 年代初，受世界能源危机影响，迫使各国纷纷制定严格的汽车排放和燃油经济性法规。

1967 年，德国 Bosch 公司研制成功 K—Jetronic 机械式汽油喷射系统，后经改进发展成为机电结合式的 KE—Jetronic 汽油喷射系统。

随着电子技术的飞速发展，尤其是电子计算机的问世，使汽车电子化成了各国汽车工业的重要发展方向。从 60 年代后半期，电控汽油喷射系统经历了从晶体管、集成电路到微机处理控制，从模拟计算机到数字计算机控制的发展过程。1967 年，德国博世（BOSCH）公司首先研制成功并开始批量生产用进气管绝对压力控制空燃比的 D—Jetronic 模拟式电子控制汽油喷射系统（图 1—1—1），并装备在大众汽车公司生产的 VW—1600 型轿车上，开创了汽油喷射系统电子控制的新时代，在解决节油与排气净化方面，实现了重大技术突破。

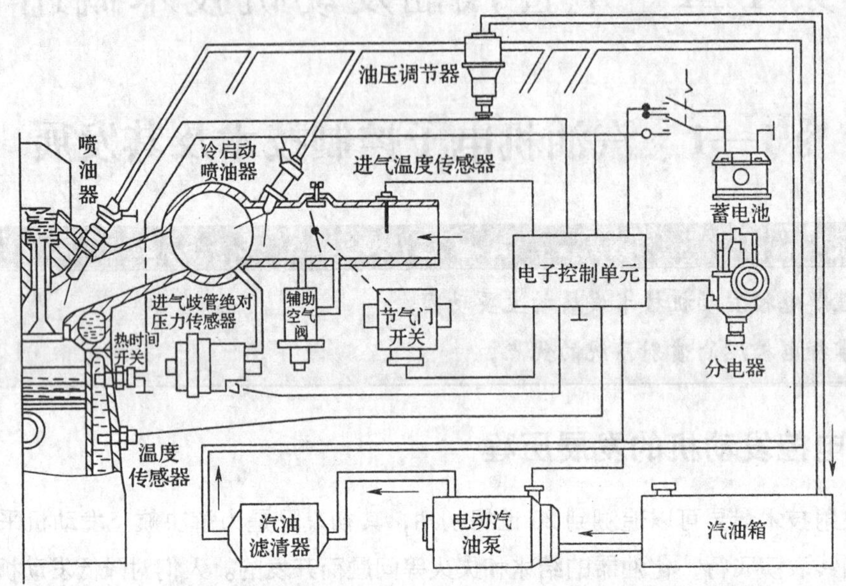

图 1—1—1 博世 D—Jetronic 模拟式电子控制汽油喷射系统

随着排放标准的逐渐提高，要求进一步提高控制精度，完善控制功能。1973 年在 D—Jetronic 系统基础上，经改进发展成为博世 L—Jetronic 电控汽油喷射系统（图 1—1—2），用风门式空气流量计直接测量进气空气体积流量来控制空燃比，比用进气管绝对压力间接控制的方式精度高、稳定性好。

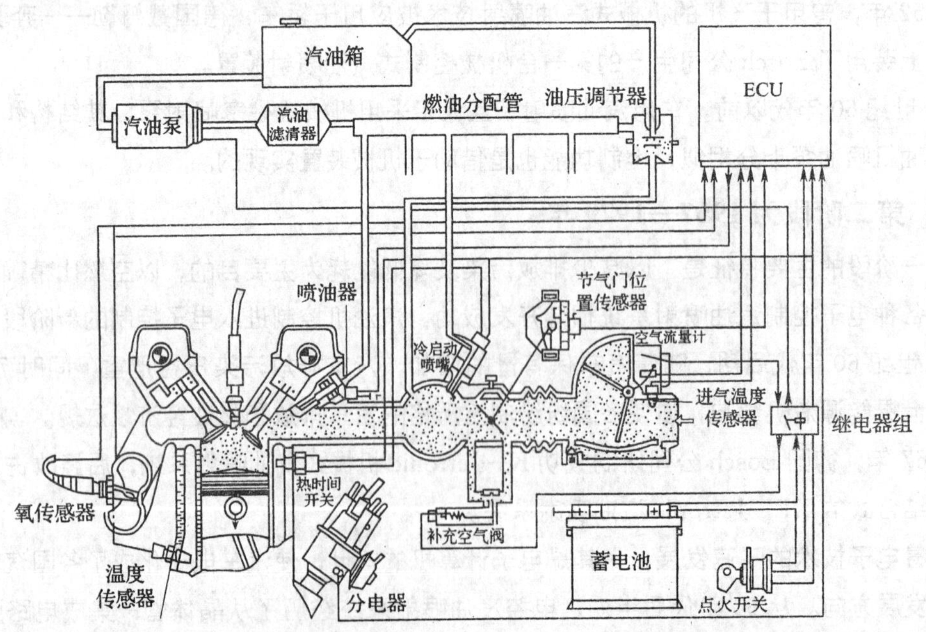

图 1—1—2 博世 L—Jetronic 电控汽油喷射系统

为了适应越来越严格的排放法规，1976 年博世公司又推出了氧传感器提供空燃比反馈信号的闭环控制系统，进一步提高了空燃比的控制精度，使排气净化技术又提高了一步。

1981 年，L—Jetronic 系统又进一步改进成 LH—Jetronic 系统，如图 1—1—3 所示。它采用新颖的热线式空气流量计代替机械式空气流量计，可直接测出进气空气的质量流量，无需附加专门装置来补偿大气压力和温度变化的影响，并且进气阻力小，加速响应快。

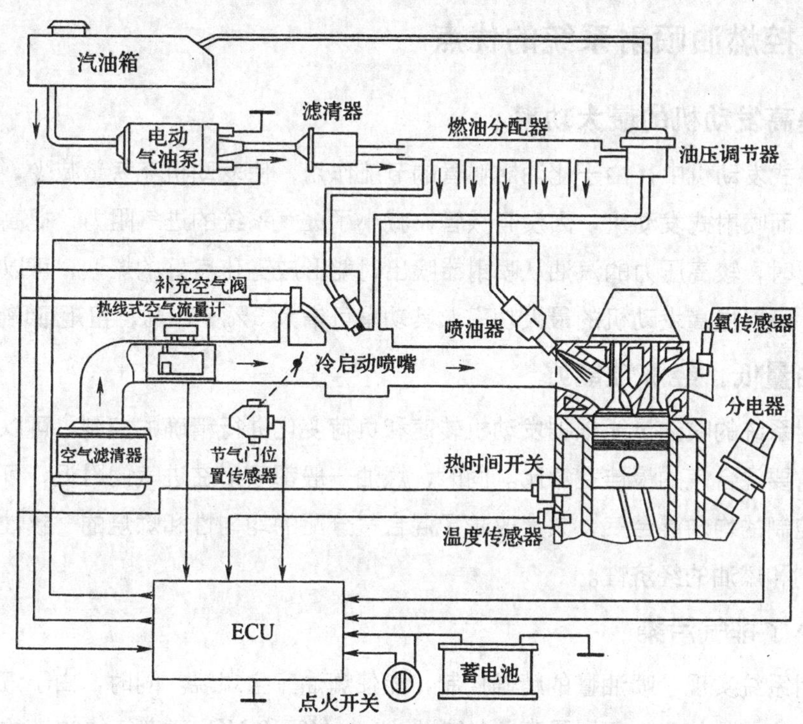

图 1—1—3 博世 LH—Jetronic 电控汽油喷射系统

与空燃比采用电子控制的同时，点火装置也迈出了电子化的步伐。1973 年美国通用汽车公司开始采用 IC（集成电路）点火装置。1976 年美国克莱斯勒公司首先开发出由模拟计算机对点火进行控制的电控点火系统，并于同年将其安装在该公司生产的汽车上。该电控点火系统利用模拟式计算机，能根据大气温度、进气温度、发动机冷却液温度、发动机负荷与转速等信号计算出最佳点火提前角。

1977 年美国通用汽车公司研制成功了数字式点火时刻控制系统，该系统由中央处理器（CPU）、存储器（ROM、RAM）和模/数（A/D）转换器等组成，是一种真正的计算机控制系统。1978 年，美国通用公司成功研制了具有点火时刻、空燃比反馈控制、废气再循环控制、怠速控制、故障自诊断和带故障运行控制的电子控制系统。

3. 第三阶段为 1979 年以后

1979 年是汽油机电子控制系统从单一控制系统发展到集中控制系统的划时代的一年。

1979 年，德国 Bosch 公司在 L—Jetronic 系统的基础上，将电控点火系统和电控燃油喷射系统组合在一起，开发出了 M－Motronic 数字式发动机综合控制系统，即发动机集中管理系统。与此同时，美国和日本各大汽车公司也竞相研制成功与各自车型配套的数字式发动机集中控制系统。这些系统能够对空燃比、点火时刻、怠速转速和废气再循环等多方面进行综合控制，控制精度愈来愈高，控制功能也日趋完善。

由以上发展历程可以看出，汽油机电子控制技术经历了从模拟电路到数字电路、从单一控制到集中控制的发展过程。

二、电控燃油喷射系统的优点

1. 能提高发动机的最大功率

在化油器式发动机中，由于化油器喉管的节流作用，使发动机充气量减少，从而影响发动机动力性，而喷射式发动机，因没有喉管，减小了进气系统的进气阻力，提高了发动机的充气系数。同时，较高压力的汽油从喷射器喷出时能形成雾化良好的燃油，可以和空气充分混合，因此，可以提高发动机的最大功率，其功率可增大5%～10%，扭矩可增大7%。

2. 耗油量低，经济性能好

燃油喷射系统的喷油量能根据发动机转速和负荷变化进行精确的控制，可以控制发动机各种工况所需要混合气的最佳空燃比。同时，燃油一般都喷射在进气门附近，可使发动机各缸获得精确控制的均匀混合气，大大改善了混合气分配的均匀性和燃烧的一致性，有利于发动机排放控制和燃油的经济性。

3. 减小了排气污染

燃油喷射系统实现了喷油量的精确控制，能使燃油完全燃烧。同时，由于汽车排气管中的三元催化转换器的使用，可以更有效地减少CO、HC和NO_x有害气体的排放。此外，燃油喷射系统一般都具有急减速断油功能，即当发动机转速超过某一预定的转速，而急松加速踏板使节气门急闭时，喷油就会停止，使排气中HC的含量减少，并可降低燃油消耗。

4. 改善了发动机的低温启动性能

化油器式发动机启动时，由于进气流速低，燃油供给量少，并且雾化不良，发动机启动不良。而燃油喷射式发动机在低温启动时，进气系统中的怠速控制阀提供足够的空气，并且发动机ECU控制冷启动喷油器和主喷油器一起喷出足够且雾化良好的燃油（无冷启动喷油器的燃油供给系统，ECU通过延长喷油器的喷油时间的方式来提供足够且雾化良好的燃油），从而改善发动机的低温启动性能，启动发动机的时间只是传统化油器的50%。

5. 怠速平稳、工况过渡圆滑、工作可靠、灵敏度高

电子控制燃油喷射系统根据各个传感器输入的信号，发动机ECU能迅速作出反应，及时而准确地将燃油喷入进气门附近，所以发动机的怠速稳定，加速性能良好，工况过渡圆滑，操作灵敏度高，而且工作可靠性能好，故障率低。

§1—2　汽油机电子控制系统的组成

学习目标

1. 掌握汽油机电子控制系统的组成。
2. 掌握传感器、执行器和电子控制单元的主要组成。
3. 能在汽车上找出传感器、执行器和电子控制单元，并能叙述其功用。

一、汽油机电子控制系统的组成

汽油发动机电子控制系统尽管类型不少，品种繁多，但如图1—2—1所示都是由传感器、执行器和电子控制单元三部分组成的。

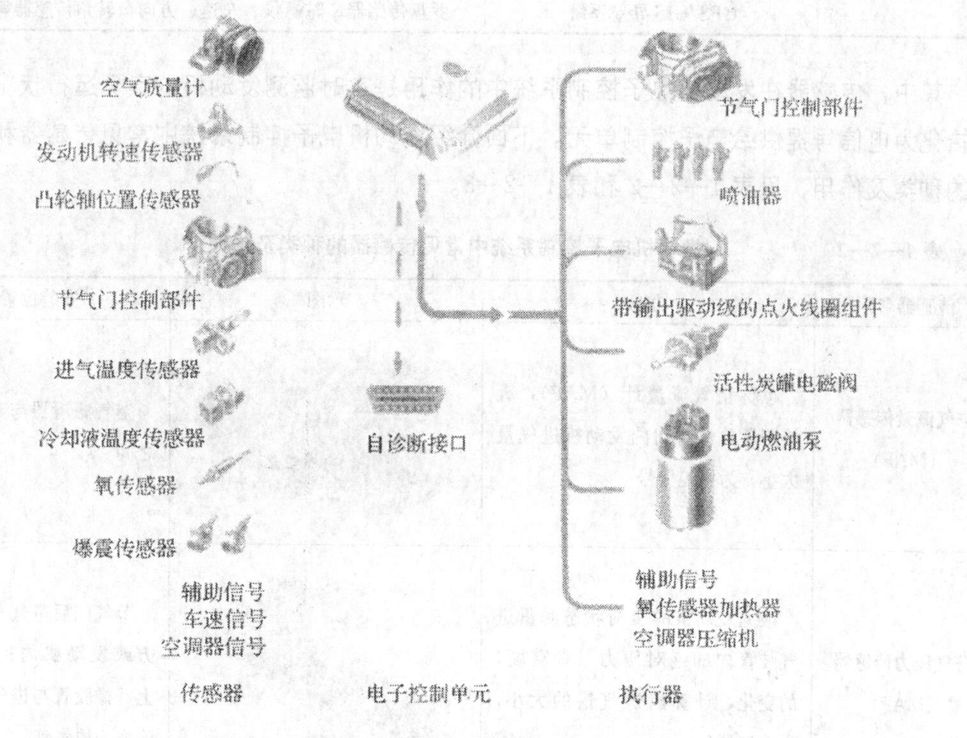

图1—2—1　汽油发动机电子控制系统的组成

二、传感器

传感器是一种把非电信号（物理量或化学量）转变成便于利用的电信号的器件。一般一辆普通家用轿车上安装几十到近百只传感器，而豪华轿车的传感器数量可达200余只，主要分布于发动机控制系统、底盘控制系统和车身控制系统中。电子控制系统的类别和主要传感器见表1—2—1。

表 1—2—1　　电子控制系统的类别和主要传感器

电子控制系统类别	子系统名称	所用的主要传感器
发动机	电子燃油喷射系统	温度、压力、位置、转速、流量、爆震、车速、旋转位移、液位、力矩、氧传感器等
底盘	电子自动变速控制系统	车速、位移、油温、节流阀传感器等
	电子控制悬架系统	车高、车速、航角、方位、加速度、方向盘转角传感器等
	电子控制动力转向系统	车速、转向、转速、油压、扭矩传感器等
	防抱死制动系统	轮速、压力、加速度、振动传感器等
车身	安全气囊系统	惯性加速度、碰撞（前后和侧向）传感器等
	防撞警告系统	接近、红外热成像、超声阵列、距离传感器等
	自动空调系统	低压开关、温度开关、压力、湿度传感器等
	环境监测系统	温度、气压、风量、风向、日照、雨量、气体（CO、NO_x、CO_2）传感器等
	GPS/GIS 导航系统	罗盘传感器、陀螺仪、车速、方向盘转角传感器等

其中，传感器在发动机电子控制系统中的作用是实时监测发动机的实际运行状况，并将其转化为电信号提供给电子控制单元。下面介绍发动机电子控制系统中常见传感器和输入信号的种类及作用，见表 1—2—2 和表 1—2—3。

表 1—2—2　　发动机电子控制系统中常见传感器的种类及作用

传感器名称	功能	示图	安装位置
空气流量传感器（MAF）	也称空气流量计（MAF），直接测量单位时间内发动机进气量大小，为主控信号	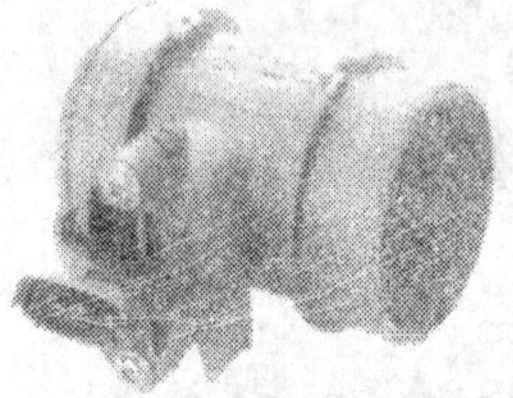	空气滤清器与节气门体之间
进气压力传感器（MAP）	根据发动机的负荷状态测量进气歧管内的绝对压力（真空度）的变化，计算出进气量的大小，为主控信号		节气门后进气总管的上方或发动机内的前围板上，橡胶管与进气总管相连作为取气管
曲轴位置传感器（CKP）	又称为发动机转速传感器，用于检测活塞上止点、曲轴转角和发动机转速，为主控信号		曲轴前端、曲轴中部、飞轮上方和分电器内

续表

传感器名称	功能	示图	安装位置
凸轮轴位置传感器（CMP）	又称为判缸信号传感器，其功用是检测发动机凸轮轴在发动机运行过程中的位置		凸轮轴前端、凸轮轴中部和凸轮轴后部
节气门位置传感器（TPS）	检测节气门的开度，用于判断发动机运行工况（怠速、部分负荷、全负荷、加速/急加速及急减速），为ECU修正信号		节气门体上
冷却液温度传感器（ECT）	通过检测发动机冷却液的温度，为ECU修正信号		最能反映发动机温度的部位，即发动机的出水管上
进气温度传感器（IAT）	检测发动机的进气温度，作为喷射量和点火时刻的修正信号		单独安装在空气滤清器内或进气总管上，也可与进气压力传感器或空气流量计集成在一起
氧传感器（O2S）	检测汽车发动机排出的燃烧废气中氧的含量，用于判断发动机即时状态下的实际空燃比		控制空燃比用的前级氧传感器安装在发动机排气歧管出口附近
爆震传感器（KS）	进行点火提前角闭环控制的重要传感器，其作用是检测发动机运转过程中所产生的振动状况		发动机缸体侧面且靠近燃烧室的凸台上（此凸台位置为发动机的最佳爆震敏感位置）

续表

传感器名称	功能	示图	安装位置
车速传感器（VSS）	检测汽车的行驶速度，并将其转变成电信号，用于发动机系统控制、自动变速器系统控制、ABS及ASR系统控制、巡航定速系统和仪表的车速、里程显示等其他功能		变速器的输出轴上

表 1—2—3　　发动机电子控制系统中常见输入信号的种类及作用

信号名称	功　能
启动信号（STA）	ECU启动信号端子直接与点火开关启动接柱或与启动继电器相连，用于判断发动机是否处于启动工况，以决定是否按启动工况程序控制喷油和点火
点火开关信号（IGSW）	其功用是触发ECU的控制功能： （1）控制主继电器闭合给ECU/执行器供电 （2）控制燃油泵继电器闭合给汽油泵通电。如果此时起动机不在启动过程或发动机未正常运转，汽油泵只工作2～3 s后，电路便被切断 （3）使怠速步进电动机进入预定位置 （4）微机根据进气歧管绝对压力传感器输入的电压信号，测定大气压力
蓄电池电压信号（BAT）	蓄电池电压信号输入ECU的主要目的是： （1）作为基本喷油量的修正参数。当蓄电池电压变化时，ECU将对喷油持续时间进行修正 （2）作为闭合角的修正参数。当蓄电池电压变化时，ECU将对点火线圈闭合角（初级电路接通时间）进行修正 （3）控制发动机的励磁电流、发动机怠速转速 （4）检测系统电压过高或过低的故障 （5）保存存储器中的故障代码
动力转向开关信号（PS）	动力转向开关是在转向油路上安装一个压力开关，其作用是通过该开关检测动力转向系统的工作状态，判断发动机负荷是否增加
空调请求信号（A/C）	当按下A/C开关时，空调控制模块（HVAC）将空调请求信号发送到发动机ECU，用于控制空调压缩机的工作
空挡启动开关信号（NSW）	在装有自动变速器（A/T）的汽车中通常设有空挡启动开关的作用主要为： （1）控制发动机只能在变速器为P或N挡时才能启动 （2）ECU利用这个信号区别变速器是处于“P”或“N”（停车或空挡），还是处于“L”“2”“D”或“R”状态（行驶状态）

三、执行器

执行器是受 ECU 控制具体执行某项功能的装置。根据发动机电子控制系统不同的控制功能，各种车型发动机系统执行器有多有少。随着控制功能的增加，执行器也将相应地增加。目前，发动机电子控制系统中常见的主要执行元件见表 1—2—4。

表 1—2—4 发动机电子控制系统常见的主要执行元件

执行器名称	功能	安装位置
喷油器	按照发动机 ECU 计算出的喷射正时和脉宽（喷油量），向进气歧管或气缸内喷射燃油，喷油器实际上是一个电磁阀，ECU 通过控制其电磁阀线圈的电流通断（接地线的通断）来控制喷油器的工作	 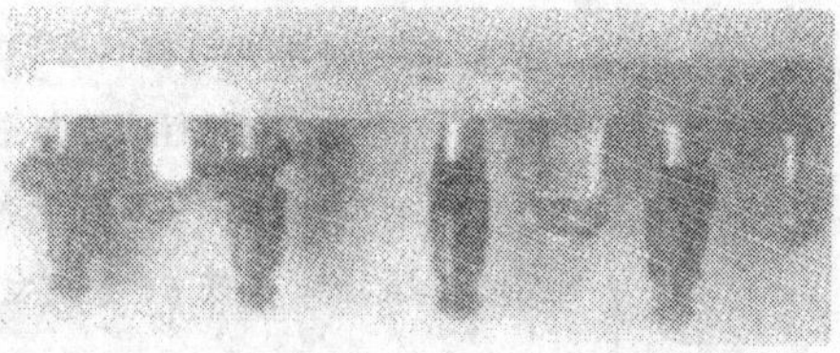
点火线圈	按照发动机 ECU 计算出的点火时刻产生足够高的电压（15～20 kV），进而在火花塞的中心电极和侧电极之间产生强烈的电火花，点燃发动机燃烧室内的可燃混合气	 

续表

执行器名称	功能	安装位置
怠速控制阀	怠速控制阀安装在节气门旁通空气道上，根据发动机 ECU 发出的信号来控制旁通空气道截面积大小，从而控制怠速时发动机的空气吸入量，始终将发动机怠速控制在最佳状态	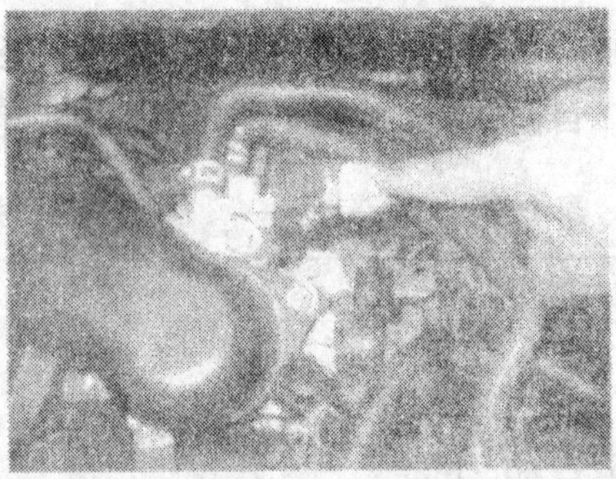
活性炭罐电磁阀	通过 ECU 根据发动机状态确定的占空比（PWM）信号来控制活性炭罐与进气管之间通道的开关时间和时机，进而控制燃油蒸气进入气缸的量和时间，降低车辆的蒸发排放。	
冷却风扇继电器	ECU 根据发动机冷却液温度高低及是否符合打开空调的条件等依据通过控制冷却风扇继电器控制风扇的运转	
燃油泵继电器	根据 ECU 信号控制燃油泵的运转	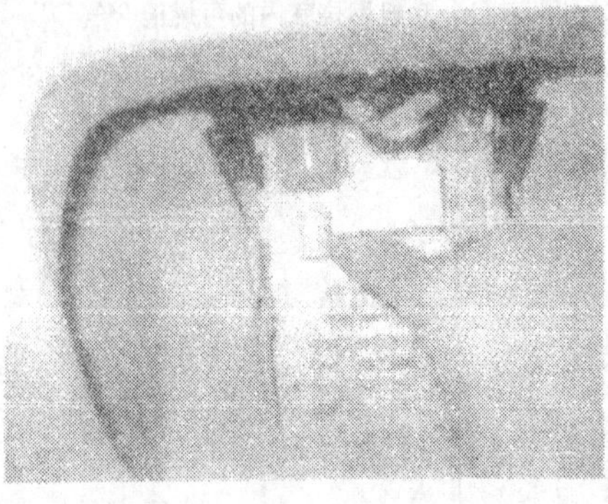

续表

执行器名称	功能	安装位置
可变气门正时电磁阀	ECU 根据发动机转速、进气量、节气门位置和水温变化计算出最佳气门正时，通过控制正时电磁阀运作，为正时控制器提供发动机机油，使正时提前、保持或迟滞	
空调压缩机继电器	根据 ECU 控制空调压缩机的运转	
涡轮增压器电磁阀	根据 ECU 控制涡轮增压器的旁通废气量或涡轮废气进气口截面积的大小控制增压器的转速，从而控制增压压力	
故障警告灯	当车辆排放超过标准的 1.5 倍时，故障警告灯点亮。其目的是告诉驾驶员与“发动机排放相关的零部件”（如传感器、执行器、ECU）出现故障，要求驾驶员对车辆相关零部件进行检修	 CHECK

四、ECU

1. ECU 的功用

ECU 原来指的是 Engine Control Unit，即发动机控制单元，特指电喷发动机的电子控制系统。但是随着汽车电子的迅速发展，ECU 的定义也发生了巨大的变化，变成了 Electronic Control Unit，即电子控制单元，泛指汽车上所有电子控制系统，可以是防抱死刹车系统 ECU，也可以是自动变速器 ECU、安全气囊 ECU 等，也称汽车专用单片机。而原来的发动机 ECU 有很多的公司称之为 ECM（Engine Control Module），即发动机控制模块，或称为 PCM（Powertrain Control Module），即动力控制模块，用于发动机控制和变速器控制的电脑。

ECU 是汽车电子控制系统中的控制中心，它采用 ECU 内预先存储的功能和算法（程序）通过由各种传感器输入的信号为基础进行运算、处理、判断得出控制信号，然后通过驱动级将控制信号输送到执行器（如喷油器、换挡阀和 ABS 电磁阀），实施相应功能的控制。

ECU 是一种电子综合控制装置，具备以下功能。

(1) 接受传感器或其他装置的输入信号，并给传感器提供 2 V、5 V、9 V、12 V 不等的参考（基准）电压；将输入的信号转换成微机所能接受的信号。

(2) 存储、计算、分析处理信息，计算出输出值所用的程序，存储该车型的特点参数，存储运算中的数据（随存随取），存储故障信息。

(3) 运算分析，根据信息参数求出执行命令数值，将输出的信息与标准值对比，查出故障。

(4) 输出执行命令。把弱信号变为强信号的执行命令，输出故障信息。

(5) 自我修正功能（自适应功能）。

2. ECU 的基本组成

简单地说，ECU 由微机和外围电路组成（图 1—2—2）。微机就是在一块芯片上集成了微处理器（CPU）、存储器和输入/输出接口的微型计算机。外围电路由输入电路（电源电路和信号源电路）、A/D 转换器（模拟/数字转换器）和输出电路组成。

(1) 输入电路

输入电路的功用是把传感器输入的各种信号进行放大、滤波、整形等一系列的处理（图 1—2—3），将其转换成单片机（单片微型计算机简称单片机）可以识别的标准信号。

输入电路一般分为模拟信号输入电路和数字信号输入电路。

1) 模拟信号的输入处理。对于模拟信号，输入电路的作用一般是去除杂波干扰，把小信号进行放大，把正弦波变成矩形波，然后转换成一定电压的输入电平，进入 A/D 转换器后输送给电子控制单元。

2) 数字信号输入处理。虽然微机可以处理数字信号，但不是所有的数字信号都可以直接输入微机进行处理。因为微机在 ECU 的功率电路所提供的 5 V 稳定电压下工作，而输入到 ECU 的数字脉冲信号类型有许多种，因此需要对输入的脉冲信号进行处理，得到计算机能接受的信号后，输入至微机中。

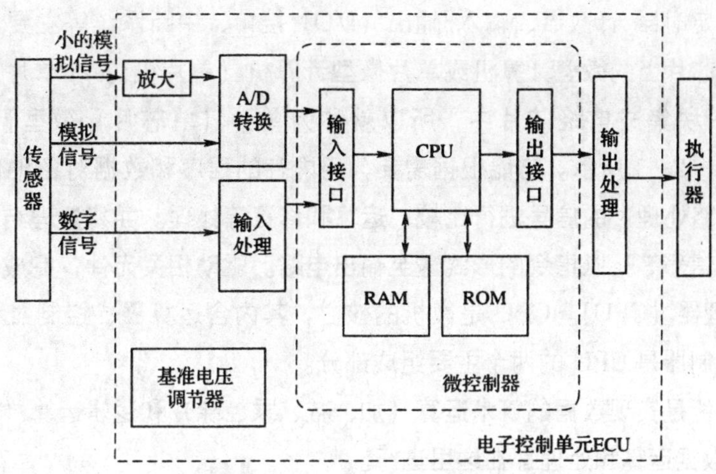

图 1—2—2 发动机 ECU 的基本组成

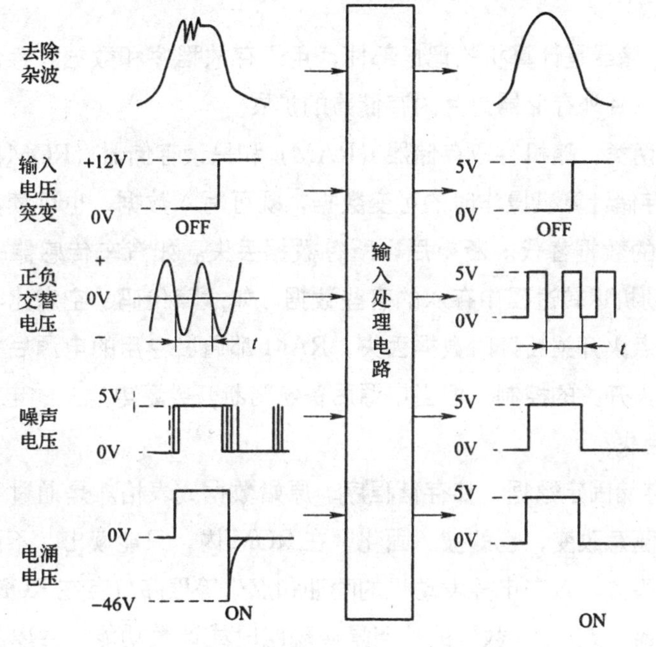

图 1—2—3 输入电路的作用

3）同时输入电路还将电源转换成适合微机使用的工作电源。

（2）A/D 转换器

ECU 的输入信号主要有三种形式：模拟信号（如节气门信号）、数字信号（如空调开关信号）、脉冲信号（转速传感器信号）。

由于计算机只能识别二进制数（“0—断电”或“1—通电”），所以对于传感器输入的模拟信号必须经过数字化处理后，才能进行存储、传送及计算等处理。因此，A/D 转换器的功用是将模拟信号转换为微机能识别的数字信号，然后输入微机进行处理。

（3）微机

微型计算机简称微机，是汽车电子控制单元 ECU 的控制中枢。它是将中央处理器

CPU、存储器、定时器/计数器、输入/输出（I/O）接口、中断系统等主要计算机部件集成在一块集成电路芯片上的微型计算机或单片微型计算机（单片机）。在单片机中，这些部分全部被集成到一块集成电路芯片中，所以就称为单片（单芯片）微型计算机即单片机(MCU)，如图1—2—1所示。它能根据需要，用内存的程序和数据对各种传感器和开关等送来的经输入电路处理过的信号进行比较、运算和修正等处理。并将处理结果（如喷油脉宽信号、点火正时信号等）以指令的形式送至输出电路。驱动相关元件，完成控制功能。

1）中央处理器（CPU)。CPU是微机的核心，其内含运算器、控制器和寄存器等。其中的运算器和控制器是CPU的两个主要组成部分。

运算器的功能是实现数据的算术运算（加、减、乘、除）和逻辑运算（与、或、非、异或)，计算机的数据运算和处理都在这里进行。

然后通过定时控制电路产生相应的控制信号，发出指令，控制CPU内部及外部有关器件进行协调动作。

2）存储器。存储器是计算机的记忆部件，用于存放程序和数据。存储器又分为片内存储器和片外存储器。片外存储器是片内存储器的扩展。

存储器可分为两类：随机存取存储器（RAM）和只读存储器（ROM)。

①RAM用于存储计算机操作时的可变数据，既可写入数据，也可读出数据。可根据需要随时调用或被新的数据替代。断电后，所存数据丢失。如汽车传感器输入的信息就存在RAM中。同时发动机运转过程中存入的有些数据，如故障代码、空燃比学习值等也存入随机存储器。为避免点火开关断开时数据丢失，RAM都通过专用的电源后备电路与蓄电池相连接，使它不受点火开关的控制。但当电源后备电路断开或蓄电池上的电源线拔掉时，存入RAM的数据都会丢失。

②ROM用于存储固定数据，如存储程序、原始数据或表格。是通过特殊方法提前写入的，一旦写入不能随意改变，也即被“固化”在ROM内，只能读出，不能随意改写。断电后，所存内容不会丢失。汽车电控发动机的喷油和点火等程序就存在ROM中。

3）定时/计数器。定时/计数器的功用是实现定时或计数功能，并以其定时或计数结果对计算机进行控制。

4）输入/输出接口（I/O)。微处理器与外界进行数据交换时，必须通过接口电路来连接，主要原因有以下几个方面。

①外部设备的工作速度快慢差异很大。慢速设备如开关、继电器、机械传感器等，每秒钟提供不了一个数据；而高速设备如磁盘、CRT显示器等，每秒钟可传送几千位数据。CPU无法按固定的时序与它们以同步方式协调工作。

②外部设备种类繁多。既有机械式的，又有机电式的，还有电子式的。不同种类的外部设备之间性能各异，对数据传送的要求也各不相同的，无法按统一格式进行。

③外部设备的数据信号是多种多样的。既有电压信号，也有电流信号；既有数字形式，还有模拟形式。

④外设的数据传送有近距离的，也有远距离的。因此，有的使用并行数据传送，而有的则需要使用串行传送方式。

正是由于上述原因，外部设备无法实现与CPU进行直接的同步数据传送，而必须在CPU和外设之间设置一个接口电路，即输入/输出接口。通过接口电路对CPU与外设之间的数据传送进行信号转换、速度匹配、数据缓冲等协调。

5）中断控制系统。由于计算机只有一个CPU，但可能同时要数据输入/输出、运行程序等，CPU借助中断控制系统按照优先级别，暂停原程序的执行转而执行中断服务程序，并在中断服务程序执行完成后回到原程序继续执行。从而逐一完成多项任务。

6）内部总线。总线是用于传送信息的公共途径。单片机内的CPU、存储器、I/O接口等单元部件都是通过总线连接到一起的。

（4）扩展电路

虽然芯片内部就有CPU、ROM、RAM、I/O接口等，相当于一台计算机，但单片机芯片内部的资源毕竟有限。在实际应用中，许多情况下，需要对单片机进行资源扩展。

整个扩展系统是以单片机芯片为核心，通过总线将各扩展部件连接起来。扩展内容包括程序存储器、数据存储器和I/O接口电路等。通常把扩展的程序存储器称为外部程序存储器，简称外部ROM。而把扩展的数据存储器称为外部数据存储器，简称外部RAM。

（5）输出电路

输出电路是微机与执行器之间建立联系的一个装置。由于以+5 V电源工作的微机输出的是数字信号，而且电流很小，一般并不能直接驱动采用+12 V供电的执行器工作。输出电路的作用是将微机输出的信号，经输出电路中的功率三极管或功率MOS管将其放大成可以驱动执行器工作的控制信号。

技　能　训　练

实训任务　发动机电控系统总体认识

一、实训准备

电控轿车一辆或电控发动机台架一部、举升机一台、通用工具一套、发动机舱防护罩一套、“三件套”（座椅套、方向盘套、脚垫）一套。

二、实训要求

认识发动机电控系统各传感器、执行器、ECU的位置。

三、操作步骤

1. 打开车门，铺好“三件套”，拉动发动机舱盖手柄。

2. 打开发动机舱盖，按图 1—2—4 所示铺好发动机舱防护罩，拆下发动机护板。

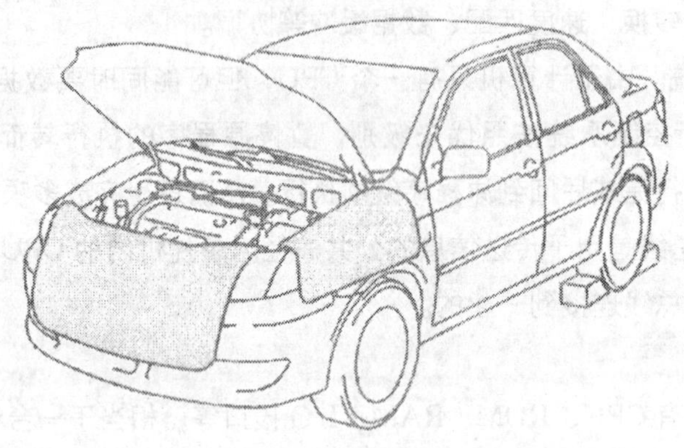

图 1—2—4 安装发动机舱防护罩

3. 找出空气滤清器、进气管道，并观察其结构及布置。

4. 如图 1—2—5 所示，找出空气流量计（或进气压力传感器）、节气门及节气门位置传感器、凸轮轴位置传感器、曲轴位置传感器、氧传感器、水温传感器、爆震传感器，并观察其各自的位置。

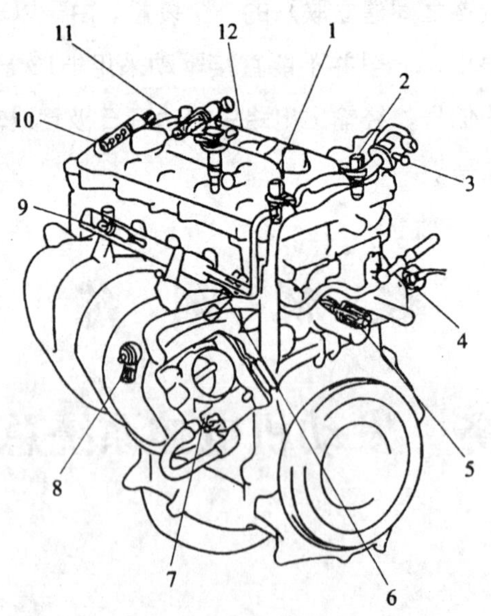

图 1—2—5 丰田卡罗拉发动机电控系统传感器和部分执行器的位置

1—凸轮轴位置传感器（进气凸轮轴） 2—凸轮轴位置传感器（排气凸轮轴） 3—活性炭罐电磁阀 4—加热型氧传感器 5—发动机冷却液温度传感器 6—曲轴位置传感器 7—节气门体（带电动机） 8—爆震传感器 9—喷油器 10—凸轮轴正时机油控制阀总成（进气凸轮轴） 11—凸轮轴正时机油控制阀总成（排气凸轮轴） 12—点火线圈

5. 找出喷油器、怠速阀、点火模块（或点火线圈与点火模块的合成体），并观察其各自的位置。

6. 找出发动机舱内（或驾驶室仪表板下方）的配电盒（或称继电器盒），打开盖板，观察各继电器、熔断丝的位置。

7. 找出发动机舱内（或驾驶室仪表板下方）的 ECU，观察其安装位置。

8. 打开行李舱，拆下行李舱底部的燃油箱盖板，观察燃油箱及电动燃油泵。

9. 如图 1—2—6 所示，找出车辆的支承位置，按照举升机的操作要求采取相应的安全防护措施，用举升机举起汽车。

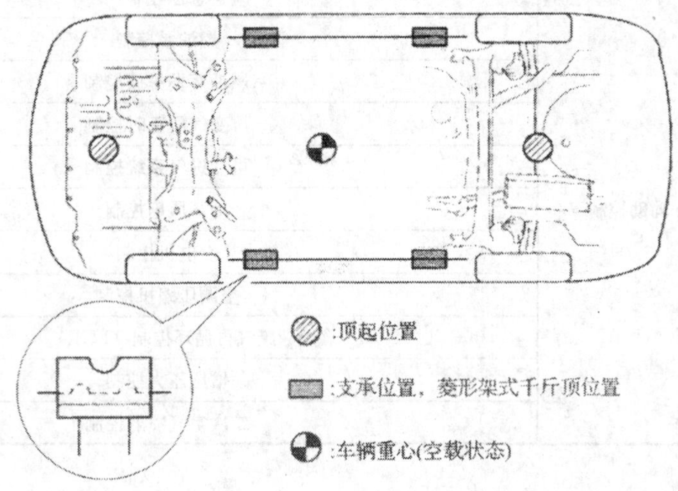

图 1—2—6　车辆的支承位置

10. 从汽车底部找出曲轴位置传感器、氧传感器，并观察其各自的位置。按照相反的顺序将汽车及举升机复位，并检查复位状况是否良好。

§1—3　汽油机电子控制系统的控制功能及控制方式

学习目标

掌握现代汽油机电子控制系统的控制功能。

一、发动机管理系统的控制项目

汽油机电子控制始于汽油喷射，但不止于汽油喷射。电控汽油喷射系统（Electronic Fuel Injection，EFI）常简称为电喷系统，只涉及与空燃比有关的电子控制。除了空燃比以外，还有许多因素对汽油机的性能有十分重要的影响，其中最重要的是点火提前角的控制。早期，空燃比和点火提前角分别由各自的电子控制单元控制，称作发动机电子单独控制系统；直到 20 世纪 70 年代后期，各大汽车公司分别推出将电喷系统和点火提前角控制装置集中由一个电子控制单元控制的系统，称为发动机电子集中控制系统，也称为发动机管理系统，见表 1—3—1。

表 1—3—1　　发动机管理系统的控制项目

<table>
<tr><td rowspan="16">发动机管理系统</td><td rowspan="5">主要控制</td><td rowspan="2">喷油控制</td><td>喷油量控制</td></tr>
<tr><td>喷油定时控制</td></tr>
<tr><td rowspan="3">点火控制</td><td>点火时刻控制</td></tr>
<tr><td>闭合角控制</td></tr>
<tr><td>爆震控制</td></tr>
<tr><td rowspan="11">辅助控制</td><td colspan="2">怠速控制</td></tr>
<tr><td colspan="2">燃油泵控制</td></tr>
<tr><td colspan="2">燃油蒸发排放控制</td></tr>
<tr><td colspan="2">可变气门正时控制</td></tr>
<tr><td colspan="2">可变进气系统控制</td></tr>
<tr><td colspan="2">冷却风扇控制</td></tr>
<tr><td colspan="2">发电机控制</td></tr>
<tr><td colspan="2">空调压缩机控制</td></tr>
<tr><td colspan="2">废气再循环控制（EGR）</td></tr>
<tr><td colspan="2">增压压力控制</td></tr>
<tr><td colspan="2">二次空气喷射控制</td></tr>
</table>

二、汽车发动机电子控制单元（ECU）的主要功能

1. 燃油喷射（EFI）控制

(1) 油量控制

发动机控制器（ECU）将进气量和发动机负荷作为主要控制信号，确定喷油脉冲宽度(即基本喷油量)，并根据冷却液温度、进气温度、进气压力、尾气氧含量等信号对基本喷油量加以修正，最后确定总喷油量。

(2) 喷油正时控制

采用多点顺序燃油喷射系统的发动机，ECU 除了控制喷油量外，还要根据发动机各缸的点火顺序，将喷油时刻控制在一个最佳的位置，以使燃油与空气充分混合燃烧。

(3) 断油控制

1) 减速断油控制。汽车在正常行驶中，驾驶员突然松开加速踏板时，ECU 将会切断燃油喷射控制电路，停止喷油，以降低减速时 HC 及 CO 的排放量，直至发动机转速下降到设定的低转速时再恢复喷油。

2) 超速断油控制。当发动机转速超过安全转速或汽车车速超过设定的最高车速时，ECU 将会切断燃油喷射控制电路，停止喷油，直至发动机转速低于安全转速一定值或车速

低于最高车速一定值时恢复喷油。

（4）燃油泵控制

当打开点火开关后，ECU控制燃油泵工作3 s，用于建立必要的油压。此时，若不启动发动机，ECU将切断电动燃油泵控制电路，电动燃油泵停止工作。在发动机启动和运转过程中，ECU控制电动燃油泵正常运转。

2. 点火（ESA）控制

（1）点火提前角控制

发动机运转时，ECU根据发动机的转速和负荷信号，计算相应工况下的基本点火提前角，并根据发动机的水温、进气温度、节气门位置、爆震信号等对基本点火提前角进行修正，最后确定一个最佳的点火提前角（最佳的点火正时）。

（2）通电时间（闭合角）控制

为保证高速时点火线圈初级电路在断开时有保证足够大的电流，以使次级线圈产生足够高的电压。与此同时，为防止低速时通电时间过长而使点火线圈过热损坏，ECU根据蓄电池电压及发动机转速等信号，控制点火线圈初级电路的通电时间。

（3）爆震控制

当ECU接收到爆震传感器输入的信号后，对该信号进行处理并判断有无爆震及爆震强度。当检测到发动机发生爆震时，ECU立即根据爆震强度推迟发动机点火提前角，避免爆震产生。

3. 怠速控制（ISC）

ECU根据节气门位置传感器与车速判断发动机是否处于怠速工况。当发动机处于怠速工况时，ECU根据传感器输入的信号确定发动机目标转速，并与发动机转速传感器反馈的实际发动机转速进行比较，根据比较得出的差值计算控制参数，然后通过控制怠速控制阀或节气门开度控制进气量使发动机转速趋近于目标转速。从而保证发动机的最佳怠速转速及怠速稳定性。

4. 排放控制

（1）汽车尾气排放污染控制

通过排气管中安装的氧传感器检测排气中氧的含量来获取混合气空燃比的高低。ECU根据氧传感器输入的信号，对喷油量进行修正，实现空燃比的反馈控制，使混合气的空燃比接近理论空燃比，从而保证三元催化转换器能更有效地起净化作用，使有害气体的排放量降到最低。

（2）废气再循环（EGR）控制

ECU根据发动机的转速、节气门开度、冷却液温度等信号，计算最佳再循环排气率，通过真空调节阀将ECU输出的电信号转换为气压变化，控制EGR阀的开度，使一定数量的废气进行再循环，以降低排气中NO_x的排放量。

(3) 活性炭罐清污电磁阀控制

ECU 根据发动机水温、转速和负荷等信号，控制活性炭罐清污电磁阀的开启工作，将活性炭吸附的汽油蒸气吸入进气管，进入发动机燃烧，降低汽油蒸气排放。

(4) 二次空气喷射控制

二次空气喷射系统在发动机冷启动时由 ECU 根据发动机温度，控制来自空气泵的新鲜空气喷入排气歧管或三元催化转换器中，使排气中的 CO 和 HC 进一步氧化或燃烧，以减少排气污染，同时，加快三元催化转换器的升温速度。

5. 进气系统控制

(1) 可变配气相位控制

ECU 根据发动机曲轴位置传感器、进气歧管空气压力传感器、节气门位置传感器和水温传感器等信息计算最佳气门正时，并与曲轴及凸轮轴位置传感器信号进行反馈的实际位置进行比较，计算控制参数，然后控制液压电磁阀运作，控制配气正时提前、保持或迟滞。使进入的空气量达到最佳，提高燃烧效率。

(2) 可变进气系统控制

1) 可变进气管。ECU 根据发动机的转速、负荷、冷却液温度、进气温度和车速等信号，控制进气管中的控制阀来调整进气管的长度，以利用发动机工作时进气管道的进气动态效应（谐振）来提高充气效率，以获得更大的输出功率，增加转矩。

2) 可变进气道节流技术。ECU 根据发动机的转速、负荷、冷却液温度、进气温度和车速等信号，控制进气道中节流气阀的旋转角度，引导气流偏转产生涡流，调节涡流比，实现涡流控制，促进发动机高转速和低转速时汽油蒸发以及与空气的均匀混合，提高燃烧效率。

3) 废气涡轮增压控制。ECU 根据发动机转速、节气门位置、冷却液温度、进气温度和爆震等传感器计算最佳增压压力，经与进气压力反馈信号比较后确定控制参数，然后 ECU 通过控制废气涡轮增压器的废气旁通阀或喷嘴环叶片的开度来控制增压器的转速和增压压力。

6. 辅助控制

(1) 散热器风扇控制

ECU 根据汽车的行驶速度、发动机的冷却液温度和空调系统的工作状态来综合调节汽车发动机电动冷却风扇的冷却能力，以降低冷却风扇的电能消耗、噪声和振动，提高风扇电动机的使用寿命。

(2) 发电机控制

ECU 根据发电机输出电压的变化，调节发电机的励磁电流，使发电机输出的电压保持稳定。

7. 车载自诊断功能

(1) 故障监测

ECU 通过实时监测发动机电子控制系统的工作状况，确保发动机控制系统内的使用部件在适当地工作，以便控制排放量在最小。

（2）故障报警与记录

当发动机电子控制系统出现故障时，ECU 将点亮仪表盘上的“发动机检查（CHECK ENGINE SOON）”指示灯，提醒驾驶员，发动机已出现故障，应立即停车检查修理。并且 ECU 将故障以代码的形式存储在 ECU 的存储器中，供维修人员进行分析。

（3）备用运行功能（“跛行回家”功能）

“跛行回家”功能是指汽车在行驶过程中，若发动机系统出现故障，在大多数情况下发动机并不会立即关闭电子控制系统（此时正常运行功能被关闭，ECU 用存储器中预先设定的参数代替传感器检测的信息来控制发动机），而是进入输出功率受限等应急保护模式，使发动机继续运行，以确保车辆行驶至最近维修站，该功能是某些特种车辆发动机系统的必备功能。

§1—4　电控发动机的发展趋势

学习目标

1. 了解电控发动机的发展趋势。
2. 了解电控发动机的新技术。

由于石油是化工燃料，总有被采尽的一天，虽然随着人类对全球资源的进一步调查，还会发现一些过去没有勘探到的资源。不过目前仍以石油作为汽车发动机主要燃料。

汽车内燃机是通过燃料的燃烧，把燃料的化学能转化为热能，再将热能转化为机械功的热动力机械。热力学、燃烧学和机械学的理论分析表明，内燃机是热效率最高的热力机械，但仍存在着巨大的节能及降低尾气污染的潜力。今后汽车发动机的发展方向主要表现在以下几个方面。

一、改进结构

1. 缸内直喷技术

汽油机缸内直喷（Gasoline Direct Injection，GDI）是指汽油机采用与柴油机相同的燃油喷射方式将燃油通过安装在气缸盖上的喷油器直接喷到气缸内使之燃烧的一种技术，如图 1—4—1 所示。

缸内直喷（GDI）燃烧系统可实现均质混合气燃烧和分层燃烧，根据工况的不同选择合适的燃烧方式，突破了传统汽油机量调节方式的限制，使内燃机的燃料效率提高 20%。大众汽车公司的 TSI 技术是汽油缸内直喷技术的杰出代表。

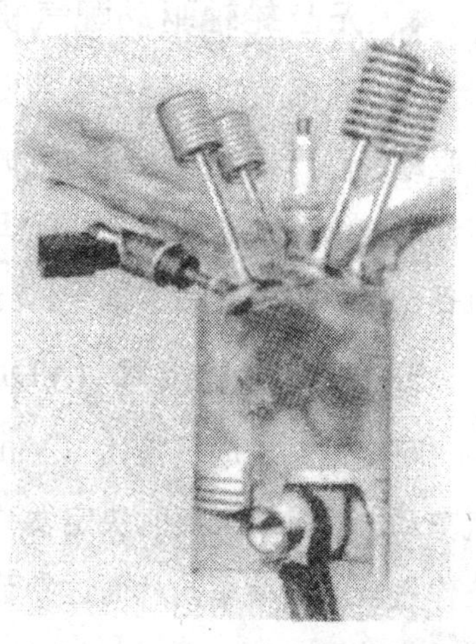

图 1—4—1　汽油机缸内直喷

2. 均质混合气压燃技术

均质充量压燃（Homogeneous Charge Compression Ignition，HCCI）简单来说就是汽油机的一种压燃方式。其燃油与空气均质混合，混合气在压缩上止点附近压缩自燃，既有传统汽油机的混合气均质混合的特点，又有传统柴油机的压燃式工作的特点，是一种全新的燃烧方式。

当汽油机的压缩冲程快结束时，汽油通过喷油器直接喷进气缸，HCCI 发动机压缩比比普通的汽油机高，所以喷出的小油滴在压缩冲程完成时有时间在气缸内形成均匀的分布，这时气缸的压力足够使均匀分布的油滴自动压燃，所有的燃料都在同一时间点燃，所以提高了燃油的使用效率（传统的汽油机和柴油机都是非均匀的扩散式燃烧，在扩散的同时浪费了部分的能量）。而且由于它采用压缩点燃的缘故，可以采用相当稀薄的混合气，因而可以按照质调节的方式，直接通过调节喷油量来调节扭矩，不需要节气门。

HCCI 燃烧方式有较高的动力性和燃油经济性，但在发动机上的实用化，当前还面临一些关键性的技术问题：着火时刻的控制、燃烧速率的控制（防止噪音及燃烧压力过大）、冷启动困难及排放（特别是低负荷 HC 和 CO 排放）控制系统的发展等。

3. 可变气门升程

可变气门升程（Variable Valve Lift，VVL），即改变气门开启的最大升程。

可变气门正时技术是通过增加或者减少气门开启时间利用气体动态效应改善进气量的，并不改变气缸内单位时间内的进气量。而可变气门升程技术是通过气门开启大小（气门升程）来改变单位时间内进气量的，取消了节气门。在发动机低转速时系统使用较小的气门升程，增加缸内紊流，提高燃烧速度，使得低转速下扭矩充沛，而高转速时使用较大的气门升程则可以显著提高进气量，从而保证高转速时功率强劲。

宝马公司开发的 Valvetronic 技术，可以在发动机的大部分工况下连续改变气门升程(但只是微调)，保证最优化的气门升程匹配。

4. 无凸轮轴驱动配气机构

无凸轮配气机构就是取消发动机配气机构中的凸轮轴以及从动件，而以电液、电磁或电气驱动气门。相对于传统的机械式配气机构来说，无凸轮电液驱动配气机构具有在所有工况下都能连续、独立地控制气门运动（气门开启时刻、气门升程、开启持续时间和气门在内燃机各个循环中的开启位置等），使发动机获得低排放、低能耗、高扭矩和高功率输出等优点。

5. 可变排量技术（VDE）

可变排量发动机技术（Variable Displacement Engine）也被称为停缸技术，ECU 根据汽车动力的需求来实时决定发动机的有效排量，使做功的气缸总是处于大负荷状态，以提高工作气缸的负荷率，从而达到节能环保的目的。这一技术最适用于多缸、中大排量、V 形布置的发动机。

6. 汽油机增压

汽油机增压基本思路是，在保持发动机标定功率不降低的前提下，缩小发动机总排量，使得在较低负荷条件下的负荷率得以提高，达到节能的目的；而在较高负荷条件下就通过增压来达到标定功率。如此，则经济性和动力性可以兼得。举例来说，某自然吸气的 12 缸发动机排量为 6 L，标定功率为 300 kW。可是，如果采用增压，也许将它改成 6 缸 3 L 排量就可以达到同样的标定功率了。但是，排量较小的发动机更多地在较高负荷率下运行，所以它的节气门开度较大，吸气冲程中气缸内的真空度较低，它的泵气损失自然就比排量较大的发动机小得多。此外，在排量较小的发动机中，由于摩擦和冷却而造成的损失也比较小，因此，低负荷时的负荷率却提高了一倍左右，从而达到节能的目的。

7. 可变压缩比技术 VCR（Variable Compression Ratio）

汽油机增压可以达到节能减排的目的，但汽油机中提高增压压力会增大汽油机爆震倾向。在采用了增压技术的汽油机中，全负荷时希望适当降低压缩比以抑制爆震；而部分负荷时又希望提高压缩比以提高燃油经济性。

因此，为了充分发挥缩小排量以提高增压汽油机燃油经济性的潜力，同时控制爆震，最佳的解决方案是采用可以随着工况而改变的压缩比，即可变压缩比技术，这是国外目前汽油机的重要发展方向之一。

8. 电控水泵及节温器技术

传统发动机冷却系的循环水路由节温器控制（以乙醚或石蜡作为感温介质），响应速度慢、节流损失大、控制精度差、故障率高等。水泵安装在发动机上，发动机通过皮带驱动水泵，其转速与发动机转速成正比关系。因此，冷却强度不能根据发动机的不同工况精确调节，这样势必造成发动机的冷却不足或者过度冷却，从而导致发动机造成过早损害、功率下降、燃油消耗增加等。

用电控水泵和精确开闭的电磁阀取代传统的水泵和节温器，ECU 根据发动机的工况控制电动水泵、电动节温器和电动风扇，使发动机水套中冷却液的流量和循环路径随着不同的驾驶状况而自动调整，确保发动机的温度始终保持在最佳范围内，最大限度地减少发动机的热损失和排放污染。

二、采用代用燃料发动机

代用燃料发动机是指采用代用燃料（如液化石油气、压缩天然气等）来代替汽油或柴油的发动机，缓解了日益枯竭的石油能源压力，降低了因汽车尾气造成的环境污染问题。

代用燃料按物态区分为：气体代用燃料、液体代用燃料。气体代用燃料包括天然气、液化石油气、氢气、二甲基醚及水煤气等。液体代用燃料包括甲醇、乙醇和某些动、植物油及人造汽油、柴油等。

三、混合动力技术

为了应对石油资源的不断减少以及各国车辆排放法规日益严峻的问题，电动汽车因其清洁无污染、低噪声逐渐成为人们研究的热点，电动汽车代替传统燃油汽车已成为未来的发展趋势。

按目前电动汽车技术的发展方向或车辆驱动原理，一般分为燃料电池电动汽车（FCV）、纯电动汽车（EV）和混合动力电动汽车（HEV）三大类。

1. 燃料电池电动汽车由燃料电池组、燃料电池控制系统、辅助动力系统组成，是以燃料电池作为动力系统的汽车。燃料电池电动汽车是将燃料中的化学能通过电化学反应转化为电能，目前各国普遍采用的燃料电池为氢燃料电池。

2. 纯电动汽车是以动力蓄电池作为动力源，利用牵引变流器以及大功率异步电动机，将动力蓄电池的电能转化为机械能，进而通过传动装置来驱动整个车辆，是具有零排放、无污染、完全符合环保要求的新能源车型。

但受现阶段电池技术、配套设施及相关政策等的影响，燃料电池和纯电动汽车还无法取代目前的燃料发动机汽车。

3. 为了保证目前的高油价时期仍然具有更好的经济性，并且满足高排放法规的要求，又能同时解决纯电动和燃料电池汽车中的电池技术不成熟（能量密度低、寿命较短、价格昂贵等）问题。工程师们想出了一个两全其美的办法即混合动力技术（Hybrid Electrical Vehicle，HEV）。

混合动力汽车是指同时装备两种动力来源——热动力源（由传统的汽油机或者柴油机产生）与电动力源（电池与电动机）的汽车。这样既利用了发动机持续工作时间长、动力性好的优点，又可以发挥电动机无污染、低噪声的好处。满足了目前汽车低排放、低油耗、高性价比的综合要求，因而逐渐成为世界各大汽车生产企业开发的热点。

混合动力技术是目前所有汽车节能环保技术中唯一能实现量产化的节能环保型汽车，主要表现为以下几个方面。

(1) 续驶里程较长

当需要大功率，内燃机功率不足时，由电池来补充；而当负荷少时，富余的功率可发电给电池充电，由于内燃机可持续工作，电池又可以不断得到充电，故其行程和普通汽车一样。

(2) 排放性能良好

一般车辆在怠速、启动时造成的污染最厉害。而在怠速状态的混合动力车发动机并不工作，因此不会有排放。

(3) 动力性能佳

混合动力汽车可根据不同车况来选择发动机、发电机和蓄电池之间的任意组合，能形成适合车况的动力输出。

(4) 耗油量低

采用混合动力后可按平均需用的功率来确定内燃机的最大功率，车辆启动后只靠电动机带动，不达到一定速度，发动机就不工作，即发动机一旦工作便始终在其最佳的工作区稳定运行，此时处于油耗低、污染少的最优工况下工作。

虽然混合动力汽车有如此优点，但由于仍需要燃烧汽油不是零排放汽车，而纯电动汽车和氢燃料电池汽车在使用过程中能够实现零排放，并完全摆脱了对石油资源的依赖，将成为今后电动汽车发展的最终目标。

四、新型材料的应用

通过对发动机机体及部件材料和制造方法的改进，可以进一步降低发动机的自重并提高其自身的强度，以达到节能降耗的目的。当前国内外重点材料的开发方向是：铝合金、镁合金、钛合金、高强度钢、复合材料（如金属基复合材料、陶瓷基复合材料、玻璃钢和碳纤维复合材料）和热塑性材料等。

由上所述，随着科学技术的发展和人们对汽车发动机性能要求的不断提高，未来几年的发动机除继续需要燃料燃烧，还需要曲柄连杆机构输出动力之外，将朝着高效、低能耗和低排放的方向发展。

§1—5 汽油机电控燃油喷射系统的组成及分类

学习目标

1. 掌握汽油机电控燃油喷射系统的分类。
2. 掌握汽油机电控燃油喷射系统的组成及工作原理。

一、汽油机电控喷射系统的分类

电喷系统发展至今，已有多种类型。根据其结构特点分为以下几种类型。

1. 按系统控制模式分类

在发动机电喷控制系统中，按系统控制模式可分为开环控制和闭环控制两种类型。

(1) 开环控制

开环控制就是把根据试验确定的发动机各种运行工况所对应的最佳供油量的数据事先存入计算机中，发动机在实际运行过程中，主要根据各个传感器的输入信号，判断发动机所处的运行工况，再找出最佳供油量，并发出控制信号，如图 1—5—1 所示。

(2) 闭环控制

闭环控制系统又称为反馈控制系统，其特点是加入了反馈传感器，输出反馈信号，反馈给控制器，以随时修正控制信号，如图 1—5—2 所示。

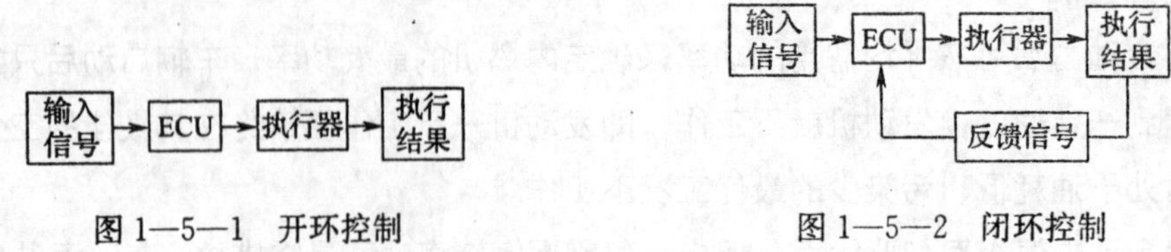

图 1—5—1　开环控制　　　　图 1—5—2　闭环控制

2. 按喷油实现的方式分类

在发动机电子控制系统中，按喷油实现的方式进行分类，可分为机械式、机电混合式和电子控制式三种燃油喷射系统。

(1) 机械式燃油喷射系统（K 系统）

(2) 机电混合式燃油喷射系统（KE 系统）

目前这两种系统在汽车中不再使用。

(3) 电子控制式燃油喷射系统（图 1—5—3）

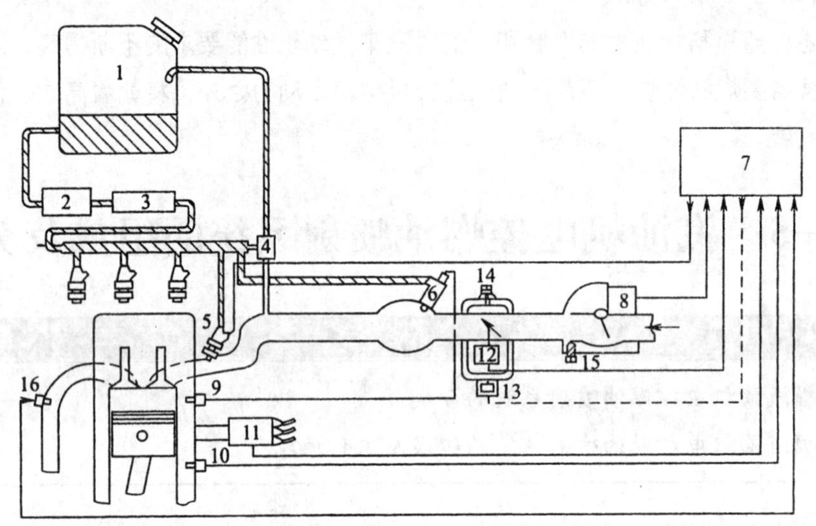

图 1—5—3　L—Jetronic 总体结构

1—燃油箱　2—电动燃油泵　3—燃油滤清器　4—燃油压力调节器　5—喷油器　6—冷启动阀　7—电子控制器　8—空气流量计　9—温度时间开关　10—冷却液温度传感器　11—发动机转速信号　12—节气门开关　13—补充空气滑阀　14—怠速调节螺钉　15—混合气调节螺钉　16—氧传感器

燃油的计量通过电控单元控制电磁喷油器来实现。

该系统采用了全电子控制方式，即电子控制单元通过各种传感器来检测发动机运行参数(包括发动机的进气量、转速、负荷、温度、排气中的氧含量等）的变化，再由 ECU 根据输入信号和数学模型来确定所需的燃油喷射量，并通过控制喷油器的开启时间来控制喷入气缸内的每循环喷油量，进而达到对气缸内可燃混合气的空燃比进行精确配制的目的。

电子控制式燃油喷射系统在发动机各种工况下均能精确计量所需的燃油喷射量，且稳定性好，能实现发动机的优化设计和优化控制。因此，它在汽油喷射系统中被广泛应用。

3. 按喷油器数目分类

在发动机燃油喷射控制系统中，按喷油器数目进行分类又可分为单点喷射（Single-Point Injection，SPI）和多点喷射（Multi-Point Injection，MPI）两种形式。

（1）单点喷射（SPI）

单点喷射如图 1—5—4 所示，是在节气门的上方装 1～2 个喷油器，对各缸实行集中喷射，汽油被喷入进气气流中，形成的可燃混合气，由进气歧管分配到各个气缸中。单点喷射又称为节流阀体喷射（TBI）或中央燃油喷射（CFI）。

单点喷射将喷射器设在节气门上方，难以保证节气门后至进气门的一段管壁上不形成油膜或油滴，雾化不理想，不能保持理想的混合气分配。目前，单点喷射在汽车中已很少使用。

（2）多点喷射（MPI）

多点喷射如图 1—5—5 所示，是在每缸进气口处装有一只喷油器，实行各缸分别供油。

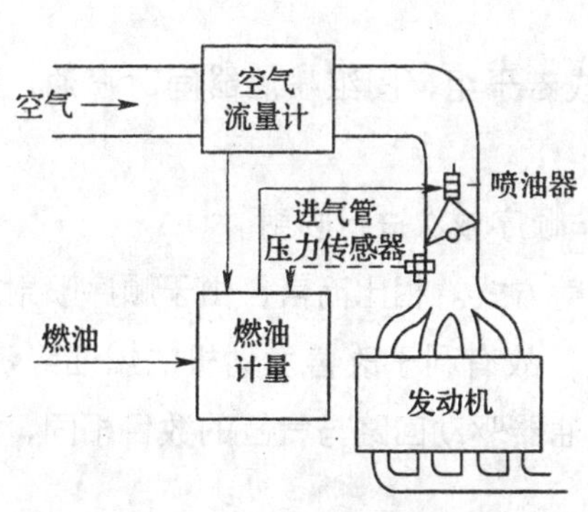

图 1—5—4 单独喷射系统

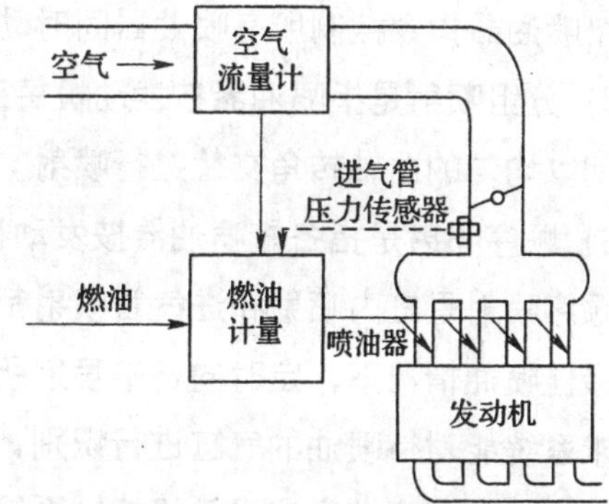

图 1—5—5 多点喷射系统

多点喷射避免了进气重叠，使得燃油分配均匀性较好，从而提高了发动机的综合性能。同时，由于它的控制更为精确，使发动机无论处于何种状态，其过渡过程的响应性及燃油经济性都是最佳的，因而被广泛使用。

4. 按喷油器的喷射方式分类

在发动机电子控制系统中，按喷油器的喷射方式可分为连续喷射和间歇喷射两种形式。

（1）连续喷射

连续喷射是指发动机运转期间汽油被连续不断地喷射，其喷油量的大小取决于燃油系统压力的高低。因而无须考虑发动机的工作顺序和喷油时刻，所以其控制系统比较简单，多被应用于机械控制式和机电混合控制式汽油喷射系统中。德国博世公司的 K 系统和 KE 系统均采用了连续喷射方式。

（2）间歇喷射

间歇喷射又称为脉冲喷射或同步喷射。其特点是喷油频率与发动机转速同步，且喷油时刻和喷油量的大小取决于喷油器针阀开启的时刻和开启时间的长短。由于间歇喷射能对喷油量进行精确的控制而被广泛应用于现代电控汽油喷射系统中。

间歇喷射按喷射时序的不同又可分为同时喷射、分组喷射和顺序喷射三种形式，如图1—5—6所示。

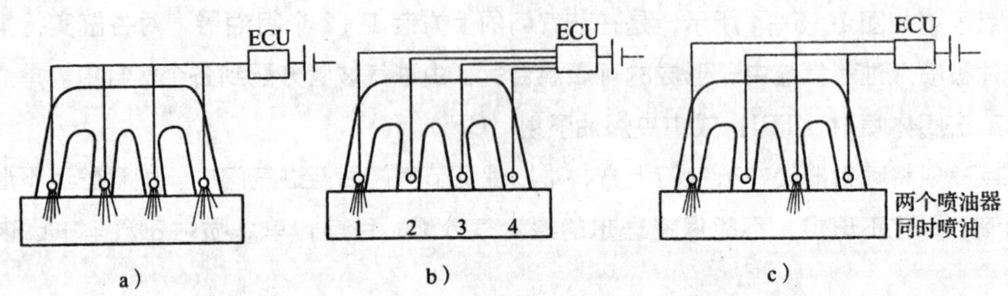

图1—5—6 间歇喷射三种形式

a）同时喷射 b）顺序喷射 c）分组喷射

1）同时喷射是指发动机在运行期间，各缸喷油器同时开启、同时关闭。发动机ECU由一个喷油器指令控制所有喷油器同时动作。

2）分组喷射是指喷油器按发动机每工作循环分成若干组，同组喷油器同时喷油，组与组之间以均匀的曲轴转角交替进行喷射。

3）顺序喷射是指各缸喷油器按发动机各缸的工作顺序依次进行喷射。

顺序喷射是缸内喷射和进气管喷射都可采用的喷射方式。相比而言，由于顺序喷射方式可在最佳喷油情况下，定时向各缸喷射所需的喷油量，故有利于改善发动机的燃油经济性。但要求系统能对待喷油的气缸进行识别，同时要求喷油器驱动回路与气缸的数目相同，其电路较复杂，多在高档轿车发动机控制系统中采用。

5. 按喷油器的喷射部位分类

在发动机电子控制系统中，按喷油器的喷射部位进行分类，又可分为缸内喷射和缸外喷射两种形式。

(1) 缸内喷射

如图1—5—7所示，缸内喷射是通过安装在气缸盖上的喷油器，将汽油直接喷入气缸内，因此喷油压力高（3～12 MPa）。这种喷射技术可在气缸内产生浓度渐变的分层混合气，浓度从火花塞往外逐渐变稀。因此，可以使用超稀的混合气，最高空燃比可达40∶1，油耗和排放也远远低于普通汽油发动机。此外，直接喷入气缸中燃油的气化作用，降低空气温度，发动机不易爆震，故压缩比可提高，从而提高发动机的动力性。

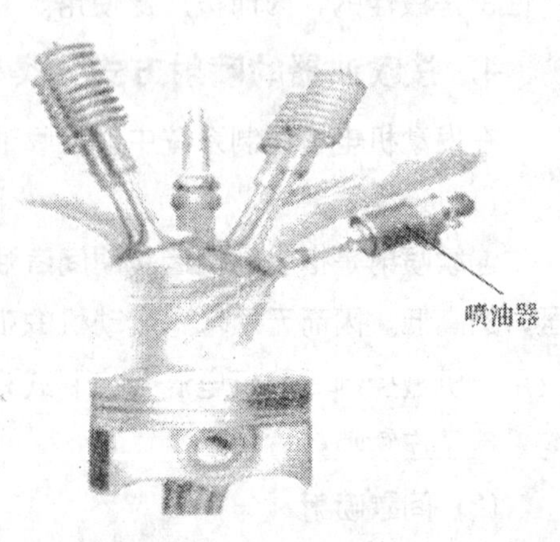

图1—5—7 缸内喷射

但由于喷油压力较高，故对供油系统的要求较高，成本也相应较高。同时由于要求喷出的汽油能分布到整个燃烧室，故缸内喷油器的布置及气流组织方向比较复杂，同时发动机设计时需保留喷油器的安装位置，使发动机的结构设计受到限制。

(2) 缸外喷射

缸外喷射是指将汽油喷射进气管道相应部位。相比而言，由于缸外喷射方式汽油的喷油压力（0.1～0.5 MPa）不高，且结构简单，成本较低，故目前应用较为广泛。

6. 按空气量的检测方式分类

在发动机电子控制系统中，根据空气进气量的检测方式可分为间接测量方式和直接测量方式两种。

(1) 间接测量方式电控系统

由于节气门的开度和发动机转速、进气歧管压力和发动机转速与吸入空气量有一定的对应关系。在间接测量方式电控系统中，ECU 通过测量发动机转速、节气门开度或进气歧管压力，计算发动机吸入的进气量。

(2) 直接测量方式电控系统

直接测量方式电控系统采用空气流量计直接测量发动机单位时间吸入的空气量，ECU 根据流量计测出的空气流量和发动机转速，计算出每一个工作循环发动机吸入的空气量，据此计算出需要的循环喷油量。

二、电控汽油喷射系统的结构组成及工作原理

1. 电控汽油喷射系统的基本组成及其功能

电控汽油喷射系统尽管类型不少，品种繁多，但它们都具有相同的控制原则，即以电控单元（ECU）为控制核心，以空气流量和发动机转速为控制基础，以喷油器、怠速空气调整器等为控制对象，保证获得与发动机各种工况相匹配的最佳混合气成分和点火时刻。

相同的控制原则决定了各类电控汽油喷射系统具有相同的组成和类似的结构。电控汽油喷射系统大致可分为进气系统、燃油系统和电子控制系统三个部分。

(1) 进气系统

进气系统又称为空气供给系统，其功能是提供、测量和控制燃油燃烧时所需要的空气量，如图 1—5—8a 所示（以 L 型系统为例）。

(2) 燃油系统

燃油供给系统的功能是向发动机精确提供各种工况下所需要的燃油量。燃油系统一般由油箱、电动燃油泵、过滤器、燃油脉动阻尼器、燃油压力调节器、喷油器、冷启动喷油器及供油总管等组成，如图 1—5—8b 所示。

(3) 电子控制系统

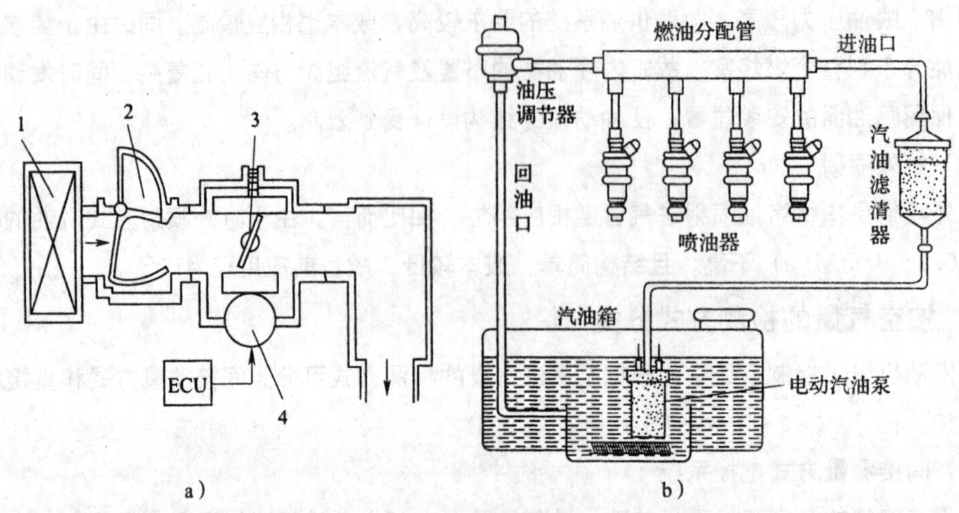

图 1—5—8 进气及燃油供给系统

a）空气供给系统 b）燃油供给系统

1—空气滤清器 2—空气流量计 3—节气门 4—怠速空气调整器

电子控制系统的功能是根据发动机运转状况和车辆运行状况确定燃油器的喷油时间和喷油正时。

电控汽油喷射系统控制方法的基本思路：ECU 提高空气流量计或进气歧管绝对压力传感器的信号计量空气流量，根据发动机的进气量和转速计算基本喷油时间。利用冷却液温度、进气温度、节气门位置等与发动机工况有关的参数，对基本喷油时间进行修正，确定直接喷油脉宽，以获得该工况下所需的最佳空燃比。而喷油定时则是由 ECU 根据发动机转速和曲轴位置传感器检测到的上止点、曲轴转角信号和凸轮轴位置传感器检测到的判缸信号综合确定。

2. 燃油喷射控制

(1) 喷油正时

喷油正时就是喷油器什么时候开始喷油的问题。对于多点间歇喷射发动机，喷油正时分为同步喷射和异步喷射。

同步喷射是指在既定的曲轴转角进行喷射，在发动机稳定工况的大部分运转时间里，喷油系统以同步方式工作。发动机在启动和加速时，为了保证启动迅速、加速响应快，ECU 会根据水温、节气门变化程度适当地增加供油量，此时应采用与曲轴的旋转角度无关的异步喷射。

(2) 喷油量的控制

喷油量的控制即喷油器喷射时间的控制，要使发动机在各种工况下都处于良好的工作状态，必须精确地计算基本喷油持续时间和各种参数的修正量，其目的是使发动机燃烧混合气的空燃比符合要求。

第 2 章　空气供给系统主要元件的构造与检修

§2—1　空气供给系统的组成

学习目标

1. 掌握空气供给系统的组成。
2. 掌握空气供给系统的主要组成部件的功用。
3. 能识别、更换空气供给系统的零部件。

一、空气供给系统的组成和工作原理

空气供给系统的作用是尽可能多且均匀地向各气缸提供可燃混合气形成所需要的清洁空气，并控制和测量发动机运行时进入气缸的空气量。空气供给系统主要由空气滤清器、空气流量计（或进气歧管绝对压力传感器）、节气门体、进气总管和进气歧管等组成，如图 2—1—1 所示。

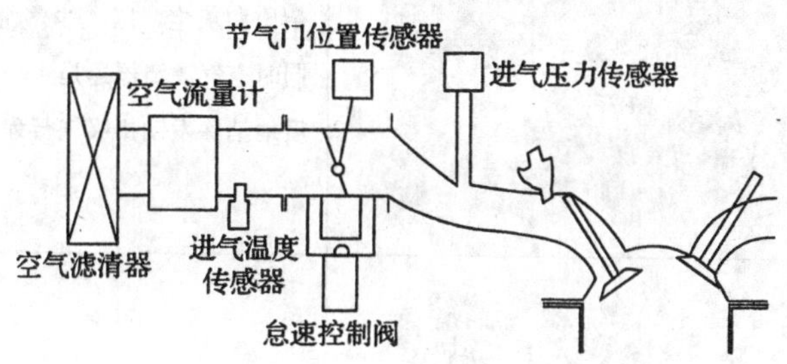

图 2—1—1　空气供给系统的组成

发动机工作时，空气经空气滤清器过滤后，通过空气流量计（L 型）、节气门体进入进气总管，然后通过进气歧管分配给各气缸。节气门体中设置有节气门，从而控制进入发动机的空气量，进而控制发动机的输出功率。在节气门的外部或内部设有与主进气道并联的旁通怠速进气通道，并由怠速控制阀控制怠速时进气量，以控制发动机怠速。

二、空气供给系统的分类

根据空气流量的检测方式不同，空气供给系统有质量流量型、速度密度型和节流速度型三种不同类型。

1. 质量流量型空气供给系统

质量流量型进气系统是利用空气流量计直接测量单位时间内吸入气缸的空气量。用测得

的空气流量除以发动机转速（相当于单位时间内的工作循环数）计算每一个工作循环进入气缸的空气量，以此计算喷油器的基本喷油量。由于空气量和发动机转速都是由各自对应的传感器直接测得，因此空燃比的控制精度比较高。

2. 速度密度型空气供给系统

速度密度型进气系统是利用进气歧管绝对压力传感器测得进气歧管中的绝对压力，然后根据发动机转速推算出每一循环发动机吸入的空气量，计算喷油器的基本喷油量。

3. 节流速度型空气供给系统

节流速度型进气系统是利用节气门开度和发动机转速来间接计算发动机每一循环吸入的空气量，然后计算喷油器的基本喷油量，目前已较少采用。

三、进气系统主要零部件

进气系统主要零部件及功用见表 2—1—1。

表 2—1—1　　进气系统主要零部件及功用

名称	示图	功用
空气滤清器		滤去发动机在工作过程中所吸入空气中所含有的杂质和灰尘，以减少气缸、活塞和活塞环的磨损。同时空气滤清器还是一个扩张消音器，可以一定程度地消除发动机吸气行程所产生的噪声
进气温度传感器	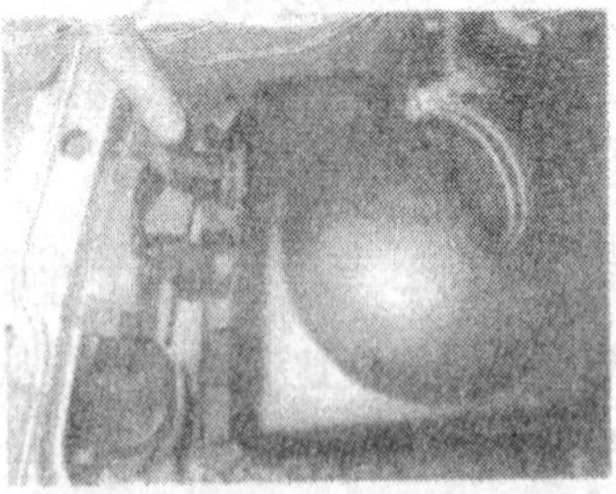	测量发动机的进气温度
空气流量计	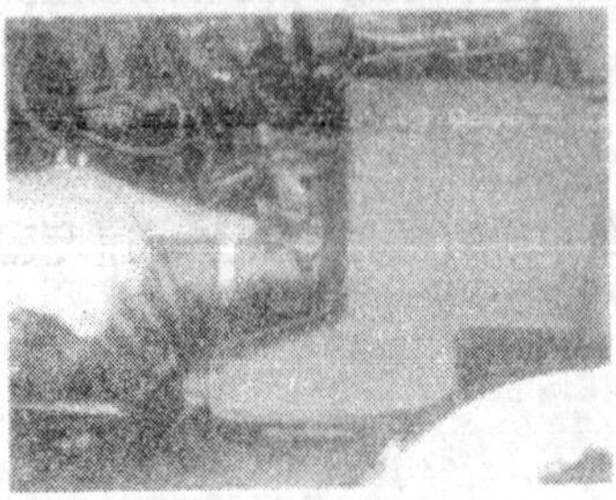	测量单位时间内发动机的进气量

续表

名称	示图	功用
节气门体	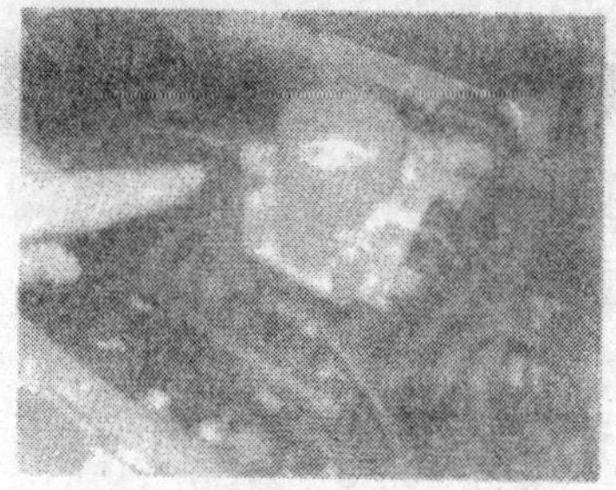	通过油门拉线或根据 ECU 控制信号调节节气门开度，控制发动机的进气量，从而控制发动机的转速和输出功率
节气门位置传感器		检测节气门的开度，帮助 ECU 判断发动机运行工况
怠速控制阀		根据发动机 ECU 控制信号，控制发动机怠速时的进气量，从而实现发动机怠速运转的最佳控制
进气总管		提供一个相对稳定的压力环境，消除各缸进气时的相互干扰，改善各缸进气均匀性，并起谐振进气的作用
进气歧管		将空气尽可能均匀地分配到各个气缸

§2—2 空气流量计

学习目标

1. 掌握空气流量计的安装位置、分类和作用。
2. 掌握空气流量计的结构及工作原理。
3. 掌握热膜式空气流量计的检测方法。

一、空气流量计的位置和作用

空气流量计传感器安装在空气滤清器与节气门体之间，如图 2—2—1 所示。

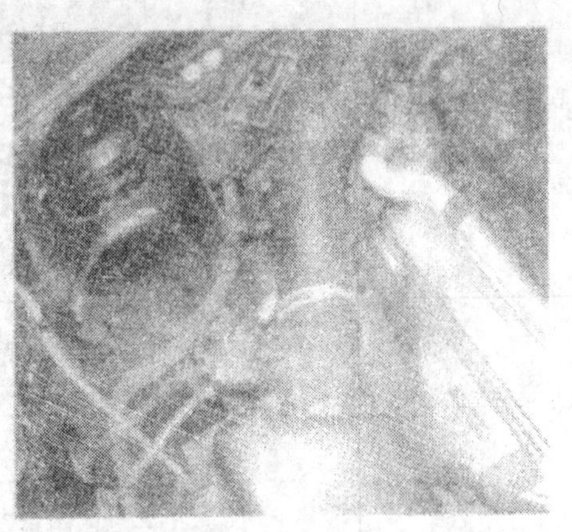

图 2—2—1 桑塔纳 3000 空气流量计的安装位置

空气流量计，也称空气流量传感器（MAF），是发动机控制系统的重要传感器之一。它能直接测量单位时间内发动机的进气量，并将吸入的空气量转换成电信号（0～5 V）输入到电子控制单元（ECU），作为决定基本喷油量和基本点火提前角的最重要的主控信号（负荷信号）。

由于采用空气流量传感器的电控燃油喷射发动机系统的进气量是用该传感器通过测量进气的体积流量或质量流量直接测得的，因此称为流量型燃油喷射系统，又称为 L 型电控发动机系统。

二、空气流量计的类型

空气流量计的分类见表 2—2—1。

表 2—2—1 空气流量计的分类

名称	分类	类型
空气流量计	叶片式	体积流量型
	卡门涡旋式	
	热线式	质量流量型
	热膜式	

三、空气流量计的结构和工作原理

1. 叶片式空气流量计

叶片式空气流量计又称翼板式或风门空气流量计，属于体积流量型。安装位置如图

2—2—2 所示，其特点是结构简单、可靠性高，但进气阻力大，响应较慢。叶片式空气流量计的体积较大而且有一个明显的圆弧（图 2—2—3），这也是从外形上识别叶片式空气流量计的一个重要依据。叶片式空气流量计是电控发动机中使用最早的一种空气流量计，如早期的丰田 CAMRY（凯美瑞）小轿车、丰田 PREVIA（普瑞维亚，俗称大霸王）小客车和马自达 MPV 多用途汽车等，现已淘汰。

图 2—2—2　叶片式空气流量计的安装位置

图 2—2—3　叶片式空气流量计的外形

2. 卡门旋涡式空气流量计

卡门旋涡式空气流量计又称为卡尔曼涡流式空气流量计。它通常与空气滤清器安装在一体，如图 2—2—4 所示。

图 2—2—4　卡门旋涡式空气流量计

卡门旋涡式空气流量计是利用超声波或光电信号，通过检测卡门旋涡频率测量气体流速，再由 ECU 根据测量的流速计算吸入气缸的空气质量。旋涡出现的频率与空气的流速成正比，即空气的流速越大，旋涡出现的频率也越高。

如图 2—2—5 所示，当在空气中垂直设置一个柱状物，空气通过柱状物两侧，由于滞流表面的滞流作用，在其下游交替地产生两列有规则旋转、方向相反、交替出现的旋涡，且该旋涡出现的频率与空气的流速成正比，即空气的流速越大，旋涡出现的频率也越高。这种旋涡被称为卡门旋涡（或卡门涡街）。

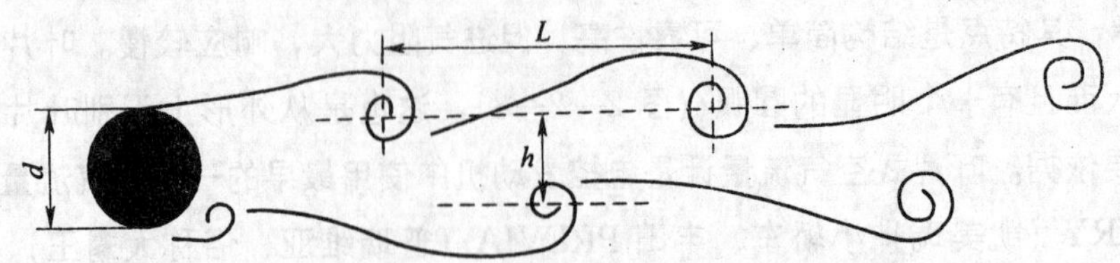

图 2—2—5 卡门旋涡的产生原理

卡门旋涡式空气流量计分类及适用车型见表 2—2—2。

表 2—2—2 卡门旋涡式空气流量计的分类及适用车型

根据旋涡频率的检测方式的不同分类	适用车型
超声波检测式卡门旋涡空气流量计	三菱吉普车、长风猎豹吉普车和现代轿车
光学检测式卡门旋涡空气流量计	进口丰田凌志 LS400 型轿车和进口的皇冠 3.0 型轿车

(1) 光学式卡门旋涡空气流量计

1) 结构。光学检测式（反光镜检测法）卡门旋涡空气流量计的结构如图 2—2—6 所示。主要由旋涡发生器、导压孔、板弹簧、反光镜、发光二极管、光敏三极管等组成，如图 2—2—7 所示。

图 2—2—6 光学检测式卡门旋涡空气流量计

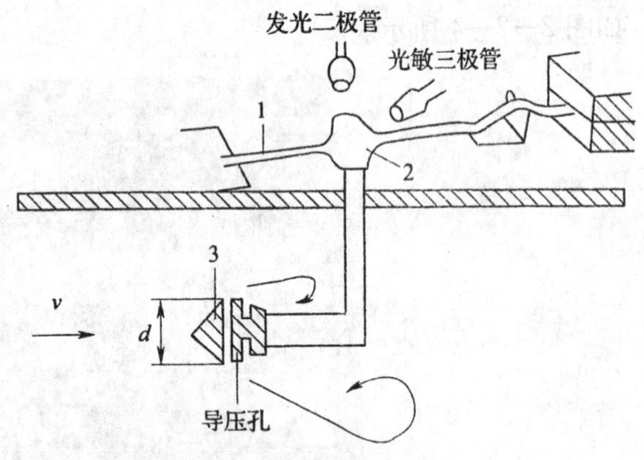

图 2—2—7 光学检测式卡门旋涡空气流量计组成

1—板弹簧 2—反光镜 3—旋涡发生器

2) 工作原理。如图 2—2—8 所示，当点火开关位于"ON"时，发动机 ECU 给该传感器供电使发光二极管点亮，光线经反光镜射向光敏三极管，从而向发动机 ECU 反馈一电压信号。当发动机工作时空气流经传感器，在旋涡发生器的后部不断地产生有规律的卡门旋涡，旋涡发生器两侧空气压力发生变化，通过导压孔引到反光镜表面，反光镜将产生与旋涡发生频率相同的偏转振动，反光镜产生的偏转振动反射到光敏三极管上，使光敏三极管的导通频率发生变化，将此交替的变化的电压信号输送到 ECU（图 2—2—9），旋涡频率与空气流速成正比，ECU根据此信号的变化频率计算发动机的进气量。而进气量越大，脉冲信号的频率越高；进气量越小，脉冲信号频率越低。

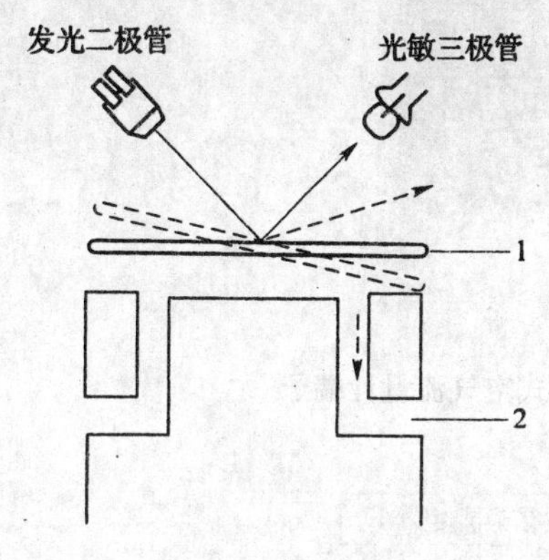

图2—2—8　光学检测式卡门旋涡空气流量计工作原理

1—镜子　2—导压孔

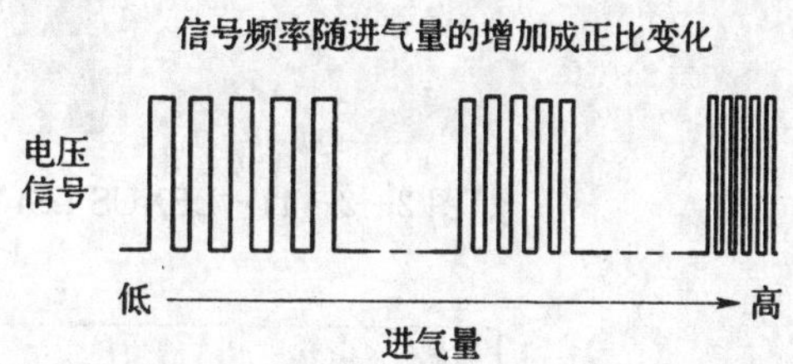

图2—2—9　光学检测式卡门旋涡空气流量计的频率信号

3）电路图。光学检测式卡门旋涡空气流量计电路如图2—2—10所示，从电路图可知K_S线对地的电压在5 V和近0 V之间变化，电脑通过采集K_S脚的频率信号从而根据计算公式算出空气的体积。

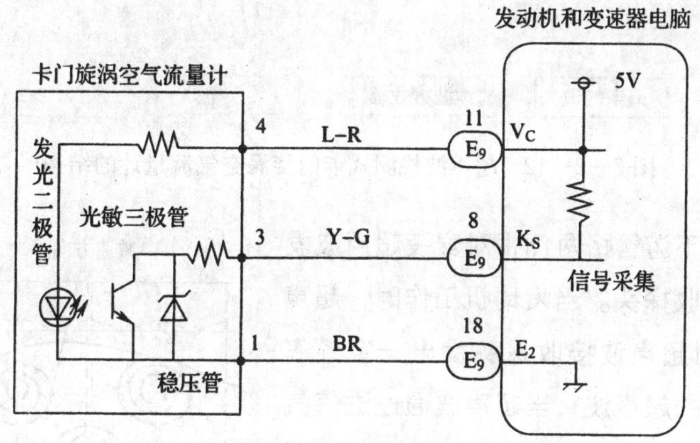

图2—2—10　卡门旋涡式空气流量计电路

如图2—2—11所示为LEXUS LS400卡门旋涡式空气流量计端子。在卡门旋涡式空气流量计内部装有进气温度传感器，图中空气流量计端子THA和E2之间为进气温度传感器。

(2) 超声波式卡门旋涡式空气流量计

1）结构。超声波检测式卡门旋涡空气流量计的结构如图2—2—12所示，主要由旋涡发生器、超声波信号发生器、涡流稳定板和超声波接收器等组成。

2）工作原理。在日常生活中，常常会遇到这样的现象，顺着风向喊人时，对方很容易听到；而逆着风向喊人时，对方就不容易听到。这是因为前者的空气流动方向与声波的前进方向相同，声波被加速的结果，而后者是声波受阻而减速的结果。在超声波式流量传感器中，同样存在着这种现象。

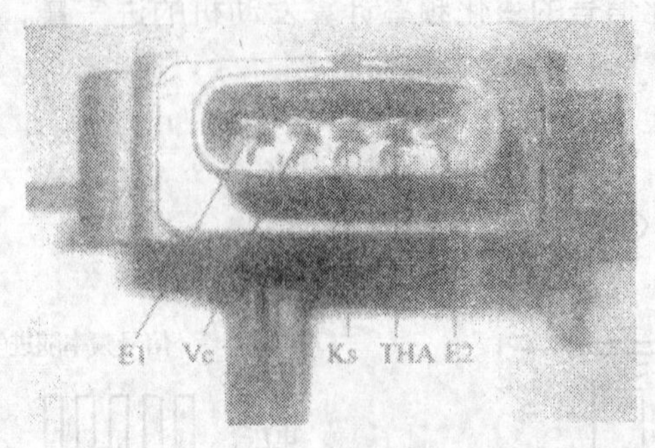

图 2—2—11　LEXUS LS400 卡门旋涡式空气流量计端子

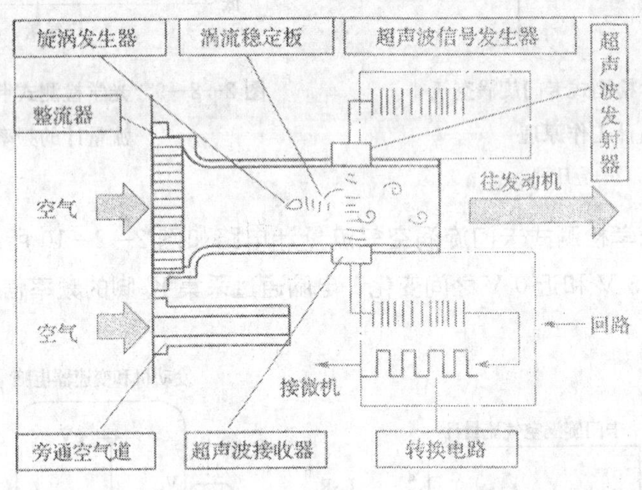

图 2—2—12　超声波检测式卡门旋涡空气流量计的结构

在旋涡发生器下游管路两侧相对安装超声波发射探头和超声波接收探头。当发动机工作时，超声波发射探头不断向超声波接收探头发出一定频率(一般为 40 kHz) 的超声波，当超声波通过进气气流到达超声波接收器时，由于受到卡门旋涡的影响，超声波的传播速度会发生变化，如图 2—2—13 所示，当卡门旋涡的旋转方向与超声波的传播方向一致时，超声波的传播加快，超声波接收器接收到的超声波提前。反之，超声波接收器接收到的超声波滞后。利用发送的超声波信号与接收到的超声波信号的相位差，在流量计集成控制电路中形成与涡流发生频率相对应的脉冲数字信号，涡流频率信号输入 ECU 后，ECU 根据此信号的变化频率计算发动机的进气量，脉冲数越多表明空气流量越大。

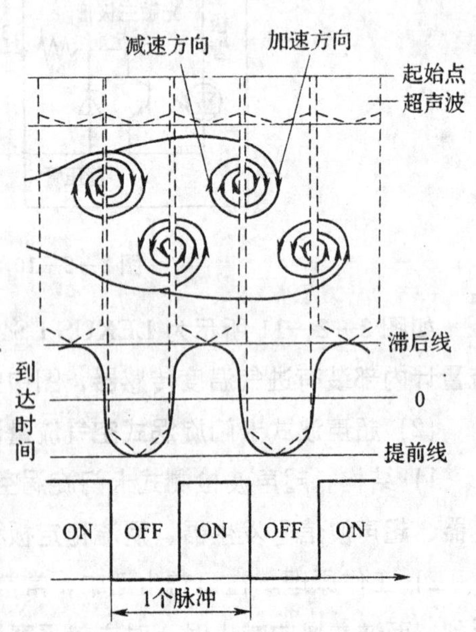

图 2—2—13　超声波通过卡门旋涡后的加减速状况

3. 热线式空气流量计

热线式空气流量计的工作原理如图 2—2—14 所示，在空气通道中放置一个发热体，空气流经发热体时，对发热体进行冷却。发热体周围通过的空气流量越多，被带走的热量就越多，发热元件为维持恒温所需要的加热电流也就越大；反之，加热电流也就越小。因此，该加热电流的大小就反映了空气通道中空气流量的大小。传感器的内部电路只要将该加热电流转变为电压，即可作为传感器的输出信号。

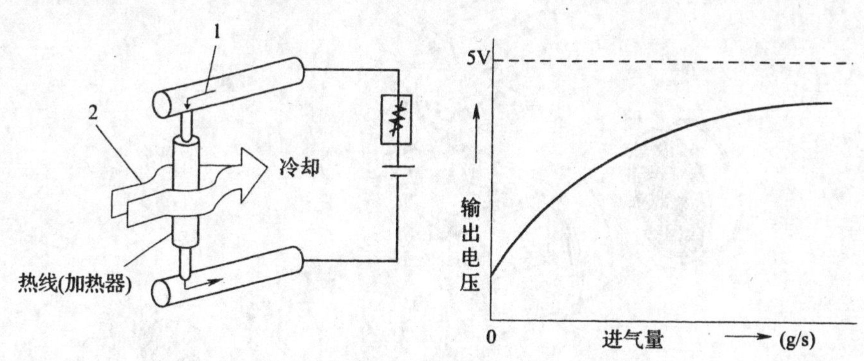

图 2—2—14 热线式空气流量计的工作原理

1—电流 2—进气

(1) 热线式空气流量计的结构

热线式空气流量计的实物如图 2—2—15 所示，基本构件如图 2—2—16 所示，主要由感知空气流量的白金热线电阻 Rh、根据进气温度进行修正的温度补偿电阻（冷线）Rt、混合集成电路，以及空气流量计的壳体等组成。

图 2—2—15 热线式空气流量计的实物

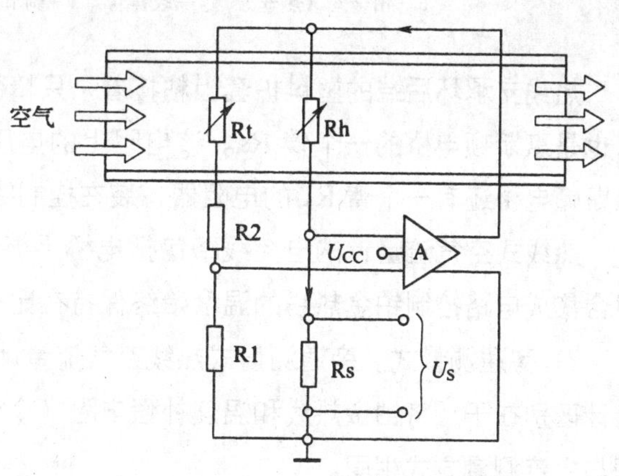

图 2—2—16 热线式空气流量计的基本构件

A—集成电路放大器 Rh—热线电阻

Rt—温度补偿电阻 Rs—精密电阻 R1、R2—电桥电阻

根据白金热线电阻 Rh 在壳体内安装的部位不同，可分为主流测量式和旁通测量式两种结构形式。

1）主流测量式。主流测量式热线空气流量计如图 2—2—17 所示，取样管 7 置于主空气通道中央，两端有金属防护网 4，取样管由两个塑料护套和一个热线支承环构成，直径 70 μm 的铂金丝 6 布置在支承环内，是正温度系数的热敏电阻，其阻值随温度升高而升高，是单臂电桥电路的一个臂 Rh。热线支承环前端的塑料护套内安装一个铂金薄膜电阻器 5，其电阻值随进气温度变化，称为温度补偿电阻，是单臂电桥电路的另一个臂 Rt。

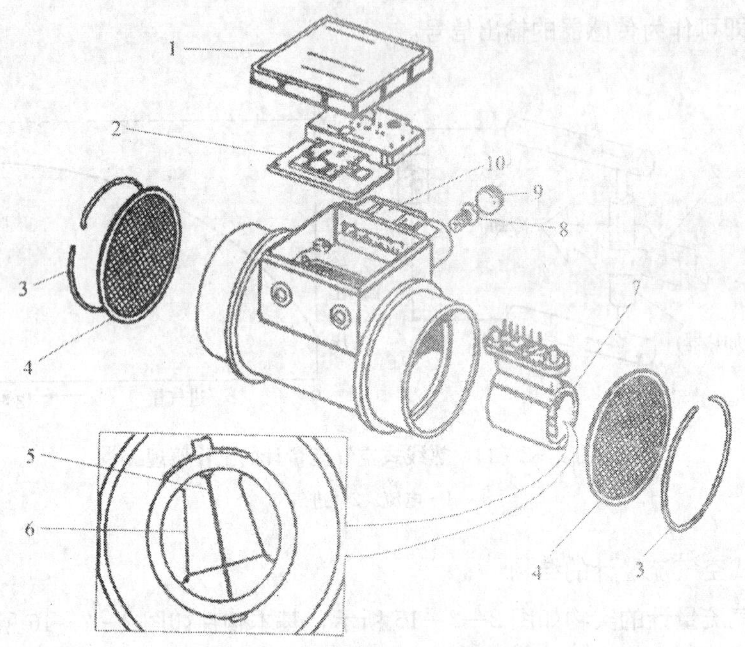

图 2—2—17 主流测量式热线空气流量计

1—传感器密封盖 2—印制电路板 3—卡环 4—防护网 5—温度补偿电阻丝（冷丝） 6—铂金丝（热丝） 7—取样管 8—调节螺钉 9—防护塞 10—接线插座

热线支承环后端的塑料护套上粘接着一只精密电阻（10 kΩ），并设计成能用激光修整，它也是惠斯顿电桥的一个臂 Rs。该电阻上的电压即产生热线空气流量计的输出电压信号。惠斯顿电桥还有一个臂 R1 的电阻器，装在控制线路板上面。

热线式空气流量计的电控线路包括电桥平衡电路、烧净电路和怠速混合气调节螺钉 8。混合集成电路控制铂金热线的温度始终保持在比空气温度高 100℃。

2）旁通测量式。旁通测量式热线空气流量计如图 2—2—18 所示，与主流测量式空气流量计区别在于：将铂金热线和温度补偿电阻（冷线）安装在空气旁通道上，其结构与工作原理与主流测量方式相同。

(2) 热线式空气流量计的工作原理

如图 2—2—16 所示，热线电阻 Rh 和空气温度补偿电阻 Rt 组成单臂电桥，电桥各个臂的电流由控制电路 A 控制。电桥电压平衡时，控制电路供给热膜电阻的电流 I_h（I_h＝50～120 mA）使其温度 T_h保持恒定（T_h＝120℃左右）。供给温度补偿电阻的电流使热膜电阻的温度与温度补偿电阻的温度 T_r之差保持恒定（$\Delta T = T_h - T_r$＝100℃左右）。

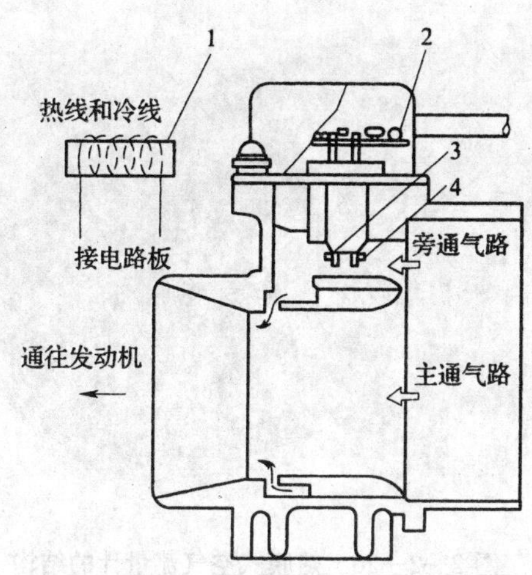

图 2—2—18　旁通测量式热线空气流量计

1—陶瓷螺线管　2—接电路板　3—进气温度传感器（冷线）　4—铂金热线

混合集成电路控制热线的温度始终保持比空气流温度高 100℃。当空气流过温度较高的热线时，热线的热量被空气吸收，使其温度降低、电阻减小。热线周围通过的空气质量越大，被带走的热量就越多，热线的温度就越低、电阻越小。由于热线是惠斯顿电桥电路的一个桥臂，当热线温度下降而电阻减小时，改变了惠斯顿电桥中的电压分布，惠斯顿电桥出现不平衡。为了使电桥平衡，控制电路立即加大加热电流 I_h，升高热线温度，使热线阻值增大恢复电桥的平衡。由此可知，流过热线的空气质量越大，空气带走的热量越多，热线电阻越低，为保持电桥平衡，维持热线温度所需的电流越大，反之越小。因此，加热电流 I_h就是空气质量的量度，并以精密电阻 Rs 的端电压 U_M作为输出信号。

在采样管的前端另装一个温度补偿电阻 Rt（冷线），Rt 的阻值也随进气温度变化，流过热线的电流由混合集成电路控制，它使热线和冷线之间的温度差保持不变（一般为 100℃），从而消除了进气温度对测量值的影响。

由于这种空气流量计基于热线表面与空气的热传导，热线上任何沉淀物都将对输出信号产生有害的影响，因此控制电路具备自动“烧净”（Burn-Off）功能。每当发动机熄火 4 s 后，控制电路发出控制电流，使热线迅速升至 1 000℃高温（图 2—2—19），加热 1 s，将黏附于热线表面的污物完全烧净。

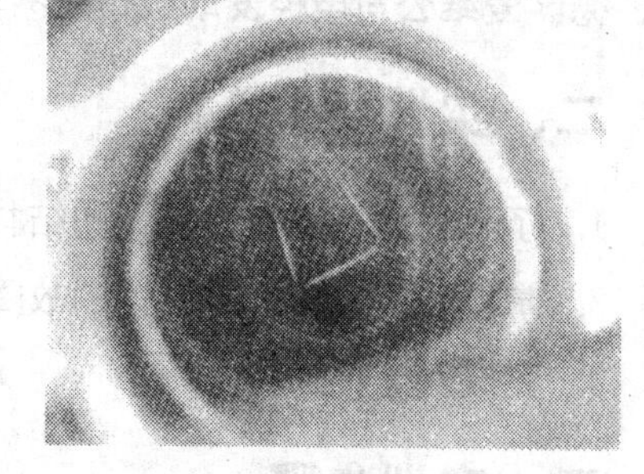

图 2—2—19　热线式空气流量计自洁功能

4. 热膜式空气流量计

热膜式空气流量计的结构如图 2—2—20 所示，其结构和工作原理与热线式空气流量计基本相同，只是将发热体由热线式改为热膜式。热膜是由发热金属铂丝固定在薄的树脂膜上构成的。这种结构可使发热体不直接承受空气流动所产生的作用力，增加了发热体的强度，提高了空气流量计的可靠性与寿命，且不易受灰尘污染。

导流隔栅用以产生微观紊流，以使测量信号稳定。金属防护网用于过滤空气中的杂质。

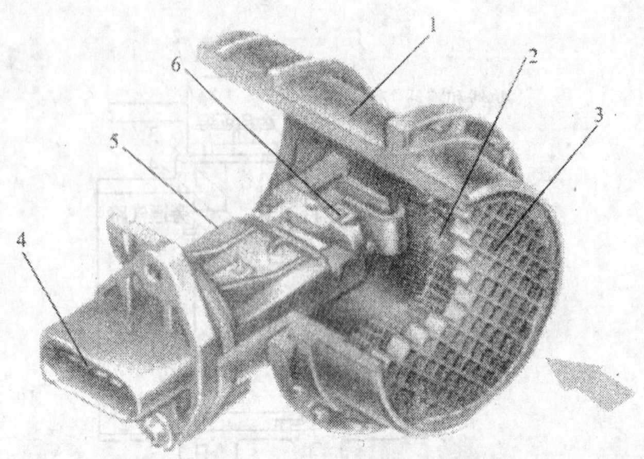

图 2—2—20 热膜式空气流量计的结构

1—壳体 2—金属防护网 3—导流隔栅 4—电插头 5—混合电路盒 6—热膜元件

技能训练

实训任务 桑塔纳 2000 型轿车 AJR 型发动机空气流量计的检测

一、实训准备

1. 工具：常用工具一套、万用表、电热吹风机、KT600 汽车诊断仪、电路图或维修手册、实训报告。

2. 设备：桑塔纳 2000 型轿车 AJR 型发动机实训台架一台或桑塔纳 2000 型轿车整车一辆、德国爱维公司电控发动机模拟教学试验板。

二、实训要求

1. 了解热膜式空气质量计的结构与工作原理。
2. 掌握热膜式空气质量计的故障分析与诊断方法。
3. 完成实训报告。

三、实训步骤

桑塔纳 2000GSi 型轿车的 AJR 型发动机采用了德国博世（BOSCH）公司当时最先进的 Motronic 3. 8. 2 电子控制多点汽油顺序喷射系统，它是在 AFE 型发动机 Motronic 1. 5. 4 系统基础上发展起来的。该系统采用热膜式空气流量计检测发动机进气流量，可直接反映发动机负荷，比 Motronic 1. 5. 4 系统所采用的绝对压力传感器检测进气歧管压力并推算流量的方法更精确。其电路如图 2—2—21 所示。

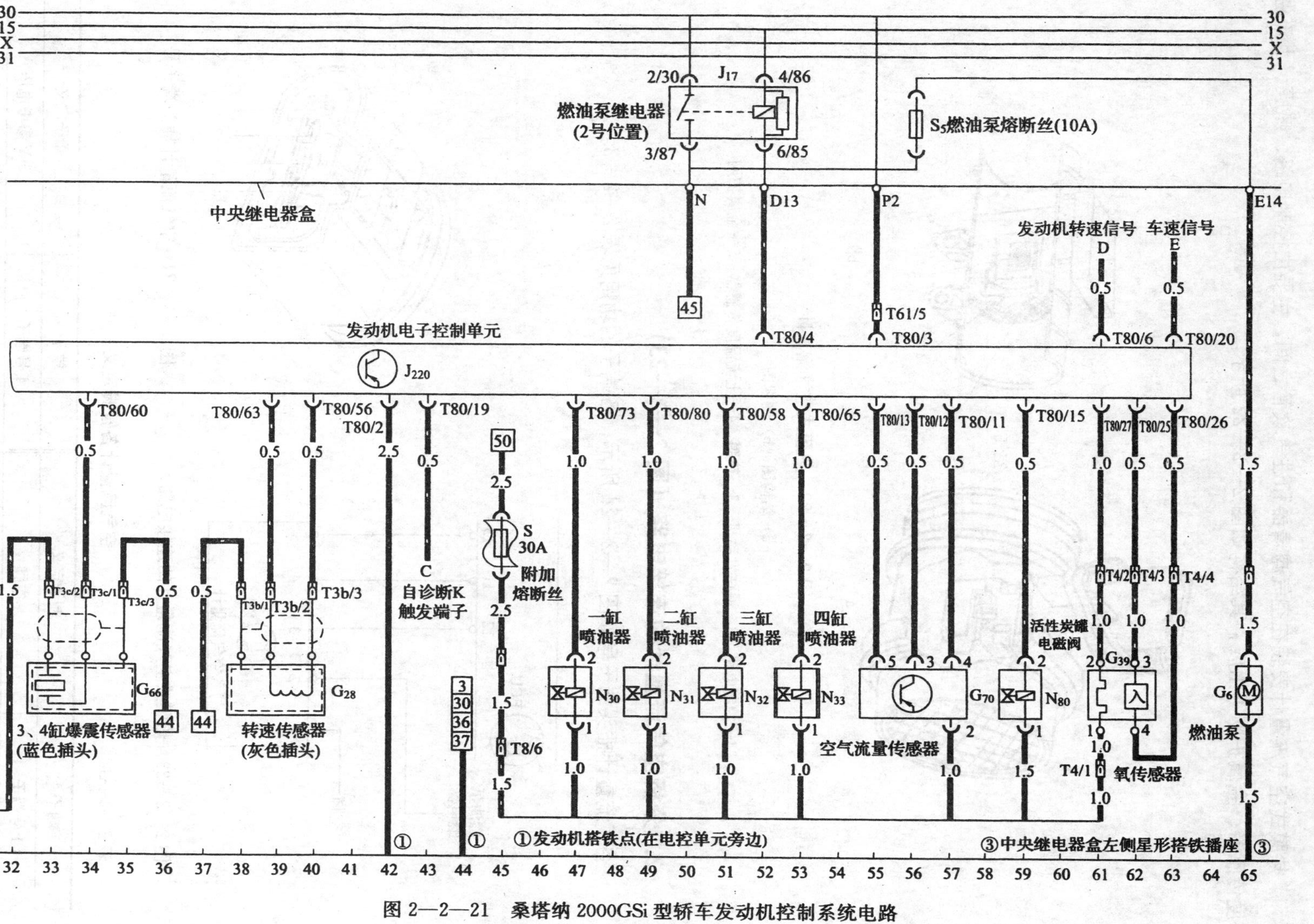

图 2—2—21　桑塔纳 2000GSi 型轿车发动机控制系统电路

1. 分析热膜式空气流量计的结构

热膜式空气流量计安装在空气滤清器和进气软管之间，主要由控制电路、热膜、上流温度传感器、金属护网等组成，其结构如图 2—2—22 所示。

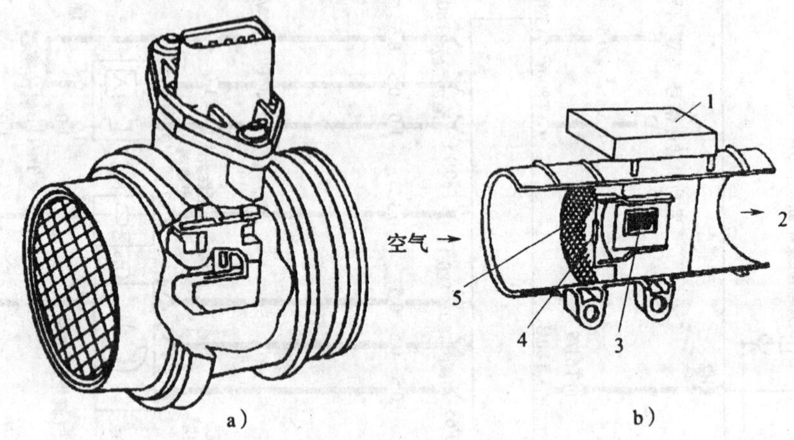

图 2—2—22 热膜式空气流量计

a）结构图 b）剖视图

1—控制电路 2—通往发动机 3—热膜 4—上流温度传感器 5—金属护网

2. 分析空气流量计的连接电路（图 2—2—23）

空气流量计插头端子号如图 2—2—24 所示，各端子的功用见表 2—2—3。

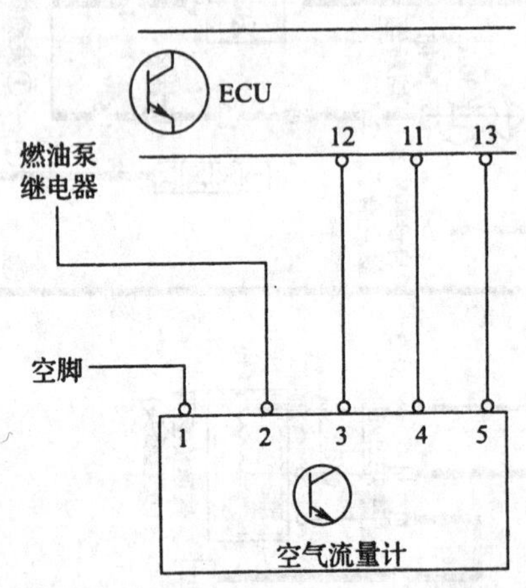

图 2—2—23 热膜式空气流量计的连接电路

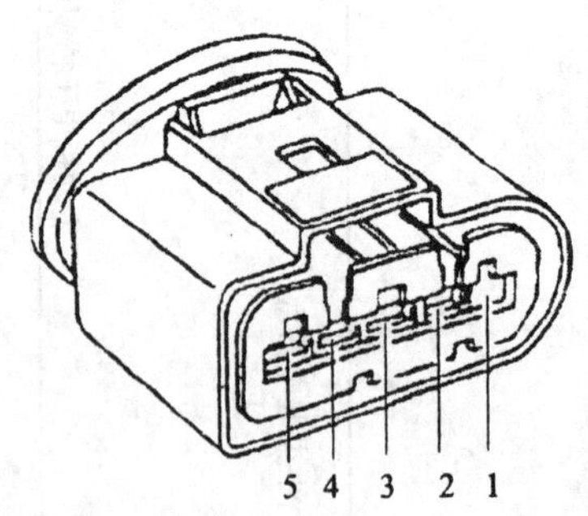

图 2—2—24 空气流量计插头端子号

表 2—2—3 空气流量计各管脚定义

端子	端子定义	端子	端子定义
1 号端子	空脚	4 号端子	5 V 参考电压
2 号端子	12 V 供电	5 号端子	反馈信号
3 号端子	ECU 内搭铁		

3. 检测流程

(1) 数据流测试

1) 使用 KT600 读取发动机有无故障代码。空气流量计故障代码见表 2—2—4。

表 2—2—4　　空气流量计故障代码

故障代码	故障含义	故障代码	故障含义
P0100	空气流量计线路不良	P0103	空气流量计线路输入电压太高
P0101	空气流量计不良（讯号值错误）	P0104	空气流量计线路间歇故障
P0102	空气流量计线路输入电压太低		

2) 发动机怠速运转，使用 KT600 进入发动机控制系统，选择 08-读取动态数据流菜单，输入显示组 02，显示组 02 所显示的数据见表 2—2—5。读取显示组 02 中区域 D 的数据。

表 2—2—5　　08－读取动态数据流菜单中显示组 02 所显示的数据

输入组号	显示区域	含义	各显示值说明
02	A	发动机转速	A. 发动机转速： 正常怠速值为 (800±30) r/min 若怠速超出，检查怠速
	B	发动机负荷 （发动机每转喷油时间）	B. 发动机负荷（发动机每转喷油时间）：怠速时正常值为 1.00～2.50 ms 若小于 1.0 ms 可能是进气系统有泄漏或是燃油系统压力过高 若大于 2.50 ms 可能是发动机负荷过大
	C	发动机负荷 （发动机每循环喷油时间）	C. 发动机负荷（发动机每循环喷油时间）： 怠速时正常值为 2.0～5.0 ms 若小于 2.0 ms 可能炭罐清除比例高 若大于 5.0 ms 发动机负荷过大
	D	空气质量值	D. 进入的空气质量： 怠速时正常值为 2.0～4.0 g/s 若小于 2.0 g/s 可能进气系统有泄漏 若大于 4.0 g/s 可能发动机负荷过大

一般正常值为 2.0～4.0 g/s，如果显示值小于 2.0 g/s，说明进气系统有漏气故障存在或空气流量计脏污；如果显示值大于 4.0 g/s，则说明发动机负荷太大、空气流量计性能或相关控制电路不良。

(2) 空气流量计插头端子的测量

空气流量计插头端子测量步骤见表 2—2—6。

表 2—2—6　　空气流量计插头的测量步骤

测量步骤	测量状态	测量示图	实训测量值
一、关闭点火开关，拔下传感器插头			
1. 测量 3 号端子与搭铁间的电阻	关闭点火开关，用万用表电阻挡测量	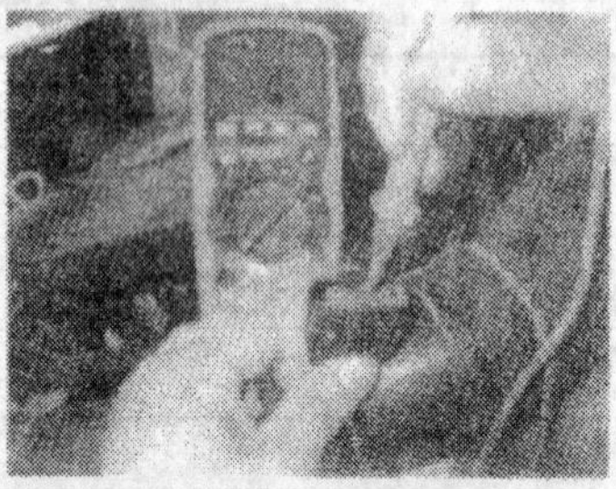	＜5 Ω
2. 测量 4 号端子与搭铁间的电压	打开点火开关，用万用表电压挡测量	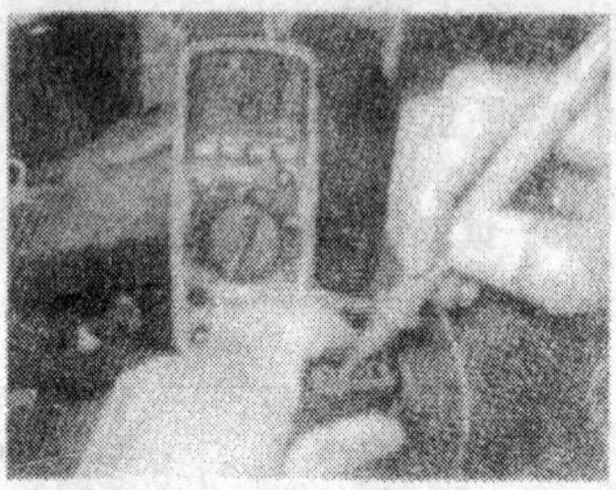	5 V
3. 测量 5 号端子与搭铁间的电压		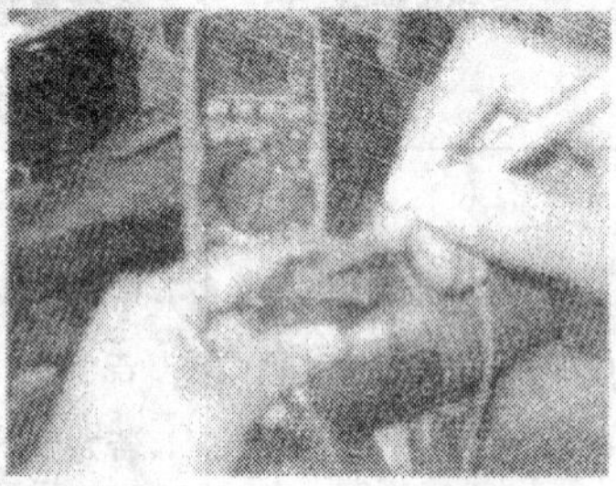	0 V
4. 测量 2 号端子与搭铁间的电压	启动发动机，用万用表电压挡测量	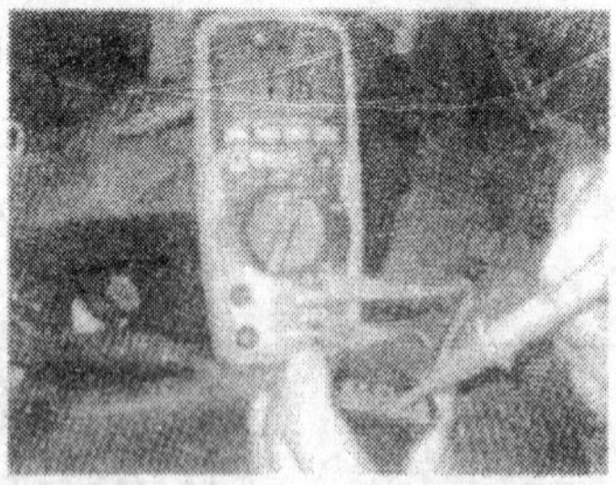	正常值为 12 V。若启动发动机测量 2 号端子与搭铁间的电压为 0 V，则根据电路图应检测燃油泵继电器是否正常
5. 测量空气流量计插头端子中的任一端子与其他端子间的电阻	关闭点火开关，用万用表电阻挡测量		无穷大

续表

二、关闭点火开关，装回传感器插头			
测量步骤	测量状态	测量示图	实训测量值
6. 测量5号端子与搭铁间的电压	（1）启动发动机，用万用表电压挡怠速测量	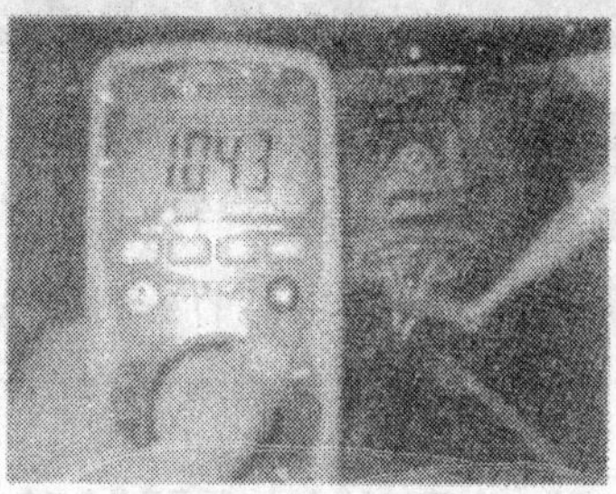	1.0 V左右
	（2）启动发动机，用万用表电压挡急加速测量		2.8 V左右
	（3）关闭点火开关，使用吹风机从空气流量计隔栅一端向空气流量计吹入冷空气，用万用表电压挡测量	 吹风机距离近时  吹风机距离远时	电压应随着吹风机靠近空气流量计而升高。距离变远时，电压降低

§2—3　进气歧管绝对压力传感器

学习目标

1. 掌握进气歧管绝对压力传感器的分类。
2. 掌握进气歧管绝对压力传感器的结构与工作原理。
3. 掌握进气歧管绝对压力传感器的检测方法。

一、进气歧管绝对压力传感器的作用

歧管压力型燃油喷射系统，又称D型电控发动机系统。

进气歧管绝对压力传感器（简称MAP），如图2—3—1所示。它能将进气歧管内的绝对压力的变化转换成电压信号（0～5 V），与发动机转速信号一起输入到电子控制单元（ECU），作为决定基本喷油和基本点火提前角的主控信号（负荷信号）。

图2—3—1　进气歧管绝对压力传感器

采用进气歧管绝对压力传感器的电控燃油喷射发动机系统的进气量并不直接测定，而由电脑根据进气管内的绝对压力结合发动机转速、进气温度、冷却液温度等信息，推算出发动机每循环的进气量。

二、进气歧管绝对压力传感器的安装位置

进气歧管绝对压力传感器一般安装在进气门后部的进气管上并且处于进气管的上方（以防止进气歧管内产生的湿空气冷凝残留在传感器探头内导致结冰，造成暂时功能性失效），如图2—3—2所示。或安装在振动较小的其他位置，通过橡胶软管从进气门处采集进气管的气体压力，如图2—3—3所示。

图 2—3—2　进气歧管绝对压力传感器安装在进气管上

图 2—3—3　进气歧管绝对压力传感器通过软管与进气歧管相连

三、进气歧管绝对压力传感器的结构和工作原理

进气歧管绝对压力传感器的分类见表 2—3—1。

表 2—3—1　进气歧管绝对压力传感器的分类

部件名称	分类	应用
进气歧管绝对压力传感器	压敏电阻式	在当今发动机电子控制系统中应用较为广泛
	电容式	很少见
	差动变压器式	在实际应用中已见不到
	表面弹性波式	

1. 压敏电阻式进气歧管绝对压力传感器

压阻效应是指单晶硅材料（半导体）在受到应力作用后，其电阻率发生明显变化的现象。

该进气歧管绝对压力传感器利用的是半导体的压阻效应，因其具有尺寸小、精度高、成本低和响应性、再现性、抗振性较好等优点，现今得到了广泛的应用。如通用汽车公司、丰田汽车公司、克莱斯勒汽车公司生产的汽车，以及国产桑塔纳 2000GLi 型轿车等都使用半导体压敏电阻式压力传感器。

(1) 结构

压敏电阻式歧管压力传感器的结构如图 2—3—4 所示，主要是由压力变换元件和把变换元件输出信号进行放大的混合集成电路等构成的。

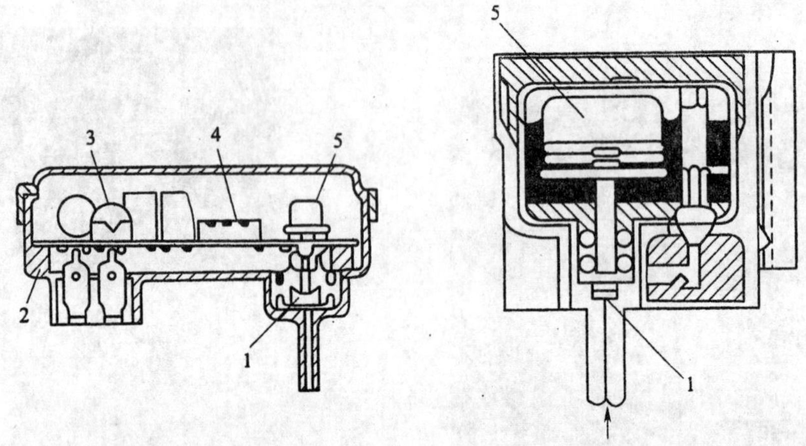

图 2—3—4　半导体压敏电阻式进气歧管绝对压力传感器

1—滤清器　2—塑料外壳　3—MFI 过滤器　4—混合集成电路　5—压力转换元件

压力转换元件是利用半导体的压阻效应制成的硅膜片，硅膜片的一面是真空室，另一面导入进气歧管压力。硅膜片约为 3 mm 的正方形，其中部经光刻腐蚀形成直径约为 2 mm、厚度约为 50 μm 的薄膜，薄膜周围有 4 个应变电阻（R_1、R_2、R_3、R_4），以单臂电桥方式连接，如图 2—3—5 所示。

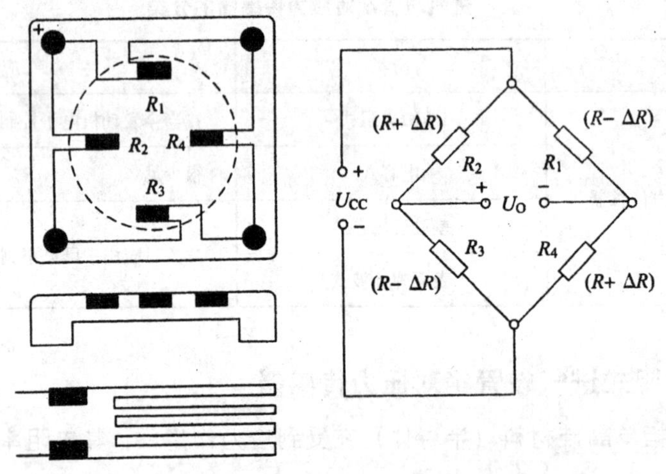

图 2—3—5　压敏电阻式进气压力传感器的结构及其等效电路

薄膜一侧是真空室，另一面导入进气歧管压力，如图 2—3—6 所示。因此，薄膜的另一侧即进气歧管内绝对压力越高，硅膜片的变形越大，其应变与压力成正比，附着在薄膜上的应变电阻的阻值随应变成正比例变化，这样就可以利用单臂电桥将硅膜片的变形变成电信号。因为输出的电信号很微弱，所以需用混合集成电路进行放大后输出。这种压阻式进气歧管绝对压力传感器输出的信号电压，具有随进气歧管绝对压力的增大呈线性增大的特性。

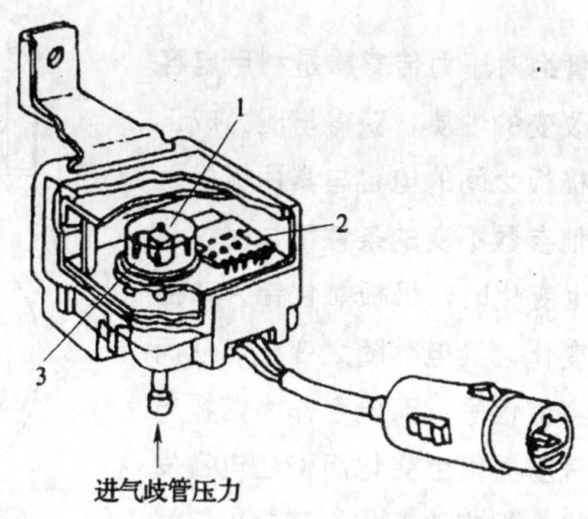

图 2—3—6　压敏电阻式歧管压力传感器的结构

1—硅膜片　2—集成电路　3—真空室

(2) 工作原理

压敏电阻式歧管压力传感器的电路原理如图 2—3—7 所示。当发动机工作时，进气歧管内的部分空气经传感器进气口和滤清器作用在硅膜片上，硅膜片就会产生变形，应变电阻的阻值就会发生变化，电桥输出电压随之变化。当节气门开度增大（即进气流量增大）时，空气流通截面积增大，气流速度降低，进气压力升高，膜片的变形量增大，应变电阻增大，电桥输出的电压升高，传感器输入电子控制单元（ECU）的信号电压升高。反之，信号电压降低。

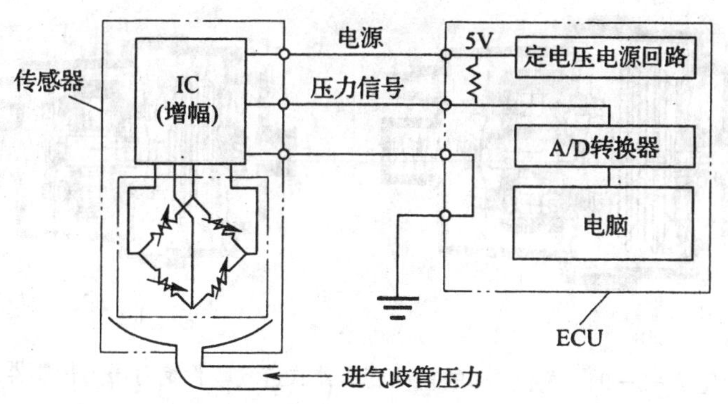

图 2—3—7　压敏电阻式歧管压力传感器电路原理

2. 电容式进气歧管绝对压力传感器

(1) 结构

电容膜盒式进气歧管绝对压力传感器如图 2—3—8 所示，由两片用绝缘垫平行隔开的氧化铝膜片形成电容。在铝片的内表面贴有两片极薄的硅片，分别用一根引线与传感器混合集成电路中的振荡电路相连，氧化铝膜片与绝缘垫围成的空腔抽成真空，构成真空腔的膜盒提供绝对压力基准。该盒装在与进气管相通的容器内。

(2) 工作原理

电容膜盒式进气歧管绝对压力传感器是利用电容依膜片上下的压力差而改变的性质，获得与压力成正比的电容值信号。两个极板之间的电容与其两极板之间的间隙成反比（在其他参数不变的条件下）。

当进气歧管压力发生变化时，极板氧化铝片弯曲变形，极板的间隙发生变化，其电容随之变化，从而获得与压力成正比的电容值信号，而电容作为谐振电路的一部分。因此当进气压力发生变化而引起电容发生变化时，谐振频率也发生相应的变化，其输出信号的频率与进气压力成正比。其频率在80～120 Hz 内变化。ECU 根据信号的频率便可算出进气歧管的绝对压力。

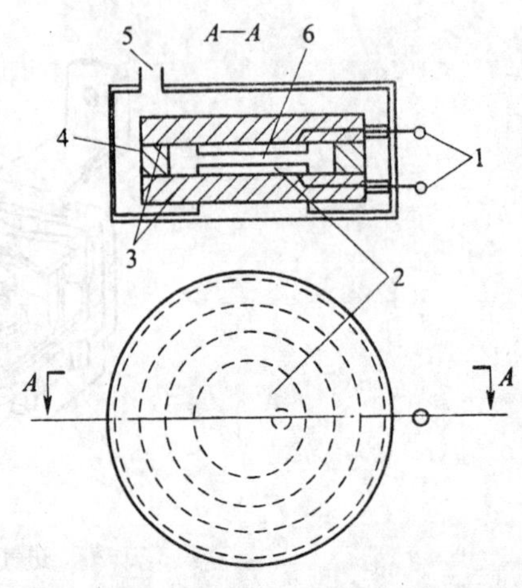

图 2—3—8 电容膜盒式进气压力传感器

1—引线 2—硅片 3—氧化铝片 4—绝缘垫 5—通进气歧管 6—真空腔

3. 膜盒传动的差动变压器式进气歧管绝对压力传感器

(1) 结构

膜盒传动的差动变压器式进气歧管绝对压力传感器的结构如图 2—3—9 所示，主要由膜盒、铁心、感应线圈和电子电路等组成。膜盒是由薄金属片焊接而成，其内部被抽成真空，外部与进气歧管相通，膜盒外表压力变化将使其产生膨胀和收缩的变化。置于变压器感应线圈内部的铁心与膜盒联动。

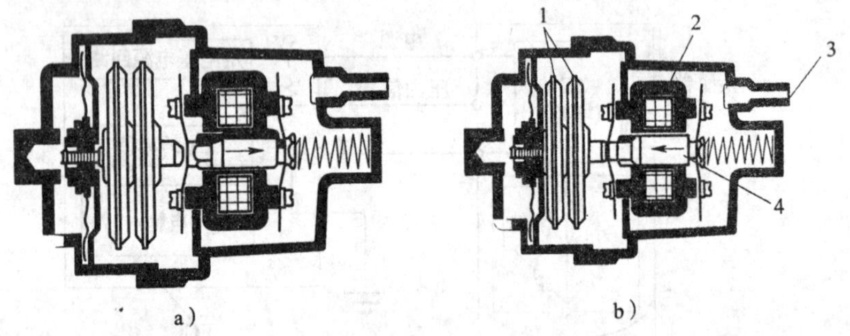

图 2—3—9 膜盒传动的差动变压器式进气歧管绝对压力传感器结构

a) 进气歧管绝对压力大时的工作状态 b) 进气歧管绝对压力小时的工作状态

1—膜盒 2—感应线圈 3—至进气歧管 4—铁心

感应线圈由两个绕组构成，如图 2—3—10 所示。一个为一次绕组与振荡电路相连，产生交流电压，在线圈周围产生磁场；另一个为感应绕组，感应绕组有两个二次绕组且两个二次绕组反相串联。

(2) 工作原理

当铁心在中间位置时（即在发动机无负荷时），两个二次绕组产生的电动势大小相等，由于它们反相串联电压相反，输出的电压为零（两个电动势之差）。

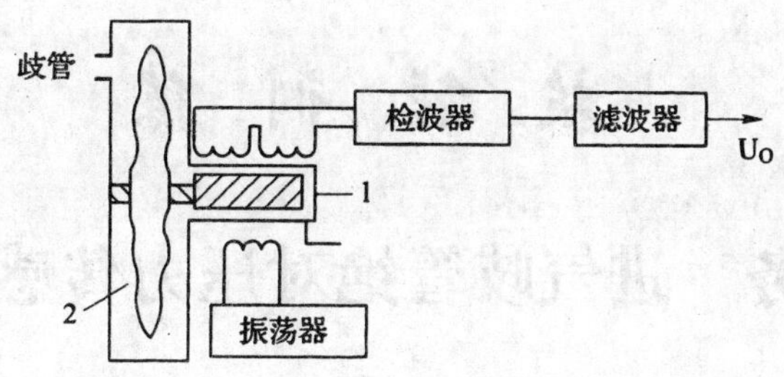

图 2—3—10　差动变压器式进气歧管绝对压力传感器的感应线圈原理

1—铁心　2—膜盒

当节气门开启时（即发动机有负荷时），进气歧管内气体的绝对压力增加即真空度减小，真空膜盒被压缩，把动铁心从中间向一端移动，此时一个线圈产生的感应电动势将大于另一个线圈，经整流滤波后这一电压差即为输出信号电压。负荷越大，铁心移动距离也越大，两个二次绕组中的电动势相差越大，即输出越大。再将这个随进气歧管压力变化而变化的输出交流电压，经整流滤波后，送至发动机控制单元计算发动机进气量。

四、大气压力传感器

大气压力传感器（BARO）的作用是向发动机控制单元传送一个海拔高度修正信号。通过检测大气压力，确定车辆所处位置的海拔高度以及车辆爬山时的相对海拔高度，并把其转化为电信号输入给 ECU，用于修正喷油和点火控制（用于采用翼片式、卡门旋涡式、压力传感器式空气流量计的电控系统中）。

1. 安装位置

大气压力传感器常安装在空气流量传感器上、前保险杠内或 ECU 内部等位置。如图 2—3—11 所示为安装在发动机集中控制电脑 ECM/PCM（发动机控制模块/动力系统控制模块）内的大气压力传感器。有的车辆用进气管压力传感器在点火开关打开瞬间的信号来提供大气压力信号，故取消了大气压力传感器。

图 2—3—11　大气压力传感器的安装位置

2. 结构和原理

大气压力传感器与歧管绝对压力传感器的结构与原理相同，作用不同。

技能训练

实训任务　进气歧管绝对压力传感器的检测

一、实训准备

1. 工具：常用工具一套、万用表、KT600 汽车诊断仪、电路图或维修手册、实训报告。

2. 设备：丰田威驰 GL 型发动机实训台架一台或丰田威驰 GL 轿车整车一辆。

二、实训要求

1. 进一步了解进气歧管绝对压力传感器的结构与工作原理。

2. 掌握进气歧管绝对压力传感器的故障分析与诊断方法。

3. 完成实训报告。

三、实训步骤

1. 丰田威驰发动机进气歧管绝对压力传感器的结构

如图 2—3—12 所示，进气歧管绝对压力传感器安装发动机上方的支架上，通过真空软管与进气歧管绝对压力传感器相连。

图 2—3—12　丰田威驰发动机进气歧管绝对压力传感器

2. 丰田威驰发动机进气歧管绝对压力传感器的电路（图 2—3—13）

该进气歧管绝对压力传感器插头端子为 3 线，其中 3 号端子通过 ECU 提供的 5 V 供电，1 号端子通过 ECU 的 9 号端子搭铁，2 号端子为传感器的信号线。

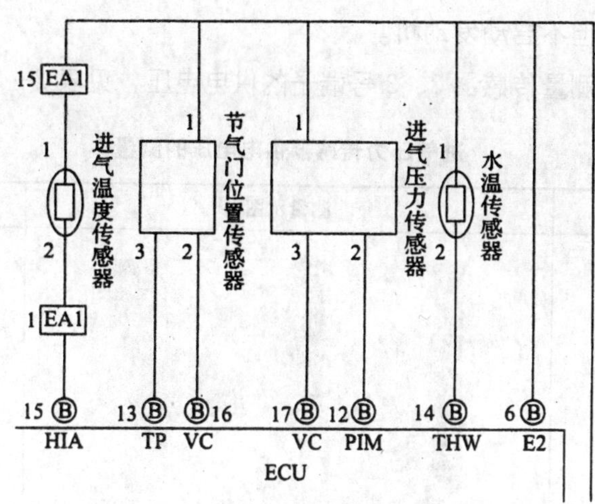

图 2—3—13 丰田威驰发动机进气歧管绝对压力传感器的电路

3. 检测流程

(1) 数据流测试

使用 KT600 读取发动机有无故障代码。进气歧管绝对压力传感器故障代码见表 2—3—2。

表 2—3—2 进气歧管绝对压力传感器故障代码

故障代码	故障含义
P0105	空气压力传感器线路不良或无讯号输出
P0106	空气压力传感器系统电压值不正确或启动起动机时当发动机发动后 MAP 讯号相同
P0107	空气压力传感器系统输入电压太低
P0108	空气压力传感器系统输入电压太高

发动机怠速运转，使用 KT600 进入发动机控制系统测量动态数据，进气歧管压力应为 33～40 kPa。急加速时应高于 84～94 kPa，急减速时应低于 17 kPa。

歧管压力传感器所测量的压力是发动机节气门后方的进气歧管内的绝对压力。在发动机运转时该压力的大小取决于节气门的开度和发动机的转速。在相同转速下，节气门开度越小，进气歧管的压力就越低（即真空度越大）；在相同节气门开度下，发动机转速越高，该压力就越低。涡轮增压发动机的进气歧管压力在增压器起作用时则大于 102 kPa（大气压力）。在发动机熄火状态下，进气歧管压力应等于大气压力，该参数的数值应为 100～102 kPa。怠速时进气歧管真空度应为 57.33～70.66 kPa。

(2) 进气管压力传感器插头端子的测量

1) 关闭点火开关，拔下进气歧管绝对压力传感器插头。如图 2—3—14 所示，测量 1 号端子搭铁电阻应小于 0.5 Ω。

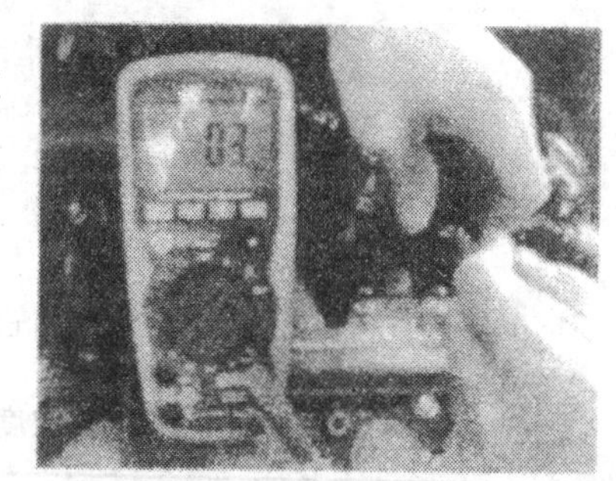

图 2—3—14 进气歧管压力传感器搭铁端子的测量

2）打开点火开关但不启动发动机。

3）用万用表分别测量传感器 2、3 号端子的供电电压，见表 2—3—3。

表 2—3—3　　进气压力传感器供电电压的测量

测量端子	测量示图	实训测量值
测量 2 号端子信号电压	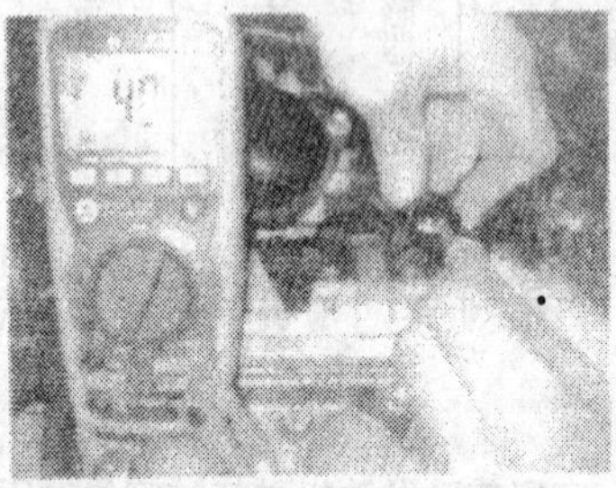	信号电压应为 5 V 左右
测量 3 号端子供电电压		供电电压应为 5 V

4）关闭点火开关，插回插头。如图 2—3—15 所示，拆下进气歧管处的真空软管，并接在真空枪上，接通点火开关，用真空枪对传感器施以 13.3～66.7 kPa 的负压，用万用表测量传感器 2 号端子的信号电压应符合表 2—3—4。

图 2—3—15　进气歧管压力传感器真空软管与真空枪的连接

表 2—3—4　　不同真空度下的标准进气歧管绝对压力传感器信号

真空度/kPa	13.3	26.7	40.0	53.5	66.7
信号电压/V	0.3～0.5	0.7～0.9	1.1～1.3	1.5～1.7	1.9～2.2

§ 2—4　温度传感器

学习目标

1. 掌握温度传感器的种类和作用。
2. 掌握温度传感器的工作原理。
3. 掌握温度传感器的检测方法。

为了判定发动机的热状态，计算进气质量、流量以及排气净化处理，汽油机电控系统中需设置能够连续精确地测量冷却液温度、进气温度与排气温度的传感器。

一、温度传感器的种类

温度传感器有绕线电阻式、热敏电阻式、扩散电阻式、半导体晶体管式、金属芯式、热电偶式等。目前，在进气温度和冷却液温度传感器中应用较多的是热敏电阻式温度传感器。

热敏电阻是由半导体材料制成的一种电阻值随电阻体的温度变化而显著变化的热敏器件。在工作范围内，按半导体的电阻与温度的特性关系，热敏电阻可分为 3 种类型，如图 2—4—1 所示。

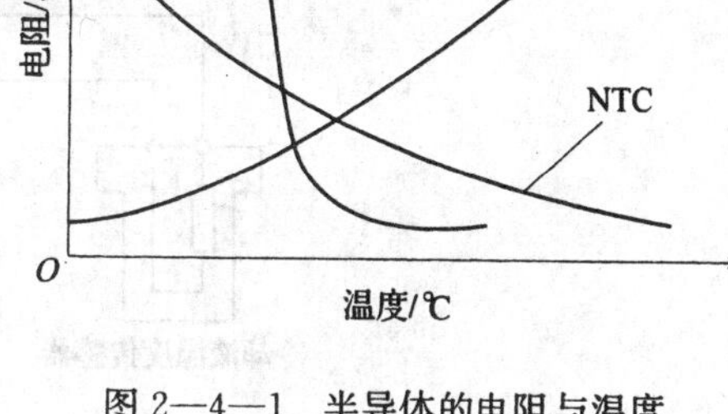

图 2—4—1　半导体的电阻与温度的三种特性关系

（1）负温度系数型热敏电阻（NTC）

该电阻在工作范围内，温度上升电阻减小。

（2）正温度系数型热敏电阻（PTC）

该电阻在工作范围内，当超过一定的温度时，它的电阻值随着温度的升高呈阶跃性的增高，温度越高，电阻值越大。

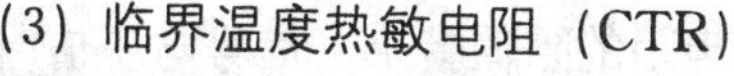

（3）临界温度热敏电阻（CTR）

其特性是在某一特定温度下电阻值会发生突变，也属于负温度系数型热敏电阻，主要用于温度开关类的控制。

在进气温度和冷却液温度传感器中应用较多的是负温度系数型热敏电阻（NTC）式温度传感器。

二、冷却液温度传感器

1. 功用

冷却液温度传感器用于检测发动机冷却液温度，以判定发动机的热状态，并将其转换成电信号输送给 ECU，作为控制燃油喷射、点火时刻、怠速和尾气排放控制的重要修正信号。

2. 结构

冷却液温度传感器安装于发动机缸体、缸盖的出水口或节温器外壳上。其外形与结构如图 2—4—2 所示。

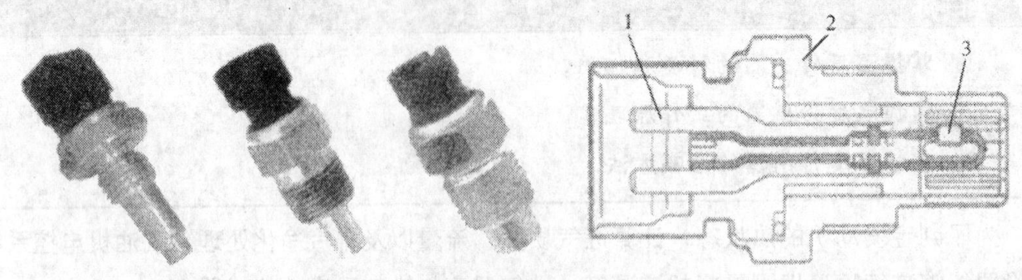

图 2—4—2 冷却液温度传感器结构

1—连接导线 2—紧固螺母 3—热敏电阻

3. 电路连接与工作过程

冷却液温度传感器与 ECU 的电路连接如图 2—4—3 所示。通过两根导线与 ECU 相连，一根为搭铁线（通过 ECU 搭铁），另一根为电源信号线，由 ECU 提供 5 V 参考电压，5 V 参考电压经 ECU 内部的分压电阻后反馈温度电压信号。

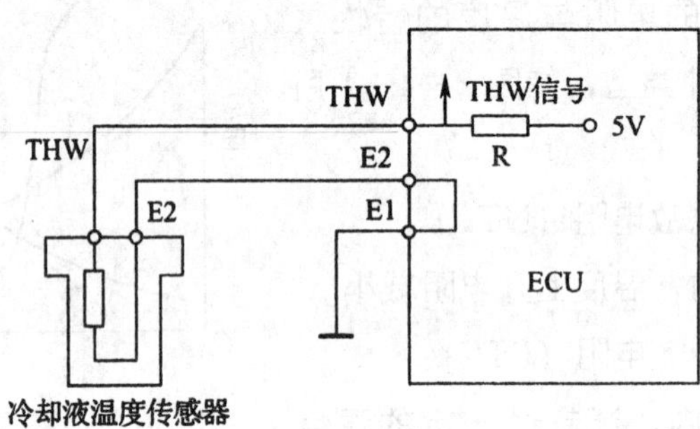

图 2—4—3 冷却液温度传感器及其与 ECU 的电路连接

传感器的感温元件采用负温度系数型热敏电阻，即当冷却液温度低，热敏电阻的阻值就大，信号电压值就高；反之，当冷却液温度升高时，热敏电阻的阻值就小，信号电压值就低。

当信号电压值高时，则 ECU 就判定冷却液温度低，发动机处于冷启动或暖机工况，此时燃油蒸发性差，ECU 应增加喷油量，使混合气的浓度增大，以改善发动机的冷机运转性能。当信号电压值低时，则说明冷却液温度已升高，发动机已结束冷启动或暖机过程，ECU 即减小喷油量，使混合气的浓度降低，按其他工况控制混合气的浓度。如 THW 信号中断后冷车时启动困难，发动机暖机工作不良，油耗升高，排放值不正常。

三、进气温度传感器

1. 功用

进气温度传感器用于检测进气温度，给 ECU 提供进气温度信号，作为燃油喷射和点火正时控制的修正信号。由于进气空气密度是随温度和压力的变化而变化，因此，无论是采用进气歧管绝对压力传感器，还是采用体积流量型的空气流量计，为了精确计算进气质量都需要测量进气温度并将所测温度转换成电信号输送给 ECU，作为喷油量、点火时刻控制的修正信号。

2. 结构

进气温度传感器如图 2—4—4 所示，结构与冷却液温度传感器相同。其安装位置有以下 3 种。

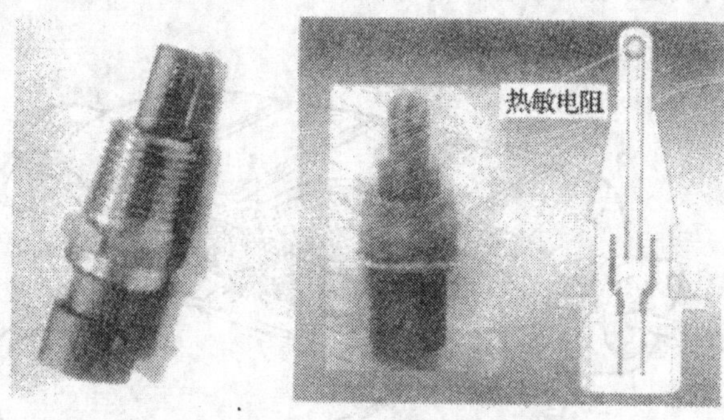

图 2—4—4　进气温度传感器结构

(1) 在 D 型 EFI 系统中，它安装在空气滤清器之后的进气软管上。

(2) 在 L 型 EFI 系统中，它安装在空气流量传感器内。

(3) 安装在进气歧管绝对压力传感器内。

3. 电路连接与工作过程

进气温度传感器与 ECU 的电路连接如图 2—4—5 所示，通过两根导线与 ECU 相连，一根为搭铁线（通过 ECU 搭铁），另一根为电源信号线，由 ECU 提供 5 V 参考电压，5 V 参考电压经 ECU 内部的分压电阻后反馈温度电压信号。

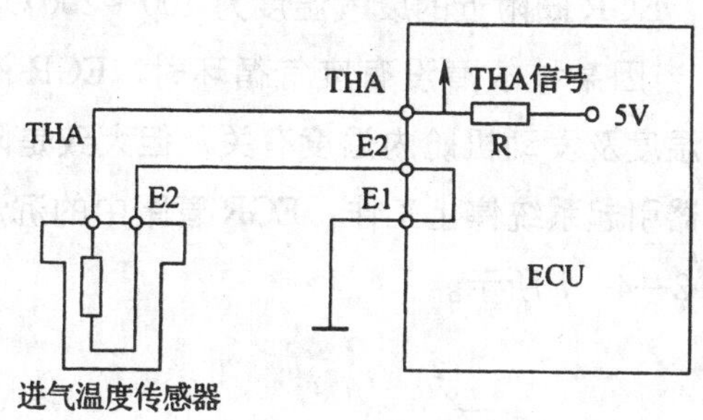

图 2—4—5　进气温度传感器及其与 ECU 的电路连接

传感器的感温元件液采用负温度系数型热敏电阻。为了正确地检测进气温度，一般用塑料制成外壳，将进气温度传感器保护起来，以防止安装部位的温度影响传感器。其结构、工作原理和输出特性均与冷却液温度传感器相同。

信号中断影响不明显。此传感器功能相比冷却液温度传感器弱得多。

四、排气温度传感器

排气温度传感器又称催化剂温度传感器，其作用是为了排气净化处理，精确地测量排气的温度，在催化剂变换器异常发热时，能够快速地发出报警信号，以便保护催化剂变换器并防止高温引发故障。同时当排气系统部件（排气管、氧传感器和催化反应器）的温度超过许用温度时，将空燃比设定在较小的浓混合气范围。混合气浓，则燃烧温度下降，排气温度也下降。排气温度传感器损坏后一般反应不明显，只在很少车上才装有排气温度传感器。

排气温度传感器安装在汽车尾气催化转换器上（图 2—4—6）或催化剂变换器的后面。它用来检测转化器内的排气温度。

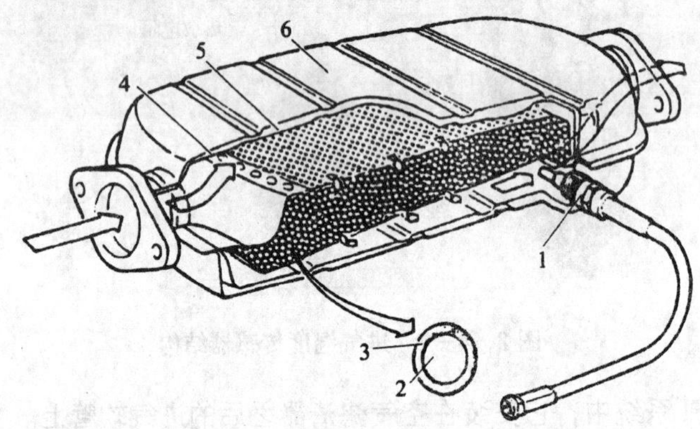

图 2—4—6　排气温度传感器的安装位置

1—气体温度传感器　2—氧化铝　3—催化剂　4—壳体　5—隔热材料　6—外罩

五、EGR 监测温度传感器

EGR 监测温度传感器的作用是检测 EGR 阀下游的再循环气体的温度变化情况，由此来监测 EGR 阀的工作状况。

在普通的行车条件下，EGR 阀附近的废气温度为 100～200℃，在高速、重负荷的条件下，升高到 300～400℃。当因某种故障没有废气循环时，EGR 阀附近的废气温度立刻下降，温度值与当时的进气温度及发动机舱内温度有关，但大致是降到 50℃以下。没有废气循环的原因可能有：控制器引起系统停止工作；EGR 管路中的沉淀物堵塞了通路。EGR 监测温度传感器的结构如图 2—4—7 所示。

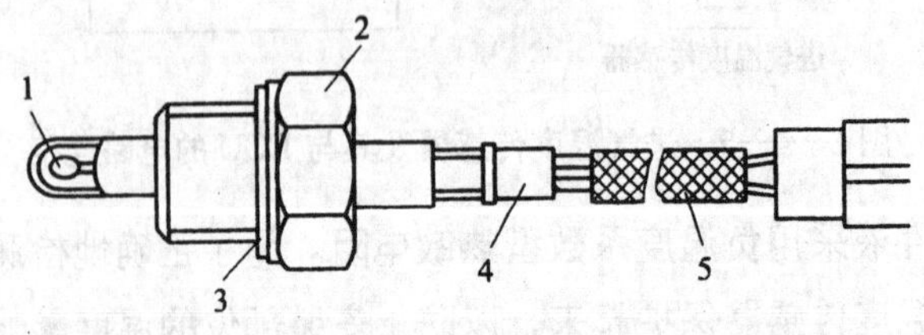

图 2—4—7　EGR 监测温度传感器的结构

1—热敏电阻　2—紧固螺母　3—垫圈　4—辅助环　5—引线

EGR 监测温度传感器安装于 EGR 阀的下游，如图 2—4—8 所示。

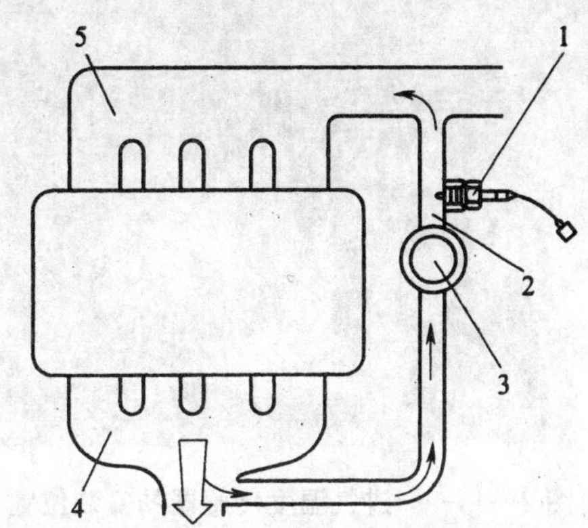

图 2—4—8　EGR 监测温度传感器的安装位置

1—EGR 温度传感器　2—EGR 管路　3—EGR 阀　4—排气歧管　5—进气歧管

技 能 训 练

实训任务　丰田威驰 GL 型发动机温度传感器的检测

一、实训准备

1. 工具：常用工具一套、万用表、KT600 汽车诊断仪、电路图或维修手册、实训报告。

2. 设备：丰田威驰 GL 型发动机实训台架一台或丰田威驰 GL 轿车整车一辆。

二、实训要求

1. 进一步了解进气温度、冷却液温度传感器的结构与工作原理。
2. 掌握进气温度、冷却液温度的数据流读取方法及故障分析与诊断方法。
3. 完成实训报告。

三、实训步骤

1. 进气温度传感器的测试

(1) 丰田威驰发动机进气温度传感器的安装位置

如图 2—4—9 所示，进气温度传感器安装在发动机上空气滤清器后方的进气软管上。

(2) 丰田威驰发动机温度传感器的电路（图 2—4—10）

该进气温度传感器与 ECU 采用 2 线连接，其中传感器 2 号端子由 ECU 经内部分压电阻后提供 5V 供电，1 号端子通过 ECU 的 6 号端子搭铁。

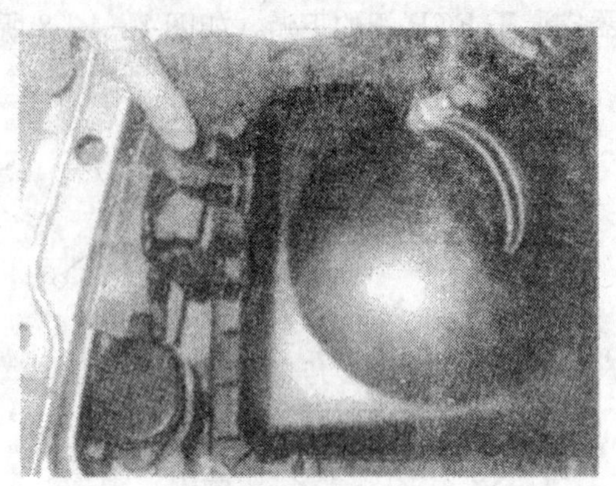

图 2—4—9 进气温度传感器的安装位置

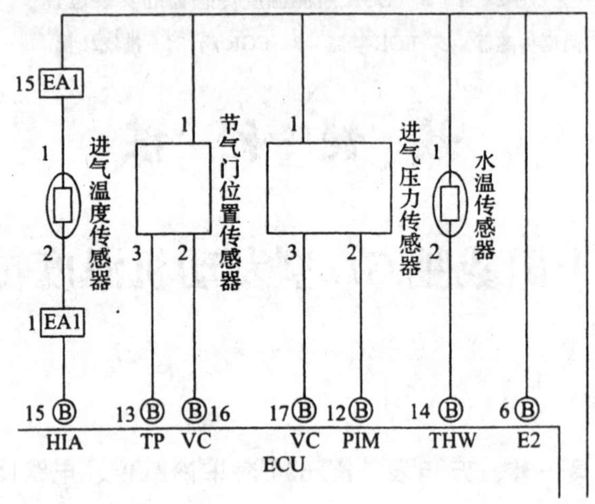

图 2—4—10 丰田威驰发动机温度传感器的电路

(3) 检测流程

1) 数据流测试

①进气温度传感器具有自诊断功能，当进气温度传感器出现故障时，发动机 ECU 能够检测到故障信息，并设置故障代码。使用 KT600 读取发动机有无故障代码，进气温度传感器故障代码见表 2—4—1。

表 2—4—1 **进气温度传感器故障代码**

进气温度故障代码	故障代码含义
P0110	进气温度传感器线路间歇性不良
P0111	进气温度传感器线路（讯号值）错误
P0112	进气温度传感器线路电压太低
P0113	进气温度传感器线路输入电压太高
P0114	进气温度传感器线路间歇故障

注意：

如果出现故障，可以以替代值（取决于冷却液温度）继续进行驾驶。如果信号再次变为合理，则系统切换回来自进气温度传感器的信号。

②在发动机怠速工况下，使用KT600测量动态数据，检查进气温度数据是否合理，该参数应和发动机舱环境温度相符。如果数据不真实（显示－40℃、显示120℃或显示20℃不变），则说明传感器或ECU有故障，应检查传感器插头上的端子、传感器及传感器与ECU间的线路是否正常。

2）进气温度传感器插头端子的测量

①关闭点火开关，拔下进气温度传感器插头。

②打开点火开关，但不启动发动机。

③用万用表电压挡测量进气温度传感器2号端子的电压应为5 V左右。关闭点火开关，用万用表电阻挡测量进气温度传感器1号端子与搭铁间的电阻应为0.8 Ω左右。

④如果1号端子无电阻或2号端子无电压，则应检测进气温度传感器插头1号端子与ECU的C6端子间是否导通，进气温度传感器插头2号端子与ECU的C15端子间是否导通，它们之间的电阻应小于0.5 Ω。

3）进气温度传感器电阻的测量。关闭点火开关，拔下进气温度传感器导线连接器，并将传感器拆下。如图2—4—11所示，用电热吹风器、红外线灯或热水加热进气温度传感器。用万用表电阻挡测量在不同温度下两端子间的电阻值，将测得的电阻值与标准数值进行比较。如果与标准值不符，则应更换，进气温度传感器电阻检测标准见表2—4—2。

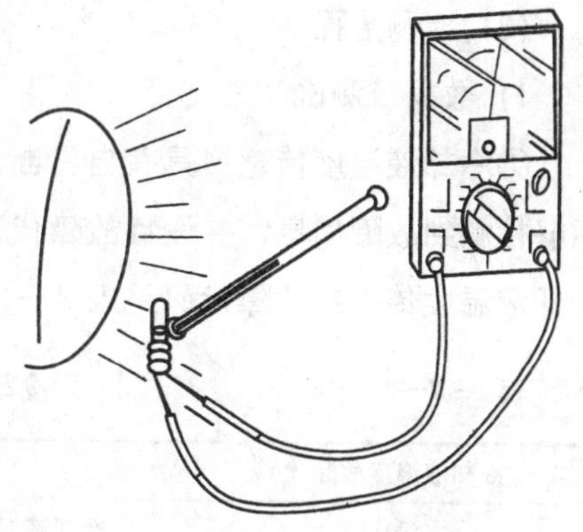

图2—4—11　进气温度传感器电阻的测量

表2—4—2　进气温度及冷却液温度传感器电阻检测标准

冷却液温度/℃	电阻值/kΩ	冷却液温度/℃	电阻值/kΩ
－20	10～20	40	0.9～1.3
0	4.0～7.0	60	0.4～0.7
20	2.0～3.0	80	0.2～0.4

2. 冷却液温度传感器的测量

(1) 丰田威驰发动机冷却液温度传感器的安装位置

如图2—4—12所示，冷却液温度传感器安装在发动机气缸盖的出水口附近。

(2) 丰田威驰发动机冷却液温度传感器的电路

如图2—4—12所示，该冷却液温度传感器采用三针复合水温传感器，既提供给ECU水温信号，又提供给水温仪表温度信号，但它们之间是两个相互独立的热敏电阻（两针水温一般仅提供给 ECU 水温信号）。其中传感器 2 号端子由 ECU 经内部分压电阻后提供 5 V 供电，1 号端子通过 ECU 的 6 号端子搭铁。3 号端子来自仪表板。

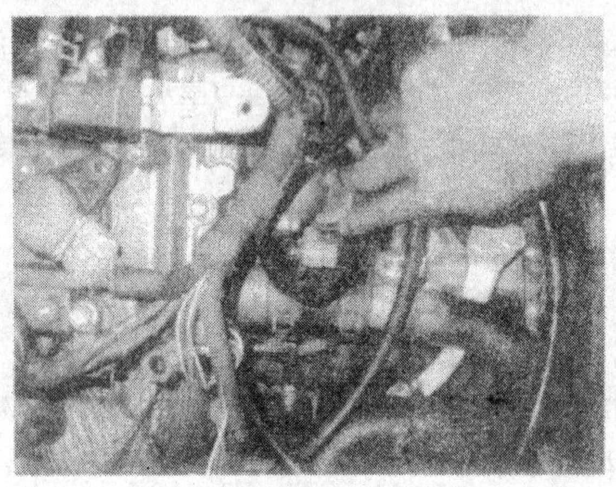

图 2—4—12 冷却液温度传感器的安装位置

(3) 检测流程

1) 数据流测试

①冷却液温度传感器具有自诊断功能，当冷却液温度传感器出现故障时，发动机 ECU 能够检测到故障信息，并设置故障代码。使用 KT600 读取发动机有无水温传感器故障代码，冷却液温度传感器故障代码见表 2—4—3。

表 2—4—3 冷却液温度传感器故障代码

冷却液温度故障代码	故障代码含义
P0115	冷却液温度传感器线路不良
P0116	冷却液温度传感器线路（讯号）错误
P0116	发动机发动 20 min 以上，温度仍在 30℃以下（TOYOTA）
P0117	冷却液温度传感器电压太低
P0118	冷却液温度传感器电压太高
P0119	冷却液温度传感器电压线路间歇故障

注意：

若冷却液温度传感器或其电路发生故障时，失效保护系统给 ECU 提供设定的冷却液温度信号，通常按冷却液温度为 80℃控制发动机工作，防止混合气过浓或过稀。正常发动机风扇由发动机在散热器上的冷却液温度开关或空调的压力开关控制，有的车还能在冷却液温度传感器断路时，由发动机的计算机控制打开冷却风扇 2 挡，并保证发动机运行时一直工作，从而避免发动机过热。

②在发动机怠速工况下，使用 KT600 测量动态数据，检查进气温度数据是否合理，该参数应和发动机实际温度相符，并随着发动机温度的上升而上升。如果数据不真实（显示 −40℃、显示 120℃或显示 20℃不变）则说明传感器或微机有故障，应检查传感器插头上的端子、传感器及传感器与 ECU 间的线路是否正常。

2）冷却液温度传感器插头端子的测量

①关闭点火开关，拔下冷却液温度传感器插头。

②打开点火开关，但不启动发动机。

③用万用表电压挡测量冷却液温度传感器 2 号端子的电压应为 5 V 左右。关闭点火开关，用万用表电阻挡测量冷却液温度传感器 1 号端子与搭铁间的电阻应小于 0.5 Ω。

④如果 1 号端子无电阻或 2 号端子无电压，则应检测冷却液温度传感器插头 1 号端子与 ECU 的 C6 端子间的导通，冷却液温度传感器插头 2 号端子与 ECU 的 C14 端子间的导通，它们之间的电阻应小于 0.5 Ω。

3）冷却液温度传感器电阻的测量。关闭点火开关，拔下冷却液温度传感器导线连接器，并将传感器拆下。如图 2—4—11 所示，用电热吹风器、红外线灯或热水加热冷却液温度传感器。用万用表电阻挡测量在不同温度下两端子间的电阻值，将测得的电阻值与标准数值进行比较。如果与标准值不符，则应更换。冷却液温度传感器电阻检测标准见表 2—4—2。

§2—5　节气门体及节气门位置传感器

学习目标

1. **掌握节气门体的结构与功用。**
2. **掌握节气门位置传感器的类型。**
3. **掌握节气门位置传感器的检测。**

一、节气门体

1. 节气门体在汽油机控制系统中的作用

其作用是驾驶员通过操作加速踏板来控制节气门开度的大小，改变进气通道截面积的大小，来控制发动机的运行工况，并通过节气门位置传感器检测发动机的运行工况。

2. 节气门体的分类

节气门体按加速踏板和节气门的连接方式可分为两种：刚性连接和柔性连接。

传统油门采用刚性连接，即通过拉杆或拉索传动连接加速踏板和节气门的机械连接方式，因此节气门开度完全取决于加速踏板的位置，即驾驶员的操作意图。但从动力性和经济性角度来看，发动机并不总是完全处于最佳运行工况，而且驾驶员的误操作也会给安全性带来隐患。机械节气门体的结构及组成见表2—5—1。

表2—5—1　　机械节气门体的结构及组成

机械节气门体	序号	组成
 1 2 3 4	1	节气门阀片
	2	节气门位置传感器
	3	怠速电动机
	4	节气门
	5	节气门拉臂

柔性连接方式取消了传统机械连接的油门拉线，节气门开度通过电控单元控制，因此又称为电子节气门系统（ECT)。电子节气门体的结构及组成见表2—5—2。

表2—5—2　　电子节气门体的结构及组成

电子节气门体	序号	组成
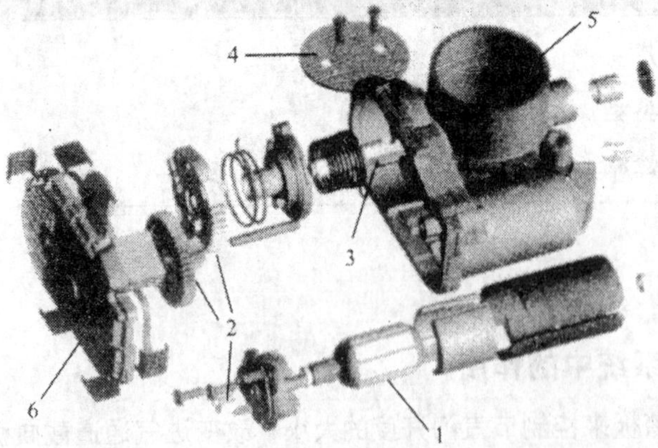 5 4 3 2 6 1	1	节气门电动机
	2	减速齿轮
	3	节气门轴
	4	节气门
	5	节气门体
	6	节气门位置传感器

二、节气门位置传感器的作用

节气门位置传感器安装在节气门体上，如图2—5—1所示，与节气门轴保持联动。其功用是将节气门开度转变为电信号输入ECU，ECU根据节气门位置信号判别发动机的工况，用于控制燃油喷射、点火控制及其他辅助系统控制等。节气门位置传感器的主要控制功能见表 2—5—3。

图 2—5—1 节气门位置传感器安装位置

表 2—5—3 节气门位置传感器的主要控制功能

节气门位置传感器的作用	控制功能
ECU 根据节气门位置传感器信号电压高低感应节气门的开启度，判断发动机的怠速工况、部分负荷工况及大负荷（节气门接近全开）工况。同时 ECU 可根据节气门位置传感器信号电压的变化速率，判断发动机的加速工况、减速工况等	怠速工况、部分负荷工况及大负荷工况下的空燃比控制及开闭环控制
	确定加速时的修正系数、减速时的修正系数、急加速时的异步喷射量（承担“电子加速泵”的作用）及急减速断油控制
	怠速控制功能
	基本点火提前角控制功能
	起步加速控制功能
	断油清缸控制功能
	用于废气再循环控制、燃油蒸发控制、空调系统控制、巡航控制及牵引力控制等
	用于与空气流量计信号进行对比检查，当空气流量计信号不准时，由该信号与转速配合，作为 ECU 控制喷油量的条件参数

三、节气门位置传感器的结构与分类

节气门位置传感器按总体结构分为触点开关式、线性可变电阻式、触点与可变电阻组合式三种；按输出信号的类型分为开关量输出型和线性（可变电阻）输出型两种。

1. 开关量输出型节气门位置传感器

如图 2—5—2 所示，开关量输出型节气门位置传感器是双触点电开关。由检测怠速位置的怠速触点 IDL 以及检测全负荷位置的全开触点 PSW 和可动触点构成，形成两副触点，一副是怠速触点，另一副是全负荷触点。这两副触点的开关状态，由一个和节气门同轴的凸轮控制两开关触点的开启和闭合。

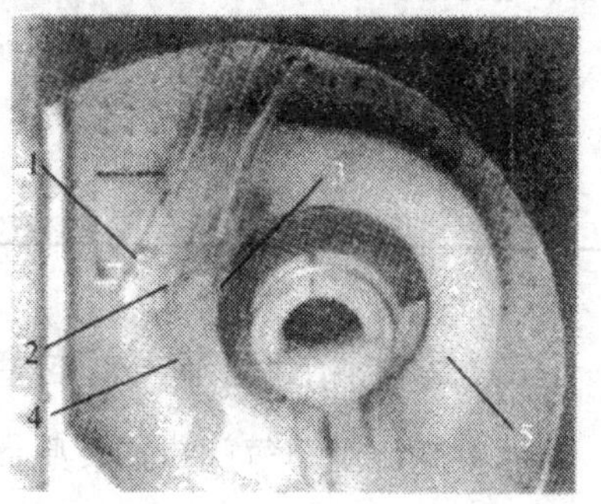

图 2—5—2 开关量输出型节气门位置传感器结构

1—怠速触点 IDL 2—可动触点 3—全开触点 PSW 4—导向凸轮槽 5—凸轮

工作原理见表2—5—4。这种传感器只用于使用翼片式空气流量传感器的燃油喷射系统，利用翼片式空气流量传感器中电位器的“加速率”和“减速率”的输出功能，触发ECU浓度调节单元，发出加浓或断油指令。

表2—5—4　　节气门位置传感器的工作原理

状态	示图	工作原理
当节气门关闭时	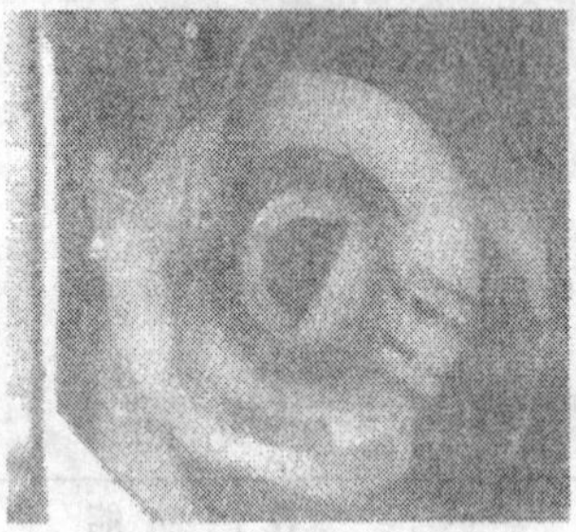	可动触点与怠速触点接触，功率触点断开，产生怠速触点IDL为ON的信号，ECU可检测节气门的全关闭状态，使怠速控制阀IAC启动工作或急减速断油
当节气门开度增大时	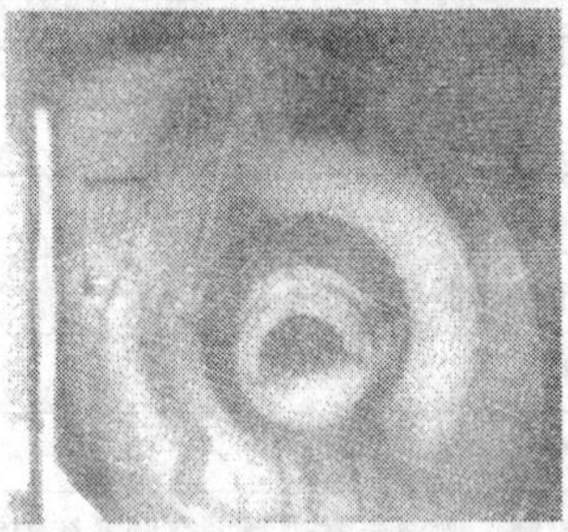	凸轮随节气门轴转动并将怠速触点顶开，可动触点与任何一个触点都不接触，ECU即可判断发动机处于中小负荷工况
当节气门接近全部开启时	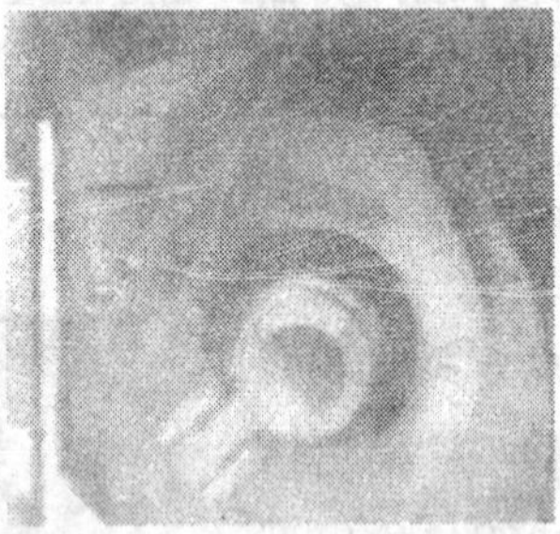	凸轮转动使功率触点闭合，怠速端子保持断开。产生功率触点PSW为ON的信号，ECU可检测节气门大开度状态，触发ECU的浓度调节单元，使空燃比变小，混合器加浓

2. 线性输出型节气门位置传感器

线性输出型节气门位置传感器安装在节气门上，ECU通过节气门位置传感器，可以获得表示节气门由全闭到全开连续变化的所有开启角度的电压信号，以及节气门开度的变化速率，从而更精确地判定发动机的运行工况。

线性输出型节气门位置传感器的结构和电压输出特性如图2—5—3所示。它的两个触点（或称触头）与节气门轴联动，一个触点可在电阻上滑动，利用电阻的变化将节气门位置信号转换成电压值，这个电压呈线性变化，所以传感器叫做线性输出型节气门位置传感器。根据这个线性电压值，ECU可感知节气门的开度，使ECU进行喷油量修正。而另一个触点在节气门全关闭时与怠速触点IDL接触，IDL信号用来断油和控制点火提前角。线性输出型节气门位置传感器又叫做可变电阻式或滑动电阻式传感器，它与ECU的连接电路如图2—5—4所示。

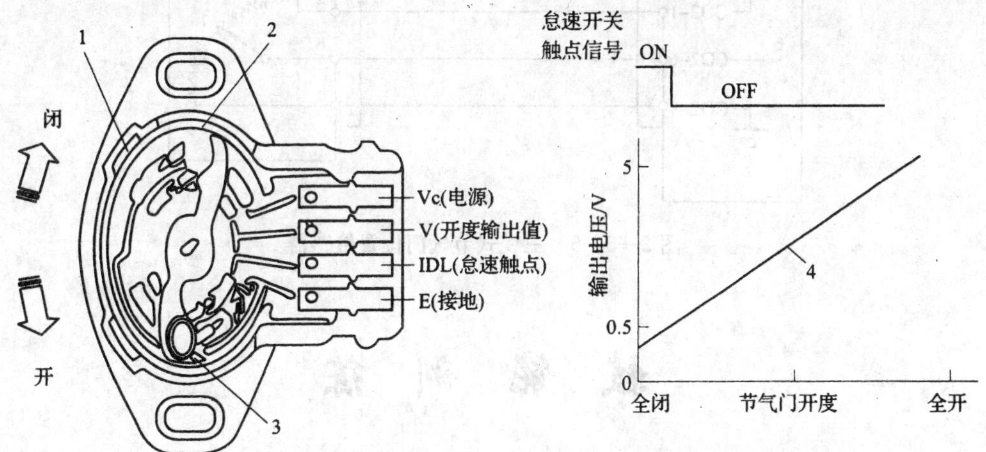

图2—5—3 线性输出型节气门位置传感器的结构和电压输出特性

1—电阻体 2—节气门检测用炭刷 3—节气门全闭检测用炭刷 4—开度输出值

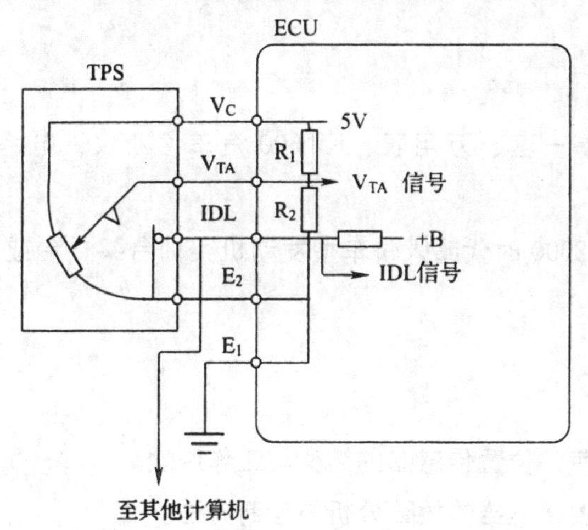

图2—5—4 线性输出型节气门位置传感器与ECU的电路连接

如图2—5—4所示，检测节气门开度信号用的滑动触点可在电阻体上滑动，利用变化的电阻值，测得与节气门开度成正比的线性输出电压V_{TA}信号。根据输出电压值，ECU可知节气门开度及节气门开度的变化率，从而精确地判断发动机的运行工况，提高控制精度和效果。检测怠速信号用的滑动触点是常开触点，只有在节气门全关闭时才与怠速触点IDL闭合，产生IDL信号，主要用于怠速控制、断油控制和点火提前角的修正。

目前，常用的线性输出型节气门位置传感器是三线式结构，如图2—5—5所示。该传感器的节气门全关闭信号即IDL信号由b端子输出信号的最小电压值决定。

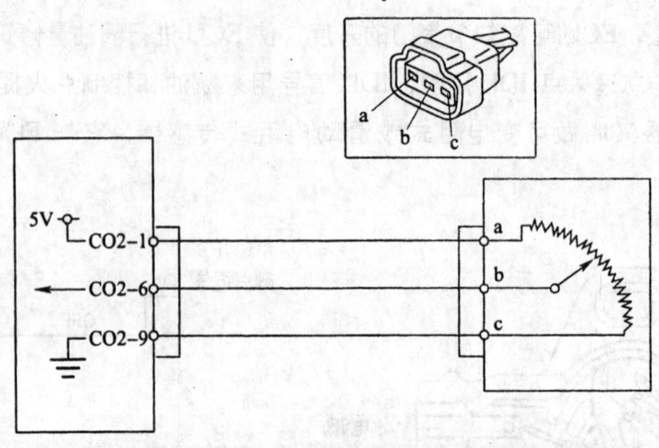

图 2—5—5　三线式节气门位置传感器

技能训练

实训任务一　桑塔纳 2000 时代超人轿车节气门位置传感器的检测

一、实训准备

1. 工具：常用工具一套、万用表、KT600 汽车诊断仪、电路图或维修手册、实训报告。

2. 设备：桑塔纳 2000 时代超人轿车型发动机实训台架一台或桑塔纳 2000 时代超人轿车整车一辆。

二、实训要求

1. 进一步了解节气门位置传感器的结构与工作原理。
2. 掌握节气门位置传感器的故障分析与诊断方法。
3. 完成实训报告。

三、实训步骤

1. 节气门体的结构

1997—2005 年间国产大众汽车的节气门部分是拉索控制，部分是没有拉索的电子节气门控制。把带拉索控制的节气门体称为半电子节气门体。如图 2—5—6 所示，它由电动机、两级降速齿轮、怠速节气门电位器、节气门电位器（TPS）、怠速触点（IDL）、应急弹簧等组成。

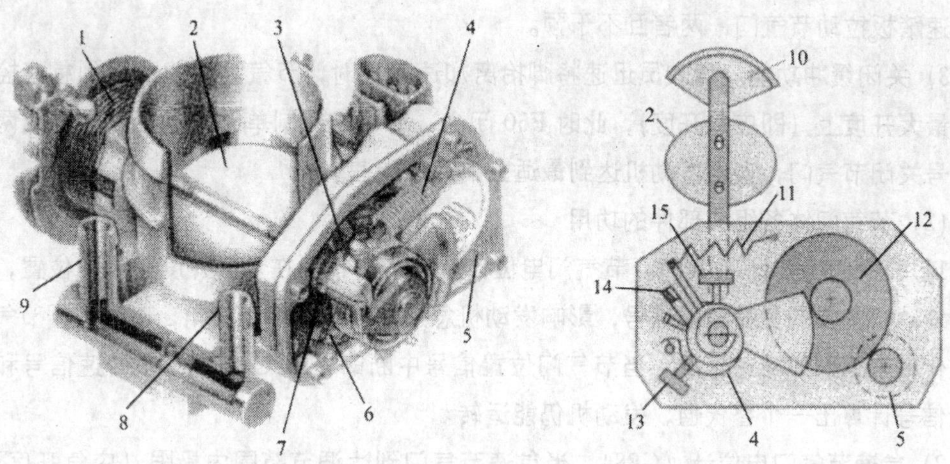

图 2—5—6　大众半电子节气门体

1—扭簧　2—节气门　3、15—怠速节气门电位器　4—复位弹簧　5—电动机
6、13—节气门电位器　7—怠速触点开关　8、9—水管　10—驱动盘
11—应急弹簧　12—降速齿轮　14—IDL

2. 节气门位置传感器的连接电路

节气门位置传感器的连接电路如图 2—5—7 所示，节气门控制组件由怠速直流电动机 V60、怠速节气门电位计 G88、节气门电位计 G69、怠速开关 F60、应急弹簧等组成。

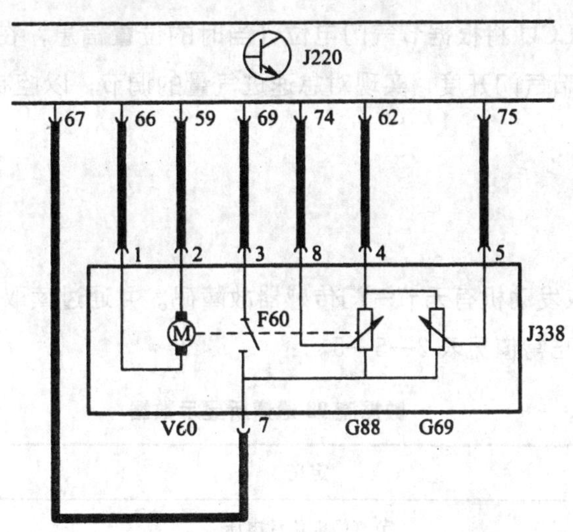

图 2—5—7　大众半电子节气门体电路

(1) 电路功能

1) 怠速控制。怠速开关闭合，发动机控制单元判明发动机进入怠速工况，节气门电动机 V60 在怠速控制范围内对节气门开度起控制作用。司机踩油门时，拉索对节气门起控制作用，怠速开关 F60 断开，电动机断电。

2) 应急功能。若电动机控制怠速失效，即电动机不能控制节气门关小，应急弹簧将节气门拉回到应急运转（1 500 r/min）开度，怠速不会下降到 840 r/min。此时驾驶员仍可通过加速踏板拉动节气门，两者互不干预。

3）关闭缓冲功能。驾驶员迅速将脚抬离加速踏板时，节气门迅速回落到怠速控制范围内的最大开度上（即应急开度），此时 F60 闭合，节气门控制单元根据怠速开关或两电位计的信号关闭节气门，直至发动机达到最适宜的怠速转速。

（2）节气门体各组成部件的功用

1）节气门电位计（G69）。节气门电位计反映了节气门在全部开度范围的位置，此信号作为发动机主要的负荷辅助信号，影响发动机急加速喷油量和点火角，电脑根据节气门信号的变化率来识别加减速工况。当节气门位置信号中断时，ECU 用发动机转速信号和空气流量计信号计算出一个替代值，发动机仍能运转。

2）怠速节气门电位计（G88）。当怠速节气门到达调节范围内极限（应急开度），怠速节气门电位计向控制单元 J220 提供节气门的当前开启位置。如果节气门继续开启，怠速节气门电位计将不再起作用。

3）怠速开关（F60）。怠速开关在整个怠速调节范围内闭合，ECU 通过怠速开关的闭合信号来识别怠速工况。若怠速开关信号中断，ECU 将比较节气门电位计和怠速节气门电位计的值，根据两者的相位关系判别节气门的怠速位置。

4）怠速调节电动机（V60）。它是一个直流电动机，能在怠速调节范围内通过齿轮驱动来操纵节气门开度。ECU 不断地采集转速传感器送来的转速信号并与理论怠速转速进行比较，如果存在偏差，ECU 将根据节气门电位计当时的位置信息，在怠速范围内通过控制怠速直流电动机来调节节气门开度，实现对怠速进气量的调节，以控制发动机怠速转速，与发动机有关。

3. 检测流程

（1）数据流测试

使用 KT600 读取发动机有无节气门传感器故障码。并通过读取数据流 98 通道读取节气门传感器数据，怠速正常值见表 2—5—5。

表 2—5—5　　数据流 98 通道所显示数据

输入组号	显示区域	定义	各显示值说明
98	A	节气门电位计电压	正常范围值是 4.3 V
	B	节气门电位计定位电压	正常范围值是 3.48 V
	C	工作状态（怠速/部分负荷）	正常范围值时怠速
	D	匹配状态（工作状态、匹配完成、匹配未完成或匹配错误）	正常范围值调整 OK

（2）节气门位置传感器插头端子的测量

节气门位置传感器插头端子号如图 2—5—8 所示，各插头端子的功用见表 2—5—6。

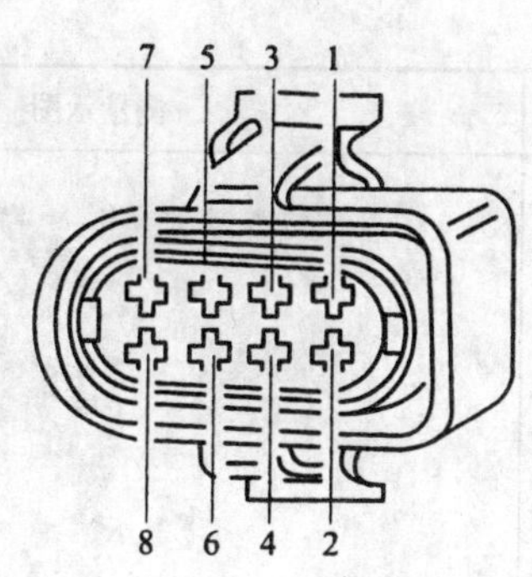

图 2—5—8　大众节气门位置传感器插头端子号

表 2—5—6　**大众节气门位置传感器各插头端子功用**

端子	端子定义	端子	端子定义
1 号端子	电动机控制	5 号端子	节气门电位计（G69）信号
2 号端子	电动机控制	6 号端子	空脚
3 号端子	怠速触点 12 供电	7 号端子	搭铁
4 号端子	5V 参考电压	8 号端子	怠速节气门电位计（G88）信号

1）按表 2—5—7 检测节气门控制组件插头端子是否正常。

表 2—5—7　**节气门控制组件插头端子的检测**

关闭点火开关，拔下传感器插头			
测量端子	测量状态	测量示图	实训测量值
测量 3 号端子与 7 号端子的电压	打开点火开关，用万用表电压挡测量		电压应为 12 V
测量 4 号端子与 7 号端子的电压			电压应为 5 V

续表

测量端子	测量状态	测量示图	实训测量值
测量7号端子与搭铁间的电阻	关闭点火开关，用万用表电阻挡测量		搭铁电阻应小于0.5 Ω

2）检查节气门电位计（G69）、怠速节气门电位计（G88）、怠速开关（F60）、怠速调节电动机（V60）。

①拔下节气门体的插头。

②用延长线连接节气门体4、7端子，用万用表测量两端子间的电阻应为1 kΩ左右，其电阻不应随节气门开度的变化而变化。

③用延长线连接节气门体5、7端子，用万用表测量两端子间的电阻，全关时的电阻值，应为1.5 kΩ；全开时的电阻值，应为760 Ω，电阻应随节气门开度的打开而减小。

④用延长线连接节气门体7、8端子，用万用表测量两端子间的电阻，全关时电阻值应为670 Ω；小开度极限和大开度时，电阻值应为690 Ω。

⑤用延长线连接节气门体3、7端子，用万用表测量两端子间的电阻。节气门关闭时，触点闭合，电阻为1 Ω左右；节气门打开时，触点断开，电阻为无穷大。

⑥用延长线连接节气门体1、2端子，用万用表测量两端子间的电阻，电阻应符合标准值。

实训任务二　丰田威驰节气门位置传感器的检测

一、实训准备

1. 工具：常用工具一套、万用表、KT600汽车诊断仪、电路图或维修手册、实训报告。

2. 设备：丰田威驰发动机实训台架一台或丰田威驰轿车整车一辆。

二、实训要求

1. 进一步了解节气门位置传感器的结构与工作原理。

2. 掌握节气门位置传感器的故障分析与诊断方法。

3. 完成实训报告。

三、实训步骤

1. 节气门位置传感器的连接电路

节气门位置传感器采用三线式，与 ECU 连接电路如图 2—5—9 所示，其中一根电源线、一根信号线、一根搭铁线。2 号线由电脑提供 5 V 电压。

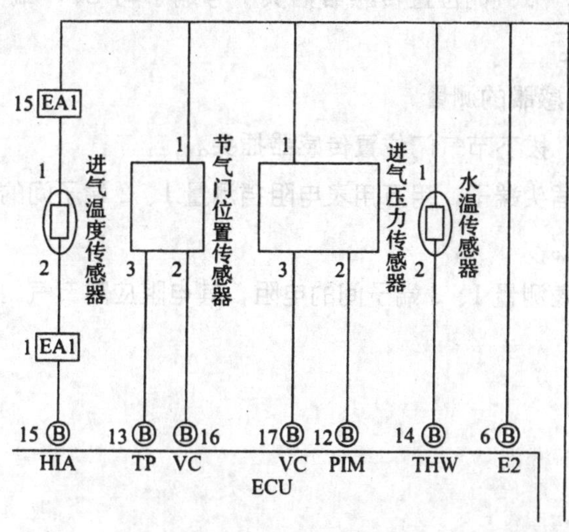

图 2—5—9　丰田威驰发动机节气门位置传感器电路

2. 检测流程

（1）数据流测试

1）使用 KT600 解码仪读取有无节气门位置传感器故障码，节气门位置传感器故障代码见表 2—5—8。

表 2—5—8　　节气门位置传感器故障代码

进气温度故障代码	故障代码含义
P0120	节气门位置传感器线路不良
P0121	节气门位置传感器不良
P0122	节气门位置传感器信号电压太低
P0123	节气门位置传感器信号电压太高
P0124	节气门位置传感器线路间歇故障

2）打开点火开关，使用 KT600 解码仪读取节气门位置传感器数据流（若单位为电压 V，则数值范围为 0～5.1 V。若单位为角度，则数值范围为 0～90°。若单位为百分数%，则数值范围为 0～100%），当踩下加速踏板时此数据应随着节气门开度的增大而增大。

(2) 节气门位置传感器插头端子的测量

1) 关闭点火开关，拔下节气门位置传感器插头。

2) 打开点火开关，但不启动发动机。

3) 用万用表电压挡测量节气门位置传感器 2 号端子的电压应为 5 V 左右。关闭点火开关，用万用表电阻挡测量进气温度传感器 1 号端子与搭铁间的电阻应小于 0.5 Ω。

4) 如果 1 号端子无电阻或 2 号端子无电压，则应检测节气门位置传感器插头 2 号端子与 ECU 端子间的导通，节气门位置传感器插头 1 号端子与 ECU 端子间的导通，它们之间的电阻应为小于 0.5 Ω。

(3) 节气门位置传感器的测量

1) 关闭点火开关，拔下节气门位置传感器插头。

2) 用延长线连接插头端子，用万用表电阻挡测量 1、2 端子间的电阻，其电阻不应随节气门开度的变化而变化。

3) 用万用电阻挡表测量 1、3 端子间的电阻，其电阻应随节气门开度的增大而增大。

第3章　燃油喷射系统主要元件的构造与维修

汽油机燃油供给系是发动机控制单元ECU依据进气量、转速以及其他传感器参数，控制喷油器将定量的汽油喷入进气歧管，与经滤清器滤清后的新鲜空气混合后进入气缸，被点燃做功后，将燃烧产生的废气排至大气中。

§3—1　燃油供给系的组成

学习目标

1. 掌握汽油机燃料供给系的功用与组成。
2. 理解燃料供给系的工作过程。
3. 能识别燃油供给系统的零部件。
4. 能够清洁、更换燃油滤清器。

一、汽油机燃料供给系的组成

汽油机电控燃油供给系的部件分布如图3—1—1所示，包括燃油箱、电动燃油泵、供油

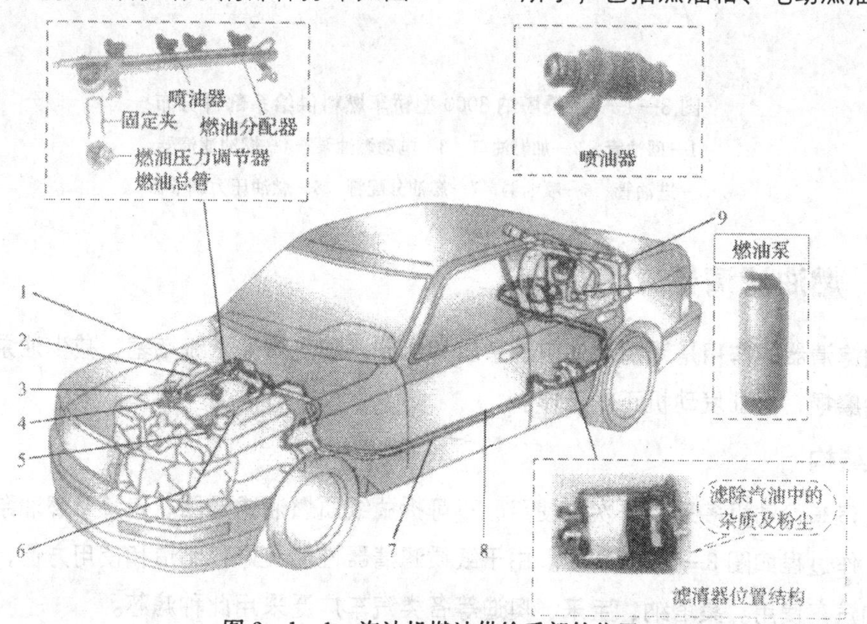

图3—1—1　汽油机燃油供给系部件位置

1—燃油脉动衰减器　2—右侧燃油分配器　3—燃油压力调节器　4—冷启动喷油器　5—喷油器　6—左侧燃油分配器　7—供油管　8—回油管　9—燃油箱

管、回油管、燃油滤清器、燃油压力调节器和喷油器等，其作用是进行汽油的输送、清洁，并以恒定的压差完成定量喷射的任务。

二、燃料供给系的工作过程

如图 3—1—2 所示，汽油在电动燃油泵 3 的作用下，自汽油箱吸入燃油泵，加压后经进油管流入燃油滤清器 4，滤除其中杂质后进入燃油分配管 7，再经燃油压力调节器 8 调节油压。ECU 依据空气流量计、转速、节气门位置和水温等传感器信号，进行分析、计算、比较，控制喷油器 6 适时开启，将定量、定压的汽油经各缸喷油器喷入进气歧管，与经空气滤清器滤清后的新鲜空气混合进入气缸，而多余的汽油经回油管流回到油箱。进入气缸的混合气被火花塞产生的火花点燃，燃烧做功，产生的废气经排气管排出。

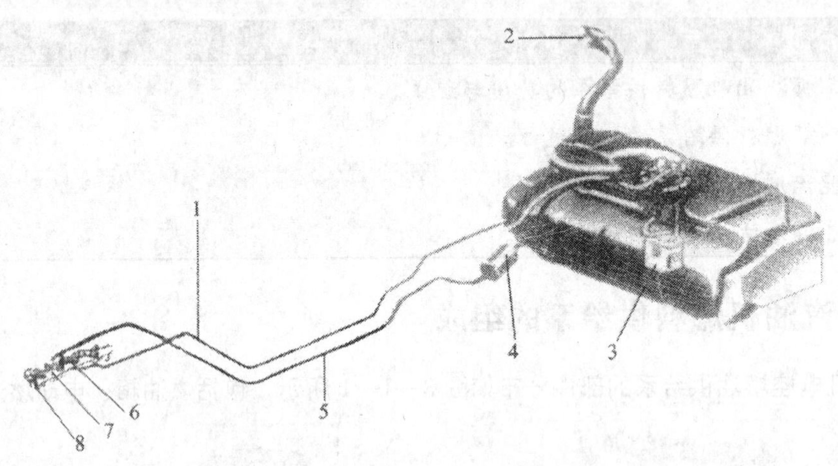

图 3—1—2　桑塔纳 3000 型轿车燃料供给系部件分布

1—回油管　2—加燃油口　3—电动燃油泵　4—燃油滤清器

5—进油管　6—喷油器　7—燃油分配管　8—燃油压力调节器

三、燃油滤清器

燃油滤清器的作用是滤清燃油中的杂质和水分，防止燃油系统堵塞，减少油泵和喷油器等部件的磨损，保证发动机正常工作。

1. 结构

现代汽车发动机多采用一次性使用、不可拆式纸质燃油滤清器。安装于燃油泵之后，其结构及工作过程如图 3—1—3 所示。由于纸质滤清器性能良好，制造和使用方便，因此被越来越多的汽车使用。桑塔纳、宝来、奥迪等各类汽车广泛采用此种滤芯。

2. 工作过程

发动机工作时，汽油在燃油泵的作用下，从进油口接头流入燃油滤清器滤芯的外部，汽

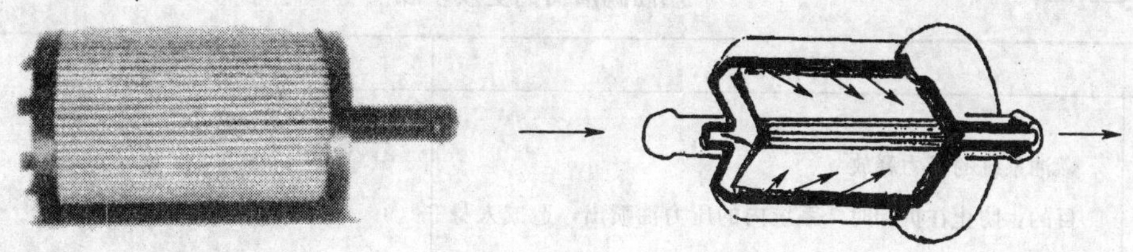

图 3—1—3　燃油滤清器

油流经滤芯后被滤清，清洁的汽油流入滤芯内腔，然后从出油管接头流出至喷油器，如图 3—1—3 箭头所示。

3. 维护

纸质滤芯无须清洗，一般每行驶 15 000 km 需更换，更换时，应注意滤清器上箭头所指的汽油流动方向。

技能训练

实训任务　燃油滤清器的更换

一、实训准备

1. 工具：灭火器、数字万用表、原车型号的燃油滤清器、棉纱、密封胶圈、专用工具、导线、维修手册、密封胶、油管卡箍、钳子、旋具等。

2. 设备：轿车或发动机试验台架、举升机。

3. 注意不能穿化纤衣服，以防静电的放电火花。有条件的话最好在手腕上绑条接地的地线，这样可以防止静电。

二、实训要求

1. 按规定（如每行驶 15 000 km）更换燃油滤清器。

2. 检查滤清器软管是否有老化或裂痕，否则需要及时更换该软管。

3. 更换后，启动发动机并怠速一段时间，观察燃油滤清器接口处是否有漏油等现象。

三、实训步骤

更换燃油滤清器的操作方法和图示见表 3—1—1。

表 3—1—1　　燃油滤清器的更换步骤

步骤	操作方法	图示
1	燃油系统的压力释放 目的：防止在拆卸时，系统内的压力油喷出，造成人身伤害和火灾 方法： （1）在发动机运转前，拔下油泵熔断丝（或继电器）或电动燃油泵电线接线。 （2）启动发动机，维持怠速运转，使发动机自行熄火。 （3）再启动发动机 2～3 次，可完全释放燃油系统压力 （4）关闭点火开关。	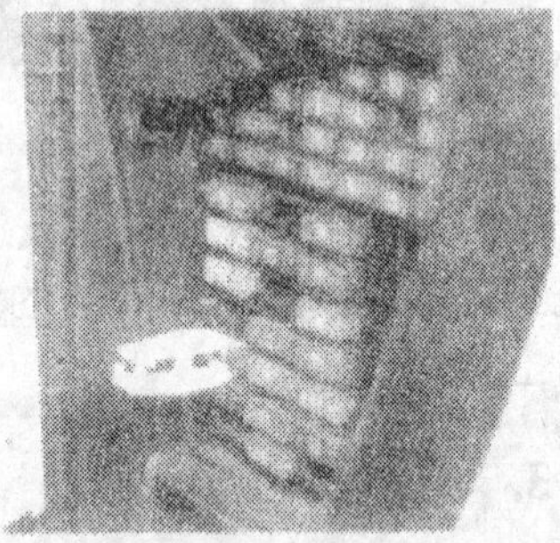
2	找到燃油滤清器位置，然后将燃油滤清器从安装支架上拔下来，将接油杯放在油管下方，并用钳子拆掉原来两边的一次性管箍	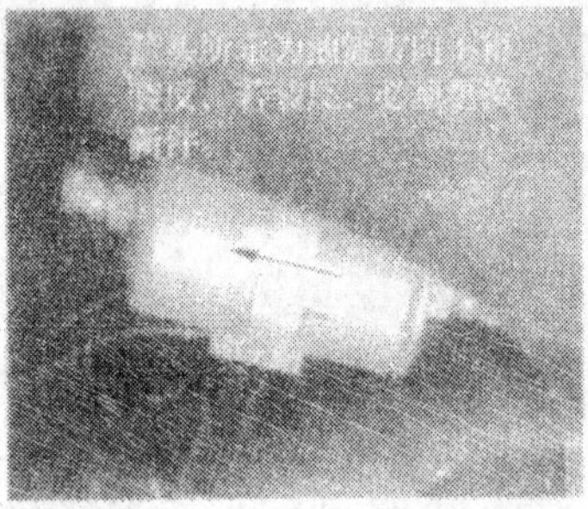
3	将燃油滤清器的进油口处的管子拔下，这时管内的燃油会溢出来，将里面的油引入杯子中	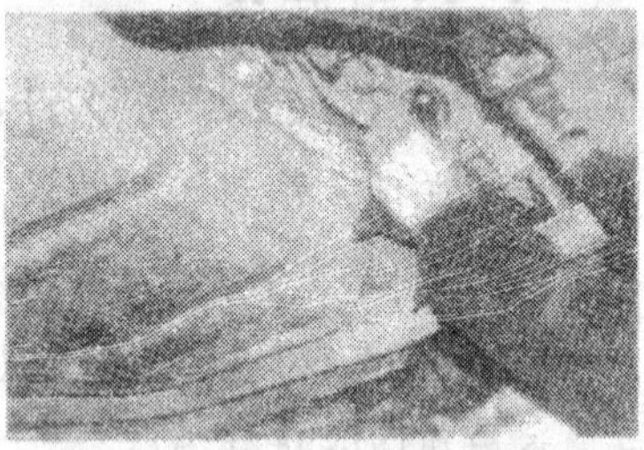
4	拆下旧滤清器，接入新滤清器上。注意燃油流向。拧紧管箍，防止漏油	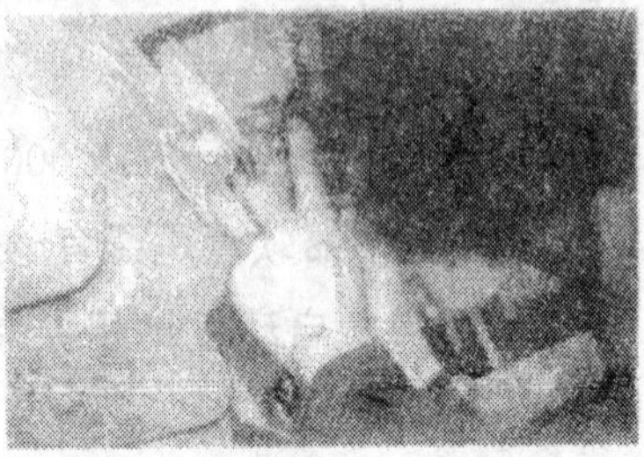  安装标记（燃油流向） 接燃油管路 接燃油箱管路

续表

步骤	操作方法	图示
5	启动汽车并怠速一段时间，观察燃油滤清器接口处是否有漏油等现象，若没有则表明安装良好，就可以上路行驶了	
注意	若发现燃油软管出现由泥尘、机油等污垢造成的老化或裂痕时，需要及时更换，以确保行车安全	

§3—2　电动燃油泵

学习目标

1. 了解燃油泵的功用和类型。
2. 掌握燃油泵的工作原理。
3. 了解燃油泵的控制。
4. 能对燃油泵进行就车检查。
5. 能进行燃油泵的拆装与性能测试。
6. 能进行燃油泵控制电路的测试与检修。

一、电动燃油泵的功用与类型

1. 功用

其能给电控燃油喷射系统提供具有一定压力的燃油，压力值一般为 0.2～0.45 MPa。

2. 类型

(1) 按安装位置不同分为内置式和外置式

内置式安装在油箱中，具有噪声小、不易产生气阻、不易泄漏、管路安装简单等特点。现代汽车多采用内置式。

外置式串接在油箱外部的输油管路中，易布置、安装自由大，但噪声大，易产生气阻。

(2) 按电动燃油泵的结构不同分为涡轮式、滚柱式、转子式和侧槽式

二、电动燃油泵的结构

电动燃油泵多装于燃油箱内部，浸泡在燃油中，是一种由小型永磁直流电动机驱动的油泵，主要由泵体、永磁式电动机和壳体三部分组成。

1. 涡轮式电动燃油泵

(1) 结构

如图 3—2—1 所示为桑塔纳 3000 型轿车用的一种涡轮式电动燃油泵。它主要由直流电动机电枢、永久磁铁、叶轮、壳体、限压阀以及单向止回阀等组成。叶轮是一个圆形平板，在平板的圆周上加工有很多小槽，形成泵油叶片，如图 3—2—1 所示。

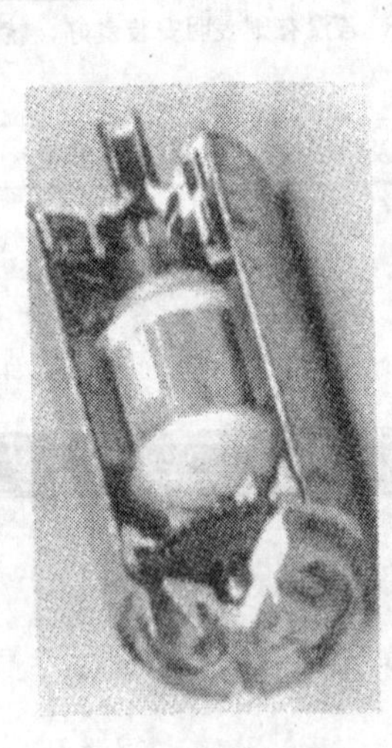

a）

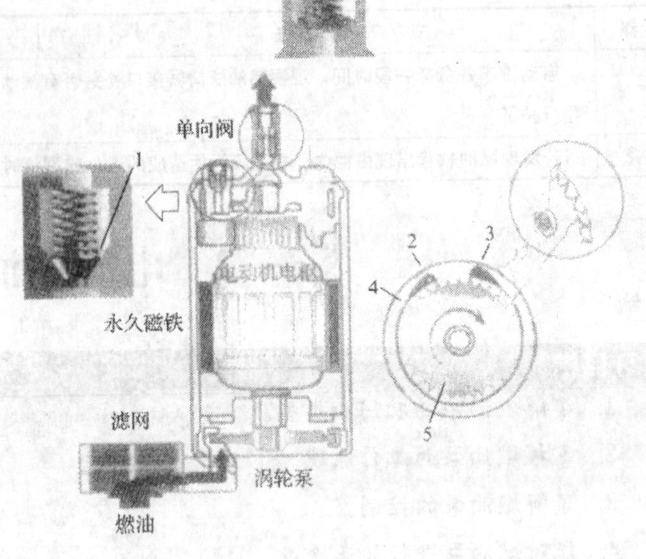

b）

图 3—2—1 电动燃油泵的结构

a）实物图 b）示意图

1—限压阀 2—出口 3—入口 4—壳体 5—叶轮

（2）工作原理

当电动机转动时，带动叶轮旋转，小槽内的汽油随叶轮一同高速旋转。由于叶片的带动和离心力的作用，使出口处油压增高，而在进口处产生真空，从而使汽油从进口处吸入，从出口处排出，如图 3—2—1 所示。

从图 3—2—1 中可以看出，汽油流经电动机内部，对电动机有冷却作用，所以这种燃油泵又称为湿式泵。内装式燃油泵严禁在无油的情况下运转，以免烧坏。

限压阀（也称为泄压阀）的作用是当油压超过 0.45 MPa 时克服弹簧的力开启，使汽油流回油箱，以防油压过高损坏燃油泵或油管。在出油口处还装有单向止回阀，当发动机停车后，止回阀关闭，防止管路中的汽油倒流回燃油泵，借以保持管路中有一定的残压，以便于发动机的再启动。

涡轮式电动燃油泵由于叶片式电动燃油泵运转噪音小、油压脉动小、泵油压力高、叶片磨损小、寿命长，所以被越来越多的轿车使用。

2. 滚柱式电动燃油泵

（1）结构

滚柱泵也是现代汽车上应用较多的一种燃油泵，如图 3—2—2 所示，主要由转子、圆柱形滚柱、壳体、限压阀和单向止回阀等组成。装有滚柱的转子偏心地安装在泵壳内。

（2）工作原理

当转了旋转时，转子槽内的滚柱在离心力的作用下，紧压于泵体内表面上，这样在相邻两滚柱之间形成密封的工作腔。工作腔转过出油口后，其容积不断增大，形成一定的真空

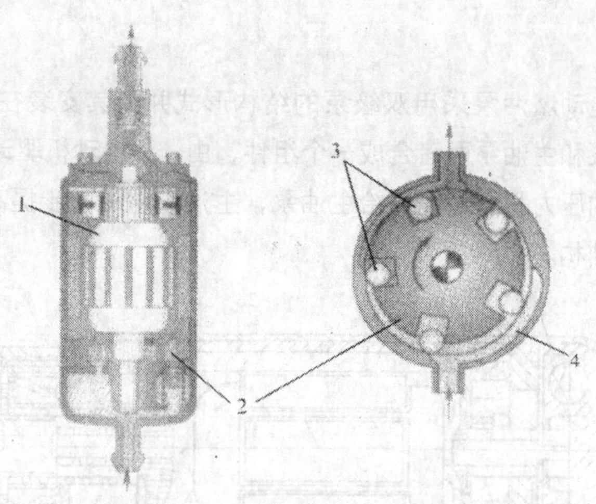

图 3—2—2　滚柱泵的工作原理

1—电枢　2—偏心转子　3—滚柱　4—工作腔

度，当转到与进油口连通时，将燃油吸入；吸满燃油的工作腔转过进油口后，容积不断减小，燃油压力提高，受压燃油流过电动机，从出油口输出。

3. 转子泵

(1) 结构

如图 3—2—3 所示，转子泵主要由带外齿的内转子、带内齿的外转子、壳体、限压阀和单向止回阀（图 3—2—1）等组成。内转子比外转子少一个齿，主动的内转子偏心地安装在从动的外转子内。

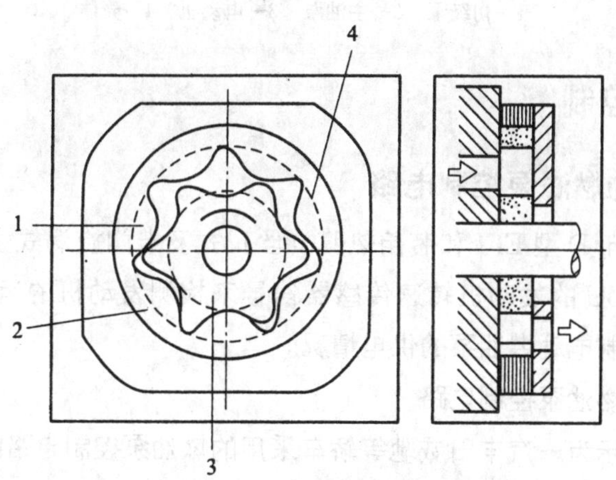

图 3—2—3　转子泵的工作原理

1—吸油腔　2—外转子　3—内转子　4—压油腔

(2) 工作原理

当主动的内转子转动时，由于齿轮啮合，带动外转子一起旋转。在转子内、外齿啮合的过程中，形成若干个封闭的工作腔，如图 3—2—3 所示。工作腔的容积在转动时不断地发生变化。在进油口一侧容积增加，形成一定的真空将燃油吸入；在出油口一侧容积减小，形成一定的压力将燃油压出。

4. 双级燃油泵

在现代汽车上，电动燃油泵采用双级泵的结构形式并将其安装在油箱内的趋势日益明显。双级泵是由初级泵和主油泵两者合成一个组件，由一只电动机驱动的结构。初级泵（一般为涡轮泵）以较低的压力将燃油输送给主油泵，主油泵再进一步提高压力。如图 3—2—4 所示为双级输油泵的结构。

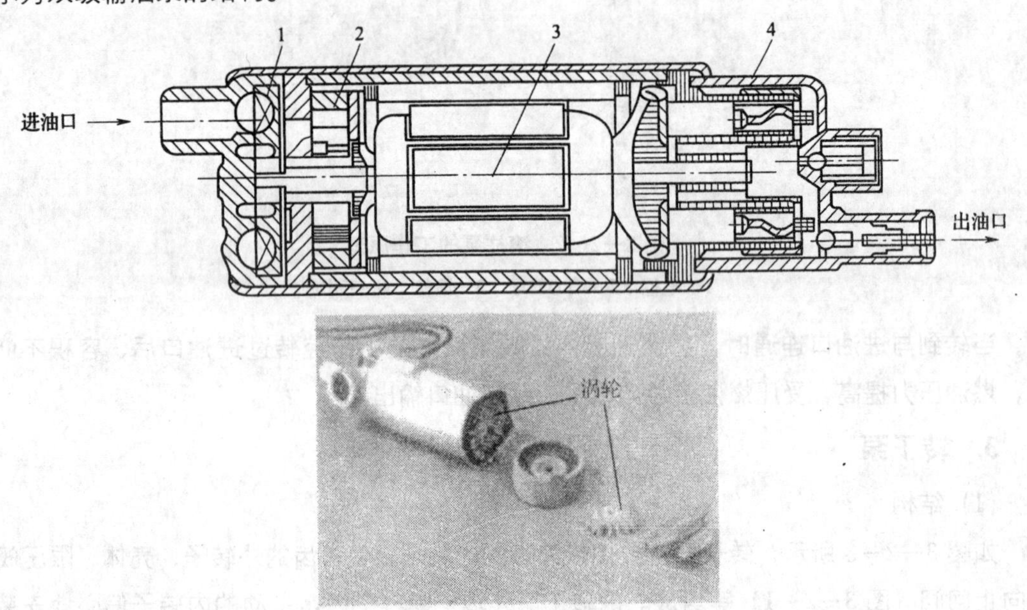

图 3—2—4 双级电动燃油泵

1—初级泵 2—主油泵 3—电动机 4—壳体

三、燃油泵控制

1. ECU 控制的燃油泵控制电路

其主要应用在装用 D 型 EFI 和装用热膜（丝）式及卡门旋涡式空气流量计的 L 型 EFI 系统中。采用输入 ECU 的发动机转速传感器信号来检测发动机的运转状态，然后以 ECU 内的晶体管 VT 来控制电动燃油泵的供电情况。

(1) 丰田发动机燃油泵控制电路

如图 3—2—5 所示为一汽丰田威驰等轿车采用的燃油泵控制电路图。

电动燃油泵只有在发动机启动和运转时才工作。在闭合点火开关时，为建立系统油压，电动燃油泵往往会运行一段时间（3～5 s），以便发动机能顺利启动。而在其他情况下，即使点火开关接通，只要发动机没有运转，油泵就不工作。

1）工作过程

①当点火开关打开到“ON”时（发动机未工作），点火开关 AM2 与 IG2 接通，EFI 继电器接通，同时 ECU 控制油泵继电器（C/PON）闭合，燃油泵工作；如无转速信号（NE 信号），3～5 s，ECU 控制油泵继电器断开，燃油泵停止工作。

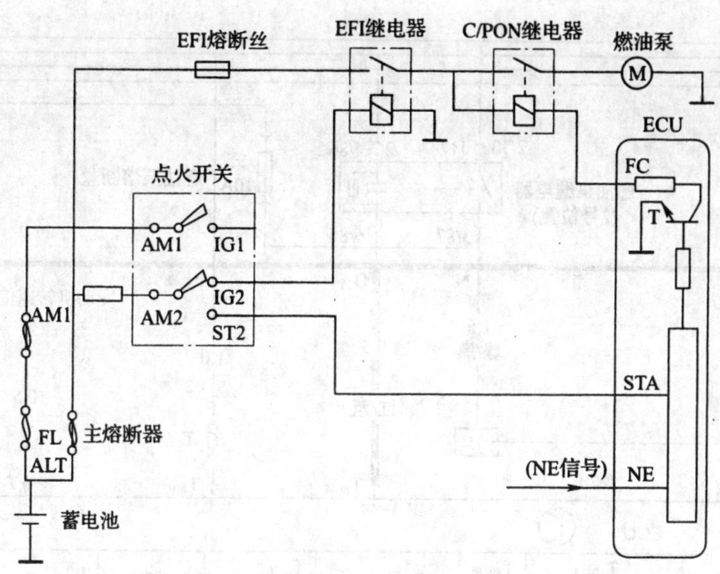

图 3—2—5 一汽丰田威驰轿车发动机燃油泵控制电路

②点火开关打到 ST（启动）时，点火开关 AM2 与 IG2、ST2 同时接通，ECU 收到 STA 启动信号，控制油泵继电器（C/PON）闭合，由于两继电器都闭合，油泵工作。

③启动后，点火开关又从 ST 回复到 ON 位置，点火开关 AM2 与 IG2 接通；发动机运转时，发动机 ECU 收到曲轴转速传感器的 NE 信号，ECU 控制油泵继电器继续接通，燃油泵工作。

④关掉点火开关，主继电器断开，断路继电器断电，燃油泵不工作。

2）检测电路。对于检查连接器，用跨接线连接检查插座内的＋B 端子和 FP 端子（图 3—2—10），点火开关闭合后，电源直接向燃油泵供电，燃油泵工作，此时在燃油泵处应能听到燃油泵转动的声音，否则，应检修燃油泵及其电路。

油泵检查开关插头，连接 2P 插头，油泵继电器线圈 L1 末端搭铁，继电器被强制接通，燃油泵工作，否则，应检修燃油泵及其电路。

(2) 大众车系燃油泵控制电路

如桑塔纳、宝来、帕萨特等大众车系的发动机燃油泵都采用此种形式的控制方式，如图 3—2—6 所示。

工作原理与丰田汽车大致相同，燃油泵电路分析如下。

1）电脑检测到发动机工作信号，即转速传感器信号时，电脑发出指令使 T80/4 端接地，继电器 J17 电磁线圈有电，电流为：电源线“15”→继电器 J17→4/86 电磁线圈→6/85→中央配电盒 D13→T80/4→电脑→接地→电源“－”。

2）线圈有电便产生电流，产生电磁吸力，继电器触点闭合。

触点闭合后：电源线“30”→燃油泵继电器→燃油泵熔丝 S5→中央配电盒 E14→燃油泵→接地→电源“－”。

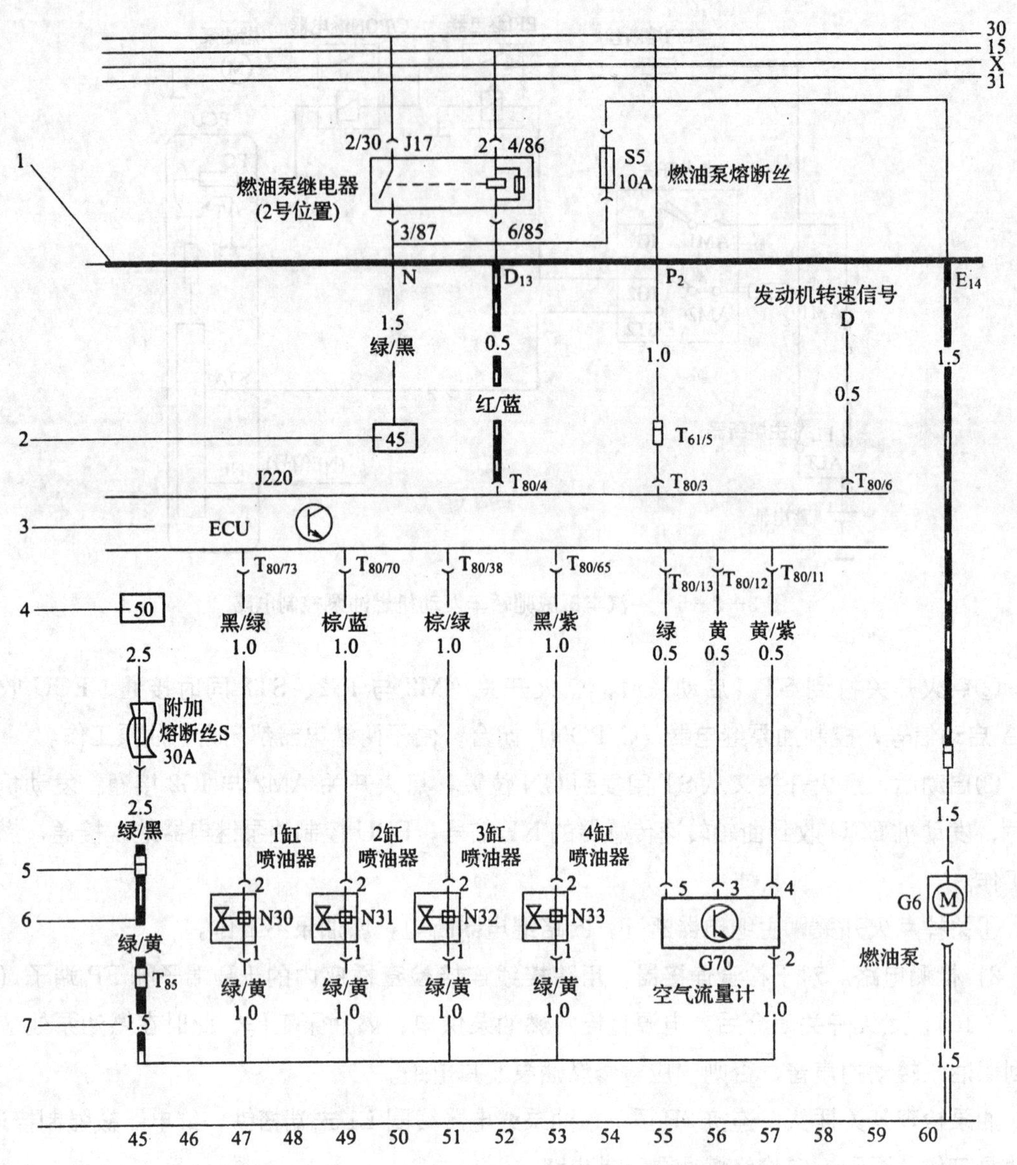

图 3—2—6 大众车系燃油泵控制局部电路

1—中央接线盒位置编号 2、4—接线地址码 3—ECU 5—插接器 6—线的颜色 7—线的截面积

2. 双速控制的燃油泵控制

此控制电路根据发动机转速和负荷的变化，通过燃油泵继电器改变油泵的供电线路，从而控制油泵的工作转速。发动机在高速、大负荷时电动燃油泵转速高，以增加供油量。发动机在低速、中小负荷时需降低油泵转速，以减少油泵的磨损及不必要的电能消耗。

(1) 电压式燃油泵的高低速控制

如图 3—2—7 所示为皇冠 3.0 轿车燃油泵高低速控制电路图。燃油泵控制 ECU 根据发动机 ECU 端子 FPC 和 DI 的信号，控制+B 端子和 FP 端子的连通回路，以改变输送给燃油泵的电压，从而实现对燃油泵转速的控制。

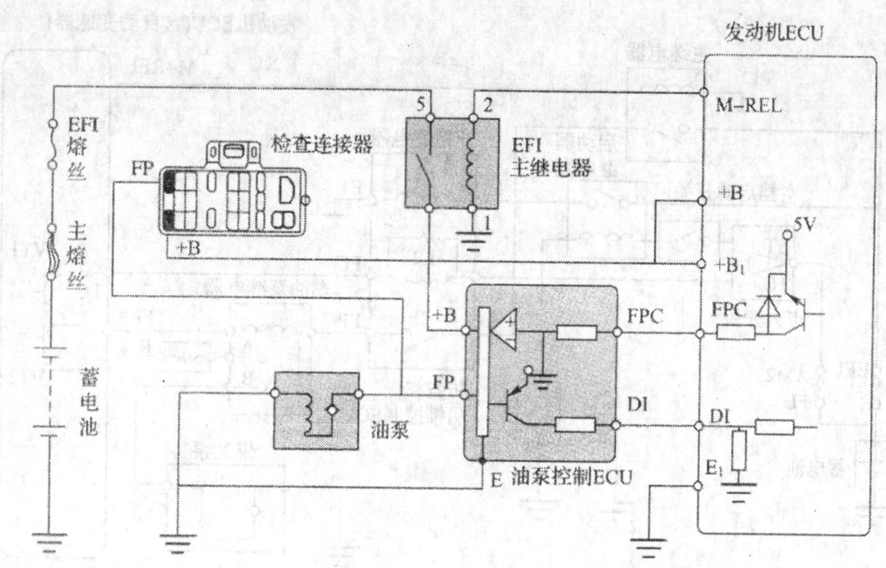

图 3—2—7　皇冠 3.0 轿车电压式燃油泵的高低速控制电路

1）当发动机在启动阶段或高转速、大负荷下工作时，发动机控制模块向油泵控制模块的 FPC（油泵控制）端子输入一个高电位信号（约为 5 V），此时油泵控制模块（ECU）的 FP 端子向油泵电动机供应较高的电压（相当于蓄电池电压），使油泵高速运转。

2）发动机启动后，在怠速或小负荷下工作时，发动机控制模块（ECU）向油泵控制模块的 FPC 端输入一个低电位信号（约为 2.5 V），此时油泵控制模块的 FP 端子向油泵电动机供应低于蓄电池的电压（约为 9 V），使油泵低速运转。

3）当发动机的转速低于最低转速（120 r/min）或无转速信号时，油泵控制模块断开油泵电路，使油泵停止工作，所以此时尽管点火开关处于接通状态，油泵也不工作。

（2）电阻式燃油泵的高低速控制

如图 3—2—8 所示，该种形式的燃油泵控制中，增设了一个电阻器和一个油泵控制电路器，通过串入或短接电阻器来实现对燃油泵转速的控制。丰田佳美和雷克萨斯 LS400、ES300 等采用此种控制电路。

发动机工作时，ECU 根据发动机转速和负荷对燃油泵继电器进行控制。当发动机转速低、中小负荷时触点 A 闭合，油泵电路中串入电阻器 R，燃油泵低速运转；当大负荷高转速时，ECU 发出信号切断油泵控制继电器，B 点闭合（图 3—2—8），燃油泵高速运转。

3. 具有自保护功能的电动燃油泵控制电路

如图 3—2—9 所示为带有自动保护功能的电动燃油泵控制电路，该电路能在点火开关处于“断开”位时，发动机的机油压力为零或发电机不转动时，电动燃油泵不工作，从而防止汽油喷出而引起火灾。

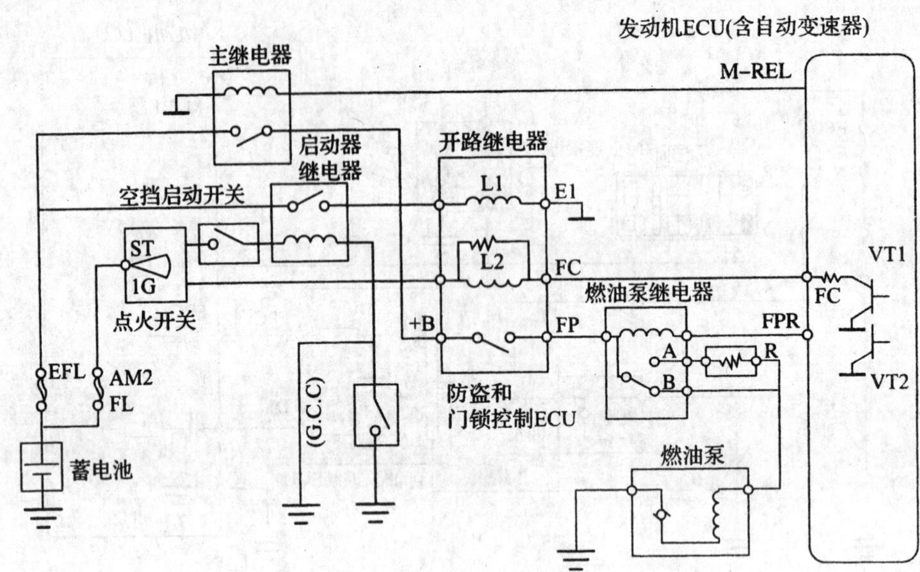

图 3—2—8 电阻式燃油泵的高低速控制电路

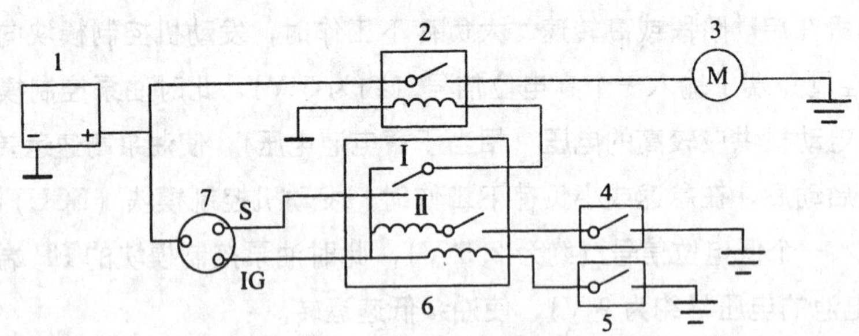

图 3—2—9 具有自保护功能的电动燃油泵控制电路

1—蓄电池 2—主继电器 3—电动燃油泵 4—机油压力开关

5—发电机开关 6—电动燃油泵控制继电器 7—点火开关

其工作过程如下。

(1) 当把点火开关置于“启动”位置（图中的“S”位）时，主继电器 2 工作（此时开关处于“II”位置），接通电动燃油泵电路，电动燃油泵 3 开始泵油，直至发动机被启动为止。

(2) 当启动发动机后点火开关位于“闭合”（图中的“IG”位）的位置，此时发电机也正常发电，机油压力开关 4 也处于接通状态，油泵继电器工作（开关处于“I”位）。由于油泵继电器工作仍将电动燃油泵电路接通，故此时电动燃油泵正常工作。

(3) 假如此时由于某种原因发电机停转或机油压力为零，油泵继电器停止工作，开关由“I”位跳到“II”位置，切断电动燃油泵继电器的电路，从而切断电动燃油泵电路，使电动燃油泵停止泵油。

技能训练

实训任务　燃油泵拆装与检测

一、实训准备

1. 工具：灭火器、举升机、数字万用表、棉纱、密封胶圈、专用工具、导线、维修手册、密封胶、油管卡箍、钳子、旋具等。

2. 设备：轿车或发动机试验台架、举升机。

二、实训要求

1. 就车检测燃油泵总成的性能，判断其是否工作正常。
2. 检查滤清器软管是否有老化或裂痕，否则需要及时更换该软管。
3. 更换后，启动发动机并怠速一段时间，观察燃油滤清器接口处是否有漏油等现象。

三、实训步骤

1. 燃油泵总成的就车检测

(1) 工作状态检查

旋开油箱盖，将点火开关置于“ON”（但不启动发动机），在油箱口处能听到燃油泵工作的声音；用手捏进油软管应感觉有压力，3～5 s 停止，则燃油泵正常；否则，进行如下检查。

(2) 开路检测

1) 用导线将蓄电池两极与燃油泵两接线柱连接，参见图 3—2—10（如是老式丰田汽车，则用一根短导线将检测插座内的 FP 和＋B 两插孔短接，参见图 3—2—7 和图3—2—10），打开点火开关，倾听燃油泵有无运转声，如工作，说明控制部件或线路有故障，如仍不工作，说明燃油泵可能有故障，则应检修或更换燃油泵。

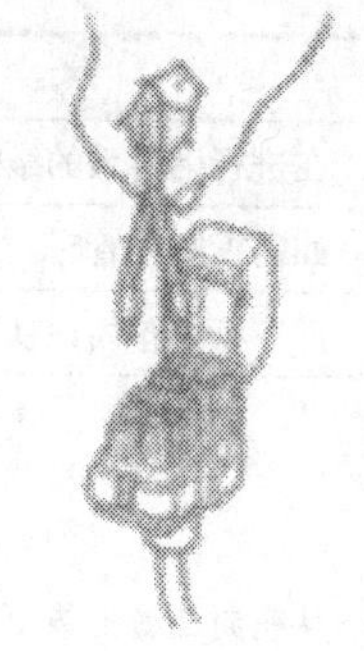

图 3—2—10　导线短接座内的 FP 和＋B 两插孔

注意：

通电时间不应超过 10 s，时间过长会烧坏电动燃油泵电动机的线圈。

2）电阻的检测。用万用表 Ω 挡测量电动燃油泵上两个接线端子间的电阻（图 3—2—11），其阻值应为 2～3 Ω（20℃时）。如电阻值不符，则须更换电动燃油泵。

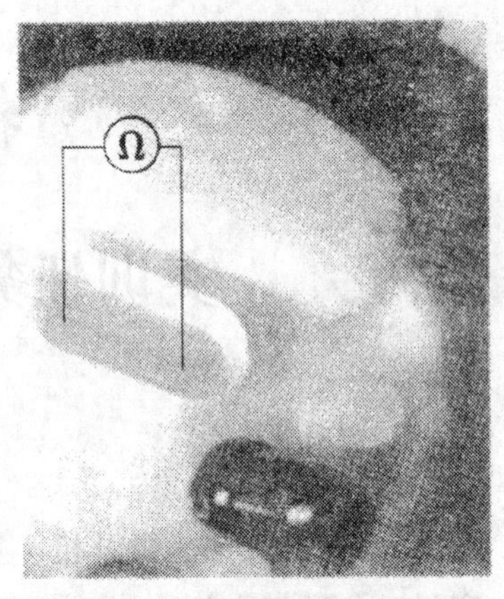

图 3—2—11　电动燃油泵端子电阻的测量

（3）电动燃油泵供油量的检查

1）燃油系统卸压后（方法同前），关闭点火开关，拔下燃油分配管上的进油管。

2）把拆开的进油管放入一个大号量杯中。

3）用跨接线将电动燃油泵与蓄电池相连，此时电动燃油泵工作，泵送出高压汽油。

4）记录电动燃油泵工作时间和供油体积，供油量应符合车型技术要求。一般经汽油滤清器过滤后的供油量为 0.6～1 L/30 s。

注意：

检测电动燃油泵供油量时，应充分认识此项操作的危险性，操作现场应通风良好、断绝火源，并准备好灭火器材。

2. 燃油泵的拆装及性能测试

（1）燃油泵的拆卸（表 3—2—1）

表 3—2—1　　燃油泵的拆卸方法

步骤	操作方法	图示
1	在进行燃料系的维修工作之前都应先拆下蓄电池的负极搭铁	
2	如需拆卸油管时，为防止大量燃油漏出，应先将系统内的压力释放（方法同前）	
3	拆下行李箱内地毯下的汽油箱密封凸缘的盖板	
4	从密封凸缘上拔下供油管和回油管，（注意用棉纱或容器接住流出的汽油）再拔下 4 个端子的导线插头	导线插头 回油管 供油管
5	从汽油箱开口处拉出密封凸缘、橡胶密封件及导线插头	

续表

步骤	操作方法	图示
6	从汽油箱中拉出燃油泵	

(2) 电动燃油泵进油滤网的维护

燃油泵进油口处有一个进油滤网，用以过滤汽油中直径较大的杂质和胶质，保护油泵电动机。杂质和胶质较多时会影响电动燃油泵的泵油量，严重时会导致电动燃油泵无法吸油，此时需清洗油泵滤网和汽油箱。

电动燃油泵滤网破损后应更换电动燃油泵总成。

(3) 安装电动燃油泵（表 3—2—2）

表 3—2—2　　安装电动燃油泵

步骤	操作方法
1	将燃油泵和密封凸缘引出的输油管和回油管以及燃油泵接头插入到燃油泵上，并保证软管接头连接坚固
2	将燃油泵插入到汽油箱内
3	用专用工具将燃油泵拧紧在汽油箱底部的固定位置上
4	在汽油箱开口上安装好密封圈，安装密封圈时用汽油将密封圈润湿
5	将密封凸缘连同浮子和燃油传感器插入到汽油箱开口并压到底，使密封凸缘上的箭头必须对准汽油箱上的记号
6	接上密封凸缘上部的进油管和回油管以及 4 个端子的导线接头
7	检查安装正确后，闭合点火开关，观察、倾听燃油泵是否运转正常

3. 燃油泵控制电路的检修

宝来轿车燃油泵控制电路如图 3—2—12 所示，电压测试如图 3—2—13 所示。

(1) 接线柱端子 4 为燃油泵的正极，端子 1 为负极。

(2) 选择万用表电压挡，红表棒接端子 4，黑表棒接端子 1，启动发动机，观察万用表读数。

(3) 若电压为 9 V 以上，则控制电路正常；若 9 V 以下为控制电路故障就应进一步检查熔断丝、继电器、点火开关和线路等是否接触不良；若电压为“0”，则要检查 ECU、熔断丝、继电器、点火开关和线路等是否损坏和断路。

也可用试灯的办法检查油泵控制电路，即将试灯两端分别接 1、4 端子（图 3—2—14），然后闭合点火开关，观察试灯是否亮，分析同上。

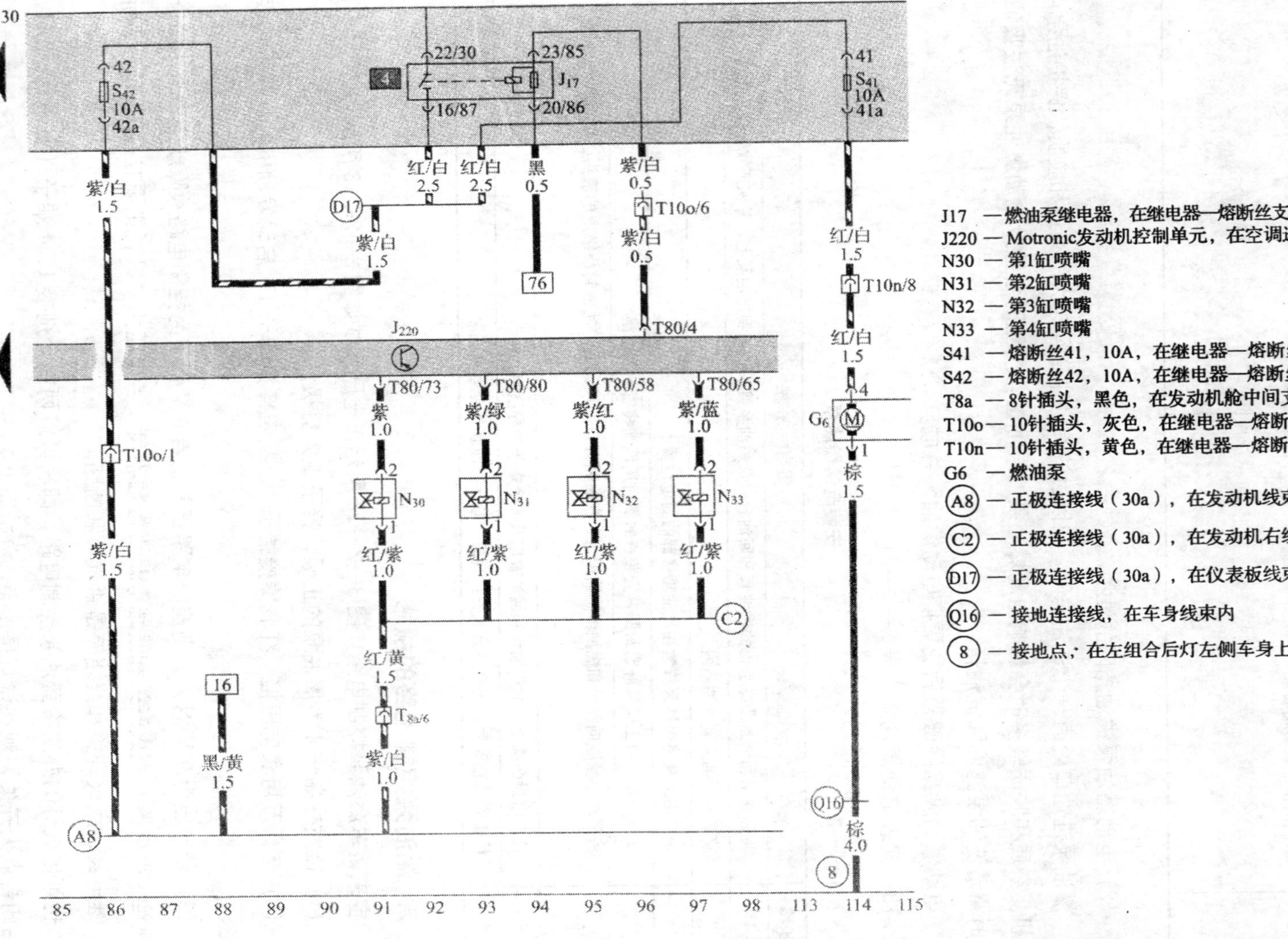

图 3—2—12　宝来轿车燃油泵控制电路

J17 — 燃油泵继电器，在继电器—熔断丝支架上4号位（167继电器）
J220 — Motronic发动机控制单元，在空调进风罩右侧
N30 — 第1缸喷嘴
N31 — 第2缸喷嘴
N32 — 第3缸喷嘴
N33 — 第4缸喷嘴
S41 — 熔断丝41，10A，在继电器—熔断丝支架上
S42 — 熔断丝42，10A，在继电器—熔断丝支架上
T8a — 8针插头，黑色，在发动机舱中间支架上
T10o— 10针插头，灰色，在继电器—熔断丝支架顶面上（F号位）
T10n— 10针插头，黄色，在继电器—熔断丝支架顶面上（E号位）
G6 — 燃油泵
(A8) — 正极连接线（30a），在发动机线束内
(C2) — 正极连接线（30a），在发动机右线束内
(D17) — 正极连接线（30a），在仪表板线束内
(Q16) — 接地连接线，在车身线束内
(8) — 接地点，在左组合后灯左侧车身上

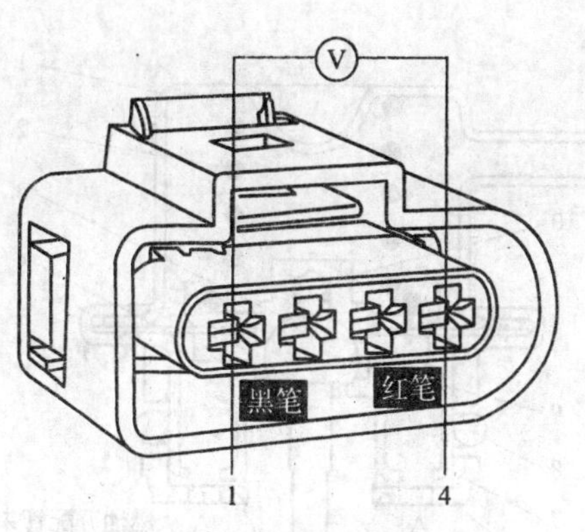

图 3—2—13 电动燃油泵端子电压的测量

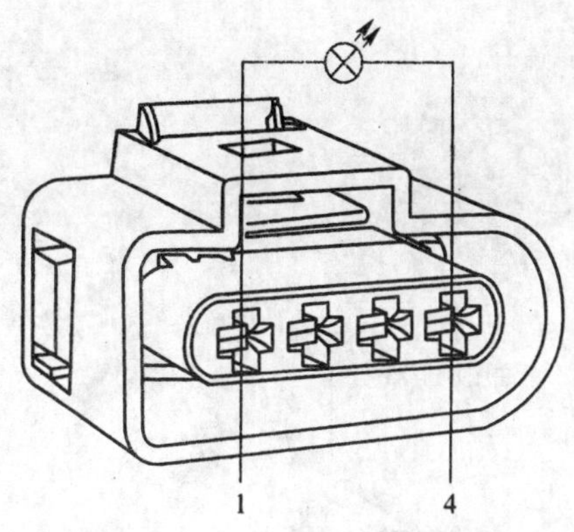

图 3—2—14 用试灯检查电动燃油泵端子电压

§ 3—3 燃油压力调节器

学习目标

1. 掌握燃油压力调节器的作用和工作原理。
2. 能进行燃油供给系统燃油压力的检测。
3. 能进行燃油供给系统故障分析。

一、燃油压力调节器

燃油压力调节器的作用是使燃料供给系统的燃油压力与进气歧管的压力之差保持恒定，一般为 250～300 kPa。

1. 结构

油压调节器安装于燃油分配管上（图 3—3—1a），主要由壳体 7、膜片 4、回油阀门 9、弹簧 2 和小弹簧 10 等组成，如图 3—3—1b 所示。膜片将油压调节器分成弹簧室和燃油室，膜片下端带有阀门，用以控制回油量的多少；弹簧室通过真空接管与进气歧管相通，用以感受进气歧管压力的变化。

2. 工作原理

发动机 ECU 对喷油量的控制是通过控制喷油器电磁线圈通电时间的长短来实现的。当燃油系统的绝对油压与喷油器喷油口处的进气歧管的空气压力差不为定值时，喷油器电磁线圈通电时间即使相同，其喷油量也不相同。因此，为保证 ECU 对喷油量的精确控制，就必须保证燃油系统的绝对油压与喷油器喷油口处的进气歧管的空气压力差恒定。

当进气歧管的压力减小时（发动机负荷减小），压力油克服弹簧力使膜片上移，回油阀门开启，汽油流回油箱，供油系统内压力下降（图 3—3—2a）。

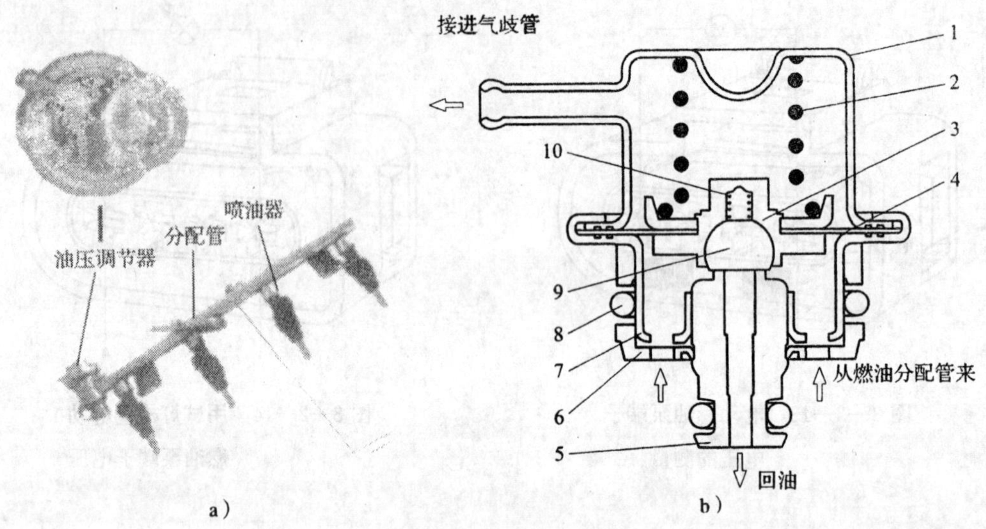

图 3—3—1 燃油压力调节器的安装位置及结构

a）安装位置 b）结构

1—上盖 2—弹簧 3—阀座 4—膜片 5—回油管嘴 6—下盖

7—壳体 8—“O”形密封圈 9—阀门 10—小弹簧

反之，当进气歧管的压力增加时（发动机负荷增大），弹簧弹力使膜片下移，回油阀门变小或关闭，回油量变小或终止，供油系统内压力上升（图 3—3—2b）。如此反复，使两者的压差始终保持恒定，使喷油量只取决于喷油器电磁线圈通电时间，从而达到 ECU 对喷油量的精确控制。

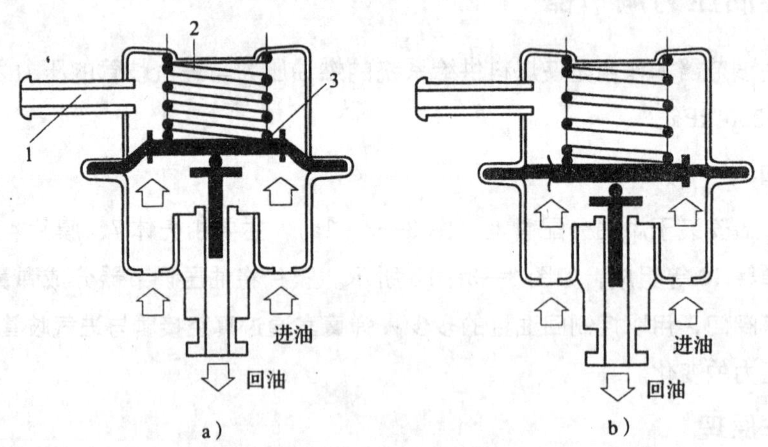

图 3—3—2 燃油压力调节器工作原理

a）怠速或小负荷 b）大负荷

1—接进气歧管口 2—弹簧 3—膜片

二、无回油管燃油供给系统

近年来，很多新型轿车采用无回油管燃油系统，即取消了分配管上的燃油压力调节器和回油管，不再利用发动机进气歧管的真空度来调节燃油压力，提供给喷油器的油压保持在 400 kPa 左右，其恒定油压是靠安装在油泵或燃油滤清器内的限压阀来保证；ECU 依据进气歧管的压力信号来修正喷油脉宽，从而达到喷油量的精确控制。

无回油管系统的组成与工作原理如图 3—3—3 所示，其限压阀装于燃油滤清器中，当燃油压力超过规定值后，阀门打开，多余的燃油流回到油箱。

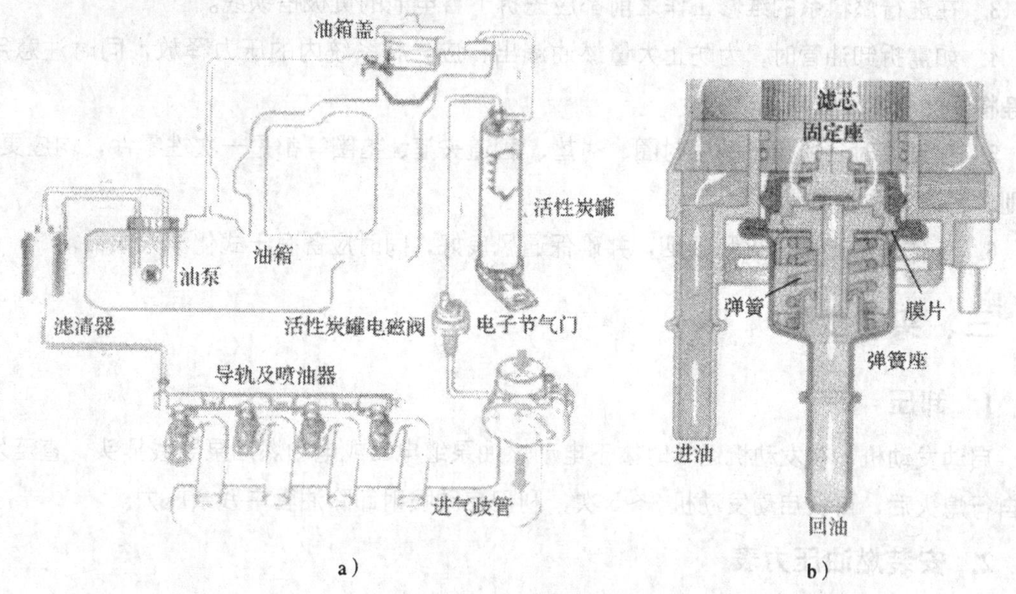

图 3—3—3 无回油管系统的组成与工作原理

a）组成 b）工作原理

这种无回油管系统的优点如下。

1. 降低了燃油温度，因为燃油不必流经高温的发动机舱后再回到油箱，所以油温降低，同时燃油蒸发污染也随之减少。

2. 减少了油箱外的连接件，安装维护方便，减少了燃油的渗漏几率，同时降低车辆成本。

技 能 训 练

实训任务 燃油压力的检测

一、实训准备

1. 工具：灭火器、举升机、数字万用表、棉纱、密封胶圈、专用工具、导线、维修手册、密封胶、油管卡箍、钳子、旋具等。

2. 设备：轿车或发动机试验台架、举升机。

二、实训要求和注意事项

1. 检测各工况下燃油系统的压力，并能依据测量值判断油泵、燃油压力调节器、真空管等部件的性能。

2. 读取并会分析静态油压、怠速油压、急加速油压、最大油压、保持油压。

3. 在进行燃料系的维修工作之前都应先拆下蓄电池的负极搭铁线。

4. 如需拆卸油管时，为防止大量燃油漏出，应先将系统内的压力释放，同时注意用毛巾等将汽油引入油盆中。

5. 在维修时，所用过的密封圈、衬垫、管道夹箍、垫圈等都是一次性零件，均应更新，否则，将造成系统渗漏。

6. 工作场所严禁明火和吸烟，并确保通风良好，同时应备有干式化学灭火器。

三、实训步骤

1. 卸压

启动发动机，在发动机运转时拔下电动燃油泵继电器或电动燃油泵导线插头，直至发动机自行熄火后，再次启动发动机 3～5 次，利用启动喷射卸除油管中残余压力。

2. 安装燃油压力表

拆下蓄电池负极搭铁线，安装燃油压力表，燃油压力表一般安装于汽油滤清器的出油口或燃油分配管的进油口处（带测压口的车辆可将燃油压力表连接至测压口处）。在拆卸油管时要用一块棉布包住油管接头以防汽油喷出，最后擦干溅出的汽油。装复蓄电池负极搭铁线、电动燃油泵继电器和电动燃油泵导线插头。步骤见表 3—3—1。

表 3—3—1　安装燃油压力表

顺序	步骤	图示
1	在燃油压力调节器和油管下垫上棉布，拆下进油管	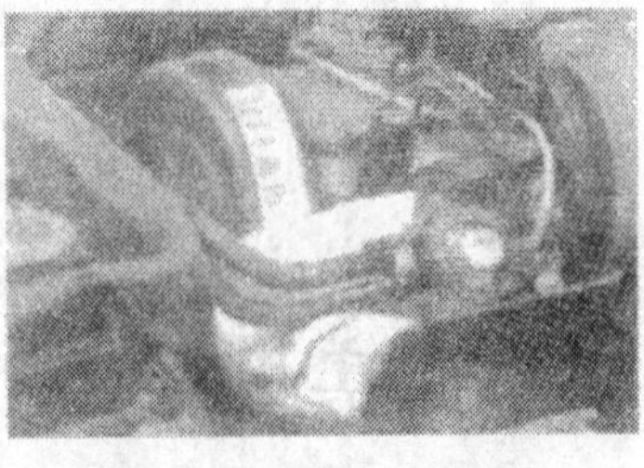
2	接上测试压力表	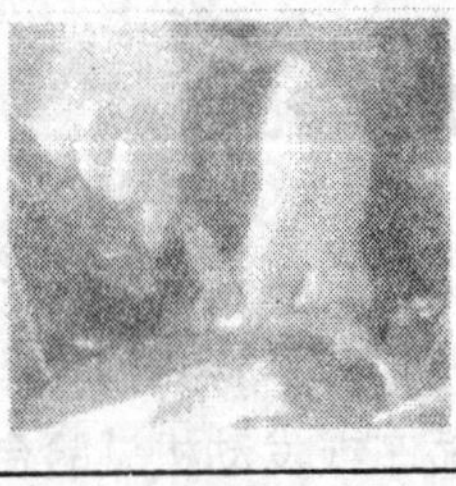

续表

顺序	步骤	图示
3	紧固卡箍，防止漏油	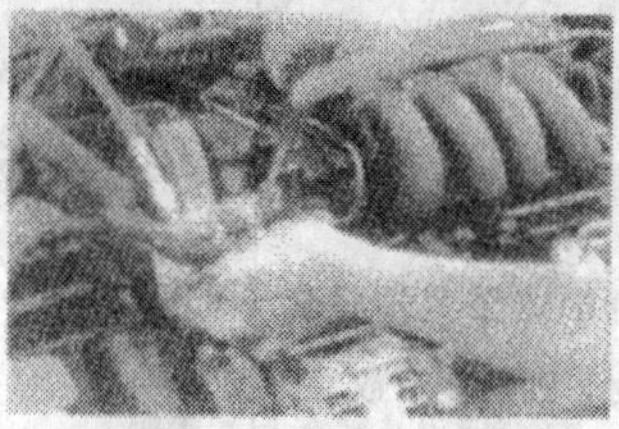
4	闭合点火开关，观察压力表读数	

3. 检测及结果分析（表3—3—2）

表3—3—2　　检测及结果分析

工作状态	测试步骤和方法	燃油压力标准值	结果分析及检修方法
静态油压	打开点火开关使电动燃油泵运转（使发动机不转），此时应能听到燃油泵的声音	燃油压力应为（300±20）kPa 	分析：如测得油压偏高，则是由于回油管变形或油压调节器损坏造成的。应先检查回油管是否变形；若回油管完好，则更换燃油压力调节器 如测得油压偏低，则是由于油泵进油滤网脏堵、油泵内部磨损、限压阀损坏或失效、汽油滤清器脏堵、油压调节器调压弹簧过软或喷油器喷孔卡滞常喷油等造成的 检修：可先更换汽油滤清器试一下，若油压无变化，则需更换燃油泵或燃油压力调节器
怠速油压	发动机怠速运转	一般为250±20 kPa 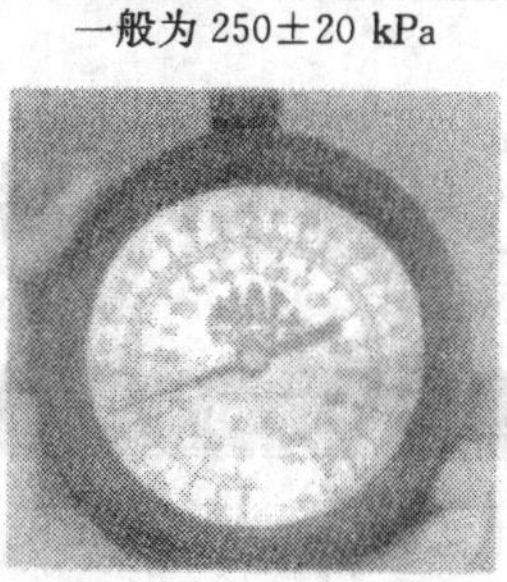 	分析：怠速工作油压偏高多是由于油压调节器真空管错装、漏装或漏气所造成的 检修：检视真空管安装是否正确、是否漏气，必要时更换 检测怠速工作油压时，拔下真空管时油压应上升至（300±20）kPa（与静态油压基本相等），否则应更换油压调节器

续表

工作状态	测试步骤和方法	燃油压力标准值	结果分析及检修方法
急加速油压	急加速至节气门全开时，油压表示数	上升至（300±20）kPa 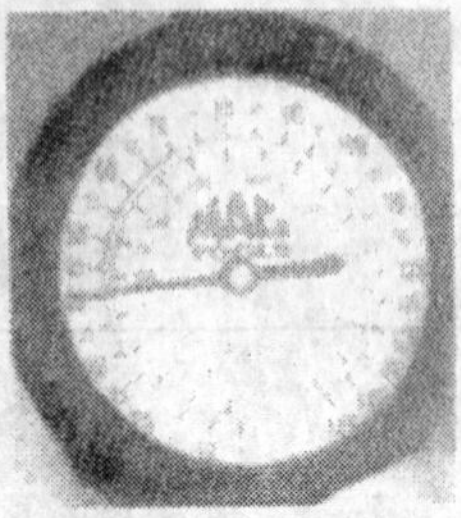	分析：若急加速油压无变化，则可能是真空管插错或漏气 检修：若急加速油压与怠速工作油压差值小于50 kPa，则说明在节气门全开时进气系统仍存在真空节流（例如，节气门无法开至最大角度），应予以检修
最大供油压力	用包有软布的钳子夹住回油管	一般为工作油压的2～3倍，即500～750 kPa 	分析：油泵最大供油压力偏高是由于油泵限压阀卡滞造成的，应更换电动燃油泵 油泵最大供油压力偏低是由于燃油滤清器堵塞、电动燃油泵内部磨损、油泵进油滤网脏堵、油泵限压阀关闭不严或调压弹簧过软造成的 检修：应先更换燃油滤清器，若油压仍然偏低，则从油箱中拆出燃油泵检视，观察滤网是否脏堵；否则，更换燃油泵总成
燃油系统保持压力	松开油管夹钳，恢复静态油压，使油泵停转，此时油压表示数即为燃油供给系统保持压力	一般规定在10 min内系统保持压力应大于150 kPa	分析：保持压力过低是由于电动燃油泵止回阀关闭不严、油压调节器回油口关闭不严或喷油器滴漏造成的 检修：应首先恢复静态油压，再用包有软布的钳子夹住回油软管，若压力停止下降，则应更换油压调节器；若保持压力继续下降说明电动燃油泵止回阀密封不严，应更换燃油泵总成
装复	检查完毕后，应释放系统压力，拆下油压表，装复燃油系统		

§3—4 喷油器

学习目标

1. 掌握喷油器的结构和工作原理。
2. 了解喷油器的分类。
3. 能进行喷油器的电阻与工作电压的检测。
4. 能进行喷油器性能的检测。
5. 能完成喷油器的清洗作业。

一、喷油器的作用和种类

1. 喷油器的作用与安装

喷油器的作用是依据发动机 ECU 的喷油脉冲信号，将一定量的燃油以雾状喷入进气管内，使燃油与空气混合形成可燃混合气。其安装如图 3—4—1 所示。

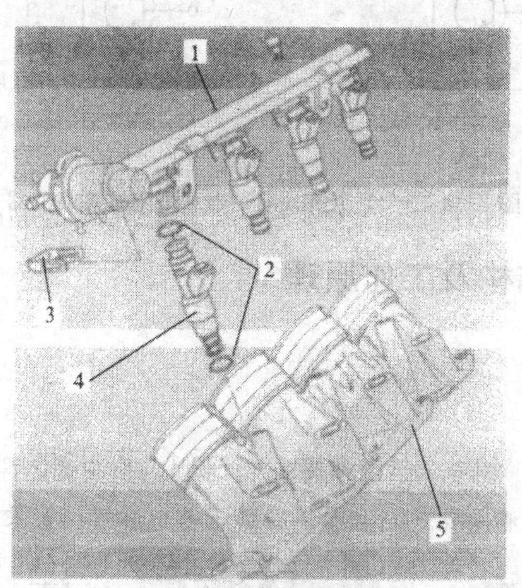

图 3—4—1　喷油器安装位置

1—燃油分配管　2—O 型圈　3—固定夹　4—喷油器　5—进气管下体

2. 喷油器的种类

(1) 根据汽油喷射类型不同，可分为多点式（MPI）喷油器和单点式（SPI）喷油器（单点式喷油器现已被淘汰）。

(2) 按喷口形式不同，可分为孔式喷油器和轴针式喷油器，如图 3—4—2 所示。

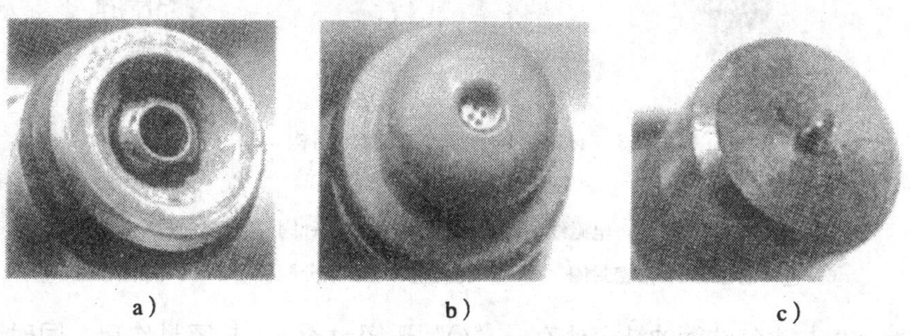

a)　　b)　　c)

图 3—4—2　孔式和轴针式喷油器喷口

a) 单孔式　b) 多孔式　c) 轴针式

(3) 按喷油器电磁线圈电阻不同，可分为高阻抗式喷油器（13～16 Ω）和低阻抗式喷油器（3～4 Ω），如图 3—4—3 所示。

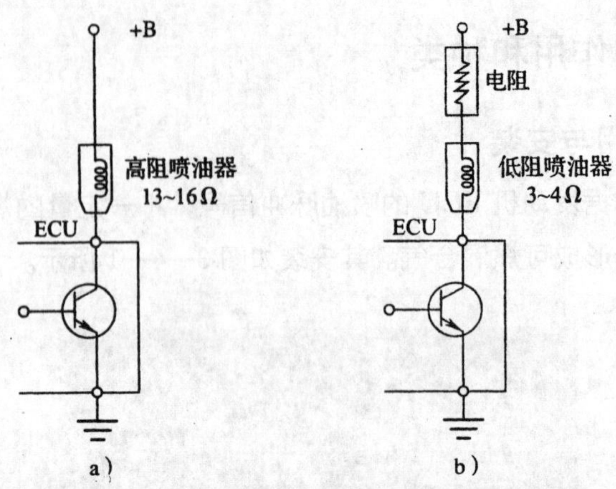

图 3—4—3　高阻抗式喷油器和低阻抗式喷油器

二、喷油器的结构及工作原理

1. 孔式喷油器

(1) 结构

喷油器由电磁线圈 2、衔铁、复位弹簧 3、针阀 4、喷油器体等零件组成，如图 3—4—4 所示。该喷油器为上端供油两孔式喷油器，安装于各缸进气歧管末端，对准进气门喷油。

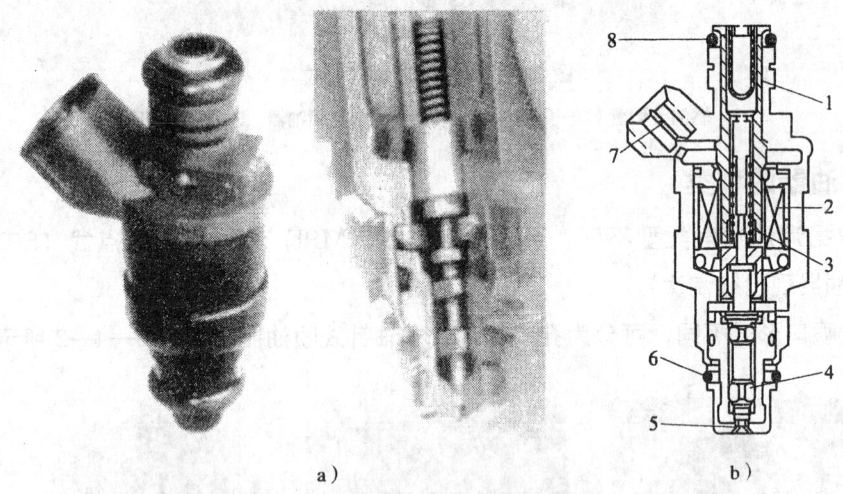

图 3—4—4　喷油器的实物与结构

a）实物　b）结构

1—进口滤网　2—电磁线圈　3—复位弹簧　4—针阀　5—喷油孔

6—进气歧管“O”形密封圈　7—导线插片　8—燃油分配管“O”形密封圈

在喷油器阀体与进气歧管的结合处有一“O”形密封圈 6，起密封作用，同时也起隔热作用，以防喷油器内燃油蒸发成气泡。在喷油器阀体与燃油分配管的结合处也有一“O”形密封圈 8，起密封作用。

喷油器是加工精度很高的精密器件，同时要求它具有良好的动态流量稳定性，抗堵塞、抗污染能力强，喷油雾化性能好。

(2) 工作原理

喷油器喷油量取决于三个因素：喷油孔截面的大小、喷油压差和喷油持续时间。对于一定型号的喷油器来讲，喷油孔截面的大小是固定不变的，而喷油压差则由油压调节器调节为定值，因此，喷油量只取决于喷油持续时间，即取决于喷油器电磁线圈的通电脉冲的宽度。

电磁线圈通电时，产生电磁力，吸动衔铁上移，带动针阀升起，阀门打开燃油喷出（图 3—4—5a）；电磁线圈断电时，电磁力消失，针阀被弹簧压紧在阀座上，停止喷油，如图 3—4—5b 所示。

针阀的升程约为 0.15 mm，喷油持续时间在 2～10 ms 范围内。

孔式喷油器的优点是雾化质量好，缺点是自洁能力不强，易堵塞。

2. 轴针式喷油器

轴针式喷油器由电磁线圈 3、衔铁 5、复位弹簧 4、针阀 6、喷油器体等零件组成，如图 3—4—6 所示。

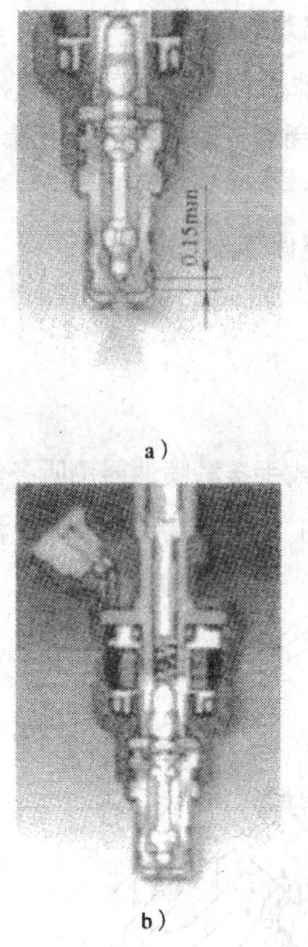

图 3—4—5　喷油器的工作过程

a）针阀开启喷油　b）针阀关闭停喷

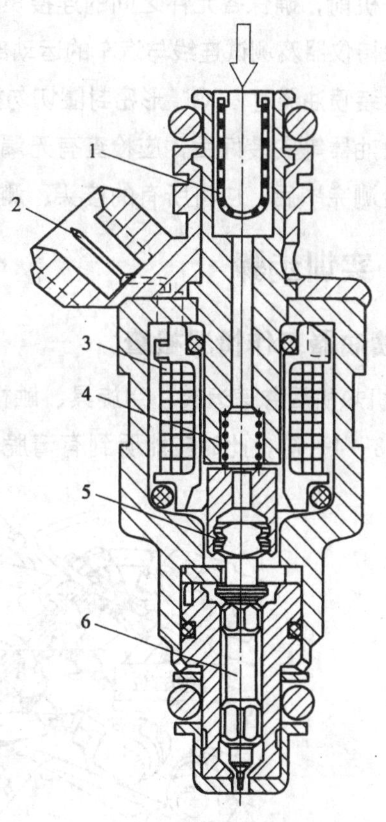

图 3—4—6　轴针式喷油器的结构

1—进口滤网　2—导线插片　3—电磁线圈　4—复位弹簧　5—衔铁　6—针阀

其安装及工作原理与孔式相同，不再赘述。

轴针式喷油器的优点是自洁能力强，不易堵塞，缺点是雾化质量不如孔式喷油器。

技能训练

实训任务一 喷油器的检测

一、实训准备

1. 工具：灭火器、量杯、喷油器检测仪、试灯或发光二极管、数字万用表、棉纱、密封胶圈、专用工具、导线、维修手册、旋具等。

2. 设备：轿车或发动机试验台架。

二、实训要求与注意事项

1. 开机前，确保各元件之间的连接良好，以免出现故障。

2. 保持仪器及测试连线与汽车的运动部件有一定距离，例如，传动皮带、风扇、齿轮等。

3. 拆装喷油器时，“O”形密封圈切勿重复使用，新圈在安装前必须用清洁的汽油润滑。

4. 喷油器等安装好后，应检查有无漏油。

5. 检测完毕后，应将所有的接头、测试仪器完整保存。

三、实训步骤

1. 喷油器工作情况检查

发动机热机后怠速运转，用旋具、触杆式听诊器或手接触喷油器测听各缸喷油器工作的声音（图3—4—7），此时应能听到有清脆而有节奏的“嗒嗒”声，并随发动机转速的升高

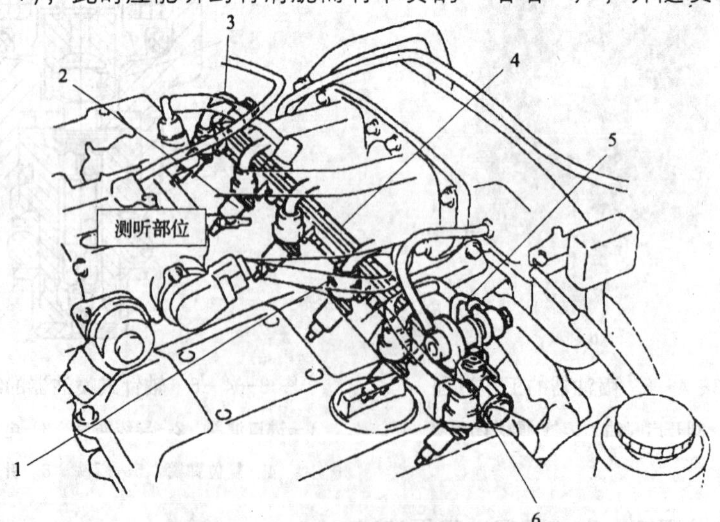

图3—4—7 测听各缸喷油器工作的声音

1—喷油器插接器 2—喷油器 3—进油管 4—燃油分配管 5—回油管 6—燃油压力调节器

而加快，这是针阀开闭时的工作声。若各缸喷油器工作声音清脆均匀则说明各喷油器工作正常；若某缸喷油器工作声音很小则可能是针阀卡滞；若某缸喷油器听不见工作声音，则说明该缸喷油器不工作，应检查该缸喷油器及其控制线路。

2. 喷油器工作电压的测试（表 3—4—1）

表 3—4—1　　喷油器工作电压的测试步骤

测试步骤	测试方法	标准与结果分析
1	关闭点火开关，拔下喷油器插头 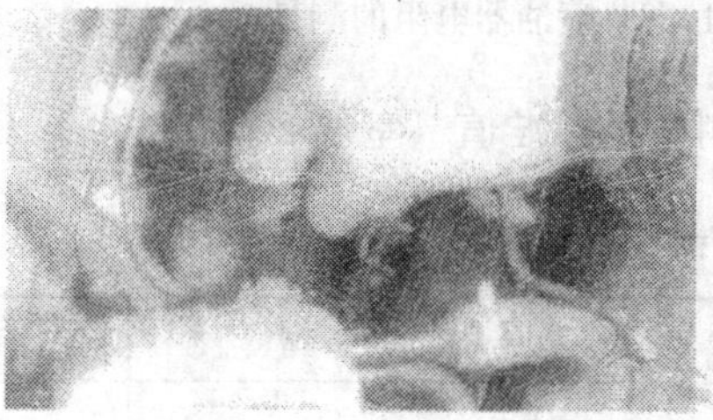	
2	万用表电压挡，检查喷油器插口 1 号端子与地之间的电压，红表棒接 1 号端子，黑表棒接地，闭合点火开关瞬间，观察万用表读数	电压值应不小于 11 V 如小于 11 V，则电源电压过低或线路接触不良；如电压为“0”V，则要依次检查熔断丝、继电器、线路连接、电脑及发动机转速传感器等
3	将一个二极管接在两插口上，闭合点火开关瞬间二极管应发亮 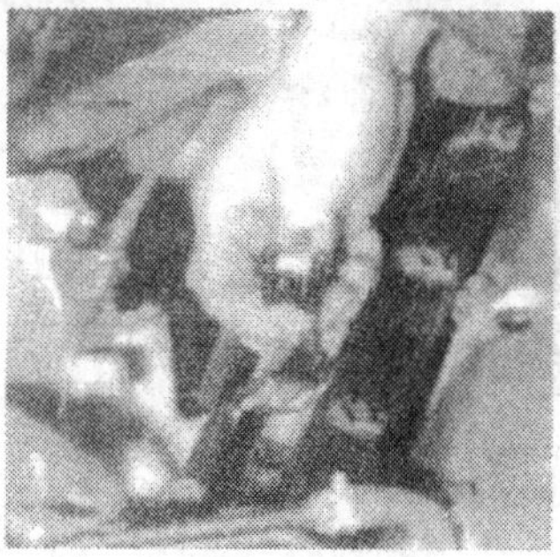	否则，应检修，方法同上

3. 喷油器电磁线圈电阻的测量

如图 3—4—8 所示，测量喷油器两接线端子间（电磁线圈）的电阻值。喷油器在室温下电阻值为 13～18 Ω（达到发动机工作温度时电阻值会增加 4～6 Ω）。

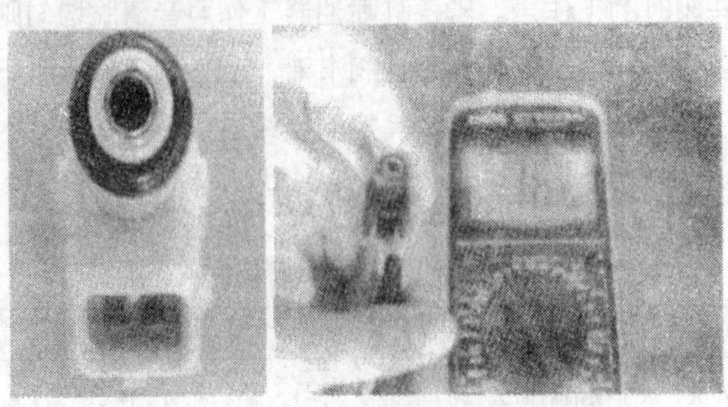

图 3—4—8 喷油器电阻的测量

表 3—4—2 为常见车型喷油器检测电阻标准值（室温 20℃）。

表 3—4—2 **常见车型喷油器检测电阻标准值（室温 20℃）**

车 型	喷油器阻值/Ω	车 型	喷油器阻值/Ω
红旗 CA7720E	12±0.6	宝马	15～17
捷达 AT、GTX	13～18	奔驰	14～16
桑塔纳 GSi2000	13～18	丰田	13.4～14.2
奥迪 V6	13.5～17	本田	1.5～2.5
奥迪 200	13.5～17		

4. 喷油器喷油量、喷油质量的检查

（1）喷油量和针阀密封性检查

将喷油器依次安装在试验台上，检测各缸喷油器的怠速和最大喷油量，一般规定 30 s 常开喷油量为 70～85 mL（图 3—4—9a），且各缸喷油量均匀度误差小于 5%，否则更换或者清洗。差别越小，发动机运转越平稳。

断电后每分钟滴漏不超过 1 滴（图 3—4—9b），否则更换喷油器。

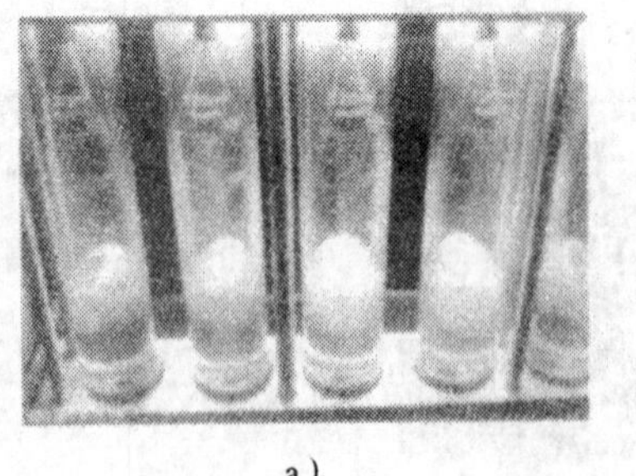

a） b）

图 3—4—9 喷油器的检查

（2）雾化质量检查

如喷雾形状为角度较大的锥体，如图 3—4—10a 所示，则为良好；若喷雾锥体是一根或几根油线（图 3—4—10c），说明喷油器脏堵或积炭，需清洗或更换。

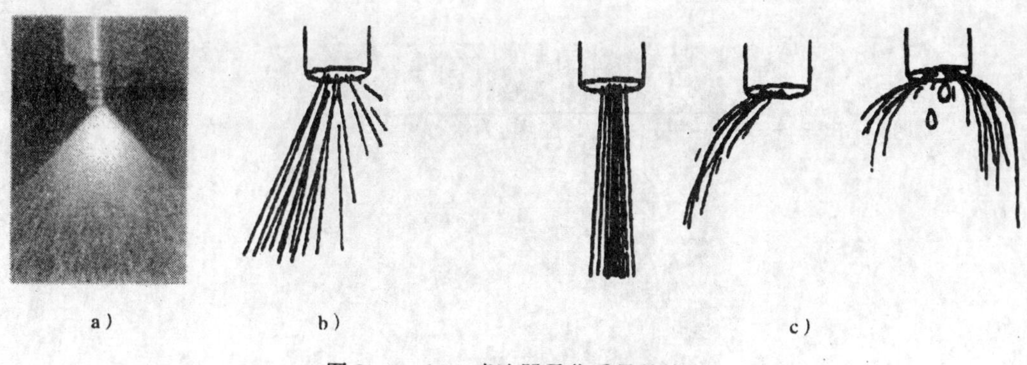

a）　b）　c）

图 3—4—10　喷油器雾化质量的检查

a）良好　b）尚可使用　c）差

喷油器喷油口被积炭堵塞后，喷油量减少、雾化质量变差，将导致混合气变稀；积炭或胶质造成喷油器针阀关闭不严，喷油口滴漏，将导致混合气变浓。这都会导致发动机启动困难、怠速不稳、加速性能下降、功率不足、排放性能变差等故障，因此，必须定期对其进行检查和清洗，恢复喷油器的喷油质量。

实训任务二　喷油器的清洗

一、实训准备

1. 工具：灭火器、量杯、喷油器检测仪、棉纱、密封胶圈、专用工具、导线、维修手册、旋具等。

2. 设备：轿车或发动机试验台架。

二、实训要求与注意事项

1. 拆装喷油器时，“O”形密封圈切勿重复使用，新圈在安装前必须用清洁的机油润滑。

2. 喷油器等安装好后，应检查有无漏油。

3. 检测完毕后，应将所有的接头，测试仪器完整保存。

三、实训步骤

喷油器的维护主要是清洗。对于堵塞不严重的采用就车清洗法，严重的采用拆卸清洗法。

1. 就车清洗法

一般采用通用型的就车清洗喷油器设备进行清洗，即在燃油供给系统中接入装满清洗液的清洗罐（图 3—4—11）。常用的连接部位有汽油滤清器出油口、燃油分配管进油口或专用测压口等。操作步骤如下。

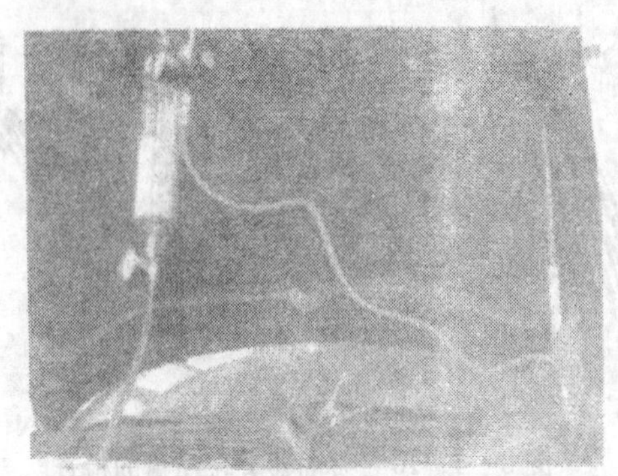

图 3—4—11 就车清洗仪的安装

(1) 由清洗设备的油泵代替原车燃油泵给清洗液加压，并调至怠速油压。

(2) 夹住回油管或将回油口堵死，以切断回油。

(3) 启动发动机，此时清洗液代替汽油燃烧做功，直至清洗液用尽，自行熄火后清洗完毕。

注意：

接入清洗罐的部位和使用油泵停止工作的方法应正确，任何错误的连接和操作均有可能引起火灾事故，导致人身伤害和财产损失。

2. 拆卸清洗法

将待清洗的喷油器拆下，把喷油器放入试验台（图 3—4—12）的清洗箱中，使用喷油器专用清洗剂进行超声波清洗除炭，清洗后还须检查喷雾质量。如喷雾质量仍不合格时应更换喷油器。

图 3—4—12 喷油器清洗试验台

如条件不许可时，可进行简易拆卸清洗，其方法如下。

(1) 先将喷油器拆下，用化油器清洗剂浸泡、冲洗喷油器外表污物。

（2）将喷油器装回发动机，插好各缸喷油器的导线插头。

（3）拆下燃油分配管的进油管，向燃油分配管内喷注尽可能多的化油器清洗剂。

（4）装复进油管并检查有无泄漏。

（5）启动发动机，运转 3～5 min。

如此反复 2～4 次直至发动机工作正常为止。

§3—5　曲轴位置传感器

学习目标

1. 了解转速/凸轮轴位置传感器的作用和分类。
2. 掌握三种转速/凸轮轴位置传感器的工作原理。
3. 能进行转速/凸轮轴位置传感器的拆装。
4. 能进行转速/凸轮轴位置传感器的检测。

一、转速（CKP）/凸轮轴位置（CMP）传感器的作用和类型

1. 作用

发动机转速传感器也称曲轴位置传感器（图 3—5—1a），装于飞轮壳上或曲轴的前端，有些老式的发动机（比如丰田 8A 发动机）装于分电器内，其作用是用于测定曲轴或分电器轴的转速和转角，给 ECU 提供发动机转速信号和曲轴转角信号，作为燃油喷射和点火控制的主控信号，如图 3—5—2 所示。

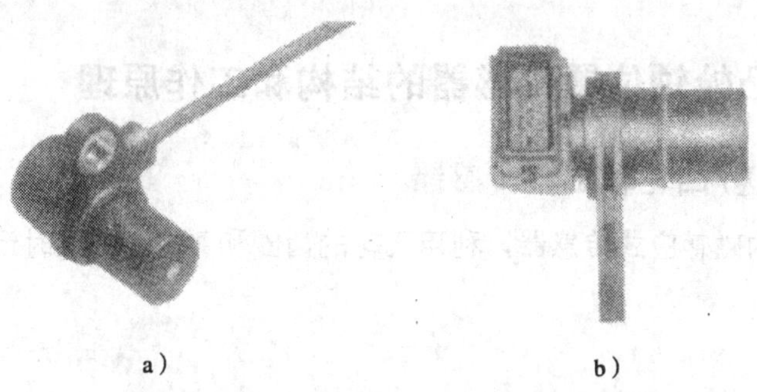

a）　　b）

图 3—5—1　发动机转速传感器和凸轮轴位置传感器

a）发动机转速传感器　b）凸轮轴位置传感器

凸轮轴位置传感器（图 3—5—1b）装于凸轮轴的前端或后端，老式的发动机装于分电器内，其作用是给 ECU 提供曲轴转角基准位置（第一缸压缩上止点）信号，作为控制单元计算喷油时间和点火时间的辅助信号。

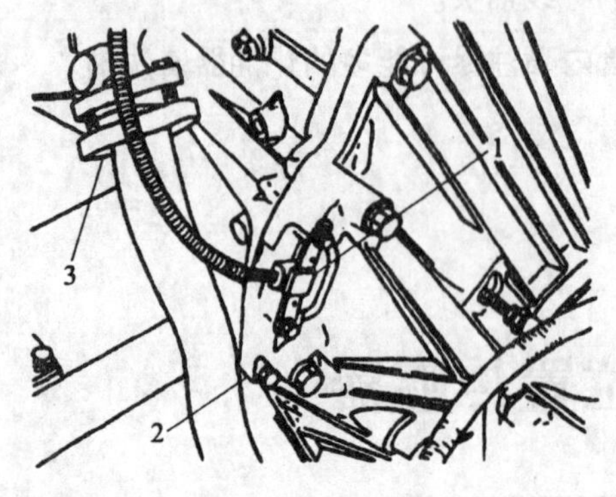

图 3—5—2 转速传感器安装位置

1—转速传感器 2—变速箱壳 3—前排气管

2. 类型

转速/凸轮轴位置传感器的类型如图 3—5—3 所示。大多数车型的转速传感器与凸轮轴位置传感器是可以互换的。转速/凸轮轴位置传感器除用于发动机转速传感器、位置传感器外，还用于车速传感器。

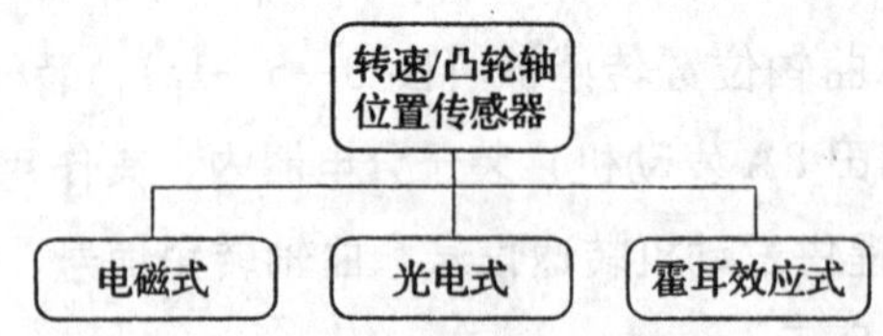

图 3—5—3 转速/凸轮轴位置传感器的类型

二、转速/凸轮轴位置传感器的结构和工作原理

1. 电磁式转速/凸轮轴位置传感器

安装于飞轮处的磁感应式传感器，利用飞轮的齿圈和飞轮上的正时记号来触发感应电压信号。

(1) 结构

电磁式传感器由一个永久磁铁和一个传感线圈组成，在驱动轴上装有一个有若干个缺口和舌片的钢盘（转子），它能在磁极之间转动，如图 3—5—4 所示。

(2) 工作原理

当发动机转动时，飞轮的齿圈和飞轮上的正时记号使传感器内的磁路空气隙变化，磁力线穿过的路径为永久磁铁 N 极→铁心与齿圈凸齿间的气隙→飞轮→飞轮壳体→安装支架→永久磁铁 S 极，由于铁心与齿圈凸齿间的气隙的间隙很小（0.5 mm），磁通量较强。信号齿

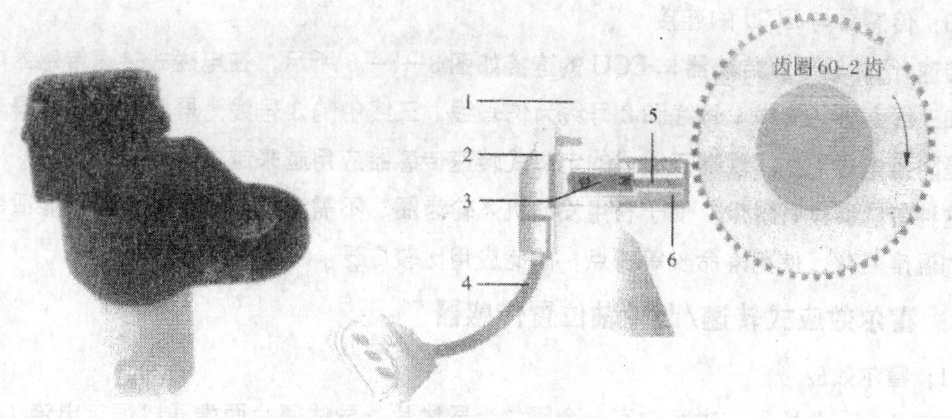

图 3—5—4　发动机转速与曲轴位置传感器

1—安装支架　2—传感器外壳　3—永磁铁　4—屏蔽电缆　5—软磁铁心　6—线圈

圈旋转，当缺口通过磁极时，磁路的磁阻增加（这是由于空气的磁导率比钢低得多），磁通量降低；如此，齿圈每旋转一周，通过传感器线圈的磁通量就会周期性地发生变化，即增强和减小 58 次。

根据电磁感应原理，当通过一个线圈的磁通量增加或减少时，线圈内就会产生感应电动势。飞轮齿圈每转动一圈，通过线圈的磁通量变化 58 次，感应线圈就产生 58 个交变电压信号，电压波形如图 3—5—5 所示。传感器产生的低压交变信号输入到 ECU，ECU 依据信号频率的变化计算出发动机的转速。发动机转速越大，磁通量变化越快，电动势越大，信号越强；反之，信号变弱。发动机静止时，线圈中虽有磁通，因磁通量无变化，就无电动势产生，所以，传感器也就没有信号输出。

当感应线圈转至信号触发齿轮的两个缺齿时（位于 1、4 缸上止点前 114°），计算机可根据此交变信号判断出曲轴转角基准位置（活塞压缩上止点），并依据此较宽的电压信号计算出喷油时刻和点火提前角。

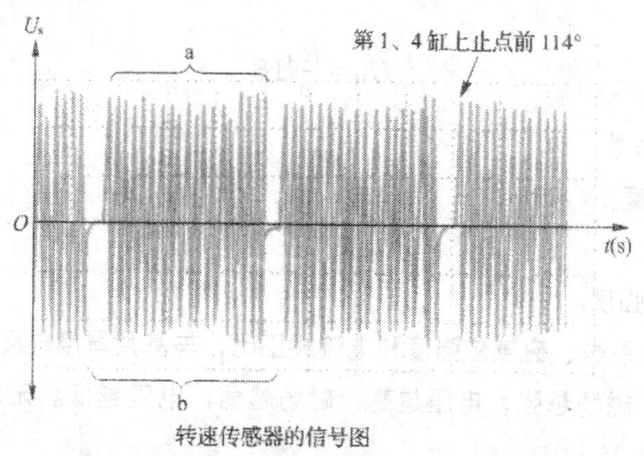

图 3—5—5　磁感应式传感器信号电压波形

a—58 个波形　b—1rad　U_s—感应电压　t—时间

(3) 传感器与 ECU 的连接

转速/凸轮轴位置传感器与 ECU 的连接如图 3—5—6 所示，在电磁式转速传感器中，有二线和三线之分，其中 1 号线和 2 号线为信号线，三线中的 3 号线为屏蔽线，加装屏蔽线的目的是防止电磁干扰。现在三线式的电磁式转速传感器应用越来越多。

这种传感器具有耐用、便于利用发动机飞轮齿圈、不需激励电压或放大器、能适应较大范围的温度变化、使用寿命长等特点，因此应用比较广泛。

2. 霍尔效应式转速/凸轮轴位置传感器

(1) 霍尔效应

如图 3—5—7 所示，磁场中有一个霍尔半导体片，导体薄片两端通以恒定电流 I，并在薄片的垂直方向施加磁感应强度为 B 的均匀磁场，则在垂直于电流和磁场的方向上，将产生电势差，即为霍尔电压 U_H。

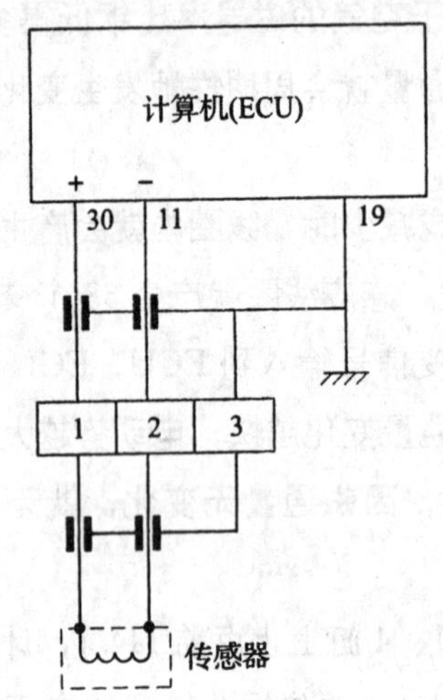

图 3—5—6 磁感应式传感器与 ECU 的连接

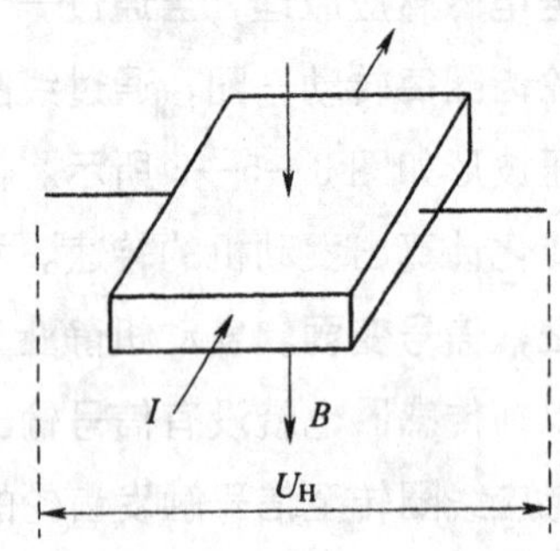

图 3—5—7 霍尔效应原理

$$U_H = \frac{R_H}{d} IB$$

式中 R_H——霍尔系数；

d——基片厚度；

I——电流；

B——磁感应强度。

霍尔电压与霍尔系数、磁感应强度和电流成正比，与基片厚度成反比。霍尔电压随磁场强度的变化而变化，磁场越强，电压越高，磁场越弱，电压越低。无磁力线或无电流通过时，霍尔电压 $U_H = 0$ V。

霍尔电压值很小，只有几个毫伏，经集成电路中的放大器放大后，以较强的电压信号输出。

(2) 霍尔式传感器的组成

霍尔式转速传感器是根据霍尔效应制成的传感器，主要由触发转子叶轮、霍尔基片、导磁钢片（磁轭）与永久磁铁、放大器等组成，其基本结构如图 3—5—8 所示。

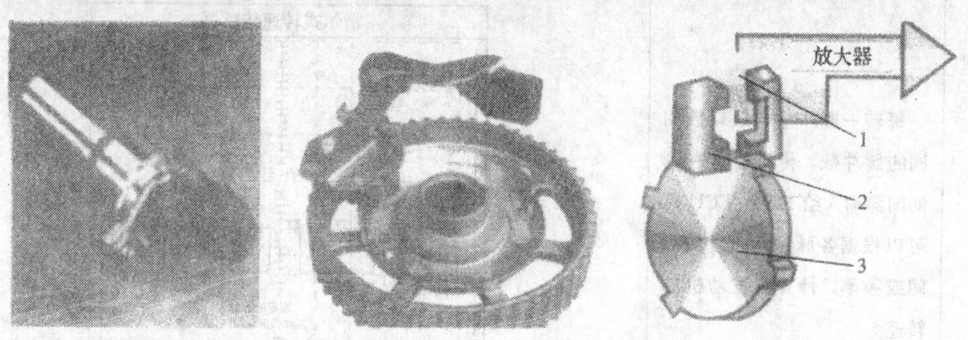

图 3—5—8　转速/曲轴位置/凸轮轴位置传感器的几种形式

1—霍尔基片　2—永久磁铁　3—转子

触发转子叶轮安装在转子轴上，叶轮上制有叶片。当触发叶轮随转子轴一起转动时，叶片便在霍尔集成电路与永久磁铁之间转动。霍尔基片（也称集成电路）由霍尔元件、稳压电路、温度补偿电阻、信号变换电路和输出电路组成。

(3) 霍尔式传感器的工作原理（表 3—5—1）

表 3—5—1　**霍尔式传感器的工作原理**

序号	工作过程	图　示
1	当触发叶轮上的叶片进入永久磁铁与霍尔元件之间时，磁场被叶片旁路，霍尔电压为“0” 经放大器处理后，此时传感器输出高电平（5 V）信号到 ECU	永久磁铁 转子 霍尔元件 信号轮的触发叶片 导磁板 永久磁铁 霍尔元件 底板 a）触发叶片进入空气隙中，霍尔元件中的磁场被旁路
2	当缺口部分进入磁铁与霍尔元件之间时，磁力线进入霍尔元件，传感器产生霍尔电压 经放大器处理后，传感器输出低电平信号（0.1 V）到 ECU	导磁板 永久磁铁 霍尔元件 b）触发叶片离开空气隙，霍尔元件被磁场饱和

续表

序号	工作过程	图示
3	每转一圈产生与缺口数相同的脉冲数，传感器将右侧的图像输入给 ECU，ECU 还可以根据各脉冲间通过的时间或频率，计算出发动机的转速	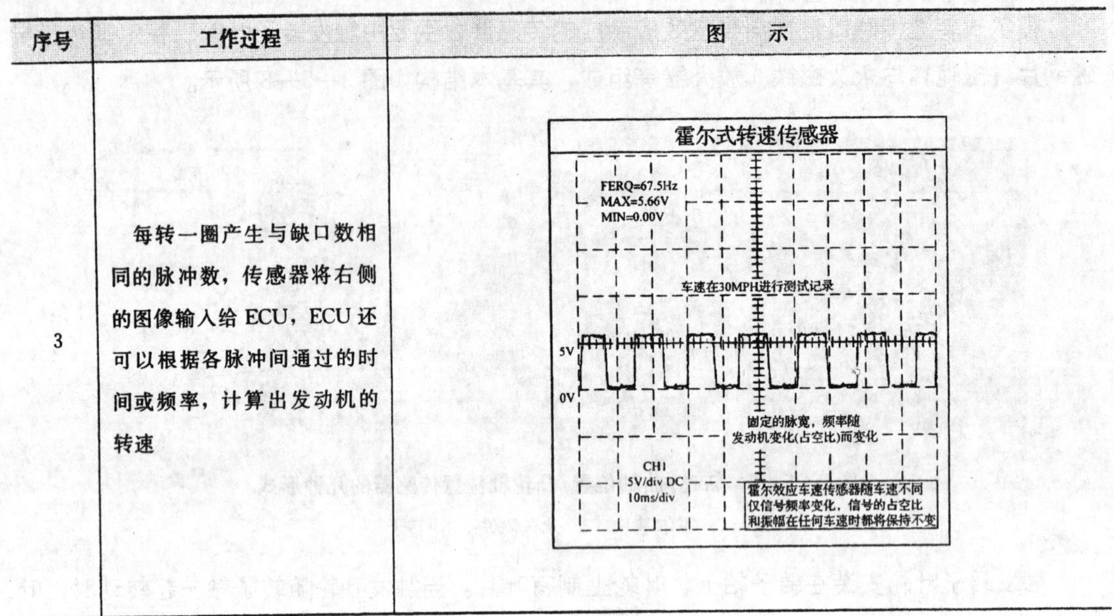

旋转转子的凸齿经过磁场时使磁场强度改变，霍尔晶体管产生的霍尔电压放大后输送给 ECU，ECU 根据霍尔电压产生的次数确定曲轴转角和发动机转速。

在触发转子叶轮上有一缺口较其他缺口较宽或较窄，此缺口即为曲轴转角基准位置（活塞压缩上止点），当转至缺口时（位于 1、4 缸上止点前 114°），霍尔式传感器便产生较宽或较窄的脉冲信号，计算机可根据此较宽的电压信号，计算出喷油时刻和点火提前角。

(4) 霍尔式传感器与 ECU 的连接

霍尔式转速/凸轮轴位置传感器与 ECU 的连接如图 3—5—9 所示，霍尔式转速传感器与 ECU 的连接共有三根线，1 号线为电源线，2 号线为信号线，3 号线为接地线。

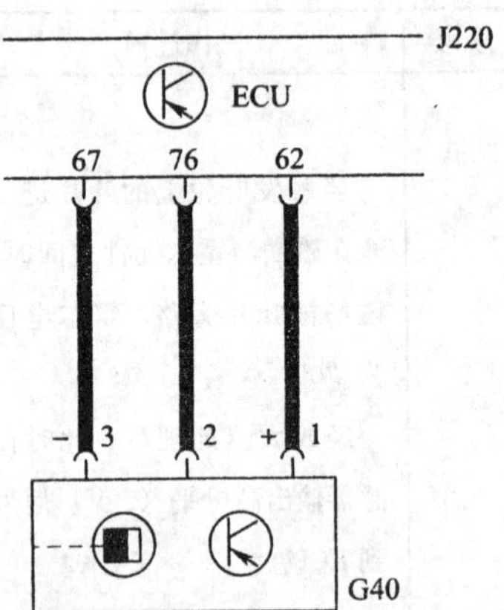

图 3—5—9 霍尔式传感器与 ECU 的连接

霍尔式传感器的优点是对磁场敏感、结构简单、体积小、频率响应宽、输出电压稳定、使用寿命长等，因此被广泛地应用于汽车、工业自动化技术、检测技术及信息处理等方面。

3. 光电式转速/凸轮轴位置传感器

(1) 组成

光电式曲轴位置传感器设置在分电器内，主要由固装在分电器壳转子信号发生器、两只发光二极管、两只光敏二极管和放大器组成，如图 3—5—10 所示。两只发光二极管分别正对着光敏二极管，信号盘位于发光二极管和光敏二极管之间。在信号盘的外圈有 360 条缝隙，用以产生 1°（曲轴转角）信号；外围稍靠内侧分布着 6 个光孔（间隔 60°），产生 120°信号，其中有一个较宽的光孔是产生对应第 1 缸上止点的 120°信号的。

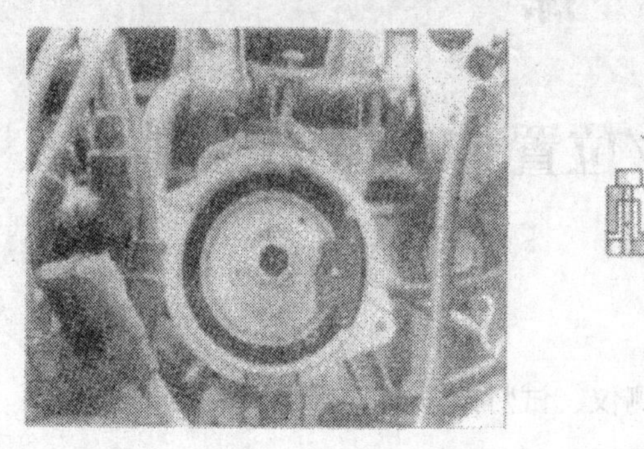

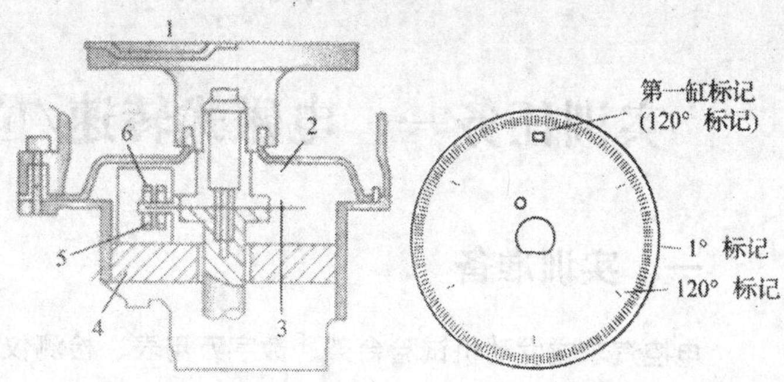

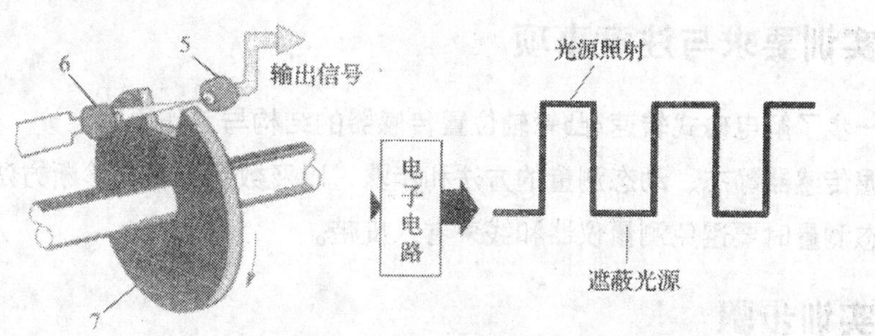

图 3—5—10　6 缸发动机光电式曲轴转角传感器的工作原理与结构

1—分火头　2—密封盖　3—转盘　4—电路　5—光敏合并管　6—合并二极管　7—遮光盘

（2）工作原理

当信号盘随发动机曲轴运转时，因信号盘上有光孔，产生透光和遮光的交替变化，当发光二极管照射到或被遮住光时，光敏二极管便产生代表曲轴位置和转角的脉冲信号电压，输送给 ECU，计算出转速和曲轴转角。

（3）光电式传感器与 ECU 的连接

光电式转速/凸轮轴位置传感器与 ECU 的连接如图 3—5—11 所示，光电式转速传感器与 ECU 的连接共有四根线。

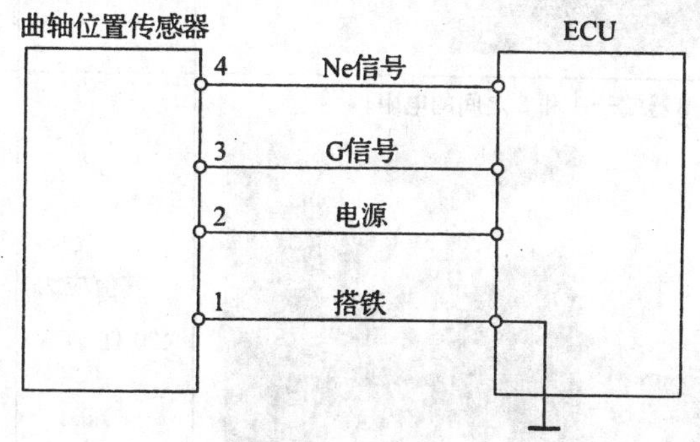

图 3—5—11　光电式传感器与 ECU 的连接

技 能 训 练

实训任务一　电磁式转速/位置传感器的检测

一、实训准备

电控汽车或发动机试验台架、数字万用表、检测仪、试灯或发光二极管、专用工具、导线、维修手册等。

二、实训要求与注意事项

1. 进一步了解电磁式转速/凸轮轴位置传感器的结构与工作原理。
2. 掌握传感器静态、动态测量的方法和步骤，以及数据分析与诊断方法。
3. 动态测量时要避免测量仪器和线束卷入皮带。

三、实训步骤

1. 传感器电阻的测量（表3—5—2）

表3—5—2　　传感器电阻的测量

测试步骤	测试方法	标准值	结果分析
1	关闭点火开关，拔下发动机转速/曲轴位置传感器的插接器 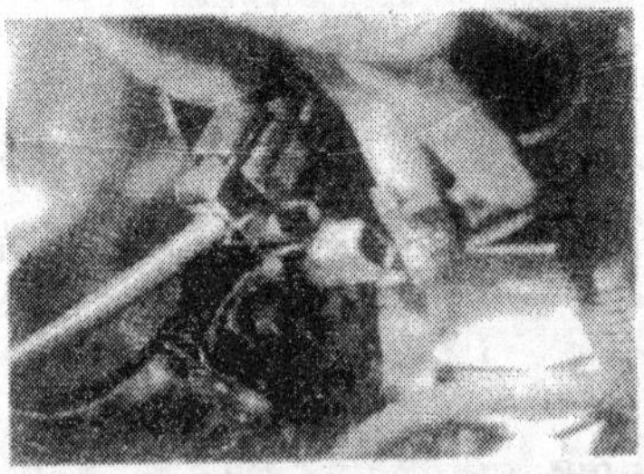		
2	用万用表测量传感器端子1和2之间的电阻 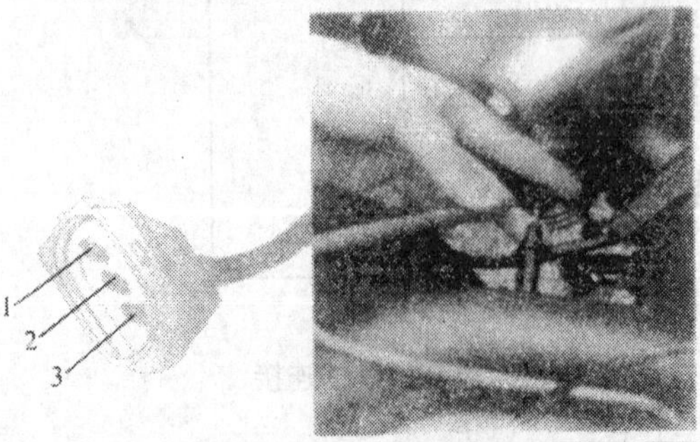	其值应为420 Ω	如果电阻过大或过小，都需要更换发动机转速/曲轴位置传感器

续表

测试步骤	测试方法	标准值	结果分析
3	检测传感器的绝缘性：测量传感器端子 1 和 3 或 2 和 3 之间的电阻（见上图）	应为∞	否则，说明传感器线圈绝缘不良或对地短路，需更换传感器

2. 检测端子间的电压（表 3—5—3）

表 3—5—3 检测端子间的电压

测试步骤	测试方法	标准值	结果分析
1	将万用表打到 20 V 的交流挡 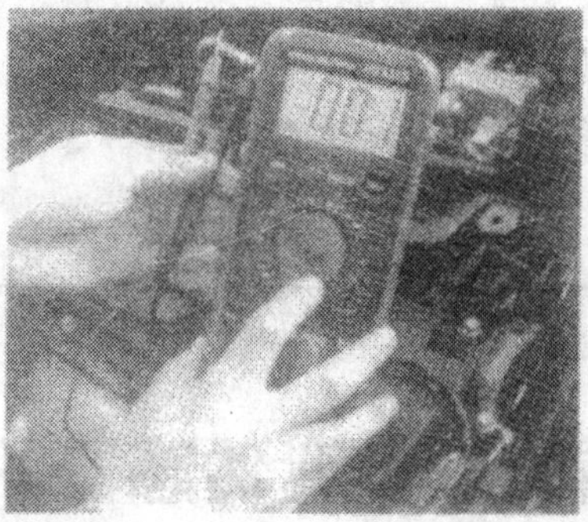		当发动机转速变化时，铁心中的磁通变化率也将随之发生变化，便产生交变的电动势。转速越高，磁通变化率就越大，传感线圈中的感应电动势也就越高
2	启动发动机并使发动机转动 		或将磁铁激励一下，应有近 1 V 的电压产生为好

续表

测试步骤	测试方法	标准值	结果分析
3	读取输出信号值数值 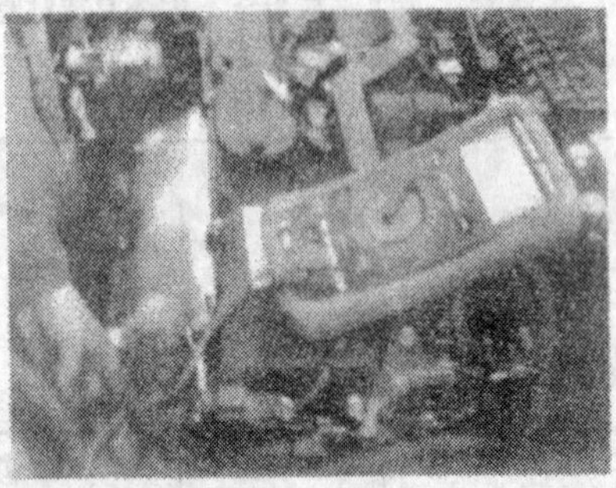 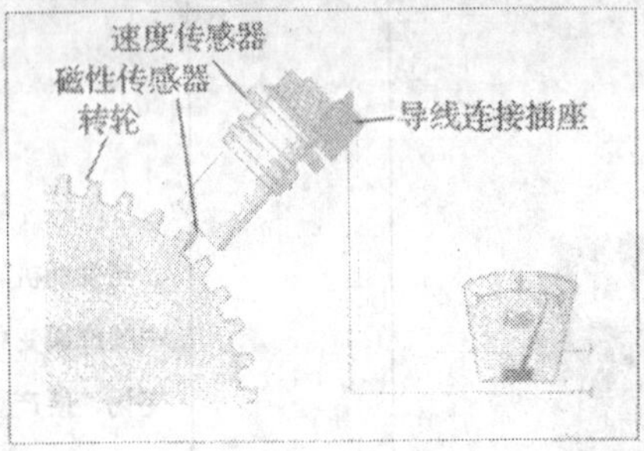 速度传感器 磁性传感器 转轮 导线连接插座	应产生1.5～5 V的交变电压	电磁传感器性能的好坏，决定于磁场强度磁隙的大小（1 mm内）和线圈的阻值 其输出信号读数，如不符合要求，应检查磁隙、线束插接器或更换传感器

实训任务二　霍尔式转速/位置传感器的检测

一、实训准备

电控汽车或发动机试验台架、数字万用表、检测仪、试灯或发光二极管、专用工具、导线、维修手册等。

二、实训要求和注意事项

1. 进一步了解霍尔式转速/凸轮轴位置传感器的结构与工作原理。
2. 掌握传感器静态、动态测量的方法和步骤，以及数据分析与诊断方法。
3. 动态测量时要避免测量仪器和线束卷入皮带。

三、实训步骤

点火开关转至“ON”位置，如图3—5—12所示，检测A、C之间的电压应为8 V；使发动机怠速运转，测B、C间输出的信号电压，应或5 V或0 V交替变化。具体步骤同实训任务一。

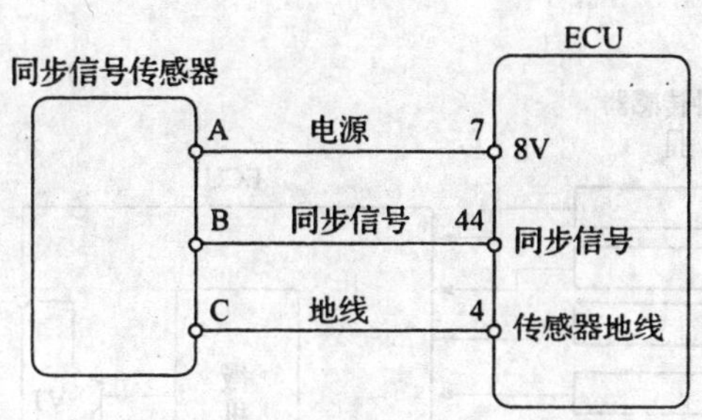

图 3—5—12　同步信号传感器电路

§3—6　喷油器的控制

学习目标

1. 了解影响喷油量的因素。
2. 掌握喷油正时的控制方法和喷油量的控制。
3. 能进行喷油量控制系统的检测。

一、影响喷油量的因素

喷油量的控制主要由 ECU 通过控制喷油器的开启时间（通电时间）的长短，也就是喷油脉宽来控制。

喷油量＝基本喷油量＋修正喷油量

1. 基本喷油量

基本喷油量是 ECU 根据发动机每个工作循环的进入气缸的空气质量、发动机转速和设定的空燃比确定的。

D 型根据发动机转速信号和进气管绝对压力信号确定基本喷油时间。

L 型根据发动机转速信号和空气流量计信号确定基本喷油时间。

2. 修正喷油量

修正喷油量是 ECU 根据各种传感器输送来的各种运行工况信息，对基本喷油量时间进行修正，以保证发动机正常运行。一般主要考虑冷却液温度、进气温度、节气门位置、大气压力、蓄电池电压和氧传感器反馈等传感器信号，以及空调、转向助力等开关信号，对喷油量进行修正（图 3—6—1）。

二、喷油量的控制方式

发动机在不同工况下运转时，对混合气浓度的要求也不同。喷油量的控制方式有启动控制、运转控制、断油控制和反馈控制等几种，详见表 3—6—1。

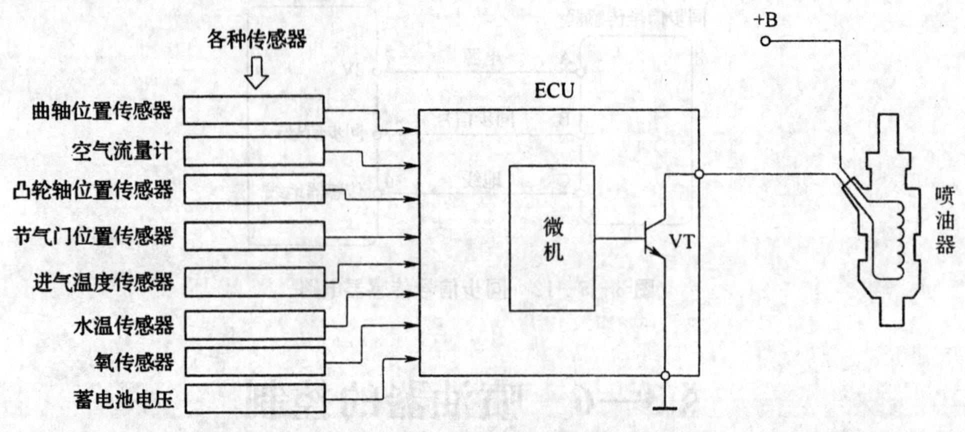

图 3—6—1　喷油器的控制原理

表 3—6—1　　　　喷油量的控制方式

控制方式	控制原理	图　示
1. 启动控制	点火开关位于 STA（启动）挡时，ECU 根据冷却液传感器信号（THW 信号）确定基本喷油时间；再根据进气温度传感器（THA 信号）、蓄电池电压适当修正喷油时间	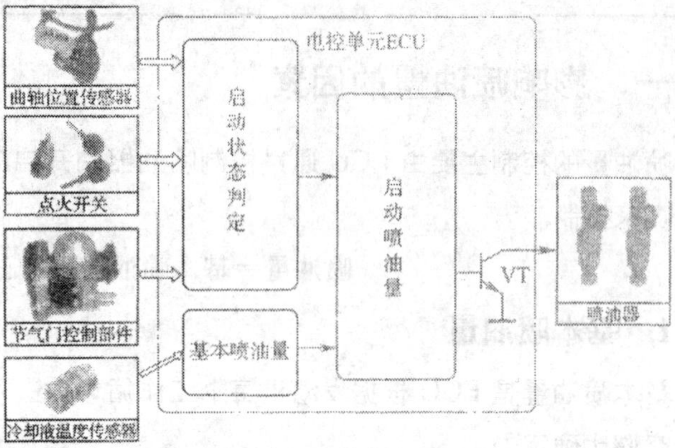 曲轴位置传感器 点火开关 节气门控制部件 冷却液温度传感器 电控单元ECU 启动状态判定 基本喷油量 启动喷油量 VT 喷油器
2. 运转控制	ECU 根据发动机每个工作循环的进气量、发动机转速确定基本喷油量。再根据其他传感器输送来的各种运行工况信息，对基本喷油量时间进行修正	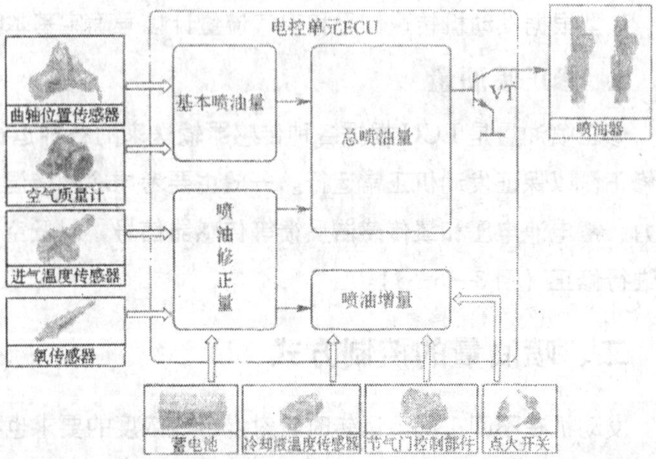 曲轴位置传感器 空气质量计 进气温度传感器 氧传感器 电控单元ECU 基本喷油量 喷油修正量 总喷油量 喷油增量 VT 喷油器 蓄电池 冷却液温度传感器 节气门控制部件 点火开关

续表

控制方式	控制原理	图　示
3. 断油控制	减速断油控制：当汽车减速时，ECU 将会切断燃油喷射控制电路，停止喷油，以降低碳氢化合物及一氧化碳的排放量 超速断油控制：加速时，发动机超过安全转速或汽车车速超过设定的最高车速时，ECU 将切断燃油喷射控制电路，停止喷油，防止超速	
4. 开环控制	开环控制是指发动机运行时，ECU 根据各个传感器的输入信号，判断发动机的运行工况，按固定的电脑程序计算出发动机的喷油量，控制喷油器的开启时间，将燃油喷出	 开环控制不能对混合气浓度进行修正，是没有反馈控制的电控系统
5. 闭环控制	闭环控制是指在排气歧管内安装有氧传感器，能根据发动机实际工况和排气中含氧量的变化，对进入气缸内的可燃混合气进行测量，随时修正喷油量的电控系统	 带有空燃比反馈系统，可使喷油量更加精确

三、喷油正时的控制方式

喷油正时的控制方式有同时喷射、分组喷射和顺序喷射，详见表 3—6—2。

表 3—6—2　　　　喷油正时的控制方式

喷射方式	控制图示	比较
同时喷射	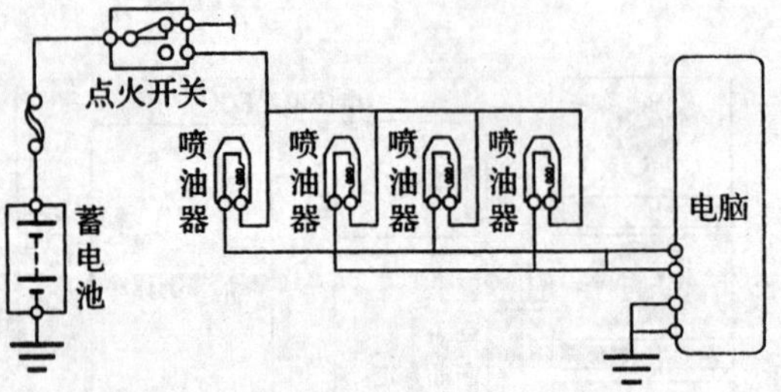 点火开关 喷油器 喷油器 喷油器 喷油器 蓄电池 电脑	所有各缸喷油器由 ECU 控制同时喷油和停油
分组喷射	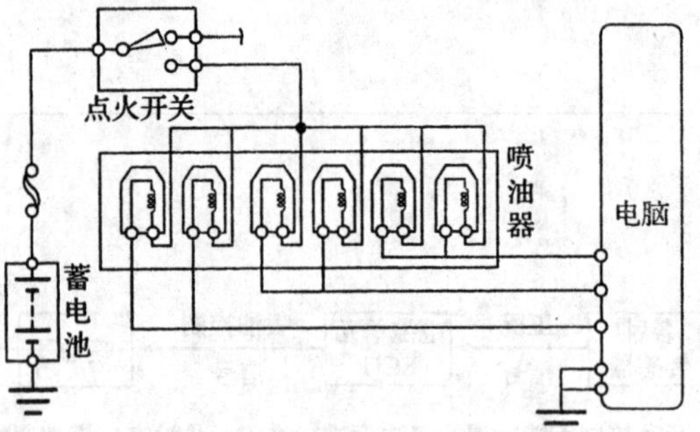 点火开关 喷油器 蓄电池 电脑	把所有喷油器分成两组，由 ECU 分组控制喷油器的喷油和停油
顺序喷射	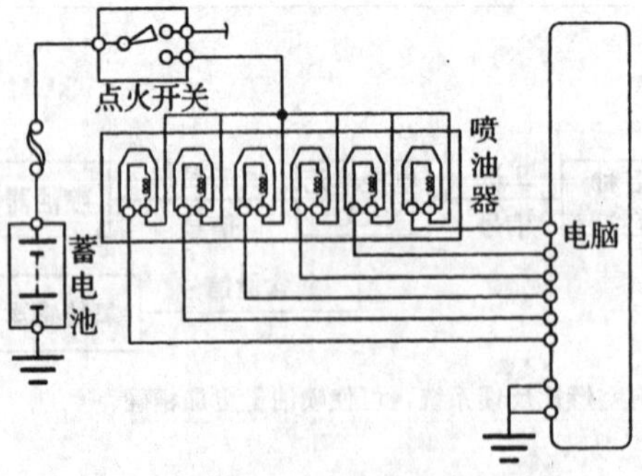 点火开关 喷油器 蓄电池 电脑	ECU 根据发动机的做功顺序，控制喷油器的喷油和停油 特点：喷油器驱动回路数与气缸数目相等

四、喷油器的驱动方式

喷油器的驱动方式有电流驱动和电压驱动两种，见表 3—6—3。

表 3—6—3　　喷油器的驱动方式

喷油器驱动方式	图示	比较
电压驱动	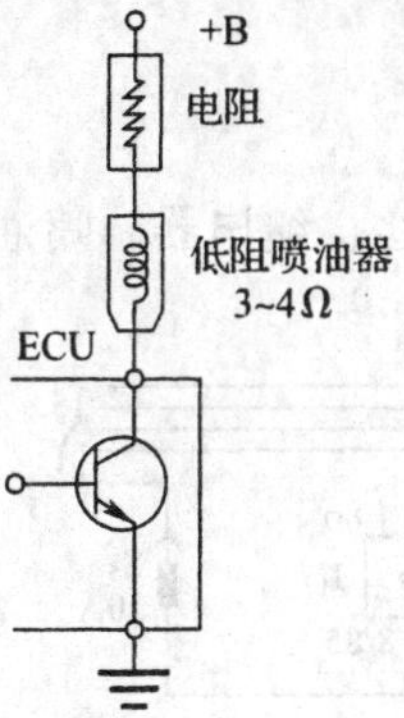 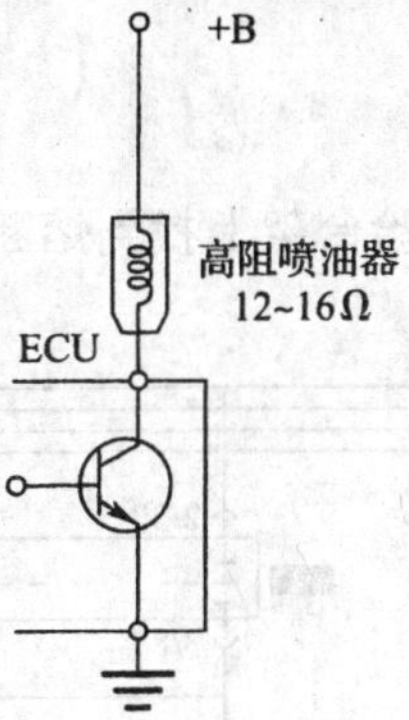 +B 电阻 低阻喷油器 3~4Ω ECU；+B 高阻喷油器 12~16Ω ECU	采用低阻值喷油器时，驱动电路中串联一附加电阻；采用高阻值喷油器时，驱动电路中则不需要串联附加电阻 目的是为防止低阻值喷油器电路的电阻过小、工作电流过大而烧坏喷油器
电流驱动	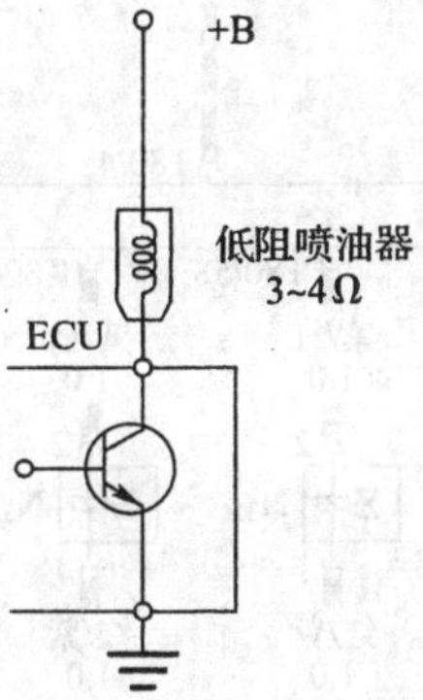 +B 低阻喷油器 3~4Ω ECU	采用了低阻值喷油器，电路中不串联附加电阻，其电磁线圈的电感较小，所以在电路接通后，电流上升很快，可有效缩短喷油器打开的滞后时间，提高了喷油器的动态效应

技能训练

实训任务　喷油器的控制电路的检测

一、实训准备

轿车或发动机试验台架、举升机、灭火器、数字万用表、试灯、导线、维修手册、常用工具等。

二、实训要求

1. 使用数字万用表或试灯检测喷油器控制电路。
2. 依据汽车维修手册或相关电路图分析和查找电路。
3. 判断喷油器控制电路的通断情况并进行维修。

三、实训步骤

1. 对照图 3—6—2，在实训车或实验台架上找到熔断丝、继电器、喷油器。

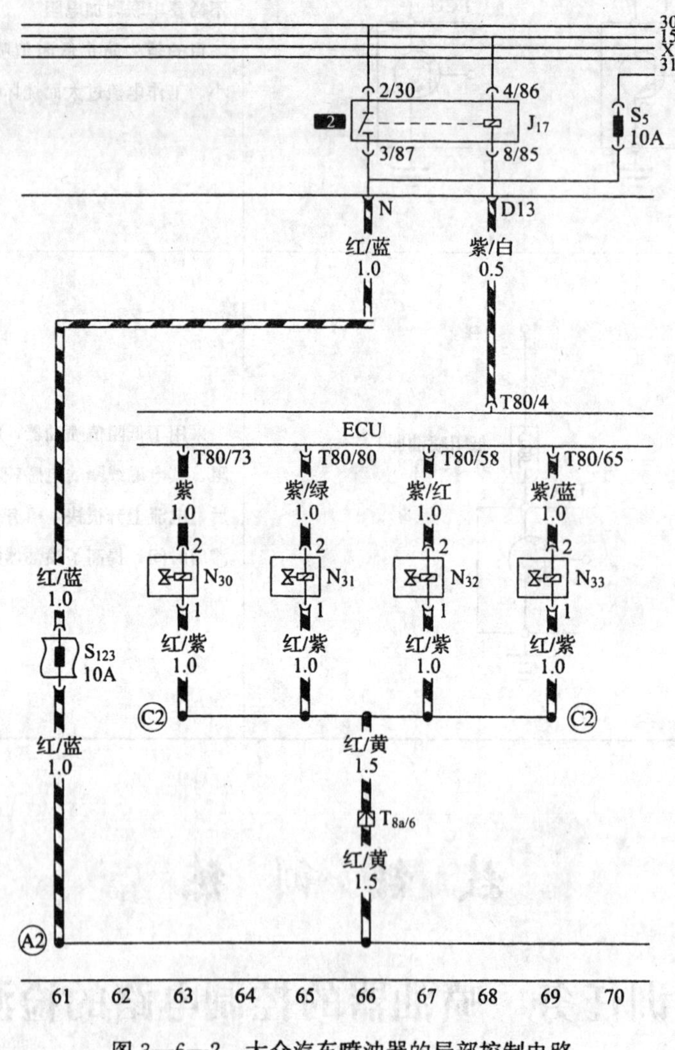

图 3—6—2 大众汽车喷油器的局部控制电路

2. 按照表 3—6—4 所示步骤进行喷油器的控制电路的检测。

表 3—6—4 喷油器的控制电路的检测步骤

步骤	图示	说明
1	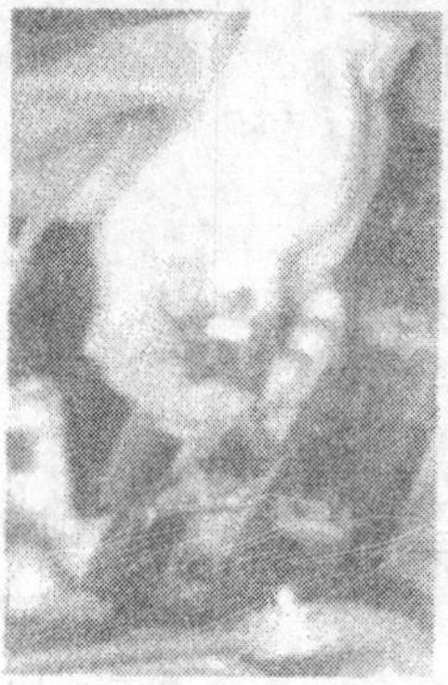	关闭点火开关，拔下喷油器插接器。也可以用试灯法测量控制信号，将发光二极管串联 330 Ω 电阻作试灯，拔下喷油器连接器，将试灯接在喷油器的连接器插头上，运转发动机，试灯应闪亮
	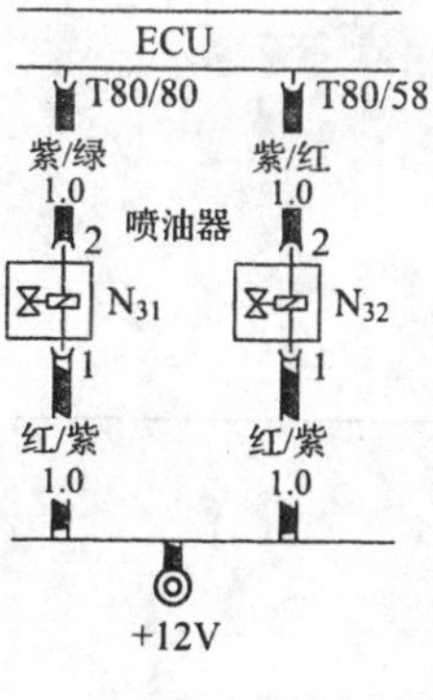 ECU T80/80 T80/58 紫/绿 1.0 紫/红 1.0 2 喷油器 2 N_{31} N_{32} 1 1 红/紫 1.0 红/紫 1.0 +12V 局部图 	或检测 1 号端子电源电压，其值应为电瓶电压（12 V）
2		如果不符合要求，则应检查熔断丝 S123 是否烧断

续表

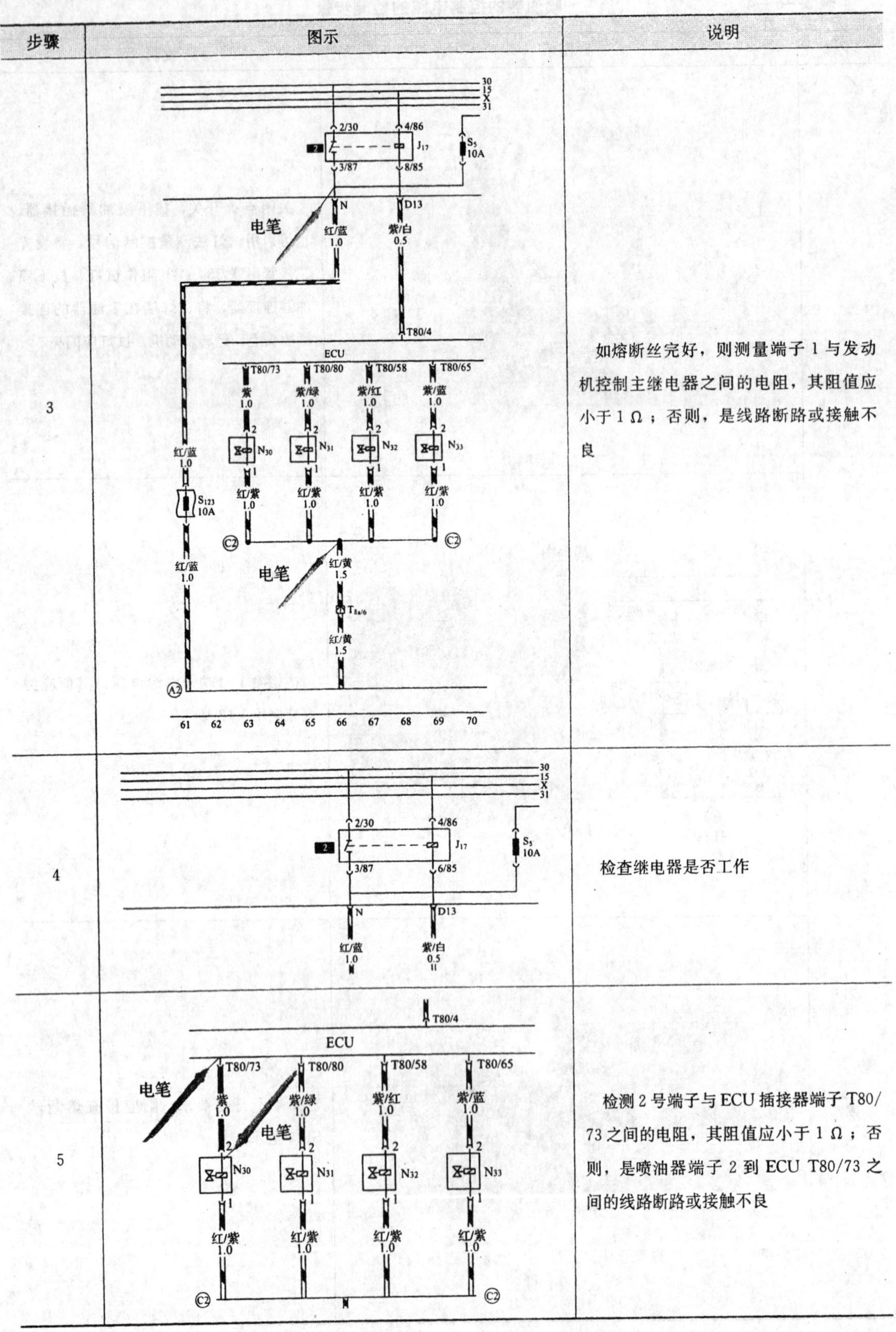

步骤	图示	说明
3		如熔断丝完好，则测量端子 1 与发动机控制主继电器之间的电阻，其阻值应小于 1 Ω；否则，是线路断路或接触不良
4		检查继电器是否工作
5		检测 2 号端子与 ECU 插接器端子 T80/73 之间的电阻，其阻值应小于 1 Ω；否则，是喷油器端子 2 到 ECU T80/73 之间的线路断路或接触不良

§3—7 汽油机燃油直喷技术

学习目标

1. 了解汽油机燃油直喷技术的组成。
2. 了解汽油机燃油直喷技术的工作过程。
3. 了解汽油机燃油直喷技术的优点。

一、直喷汽油机燃料供给系的组成

高压喷油系统主要可以分为发动机控制模块（ECM）、高压油泵、高压油轨和喷油器四部分，如图 3—7—1 所示。

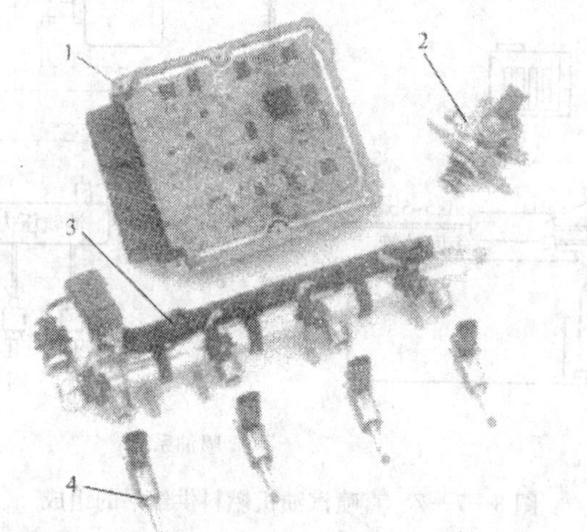

图 3—7—1 组成高压喷油系统的四个主要部分

1—ECM 2—高压油泵 3—高压油轨 4—喷油嘴

其中 ECM 主要采集发动机数据，按照预定程序控制喷油时机和喷油量，从而实现最高燃烧效率；而高压油泵则主要负责燃油的加压，高压油轨主要起均衡各喷油器喷射压力的作用，而最终的喷油任务则由喷油器来执行。此外，还有多个传感器提供燃油压力等信息，确保整个系统的高效率，如图 3—7—2 所示。

ECM（或称 ECU）不仅是直喷发动机的关键部分，也是所有技术较新的内燃机的重要组成部分，这个部分涉及芯片、执行器、软件等多个环节。它的主要功用是采集发动机数据按照预定程序控制喷油时刻和喷油量，从而提高燃烧效率。

高压油泵是燃油加压的关键环节，在低压油泵将燃油送到高压油泵之后，高压油泵可以将汽油加压到 3～10 MPa，并将其送入油轨。高压油泵通常是由凸轮轴带动，内部则有双头或者三头凸轮加压，如图 3—7—3 所示。在高压油泵上还集成了电子油轨压力调节器（FRP），它是一个由 ECM 控制的电磁阀，ECM 以脉冲宽度调制的方式控制油压调节器，

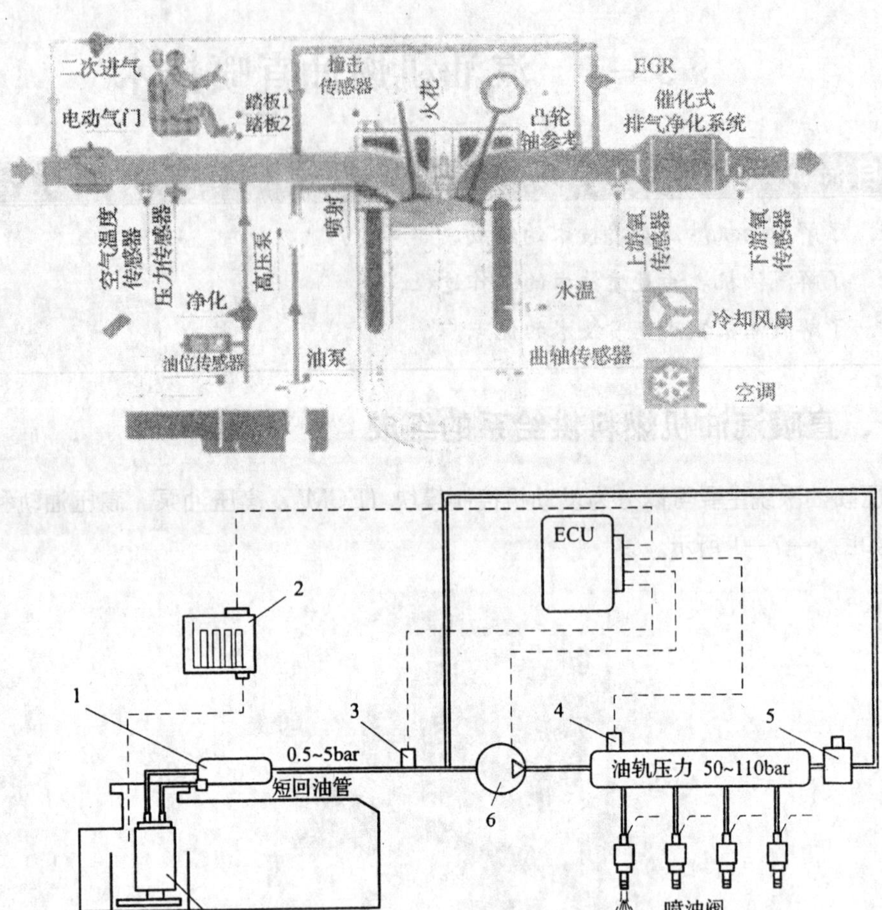

图 3—7—2　直喷汽油机燃料供给系的组成

1—带有压力调节阀的燃油滤清器　2—电子功率控制装置　3、4—压力合并器　5—压力调节阀（高于 120 bar）　6—高压泵　7—带有燃油量传感器的供油单元

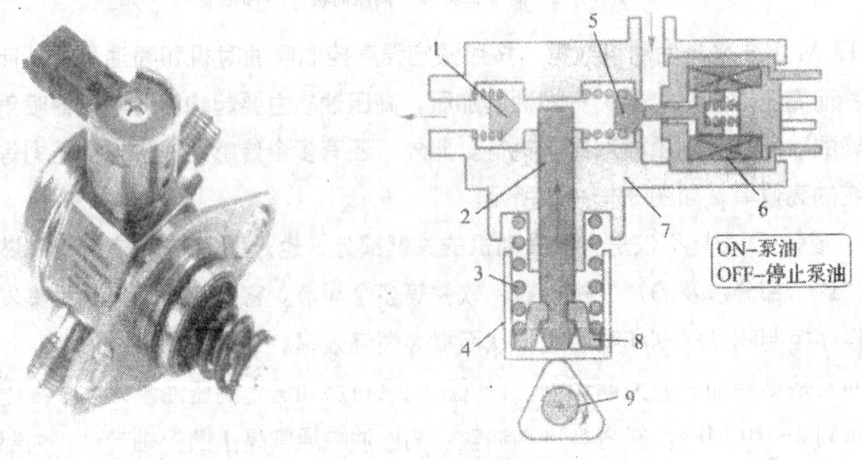

图 3—7—3　高压油泵

1—出油阀　2—油泵柱塞　3—复位弹簧　4—套筒　5—进油阀　6—停供电磁阀　7—壳体　8—座圈　9—凸轮轴

油压调节器控制着高压燃油泵的进口阀，从而控制燃油压力，当驱动线路失效时，高压油泵进入低压模式，发动机仍可应急运行。

经过油泵加压之后，汽油进入高压油轨，如图3—7—4所示。在高压油轨稳定压力后，由于油轨和燃烧室之间存在压力差，喷油器开启之后，汽油即喷入气缸内。喷油器内部还有电磁阀，如图3—7—5所示，可以实现对喷油量和时机的控制，其控制精度要求很高，同时由于喷嘴的位置从进气歧管移到了气缸内，工作环境和温度都发生了很大变化，对其可靠性的要求也大大提高。按照可燃混合气形成的控制方式，缸内直喷方式又可分为油束控制燃烧、壁面控制燃烧和气流控制燃烧三类。

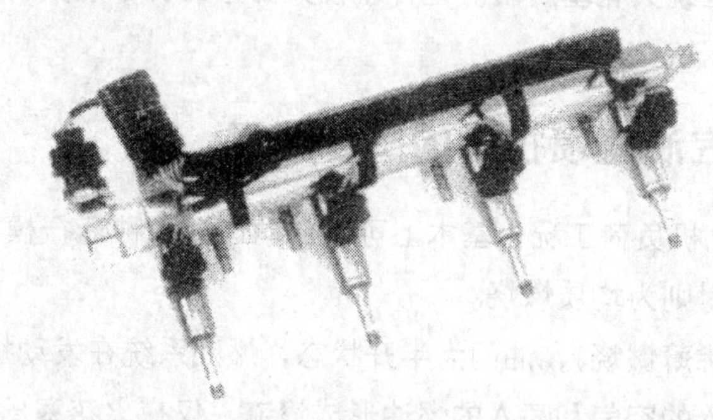

图3—7—4　Ecotec系列2.0直喷发动机上所用的高压油轨和喷嘴

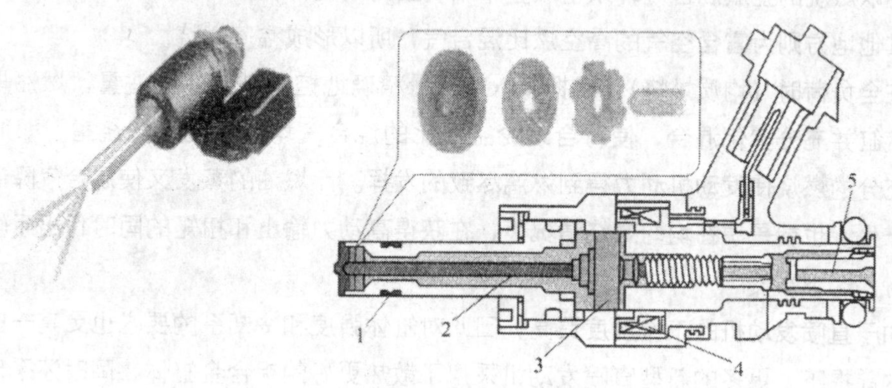

图3—7—5　直喷发动机喷油器结构

1—高分子密封圈　2—喷嘴针阀　3—衔铁　4—电磁线圈　5—细滤器

二、汽油机燃油直喷系统特征

1. 油束控制燃烧系统

油束控制燃烧系统的喷油器安置在燃烧室中央，火花塞安置在喷油器附近，油束控制对空气的利用率依靠油束的贯穿深度保证，而后者则受喷油器的喷油压力控制。这种方式可以在低负荷的分层燃烧，实现良好的燃油经济性，而当发动机处于中高负荷工况时，ECM调节高压油泵压力，使油束贯穿深度增大，从而实现均质加浓燃烧。

2. 壁面控制燃烧系统

壁面控制燃烧系统的喷油器和火花塞相隔较远，喷油器把燃油喷入活塞凹坑中，然后依靠进气流的惯性将油气混合送往火花塞。为了避免喷油器的温度过高，一般安置在进气门侧，活塞凹坑开口对向进气门侧，油气混合后直接流向火花塞。这种类型形成混合气的时间较长，易于形成较大区域的可燃混合气。

3. 气流控制燃烧系统

气流控制燃烧系统利用轮廓特殊的活塞表面形状形成的缸内气流和油束相互作用。此种系统不是把油雾朝活塞的凹坑喷射，而是朝火花塞喷射，特殊形状的进气道与喷油器呈一定的夹角，给混合气在气缸内一定的回旋力，气缸内形成的气流使油气不是直接喷向火花塞，而是在气缸内形成涡流围绕火花塞旋转。这样就使大部分工况都能实行恰当的混合气充量分层和均质化。

三、大众 FSI 汽油直喷技术的工作原理

FSI 发动机根据发动机负荷工况，基本上可以自动选择两种运行模式。在低负荷时为分层稀薄燃烧，在高负荷时则为均质燃烧。

在低负荷时（分层稀薄燃烧），油门为半开状态，燃油系统在发动机压缩冲程喷注燃油，特别的活塞顶设计使吸入的空气和喷入的燃油形成滚流，仅在火花塞周围形成达到理论空燃比的足以燃烧的空燃混合气，来引燃整个燃烧室内的混合气，如图 3—7—6 所示；而在燃烧室的其他地方则为富含空气的高空燃比混合气，所以形成稀薄燃烧。

在全负荷时（均质燃烧），根据吸入空气量精确地控制燃油的喷注量，燃油与空气同步注入气缸并充分雾化混合，使符合理论空燃比的混合气均匀地充满燃烧室，即形成匀质燃烧，充分的燃烧使发动机动力得到淋漓尽致的发挥。而燃油的蒸发又使混合气降温去除了爆震的产生。也就是说在均匀燃烧情况下，在获得高动力输出和扭矩的同时付出了较低的燃油消耗。

由于直喷发动机的工作温度更高，因此对缸体强度和冷却系的要求也更高一些。在保证强度的前提下，更多的新型直喷发动机采用了散热更好的铝合金缸体，同时还采用了强化的冷却系统，保证发动机更高的热效率，如图 3—7—7 所示。

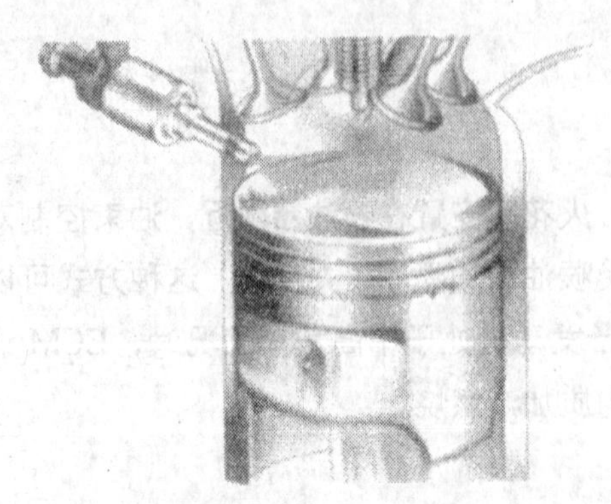

图 3—7—6 活塞顶部呈曲面

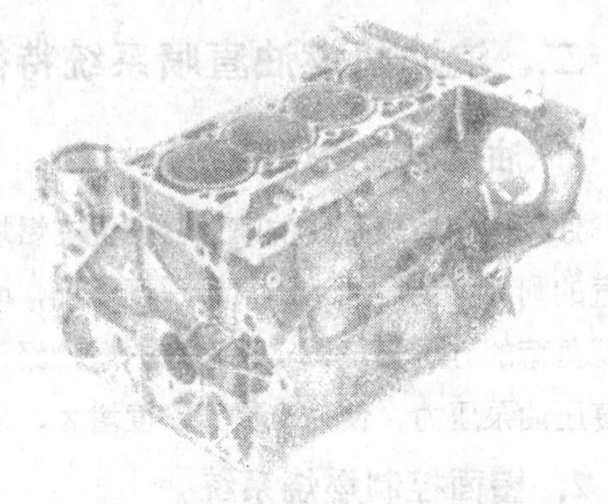

图 3—7—7 大众 FSI 采用铝合金缸体

四、FSI 汽油直喷技术的优点

FSI 汽油直喷技术相比传统的将燃油喷射至进气歧管的发动机的优点在于：操控更加简便、轻松，节省油耗，动力性显著，能够输出更高的扭矩和功率，更加环保。

在日常行驶中，总是避免不了要根据路况不停地调换挡位，而 FSI 发动机就可以让我们更深切地体会到换挡次数的降低，操控更为轻松。与传统发动机相比，降低 15%的燃油消耗则意味着发动机的经济性提高了 15%，是 FSI 的各项技术不断改进的综合成果。而对于公共环境来讲，这项技术更为未来减少汽车尾气排放奠定了很好的基础。

除此之外，FSI 发动机还摆脱了传统的汽油机喷油模式，电子精确控制燃油在气缸内喷射，FSI 汽油直喷技术志在发挥每一滴燃油的所有潜能，同比其他发动机在相同时间内可以保证完全燃烧更加彻底，在降低油耗的同时提供了迅猛动力。FSI 汽油直喷技术和涡轮增压技术相结合更是塑造了尖端发动机的典范，这使得发动机输出功率和扭矩更加强劲，从而带来了动力澎湃的驾驶享受。

§3—8　燃油供给系统常见故障的诊断与排除

学习目标

1. 了解燃油供给系常见故障的现象及原因。
2. 掌握燃油供给系故障的诊断流程。
3. 掌握燃油泵不工作的检测方法及步骤。
4. 掌握喷油器不工作的检测方法。

一、燃油箱密封性的检修

燃油箱是由镀铅锡合金钢板或高密度模制聚乙烯制成。当燃油箱有泄漏，哪怕是渗漏也非常危险，当怀疑燃油箱有泄漏必须仔细检查。在检查燃油箱是否泄漏前，必须在工作区准备好干粉灭火器。检查方法如下。

(1) 释放燃油系统的压力。

(2) 拆卸燃油箱。

(3) 放出燃油箱中的燃油。

(4) 堵住燃油箱上所有出口。

(5) 在燃油箱通风口安装一个短的油管。

(6) 通过通风管给燃油箱加入压缩空气，使压力达到 107～110 kPa，夹紧通风管；

(7) 用肥皂水或浸入法检查怀疑泄漏的部位，若观察到泄漏，更换燃油箱。

二、油泵不工作故障诊断与排除

1. 丰田车系燃油供给系电控线路图（图 3—8—1）

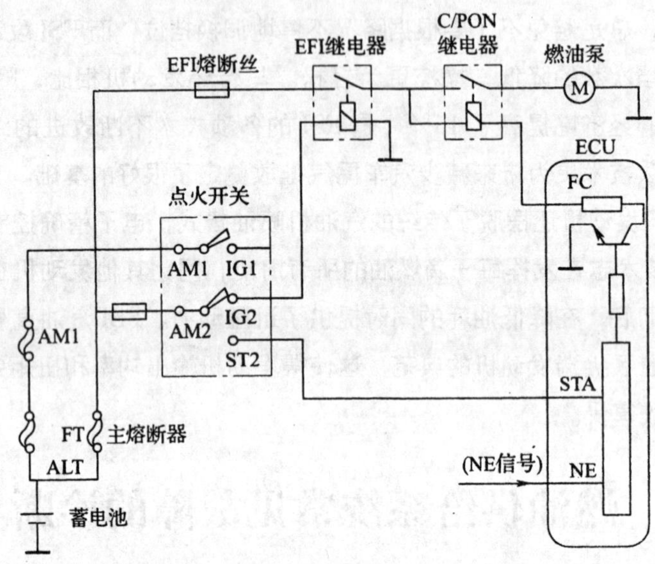

图 3—8—1 丰田车系油泵电路

2. 故障现象

发动机不能正常启动或汽车在行驶中缓慢熄火。打开点火开关听不到油泵预供油声，打开油箱盖，启动时也没有油泵运转响声。

3. 故障原因

油泵不工作可能的原因有油泵熔丝熔断、油泵继电器损坏、油泵线路接触不良、控制线路短路或断路、油泵损坏或动力模块 ECU 故障等。

4. 诊断步骤

油泵不工作的诊断步骤如图 3—8—2 所示。

三、喷油器故障诊断与排除

1. 喷油器控制电路（图 3—8—3）

2. 故障现象

怠速不良、加速不良、不能启动（启动困难）等。

3. 故障原因

熔丝损坏、喷油器脏堵、线路接触不良、控制线路短路或断路、喷油器或 ECU 损坏等。

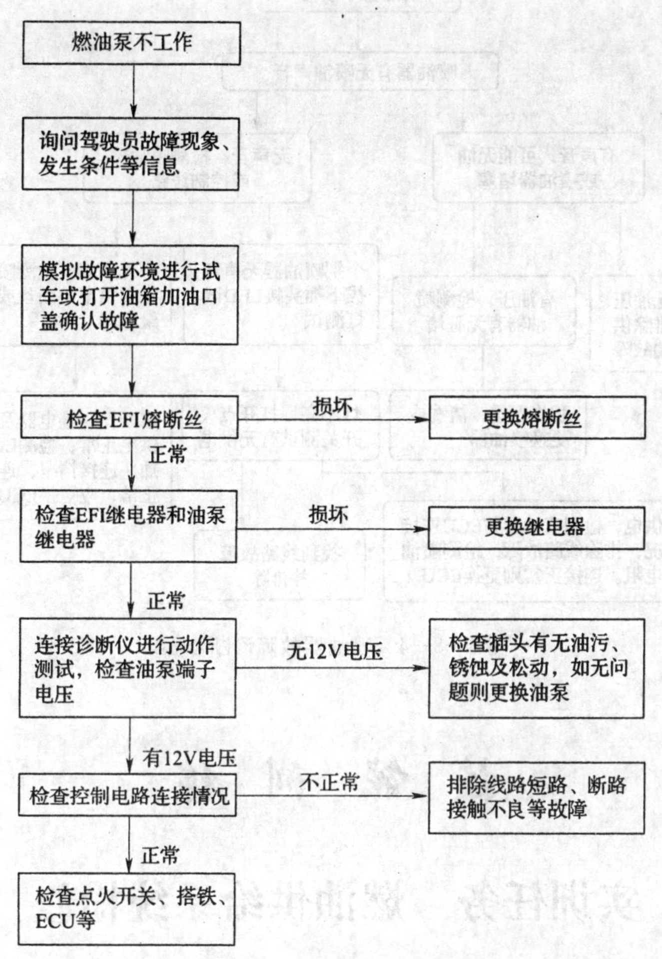

图 3—8—2　油泵不工作的诊断步骤

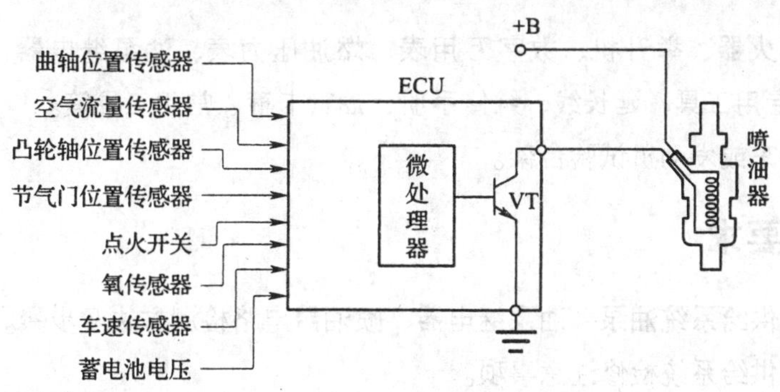

图 3—8—3　喷油器控制电路

4. 诊断步骤

喷油器故障诊断步骤如图 3—8—4 所示。

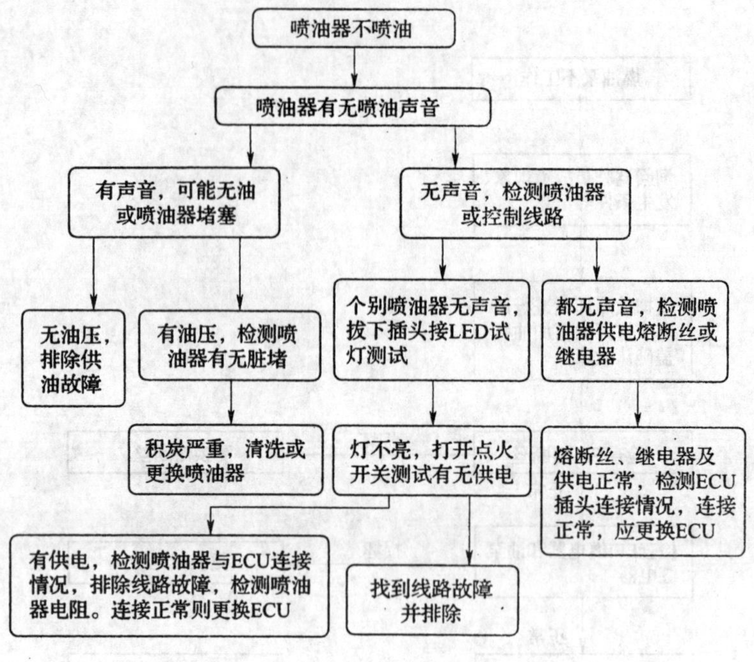

图 3—8—4　喷油器故障诊断步骤

技能训练

实训任务　燃油供给系统检修

一、实训准备

1. 工具：灭火器、举升机、数字万用表、燃油压力表、油泵继电器、LED 试灯、棉纱、密封胶圈、专用工具、延长线、维修手册、油管卡箍、常用工具等。

2. 设备：轿车或发动机试验台架。

二、实训要求

1. 掌握燃油供给系统油泵、油泵继电器、喷油器电路检测方法及步骤。

2. 掌握燃油供给系统检修注意事项。

三、注意事项

1. 燃油供给系统中存有高压汽油，因此任何涉及燃油管路拆卸的工作都应首先卸压并准备好消防设备，作业区应通风良好、断绝火源，作业时要格外小心，避免泄漏的汽油引发火灾。

2. 在拆卸油管时，油管内还会有少量燃油泄出，所以在断开油管前，用抹布将拆卸处罩住，以吸附泄漏的燃油，将吸附燃油的抹布收集到特定的容器中。

3. 从燃油箱中取出电动燃油泵时，不要通电，以免产生电火花，引起火灾。

4. 燃油泵不允许在干态下进行运转试验，否则会缩短其使用寿命，另外，燃油泵的正负极切不可接反。

5. 燃油管多用钢管、橡胶或尼龙制造，不得渗漏、裂纹、扭结、变形、刮伤、软化或老化，否则应立即更换。

6. 所有密封元件、油管卡箍均为一次性零件，维修时必须更换。

7. 油管接头不得松动，否则应立即予以紧固；钢制油管端部的喇叭口应密封良好无渗漏，否则应更换。有些轿车采用特制的油管快速接头，拆装时应注意使用专用工具。

8. 连接螺母或接头螺栓与油管接头连接时必须使用新垫片并涂上一层机油，先用手拧上接头螺栓，再用扭力扳手拧至规定力矩。

9. 安装喷油器时先用汽油润滑其密封元件，不可使用机油、齿轮油或制动油。喷油器安装后应可在其位置上转动，否则说明密封圈扭曲，应重新装配。

10. 不能通过燃油箱加油管放出油箱中的燃油，这样会损坏燃油箱加油管定位部件，正确方法是首先释放系统油压，卸下油箱，然后用手动泵油装置从燃油箱上的维修孔抽出燃油。不得将燃油放入开口容器中，否则会导致失火或爆炸。

11. 燃油系统维修后不能立即启动发动机运行，应仔细检查有无漏油处。可接通点火开关 2~5 s，再关闭点火开关，这样反复几次看油路有无漏油、渗油，还可以夹住回油管，使系统油压上升，在这种状态下检查和观察燃油系统是否有漏油部位。

四、实训步骤

燃油供给系统检修方法见表 3—8—1。

表 3—8—1　　燃油供给系统检修方法

操作内容	图　示
1. 燃油压力测试	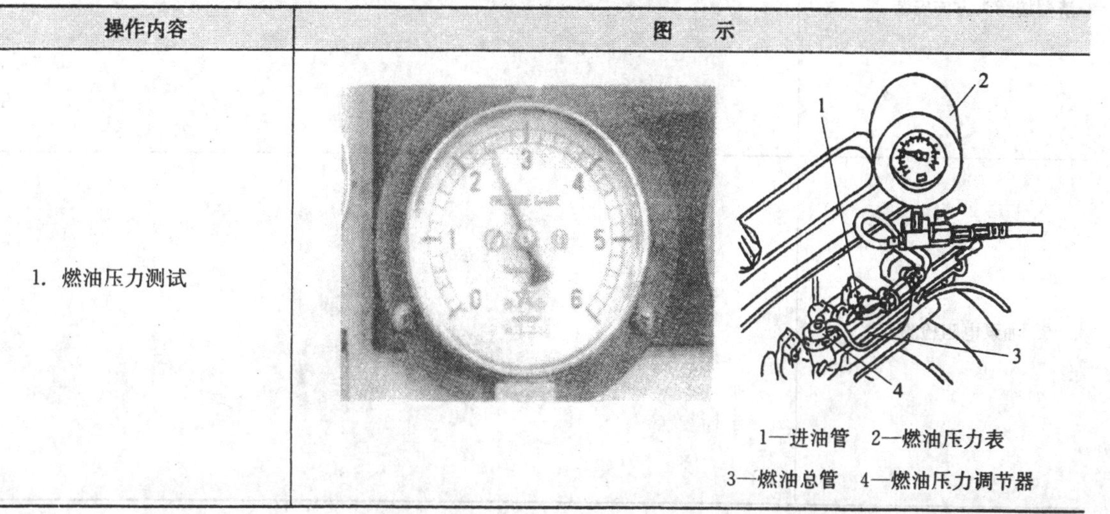 1—进油管　2—燃油压力表 3—燃油总管　4—燃油压力调节器

续表

操作内容	图示
2. 油泵熔丝检查	
3. 油泵继电器检测	 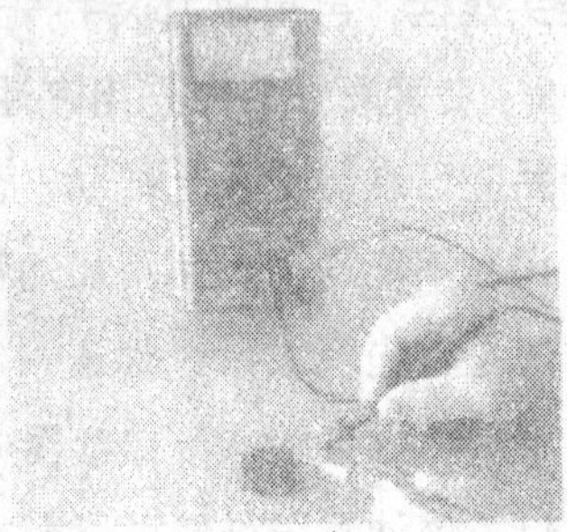
4. 燃油滤泵滤网及滤清器检测 滤网滤清器应无脏堵，滤清器按箭头方向安装	 油塞 壳体 滤芯 滤网
5. 油泵电阻检测	

续表

操作内容	图　示
6. 油泵泵油量检测	
7. 喷油器电阻检测 电压驱动型喷油器电阻大于电流驱动型喷油器	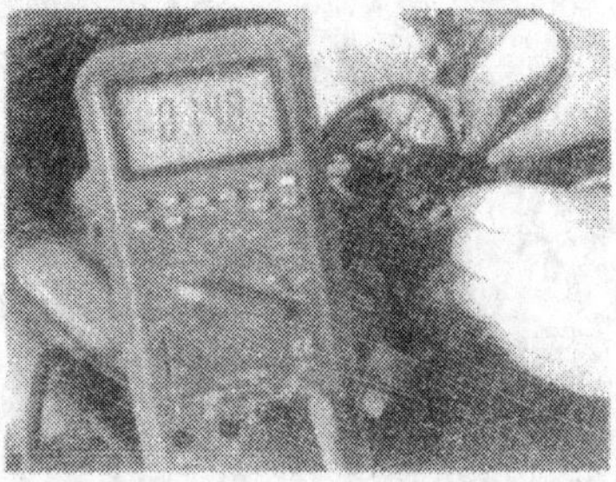
8. 喷油器喷油信号检测 必须使用专用二极管试灯或自制串联电阻的二极管测试	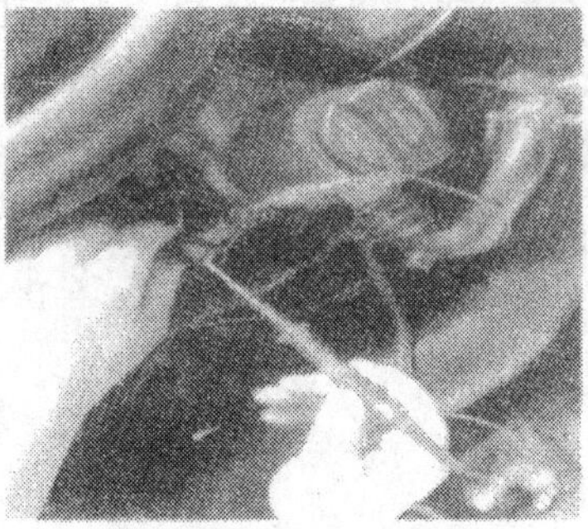
9. 喷油器喷油实验 喷油量应满足要求并且各缸喷油量基本相等	

续表

操作内容	图　示
10. ECU插头连接情况检查 应无松动和锈蚀	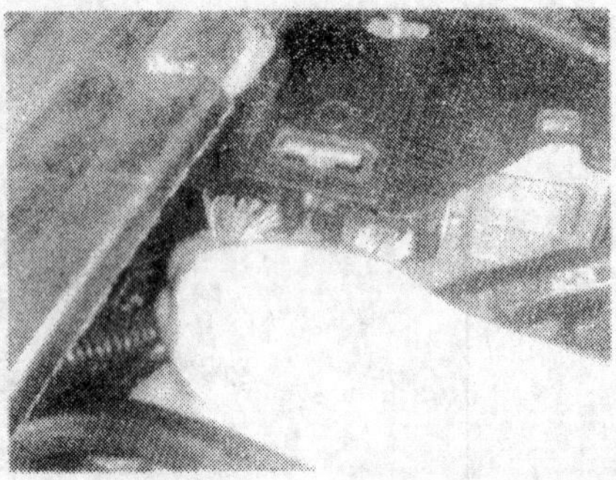

第 4 章　电控发动机点火系统

§4—1　电控点火系统的组成及分类

学习目标

1. 掌握点火系统的发展。
2. 掌握电控点火系统的组成及分类。
3. 掌握电控点火系统的工作原理。
4. 能识别、更换点火系统的零部件。
5. 掌握电控点火系统的检查方法。

一、点火系统的发展历程

目前，汽车点火系统类型多样，按照点火系统的结构和发展历程，可基本分为三种类型：传统点火系统、无触点电子点火系统和电控电子点火系统。

1. 传统点火系统

传统点火系统也称蓄电池点火系统或触点式点火系统。这种点火系统通过机械凸轮接通和断开触点，使点火线圈的初级电流间歇流动，从而在点火线圈次级产生点火高压，如图4—1—1 所示。

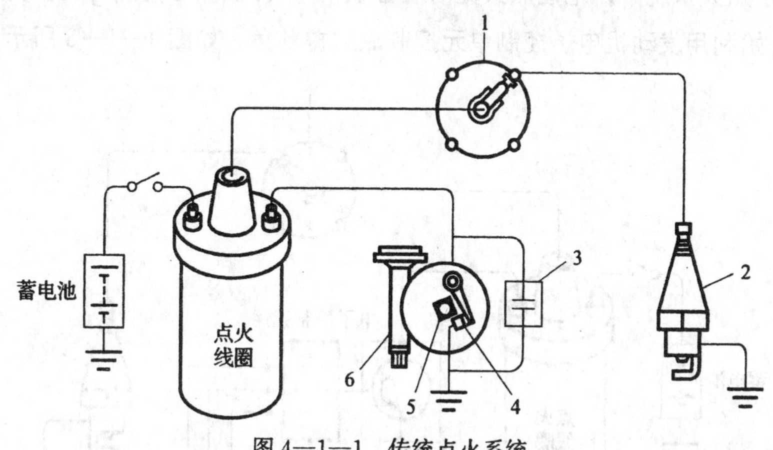

图 4—1—1　传统点火系统

1—分电器　2—火花塞　3—电容器　4—断续触点　5—凸轮　6—真空提前装置

由于传统点火系统的分电器触点会发生氧化、烧蚀，需要定期保养，且触点的机械惯性大，响应速度慢，因而性能不佳，已经被新型点火系统取代。

2. 无触点电子点火系统

在无触点电子点火系统中，用信号发生器取代凸轮触点机构，利用电子控制的方法使点火线圈的初级电流间歇流动，从而在点火线圈次级产生点火高压，如图 4—1—2 所示。

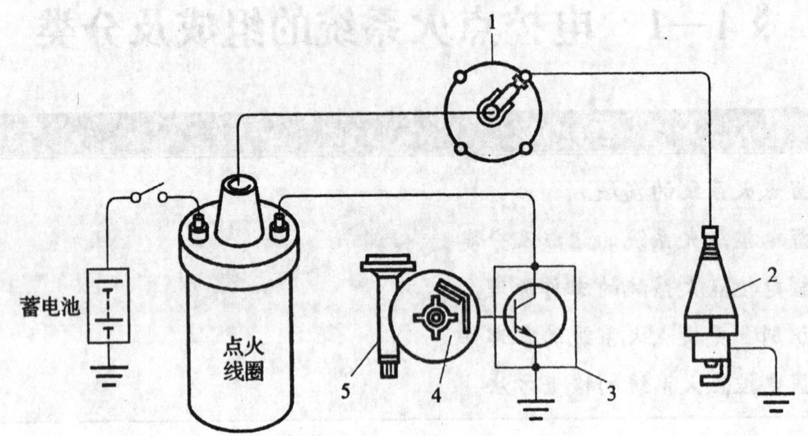

图 4—1—2 无触点电子点火系统

1—分电器 2—火花塞 3—点火器 4—信号发生器 5—真空提前装置

但是电子点火还是沿用了传统点火系统中的离心与真空提前点火机构调节点火正时，点火正时不够理想。一方面，机械装置反应慢，实时性差、精度低；另一方面，点火提前角不仅与发动机转速和负载有关，而且与其他因素（如汽油的抗爆性能、混合气的空燃比、发动机工作温度和进气终了的压力等）有关。

3. 电控电子点火系统

在电控电子点火系统中，电控点火提前装置取代了传统的点火提前机构（真空及离心提前机构），并开始利用发动机电子控制单元控制点火提前角，如图 4—1—3 所示。

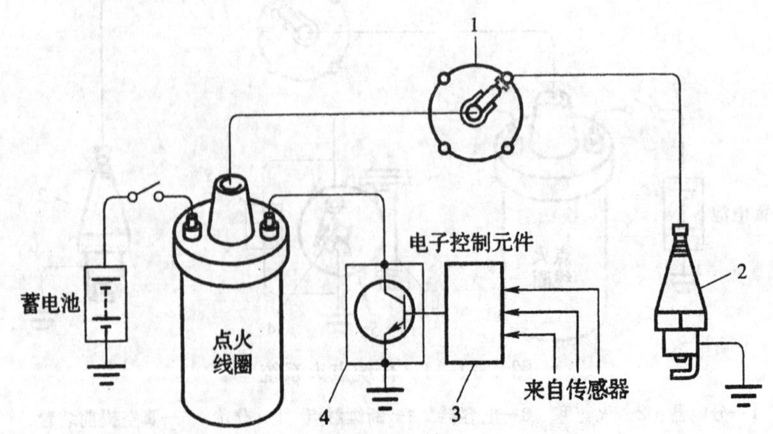

图 4—1—3 电控电子点火系统

1—分电器 2—火花塞 3—发动机控制电子控制元件 4—点火器

随着微处理机技术的发展，汽车上开始应用微处理机控制点火。该系统在高能无触点点火系统的基础上，采用微处理机来控制点火提前角和闭合角，使发动机处于最佳点火状态，从而大大改善了排放污染和油耗等指标。微处理机控制点火仍采用分电器，但在系统中，分电器只起到高压电的分配作用，取消了离心提前和真空提前机械机构。

点火正时的控制思路是：微处理机根据曲轴位置传感器提供的位置信号，判断出发动机各缸的活塞上止点位置，并由这些脉冲信号计算出发动机转速值，再通过燃油喷射系统的节气门位置传感器或空气流量传感器确定出负载大小。根据发动机转速和负荷大小，微处理机从存储单元中查出此工况的点火提前角和初级导通时间，根据这些数据对点火进行控制，从而实现点火系统的精确控制。

导通时间的确定由微处理机从导通时间与电源电压关系曲线中查得，再根据发动机转速算成曲轴转角，以决定线圈中电流的大小。

二、电控点火系统的组成

电控点火系统是现代轿车汽油机广泛采用的一种新型点火系统，主要由传感器、ECU 及执行元件三部分组成，如图 4—1—4 所示。各部件的功用见表 4—1—1。

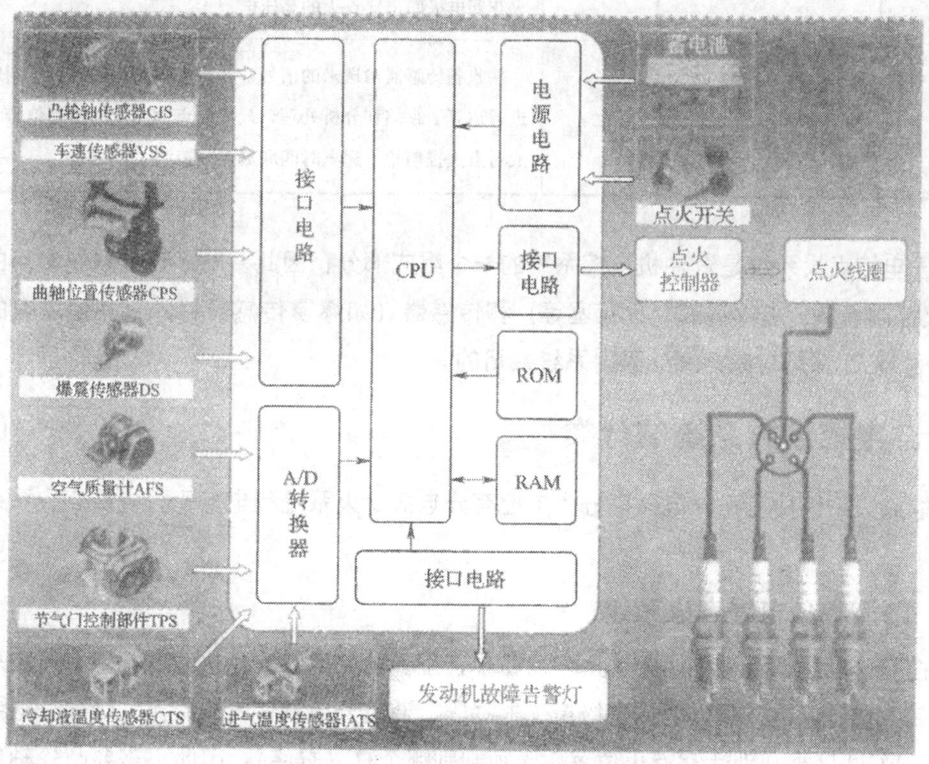

图 4—1—4　电控点火系统的组成

表 4—1—1 电控点火系统各部件的功用

<table>
<tr><td rowspan="11">传感器</td><td>空气流量计</td><td rowspan="2">检测进气量</td></tr>
<tr><td>进气歧管绝对压力传感器</td></tr>
<tr><td>曲轴位置传感器</td><td>检测曲轴角度</td></tr>
<tr><td>凸轮轴位置传感器</td><td>检测凸轮轴与曲轴的基准位置</td></tr>
<tr><td>节气门位置传感器</td><td>检测节气门开度，用于修正点火提前角</td></tr>
<tr><td>水温传感器</td><td>检测发动机冷却液温度，用于修正点火提前角</td></tr>
<tr><td>进气温度传感器</td><td>检测进气温度，用于修正点火提前角</td></tr>
<tr><td>启动开关</td><td>检测发动机是否启动</td></tr>
<tr><td>空调开关 A/C</td><td>检测空调的工作状态</td></tr>
<tr><td>车速传感器</td><td>检测汽车车速</td></tr>
<tr><td>爆震传感器</td><td>检测发动机是否爆震</td></tr>
<tr><td rowspan="2">执行元件</td><td>点火控制器</td><td>将 ECU 输送来的控制信号进行功率放大，控制点火线圈初级电路的通电或断电，产生初级电压</td></tr>
<tr><td>点火线圈</td><td>在不需要点火时，以磁场能的形式储存点火所需的能量；在需要点火时，释放点火能量，并将电源提供的低压电转变为足以在火花塞电极间击穿点火的高压电</td></tr>
<tr><td colspan="2">ECU</td><td>接收各传感器输送来的信号，并按内存的程序对接收到的信号进行运算、存储和分析处理，最后向点火器发出控制信号，以完成对点火提前角、通电时间和爆燃的控制</td></tr>
</table>

由于电控点火系统是汽油机电控系统的一个组成部分，因此，除了点火系统专用的部件（如点火控制模块、点火线圈、火花塞等）和传感器（如爆震传感器）外，其他所有的传感器，包括 ECU 都是与电控燃油喷射系统共用的。

三、电控点火系统的分类

电控点火系统按有无分电器可分为电控有分电器点火系统和电控无分电器点火系统两种类型。

1. 电控有分电器点火系统

电控有分电器点火系统如图 4—1—5 所示，主要由分电器、点火线圈和电子控制系统等组成。其主要特点是：点火线圈次级产生的高压，通过分电器按发火顺序，依次输送到各缸火花塞，ECU 只需判别活塞点火位置，无须判别哪个缸（缸序），因此不需要凸轮轴位置传感器。对于点火提前角、闭合角和爆震反馈的控制，与其他类型微机控制点火系统基本相同。

随着电控无分电器点火系统的出现，有分电器点火系统已趋于淘汰。

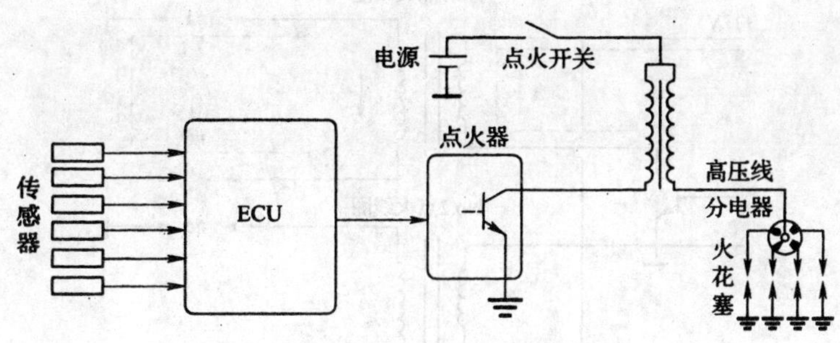

图 4—1—5 电控有分电器点火系统

2. 电控无分电器点火系统

电控无分电器点火系统最主要的特点是完全取消了传统的分电器，由 ECU 中附加的点火控制电路和点火控制模块，实现对点火的控制。对于微机控制无分电器点火系统，按点火方式可分为双缸同时点火方式和独立点火方式两种类型。

(1) 双缸同时点火方式

双缸同时点火方式的点火线圈如图 4—1—6 所示。这种点火方式是指两个气缸共用一个点火线圈，主要特点是点火过程同时发生在两个工作顺序相差 360°的气缸中。电火花产生时，其中一个气缸的活塞位于压缩上止点附近，对这个气缸是一次有效的正式点火。对于另一个气缸，由于其活塞正好位于排气上止点附近，因此是一次无效的空点火。

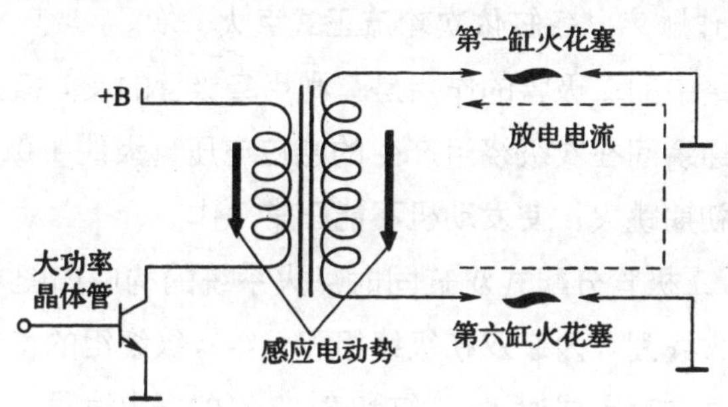

图 4—1—6 双缸同时点火方式的点火线圈

由于有效点火发生在压缩上止点附近，气缸压力较高，放电困难，所需的击穿电压较高。而无效点火发生在排气上止点附近，气缸压力接近于大气压力，放电容易，所需的击穿电压较低。因此，当两缸火花塞同时跳火时，其阻抗几乎都在压缩气缸的火花塞上，它承受了大部分电压降，与普通只有一个火花塞跳火的点火系统相比，其击穿电压相差不大，而在排气气缸火花塞上的电能损失也不大。

对双缸同时点火方式，按配电方式又分为点火线圈分配式和二极管分配式两种形式。

1）点火线圈分配式。点火线圈分配式双缸同时点火系统的构成如图 4—1—7 所示，主要特点是每两个工作顺序相差 360°的气缸共用一个点火线圈，对于图 4—1—7 所示的六缸机共有三个点火线圈。ECU 根据曲轴和凸轮轴位置传感器信号，选择相应的点火气缸，当判断一缸处于压缩上止点附近时，ECU 控制 No. 1 点火线圈初级绕组的晶体管截止，在次级绕

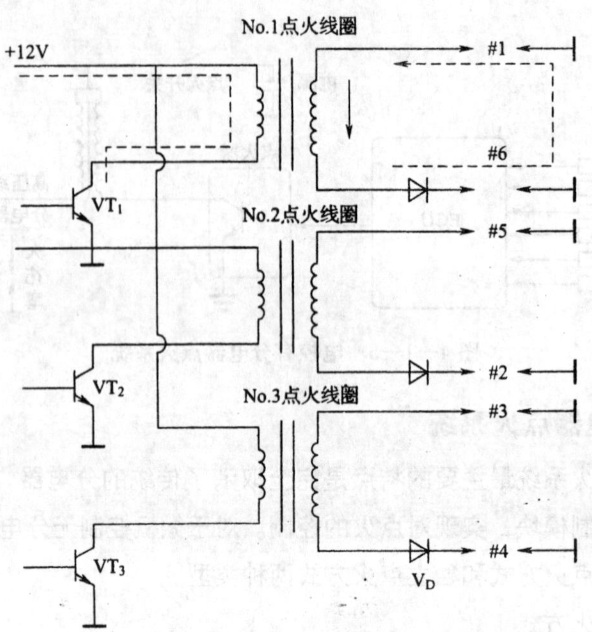

图 4—1—7　点火线圈分配式双缸同时点火系统

组上感应出高压，串联在次级绕组上的 1、6 缸的火花塞同时跳火。当曲轴转 120°时，ECU 控制 No. 2 点火线圈初级绕组的晶体管截止，串联在次级绕组上的 5、2 缸的火花塞同时跳火。依次类推，曲轴再转过 120°，3、4 缸的火花塞将同时跳火。曲轴转过两圈，根据 1—5—3—6—2—4 的工作顺序，各缸依次轮流正式点火一次。

串联在每组高压回路中的二极管的作用是：利用二极管的反向截止功能，防止发动机高速运行时，初级绕组接通瞬间在次级绕组产生的感应电压（大约 1 000 V）造成火花塞在进气行程末期或压缩行程初期跳火，使发动机不能正常工作。

2）二极管分配式。二极管分配式双缸同时点火系统的构成如图 4—1—8 所示。该方式为四个气缸共用一个点火线圈，内装双初级绕组和一组次级绕组的特制点火线圈，且利用四个二极管的单向导电特性交替完成对 1、4 缸和 2、3 缸的配电过程。

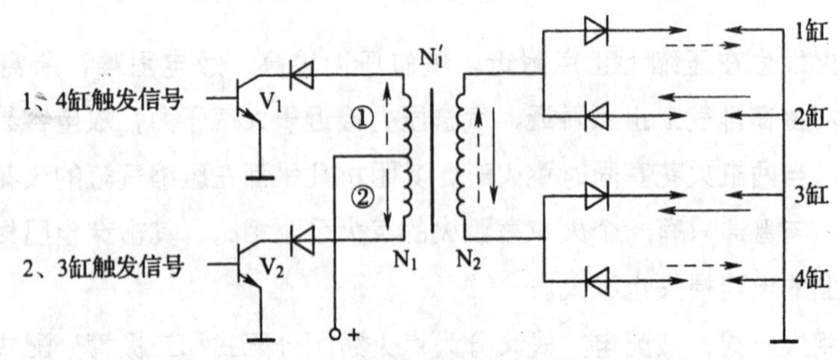

图 4—1—8　二极管分配式双缸同时点火系统

对于图 4—1—8 所示的四缸机，该点火线圈的初级线圈有两组绕组，初级绕组①对应 1、4 缸，初级绕组②对应 2、3 缸。当 ECU 向点火控制模块发出 1、4 缸点火的触发信号时，点火控制模块中的 V_1 截止，初级绕组①中的电流被切断，在次级绕组中感应出下

“+”上“-”的高压电，点火高压经 4、1 缸火花塞构成回路，使处于压缩上止点附近的 1 缸正式点火，而处于排气上止点附近的 4 缸则空点火一次。曲轴转过 180°后，ECU 向点火控制模块发出 2、3 缸点火的触发信号时，点火控制模块中的 V_2 截止，初级绕组②中的电流被切断，在次级绕组中感应出上“+”下“-”的高压电，点火高压经 2、3 缸火花塞构成回路，同时在 2、3 缸产生电火花，此时 3 缸为正式点火，2 缸则空点火一次。发动机曲轴转两圈，ECU 发出 4 次点火触发信号，按 1—3—4—2 的工作顺序，各缸轮流正式点火 1 次。

这种点火配电方式与双缸同时点火配电方式相比，具有相同的特性，但对点火线圈要求较高，而且发动机的气缸数应是数字 4 的倍数。

(2) 独立点火方式

独立点火方式是多气门汽油机无分电器点火系统中普遍采用的结构形式。点火线圈分配式独立点火系统的构成如图 4—1—9 所示。该点火系统由电控单元、点火控制模块 4、点火线圈 1 和火花塞 2 等组成。

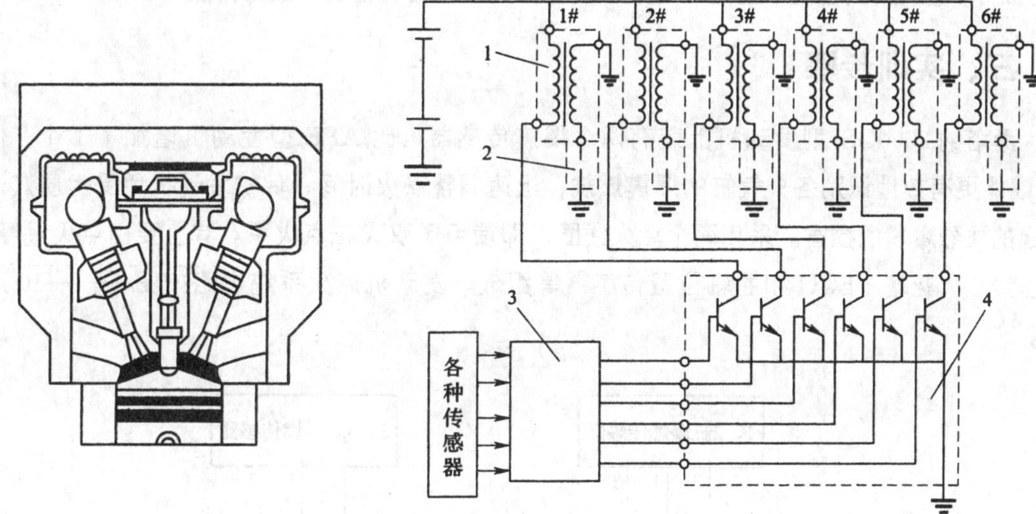

图 4—1—9 独立点火系统原理

1—点火线圈 2—火花塞 3—ECU 4—点火控制模块

独立点火方式的主要特点是：每个气缸上配有 1 个点火线圈和 1 个火花塞，点火线圈安装在火花塞上方，取消了高压线，由点火线圈直接向火花塞供电。发动机工作时，ECU 按各缸工作顺序向点火控制模块发出点火信号，点火控制模块内相应的晶体管截止，使对应气缸点火线圈初级绕组断开，在次级绕组上感应出高压，火花塞产生火花，点燃已被压缩的混合气。

独立点火方式每缸配置一个超小型闭磁路点火线圈，且由点火线圈直接向火花塞供电，因此具有初级绕组充电时间短、点火能量传递损失小的突出优点，一般在高达 9 000 r/min 的宽广转速范围内，点火系都能提供足够高的点火电压和点火能量。另外，独立点火方式还具有电磁干扰少、击穿电压低（火花塞中心电极均为负极）、电极寿命长等优点。

技能训练

实训任务一　桑塔纳 2000GSi 型轿车点火系统检修

一、实训准备

桑塔纳 2000GSi 型轿车一辆、故障诊断仪一台、万用表一只、备用火花塞一只、通用工具一套、发动机舱防护罩一套、“三件套”一套。

二、实训要求

1. 认识桑塔纳 2000GSi 型发动机点火系统（同时点火）的组成和电路图。
2. 掌握跳火试验及双缸同时点火系统各元件及线路的检查与故障排除。

三、实训步骤

桑塔纳 2000GSi 型发动机上装有两个爆震传感器，比 AFE 型发动机增加了 1 个，使 ECU 能更有效地识别各个气缸的爆震燃烧，迅速调整点火时间，保护发动机免受劣质汽油引起的强烈爆震的损害。采用两个点火线圈，即使用了双火花点火系。其主要由点火线圈、高压线、火花塞、ECU 和曲轴位置传感器等组成。发动机点火系统电路如图 4—1—10 所示。

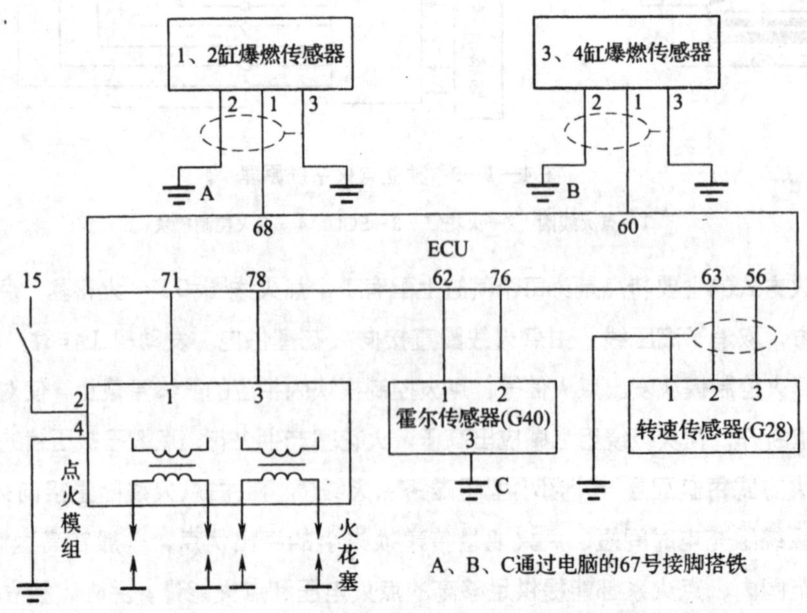

图 4—1—10　桑塔纳 GSi 发动机点火系统电路

1. 跳火试验

单独进行各缸火花塞的跳火试验，可查明哪个气缸不产生火花。

(1) 拔下所有喷油器的连接器，使其不能喷射燃油。

(2) 拔下高压线。拆下火花塞并检查火花塞的外观。火花塞的外观颜色见表 4—1—2。

表 4—1—2　　火花塞的外观颜色

火花塞外观	原因
	正常火花塞的颜色是浅棕色的，而且前面三圈螺纹是黑色的
	积炭太多的火花塞，说明火花塞的热值太低或者混合气太浓
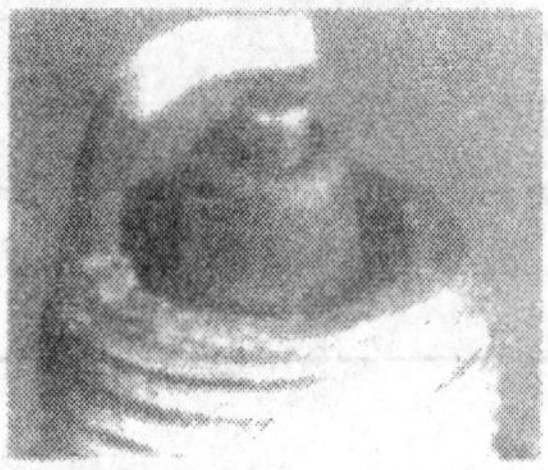	发白的火花塞，说明火花塞热值太低、混合气太稀、点火提前角不对或冷却系故障
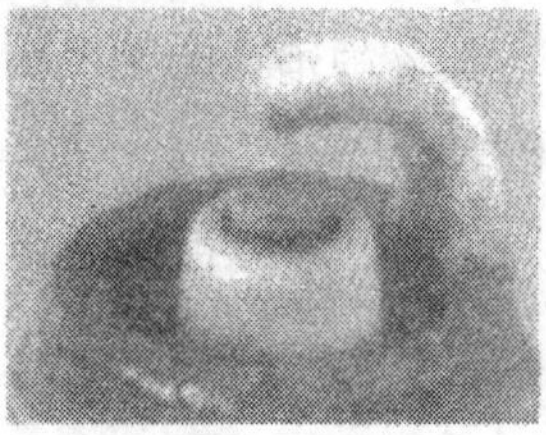	间隙太大
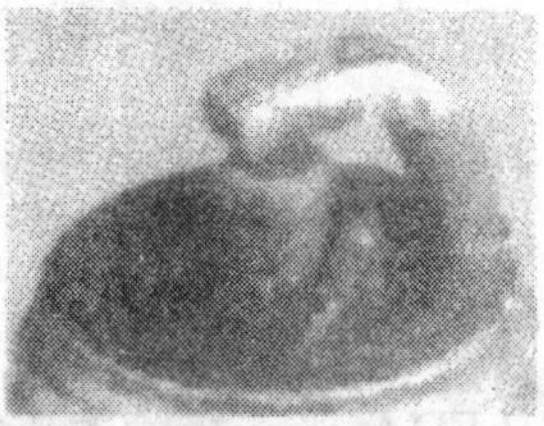	间隙太小，安装的时候将两电极撞在一起

(3) 将火花塞装入高压线内。

(4) 将火花塞壳体搭铁。

(5) 打开点火开关，启动发动机，检查火花塞是否产生火花及跳火强度。

如果某个气缸的火花塞不跳火或火花较弱，则说明该路点火存在故障。

注意：

跳火试验时，曲轴运转不得超过 10 s。

2. 点火线圈插头端子的检测

桑塔纳 2000GSi 点火线圈插头及其端子号如图 4—1—11 所示，各端子功用见表 4—1—3。

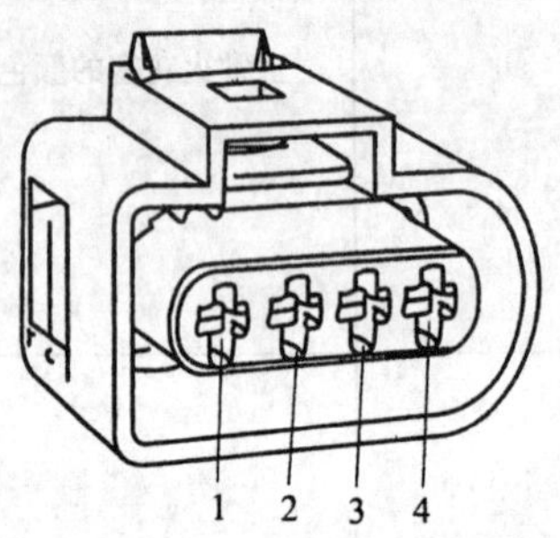

图 4—1—11 桑塔纳 2000GSi 点火线圈插头及其端子号

表 4—1—3 桑塔纳 2000GSi 点火线圈插头各端子功用

端子号	端 子 功 用
1 号端子	1、4 缸点火线圈控制线端子
2 号端子	点火线圈 12 V 供电（经点火开关）端子
3 号端子	3、4 缸点火线圈控制线端子
4 号端子	点火线圈搭铁端子

(1) 检查点火控制组件的电源电压

检查时，拔下点火控制组件插头。用万用表测量连接插头上 2 与搭铁间的电压，当接通点火开关时，电压应大于或等于 11.5 V。检查完毕，应断开点火开关。

若电源电压不在规定范围，如果为零，说明点火线圈到 15 号电源线存在断路，应逐段进行检查。

(2) 检查点火控制组件的搭铁电阻

检查时，拔下点火控制组件插头。用万用表测量连接插头上 4 与搭铁间的电阻，电阻值应小于 0.5 Ω。

(3) 检查点火控制组件的控制信号

1) 操作时，拔下燃油泵熔断器（或喷油器插头），再拔下点火控制器连接器插头。

2) 将 LED 发光二极管串联一个 300 Ω 的电阻，然后将 LED 发光二极管的正极接到插头 1 或 3 端子上，LED 发光二极管的负极搭铁。启动发动机时 LED 发光二极管的正极应闪亮。若闪亮说明 ECU、传感器和点火控制信号线正常。

3）若不闪亮说明 ECU、传感器或点火控制信号线路出现短路或断路故障，应使用数字万用表检查连接器插头 1 端子与电脑上 71 端子、3 端子与电脑上 71 端子和 78 端子之间的导线是否短路或断路。电阻值为无穷大表明导线无故障，电阻值若为零表明导线短路。若电阻值正常，说明 ECU 或传感器有问题。

3. 点火线圈的检查

桑塔纳 2000GSi 点火线圈结构如图 4—1—12 所示。在点火控制组件壳体上标注有 A、B、C、D 高压线插孔，分别对应 1、2、3、4 缸高压线。1、4 缸共用一个点火线圈，2、3 缸共用一个点火线圈。

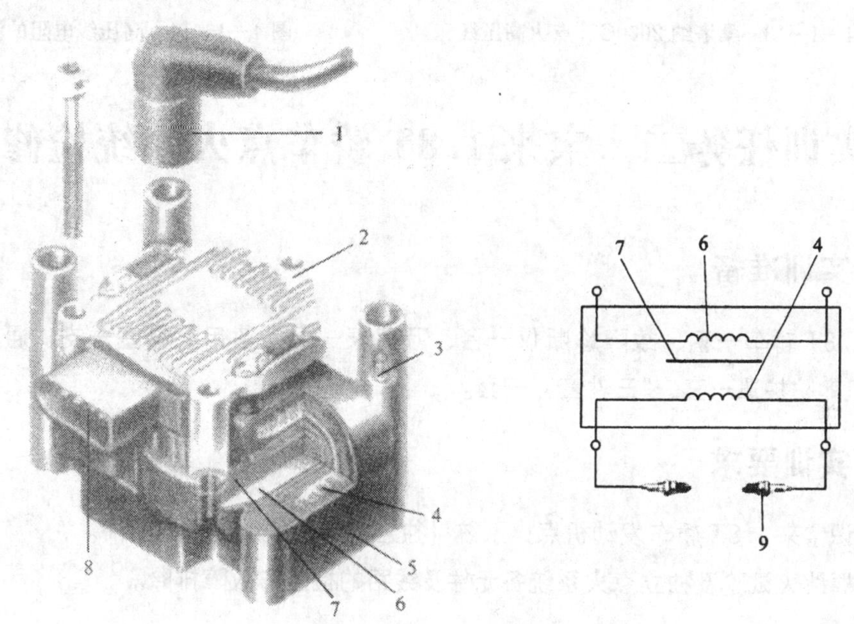

图 4—1—12　桑塔纳 2000GSi 点火线圈结构

1—点火线接头　2—功率输出驱动级　3—高压端头　4—次级线圈　5—壳体
6—初级线圈　7—铁心　8—插头　9—火花塞

如图 4—1—12 所示为桑塔纳 2000GSi 轿车点火控制组件的点火线圈内部电路。当初级绕组中的电流被切断时，在次级绕组中便产生高压，同时分配到两个气缸的火花塞使之跳火，即为双缸同时点火。

点火线圈次级绕组电阻检查时，用万用表检查 A、D 端子电阻，即 1、4 缸点火线圈次级绕组电阻值；检查 B、C 端子电阻，即 2、3 缸点火线圈次级绕组电阻值。1、4 缸或 2、3 缸点火线圈次级绕组电阻值均应为 4～6 kΩ。如果电阻值不符合规定，则应更换点火控制组件。

4. 点火高压线的检查

桑塔纳 2000GSi 点火高压线如图 4—1—13 所示。

(1) 检查高压线外表绝缘层是否破损漏电。

(2) 如图 4—1—14 所示，用万用表电阻挡测量高压线的电阻，其值应为 5.8～6.2 kΩ。

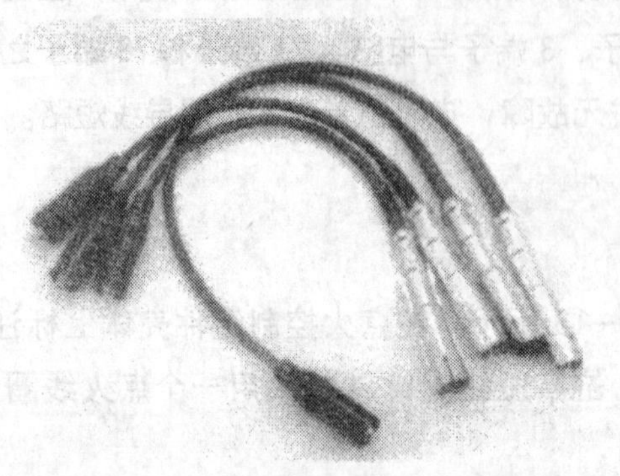

图 4—1—13　桑塔纳 2000GSi 点火高压线

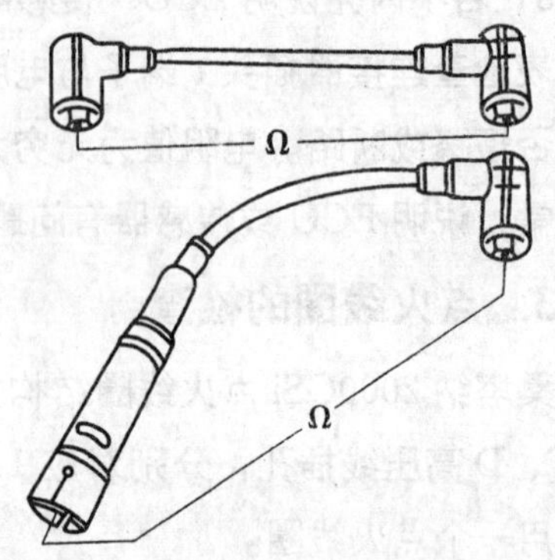

图 4—1—14　高压线电阻的测量

实训任务二　宝来 1.8T 轿车点火系统检修

一、实训准备

宝来 1.8T 轿车一辆、故障诊断仪一台、万用表一只、备用火花塞一支、通用工具一套、发动机舱防护罩一套、“三件套”一套。

二、实训要求

1. 认识宝来 1.8T 轿车发动机点火系统（独立点火）的组成和电路图。
2. 掌握跳火试验及独立点火系统各元件及线路的检查与故障排除。

三、实训步骤

宝来 1.8T 轿车点火系统装备独立式点火线圈，即点火线圈和输出放大器集成在一个部件上，每缸分配一个点火线圈，安装于各缸火花塞上方。系统电路如图 4—1—15 所示，N70、N127、N291 及 N292 分别为第 1、2、3、4 缸的点火线圈。

1. 读取自诊断故障信息

如果某缸点火线圈工作失效，则该缸将发生燃烧中断现象，发动机控制单元就会检测到并存有故障记忆。

(1) 将 X431 故障诊断仪与 DLC 相连，打开点火开关。

(2) 按 POWER 电源键启动 X431→点击“开始”→点击诊断程序→选择汽车解码程序→在选择车系中选择大众车图标→在选择诊断软件版本中选择系统版本程序→选择快速数据流诊断→选择发动机系统，进入发动机诊断系统界面。

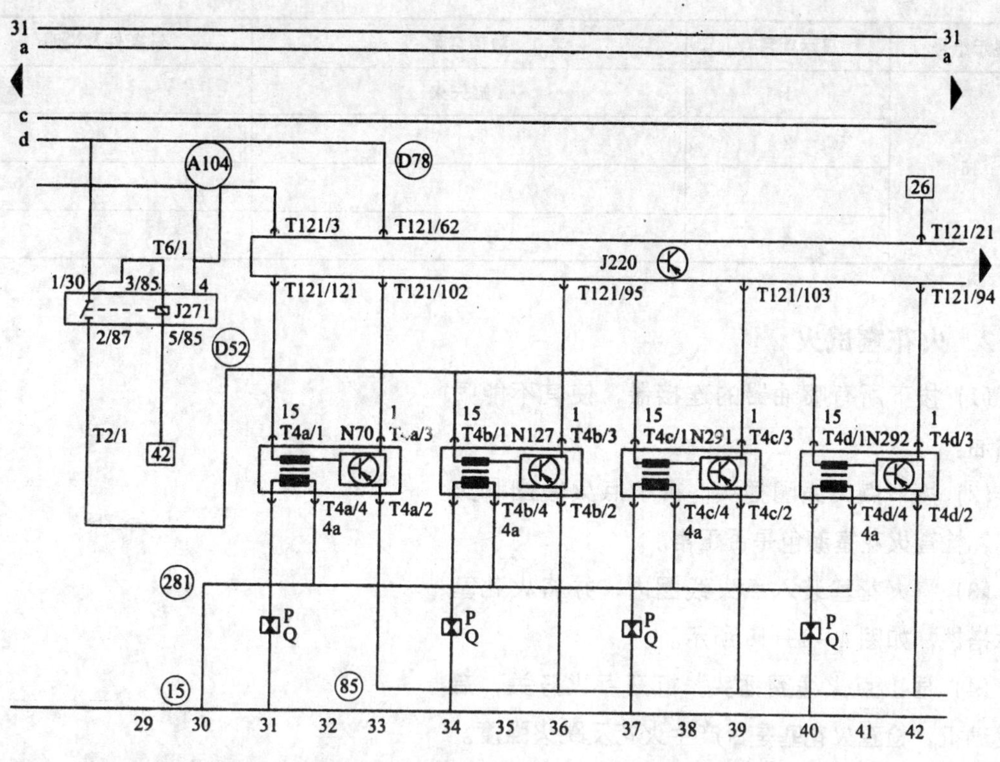

图 4—1—15 宝来 1.8T 点火系统电路

(3) 选择读取故障代码，检查有无点火系统故障代码。

(4) 选择读取测量数据流，输入 14、15 和 16 显示组组号查询具体某一缸的断火次数。测量数据块显示组 14 中的第 3 显示区显示的数据表示各缸失火次数总和（规定值：0～3 次）；显示组 15 中的第 1、2、3 显示区显示的数据分别表示第 1、2、3 缸的失火次数（规定值：0）；测量数据块显示组 16 中的第 1 显示区显示的数据表示第 4 缸失火次数（规定值：0），见表 4—1—4。

表 4—1—4　　14、15 和 16 数据块中所显示的数据

显示组号	显示项目号	数值名称	试条件及说明
14	1	引擎转速	
	2	引擎负荷	
	3	失火总数	0～3
	4	失火识别（active/block）	Active
15	1	1 缸失火	0
	2	2 缸失火	0
	3	3 缸失火	0
	4	失火识别（active/block）	Active

续表

显示组号	显示项目号	数值名称	试条件及说明
16	1	4 缸失火	
	2		
	3		
	4		

2. 火花塞试火

(1) 拔下所有喷油器的连接器，使其不能喷射燃油。

(2) 拔下点火线圈插头，拆下点火线圈和火花塞，检查火花塞颜色是否正常。

(3) 将火花塞装入点火线圈内，并将火花塞壳体搭铁，如图 4—1—16 所示。

(4) 插上点火线圈插头，打开点火开关，启动发动机，检查火花塞是否产生火花及跳火强度。

如果火花塞不跳火或跳火强度弱，更换一个火花塞重新试火，如果能够产生较强的火花则说明该缸火花塞有问题。如果仍然不跳火或跳火强度弱，则检查点火线圈及火花塞控制线路。

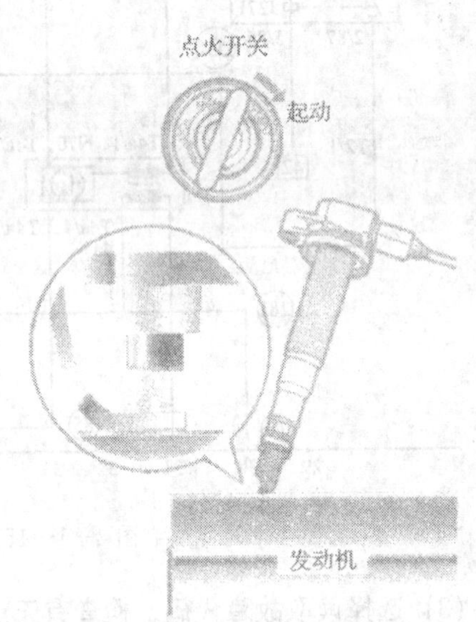

图 4—1—16 独立点火系统火花塞试火试验

3. 点火线圈控制线路的检查

由点火系统电路图 4—1—15 可以看出每个点火线圈的插头上有 4 个端子，其功用分别为：1 号端子为点火线圈供电、2 号端子为点火器搭铁、3 号端子为点火线圈控制线、4 号端子为点火线圈次级绕组搭铁。

(1) 关闭点火开关，拔下点火线圈插头。用万用表测量 2 号和 4 号端子与搭铁间的电阻应小于 0.5 Ω。

(2) 打开点火开关，用万用表电压挡测量点火线圈插头 1 号端子与搭铁间的供电电压约为蓄电池电压。如果未达到规定值，则应检查供电继电器 J271。

(3) 拔下所有喷油器插头，因为检测时喷油器不可喷油，否则会损坏催化净化器。将 LED 发光二极管串联一个 300 Ω 的电阻，然后将 LED 发光二极管的正极接到插头 3 端子上，LED 发光二极管的负极搭铁。然后短时启动发动机，发光二极管应闪亮。如果 LED 发光二极管不闪亮，将 LED 发光二极管的正极接到发动机控制单元端的点火线圈控制线上，如果 LED 发光二极管闪亮，则应检查控制线是否断路或对地短路。如果不亮，则应检查 ECU 和转速传感器是否正常。

如果线路正常，即可确定为点火线圈故障。可与其他缸点火线圈互换后，检查是否工作正常。点火线圈如图 4—1—17 所示。

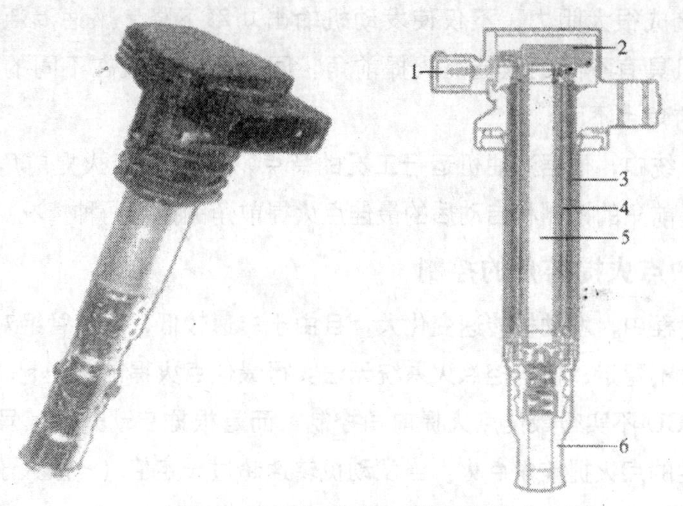

图 4—1—17　独立点火线圈结构

1—引脚　2—点火器　3—初级线圈　4—次级线圈　5—铁心　6—旋塞盖

§4—2　点火提前角和闭合角控制

学习目标

1. 掌握电控点火系统的控制内容。
2. 掌握电控点火系统的控制方法。

点火提前角和闭合角是与汽油机综合性能有关的两个重要控制参数。点火提前角与汽油机的经济性、动力性及排放性能紧密相关，较好的点火提前角可以使发动机的三个基本性能同时达到较佳。闭合角是影响击穿电压和点火能量的重要因素，合适的闭合角可以使点火系在较大的发动机转速范围内都能可靠工作。

一、最佳点火提前角的确定与控制

汽油发动机从火花塞点火时刻起到活塞到达压缩上止点这段时间内曲轴转过的角度称为点火提前角。气缸内的混合气从火花塞点火、燃烧至烧完有一个时间过程，最佳点火提前角的作用就是在各种不同工况下使气体膨胀趋势最大段处于活塞做功下降行程。这样效率最高，振动最小，温升最低。

试验表明，在燃烧做功过程中，当最高燃烧压力出现在上止点后 10°左右时，发动机的输出功率最大。为了使发动机输出功率最大，点火时刻不应在压缩行程上止点开始，而应适当提前一定角度。如果点火提前角过小，燃烧将在气缸容积快速增大的情况下进行，从而使最高爆发压力下降，发动机输出功率下降。同时由于高温燃烧气体与气缸壁接触面积增大，导致热损失增大，发动机过热，燃油消耗增加。如果点火提前角过大，则燃烧将在压缩行程中进行，活塞在到达压缩上止点前，气缸内的压力已达到最大，对正在上行的活塞造成很大阻力，不仅使发动机输出功率下降，燃油消耗增加，还易引起爆震。不同发动机具有不同的最佳点火提前角，同一台发动机在不同的工况和使用条件下，最佳点火提前角也不同。

在电控点火系统中，根据汽油机运行工况的特点，ECU 对点火提前角的控制分为汽油机启动时的点火提前角的控制和启动后的最佳点火提前角的控制两种情况。

1. 启动时的点火提前角的控制

发动机启动过程中，发动机转速变化大，且由于转速较低，进气管绝对压力传感器信号或空气流量计信号不稳定，使电控点火系统无法实行最佳点火提前角控制。因此，对于汽油机的启动工况，ECU 不实行最佳点火提前角控制，而是根据启动开关信号和发动机的转速信号，以预先设定的点火提前角点火。当发动机转速超过一定值（一般大于 500 r/min）时，则转入启动后的最佳点火提前角控制程序。

启动时点火提前角的控制有两种：一种为固定点火提前角方式，另一种为可调点火提前角控制方式。

(1) 固定点火提前角控制方式。其值因发动机而异，一般为 10°左右。

(2) 可调点火提前角控制方式。此方式是在发动机启动时，点火提前角随冷却液温度、启动转速等参数而变化，如图 4—2—1 所示。

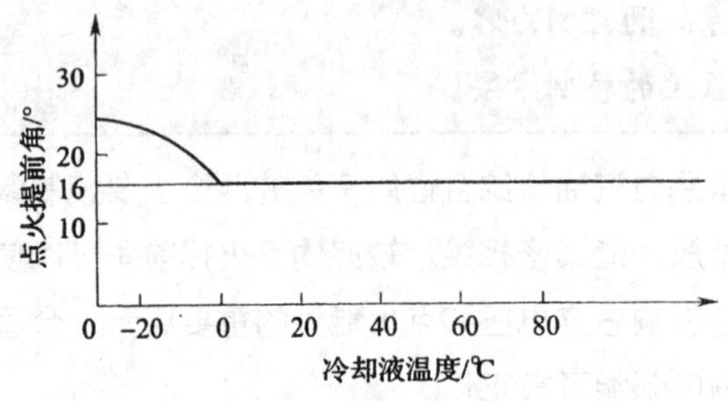

图 4—2—1 启动时点火提前角的控制

启动时，点火提前角的主要控制信号是发动机转速、启动开关和冷却液温度传感器等。

2. 启动后的最佳点火提前角的控制

汽油机启动后，电控点火系对点火正时实行最佳点火提前角控制。最佳点火提前角的基本控制过程是：首先，ECU 根据发动机转速和负荷（空气流量、进气压力或节气门信号）确定基本点火提前角。然后，根据有关传感器的信号，确定修正点火提前角。这两项点火提前角的代数和，再加上作为计算基准的初始点火提前角，得到实际的最佳点火提前角。实际最佳点火提前角可用下式表达。

实际最佳点火提前角＝初始点火提前角＋基本点火提前角＋点火提前角修正值

(1) 初始点火提前角

初始点火提前角对最佳点火提前角计算没有实质性影响，它的作用仅是为控制点火正时，电控单元根据上止点位置确定点火提前角，其大小随发动机而异。

在有些电控点火系中，ECU 把判缸信号出现后的第一个转速信号过零点定为压缩行程上止点前 10°，并以这个角度作为点火提前角计算基准点，称之为初始点火提前角。

(2) 基本点火提前角

对于基本点火提前角的确定，ECU 按怠速工况和非怠速工况两种情况分别处理。

1) 怠速工况。汽油机处于怠速工况运行时，ECU 根据节气门位置传感器信号确认发动机处于怠速运行工况，然后根据发动机转速信号、空调开关信号，从预先设定的怠速工况基本点火提前角数据表中选出相应的点火提前角，如图 4—2—2 所示。

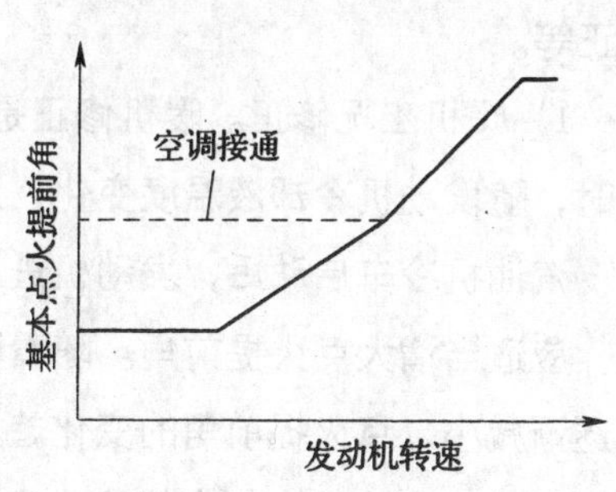

图 4—2—2 怠速工况的基本点火提前角控制

2) 非怠速工况。汽油机处于非怠速工况运行时，ECU 根据发动机转速信号、负荷（空气流量、进气压力或节气门开度）信号，从预先设定的非怠速工况基本点火提前角数据表（也称点火提前角脉谱图 MAP）选出相应的基本点火提前角，如图 4—2—3 所示。

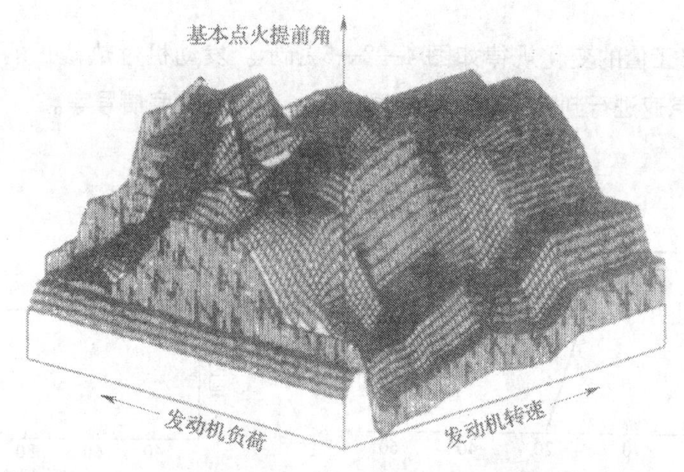

图 4—2—3 非怠速工况的基本点火提前角控制

基本点火提前角是发动机转速和负荷的函数，呈现十分复杂的变化关系，虽然要遵循“转速越高，点火越早”的趋势，但在有时高负荷区反而要回落，通常通过试验的方法来建立此模型，基本点火提前角以 MAP 的形式存于电控单元 ECU 的存储器中。发动机工作时，电控单元根据转速和进气压力等信息，从预先存储在 ECU 存储器中的数据表中查出相应工况的基本点火提前角。

(3) 点火提前角修正值

点火提前角的修正值是指在发动机工作条件变化时对点火提前角进行修正的量。除了转速和负荷这两个主要因素外，其他对点火提前角有影响的因素均归入到点火提前角修正值中。在汽油机运转中，ECU 根据有关传感器的输入信号，分别求出对应的修正值，它们的代数和就是总的点火提前角修正值。在大多数电控点火系中，总的点火提前角修正值包括暖机工况修正、发动机过热修正、空燃比反馈修正、发动机怠速稳定性修正、爆震传感器反馈修正等。

1) 暖机工况修正。暖机修正是指发动机冷车启动后，当节气门位置传感器怠速触点闭合时，随发动机冷却液温度变化，对点火提前角进行的修正。

汽油机冷车启动后，发动机进入暖机工况，由于冷却液温度较低时，混合气燃烧速度较慢，应适当增大点火提前角。随着暖机过程的延续，冷却液温度逐渐升高，点火提前角修正值逐渐减小，点火提前角的变化趋势如图 4—2—4 所示。

暖机修正值大小与冷却液温度的对应关系随发动机不同而改变，但变化规律基本相同。暖机工况修正的主要控制信号有确认发动机处于暖机工况的节气门位置信号、冷却液温度信号和空气流量信号等。

2) 过热修正。当汽油机处于怠速工况运行时，冷却液温度过高时，为了避免发动机长时间过热，应适当增大点火提前角。

汽油机处于非怠速工况运行时，冷却液温度过高时，为避免发生爆震，应适当减小点火提前角。

发动机过热修正值的变化规律如图 4—2—5 所示。发动机过热修正的主要控制信号有 ECU 对怠速或非怠速进行判断的节气门位置信号、冷却液温度信号等。

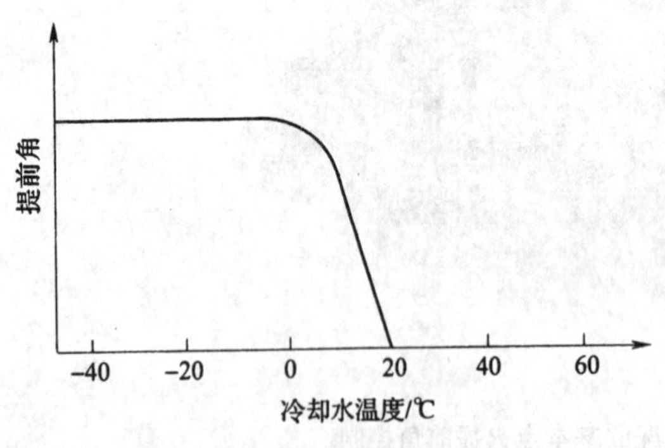

图 4—2—4 暖机时点火提前角修正曲线

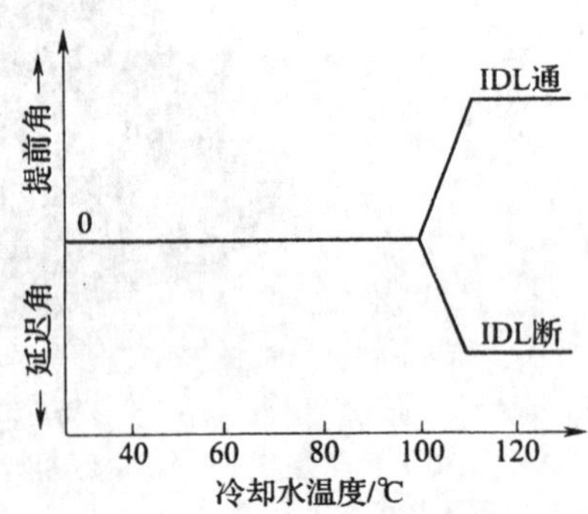

图 4—2—5 点火提前角过热修正曲线

3) 空燃比反馈修正。装有氧传感器的电控燃油喷射系统进行闭环控制时，电控单元根据氧传感器的反馈信号进行空燃比修正。由于混合气空燃比变化对混合气的燃烧速度有影响，因此发动机转速将随着修正喷油的增加或减少在一定范围内波动。为了提高转速的稳定性，电控燃油喷射系统进行空燃比反馈控制时，点火提前角需要根据喷油量的变化进行修正。

如图 4—2—6 所示，在喷油量减少时，混合气会变稀，发动机转速相应降低，为了提高怠速的稳定性，点火提前角应适当地增加；反之点火提前角应适当地减小。

ECU 仅在空燃比大于 14.7∶1 的情况下，才进行空燃比反馈修正，且与喷油量修正呈负相关，即当喷油量逐渐减少，空燃比从 14.7∶1 逐渐变大时，空燃比反馈修正值由零逐渐增大（增加点火提前角）。当喷油量逐渐增加，空燃比由大于 14.7∶1 逐渐变小时，空燃比反馈修正值由大逐渐减小（减小点火提前角）。在空燃比小于 14.7∶1 时，不进行空燃比反馈修正。采用这种修正方法，不仅考虑到混合气的燃烧速度，而且也兼顾到提高发动机怠速的稳定性。

空燃比反馈修正的主要控制信号有氧传感器的空燃比反馈信号、节气门位置信号、冷却液温度信号等。

4）怠速稳定性修正。发动机在怠速工况运行时，由于发动机的输出扭矩和负荷之间的不平衡，发动机怠速总会在一定转速范围内波动。为了减小怠速的波动幅度，微机控制系统除了在汽油喷油系统、怠速控制系统中采取了相应的控制措施外，还通过对点火提前角的修正，来提高汽油机的怠速稳定性。

发动机处于怠速工况时，ECU 连续不断地计算发动机的平均转速，当平均转速低于设定目标怠速转速时，ECU 根据平均转速与目标转速差值的大小相应增大点火提前角。当发动机平均转速高于目标转速时，则减小点火提前角，如图 4—2—7 所示。通过这种校正，点火正时的变化值最大为±5°。

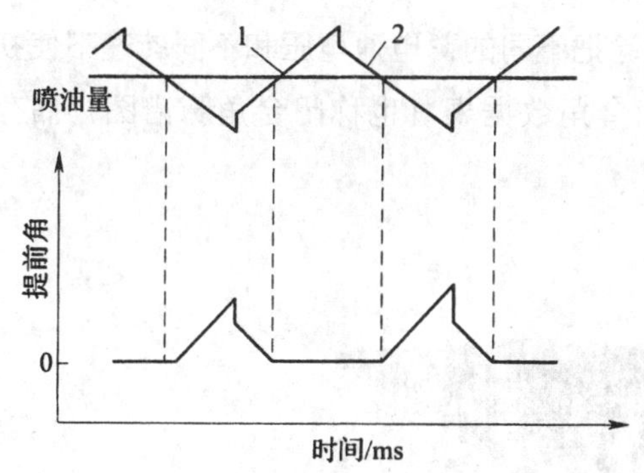

图 4—2—6　点火提前角的空燃比反馈修正

1—喷油量增加　2—喷油量减少

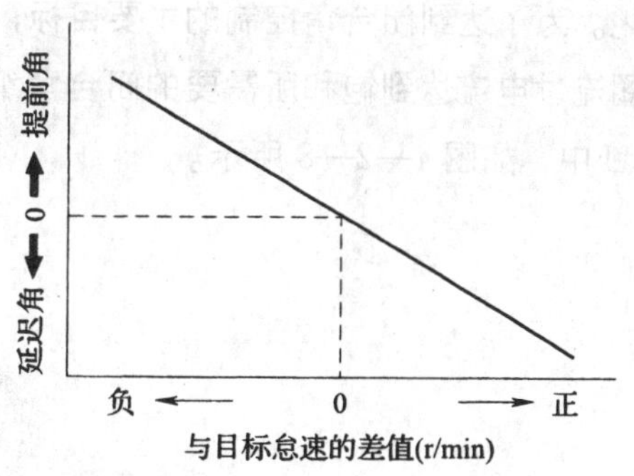

图 4—2—7　点火提前角怠速稳定性修正

怠速稳定性修正的主要控制信号有发动机转速信号、节气门位置信号、空调信号开关量信号等。

（4）最大和最小提前角控制

在发动机运转期间，如果发动机的实际点火提前角（初始点火提前角＋基本点火提前角＋修正点火提前或延迟角）超出一定范围时，发动机将不能正常运转。

在初始点火提前角已固定时，受 ECU 控制的实际点火提前角则只是基本点火提前角与修正点火提前角之和，该值应保证在某一范围内。

最大提前角：35°～45°。

最小提前角：－10°～0°。

二、闭合角控制

闭合角控制也称点火线圈初级线圈通电时间控制。

1. 通电时间对发动机工作的影响

对于电感储能式点火系统，点火次级线圈产生的击穿电压，取决于初级线圈断开瞬间流过线圈的电流大小。如果在初级线圈断开瞬间，通过线圈的电流已达到饱和电流，那么在点火线圈的次级就能感应出最高的击穿电压。由于电感线圈的阻抗作用，在电压不变的条件下，从初级线圈接通开始，流过线圈的电流按指数规律由零开始逐渐增大，需要经过一定的时间后，才能达到饱和电流。为了满足汽油机对点火系在击穿电压和点火能量上的要求，微机控制点火系的闭合角控制以初级线圈流过电流在断开瞬间达到饱和电流为主要目标。这样不仅能满足汽油机对点火系的要求，同时也能避免初级线圈通电时间过长而过热，并能节约电能。

2. 影响闭合角控制的因素

通电时间转化为发动机曲轴转过的角度称为闭合角。

由于闭合角是以曲轴转角来度量的，对于不同的转速，单位曲轴转角所代表的绝对时间各不相同。另外，当电源电压发生变化时，初级线圈达到饱和电流所需的绝对时间也将发生变化。为了达到闭合角控制的主要目标，通过试验把不同的蓄电池电压和不同转速下使初级线圈流过电流达到饱和所需要的闭合角编制成闭合角数据表（也称闭合角脉谱图）储存在ECU中，如图4—2—8所示。

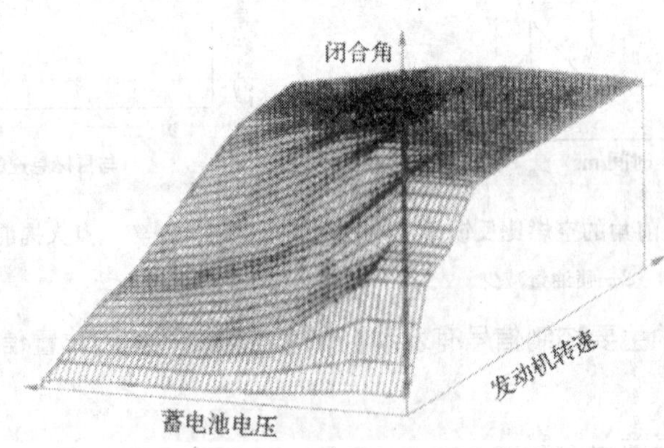

图4—2—8 闭合角与发动机转速和蓄电池电压的关系

发动机工作时，ECU根据输入蓄电池电压信号和发动机转速信号，从闭合角数据表中选出相应的闭合角，对初级线圈通电时间进行控制。

3. 通电时间的控制方法

在传统的汽油机点火系中，由分电器轴上的凸轮来控制断电器触点的开闭，分电器的凸轮决定了断电器触点的闭合角，一般四缸发动机为 50°、六缸发动机为 38°、八缸发动机为 33°。点火线圈初级电路的接通时间（即通电时间）取决于断电器触点的闭合角和发动机转速。对一定的发动机而言，断电器触点的闭合角是一定的，点火线圈初级电路的通电时间随发动机转速的提高而缩短，这必将导致发动机高速时点火能量降低，点火系工作可靠性下降。因此，传统点火系已逐渐被电控点火系统所取代。

在现代电控点火系统中，用灵敏可靠的传感器（凸轮轴/曲轴位置传感器）和晶体管开关取代了传统点火系中的断电器和分电器中的凸轮。点火线圈初级电路的通电时间由 ECU 控制，其控制模型如图 4—2—8 所示。闭合角（通电时间）控制模型存储在 ECU 内，发动机工作时，ECU 根据发动机转速信号（Ne 信号）和电源电压信号确定最佳的闭合角（通电时间），并向点火器输出执令信号（IGt 信号），以控制点火器中晶体管的导通时间。随发动机转速提高和电源电压下降，闭合角（通电时间）增大。

4. 点火线圈的恒流控制

在电控点火系统中，为了减小转速对次级电压的影响，提高点火能量，采用了初级线圈电阻很小的高能点火线圈，其初级电流最高可达 30 A 以上。为了防止初级电流过大烧坏点火线圈，在部分电控点火系统的点火控制电路中增加了恒流控制电路，保证在任何转速下初级电流均为规定值（7 A），既改善了点火性能，又能防止初级电流过大而烧坏点火线圈。恒流控制的基本方法是：在点火器功率晶体管的输出回路中增设一个电流检测电阻，用电流在该电阻上形成的电压降反馈控制晶体管的基极电流，只要这种反馈为负反馈，就可使晶体管的集电极电流稳定，从而实现恒流控制。

§4—3　爆震传感器与爆震反馈控制

学习目标

1. 掌握爆震产生的原理。
2. 掌握爆震传感器的分类。
3. 掌握爆震传感器的结构及工作原理。
4. 能进行爆震传感器的检测。

一、爆震产生的原理及特征

爆震是发动机运行时一种不正常燃烧的现象。发动机正常燃烧时，火花塞接到 ECU 的点火信号后，对可燃混合气进行点火，火焰从火焰核心（离火花塞近的可燃混合气）以30～

40 m/s 的速度向四周的未燃烧的混合气传播，使燃烧室内混合气循序燃烧，直至结束。汽油机发生爆震时，在汽油机燃烧室内火焰传播过程中，远离火花塞的未燃混合气（末端混合气）被已燃混合气的膨胀所压缩，此处的局部温度由于热辐射作用而超过燃料的自燃温度，从而产生自发反应，形成一个或多个火焰核心，这时末端混合气在正常火焰传播到达以前先行发火燃烧。这种自行发火燃烧会发出极强的火光，燃烧温度常在 4 000℃以上，火焰传播速度达 200～1 000 m/s 以上，比正常燃烧的火焰传播速度高数倍甚至数十倍。当正常燃烧和自行发火燃烧这两个方向相反的燃烧压力波相遇时，会产生剧烈的气体振动，并发出特有的金属撞击声，所以称为“爆震”。

轻微的爆震无法被人的感官所察觉，因此称它为“无感爆震”，如果能感觉得到引擎爆震所产生的噪音和振动时，这时的爆震情况已经严重得超乎想象，称之为“有感爆震”。有感爆震时，发动机有“哒哒”的金属敲击发动机缸体的声音。

二、爆震的危害和原因

1. 爆震的危害

发动机产生爆震会使发动机工作粗暴，功率下降，燃油经济性变差，严重时甚至会损害发动机相关零部件。

(1) 振动和噪音加大

爆震会导致发动机振动和噪音加大，特别是振动，会严重影响车辆的运行稳定性，怠速的时候发动机会严重抖动，使得驾乘舒适性急剧下降。由于这种被非正常点燃的可燃混合气放出超频的能量，而且在气缸内高速传播，这样就产生了较大的压力冲击波，气缸的燃烧室体积又很小，这些压力冲击波就在燃烧室内反复反射，造成强大的振动并产生高频噪声，同时这种振动波的力量是与活塞运动方向相反的，也就是说此时活塞还未完成压缩行程，仍在上行的时候，非正常点燃的混合气产生的冲击波会与活塞运行发生冲突，这样会导致活塞敲击缸体，即“敲缸”现象。

(2) 功率急剧下降和油耗量迅速上升

爆燃会产生带有强大能量的压力冲击波，以很高的频率对气缸壁进行反复冲击，这就使气缸壁面的气膜变薄，发动机产生的热量就会很快通过气缸壁散发掉，造成气缸的传热损失增大，从而导致发动机功率下降，燃料消耗率上升，同时导致发动机过热，冷却液和机油温度增高。另外，由于此时产生的能量是与活塞运动方向相反的，也就是说此时产生的是“副作用”的能量，这样的能量不仅不能用来驱动汽车，相反会阻碍发动机的运转，因此，功率的急剧下降和油耗量的迅速上升就成了必然。

(3) 损害气缸壁及其他零件

如果发动机持续产生爆震，不能得以很好地解决的话，还会严重损害发动机。当爆震时，会有大量的压力冲击波对气缸壁进行反复敲击，这对气缸壁油膜的破坏是相当大的，将加大气缸壁磨损和损害，如果爆震持续时间较长，程度较严重时就会损坏发动机的相关零部件。

2. 爆震的原因

(1) 点火角过于提前

点火时间过于提前是发动机发生爆震最主要的原因。为了使活塞在压缩上止点结束后，一进入动力冲程就能立即获得动力，通常都会在活塞达到上止点前提前点火（因为从点火到完全燃烧需要一段时间）。而过于提早地点火，会使得活塞还在压缩行程时，大部分燃油混合气已经燃烧，此时未燃烧的燃油混合气会承受极大的压力自燃，而造成爆震。

(2) 发动机过度积炭

车子用久了以后，发动机气缸内就可能产生积炭，尤其是常常在堵车严重的城市里行驶的车子，由于汽油不能够充分燃烧，其中的碳原子和氧分子不能全部转化 CO_2 和 CO，而是产生了碳分子粘在气缸壁上形成了积炭。碳是易燃的物质，在气缸高温高压的环境中，更是容易燃烧，所以积炭的生成增加了爆震的可能性。当发动机处于压缩行程的时候，刚刚参与过燃烧的积炭会提前点燃混合气，从而导致爆震。

(3) 发动机温度过高

发动机在太热的环境使得进气温度过高，或是发动机冷却液循环不良，都会造成发动机高温而爆震。

(4) 空燃比不正确

过于稀的燃料空气混合比，会使得燃烧温度提升，造成发动机温度提升，当然容易爆震。

(5) 燃油辛烷值过低

辛烷值是燃油抗爆震的指标，辛烷值越高，抗爆震性越强。压缩比高的发动机，燃烧室的压力较高，若是使用抗爆震性低的燃油，则容易发生爆震。

三、爆震控制

爆震是汽油机不正常燃烧引起的故障现象，如果汽油机发生持续的严重爆震，火花塞电极或活塞就可能因过热而发生熔损，导致发动机损坏，因此在汽油机运转过程中不允许发生持续的爆震。另一方面，为了最大限度地发挥汽油机的潜能，应使实际最佳点火提前角尽可能接近理想最佳点火提前角，而理想最佳点火提前角实际上是汽油机可能发生爆震的临界点。为了使汽油机既具有最佳的点火提前角，又不发生爆震，除了必须采用微机控制点火系统外，还必须对实际最佳点火提前角实行反馈控制，根据汽油机是否发生爆震，对实际最佳点火提前角进行实时反馈修正。为此，需要对汽油机是否发生爆震进行检测，ECU 根据检测结果作出相应的控制响应。

爆震控制也叫爆燃控制，是通过改变点火提前角来实现的。当通过爆震传感器（KS）监测到有爆震发生时，ECU 逐步减小点火提前角，直至爆震完全消失。当爆震完全消失后并在若干个循环里不再出现，ECU 会逐渐将点火提前。在最理想的情况下爆燃不出现，ECU 会将点火提前角恢复到爆燃前的水平，并开始正常的点火提前角开环控制。因此，对爆燃的控制实际上是点火提前角的延迟和提前的过程。

四、爆震的检测方式

汽油机的爆震检测可以采用的方法有气缸压力检测法、燃烧噪声检测法和发动机机体振动检测法等。

1. 气缸压力检测法

它是通过直接测量气缸内压力的变化来检测爆震，如图 4—3—1 所示，具有爆震识别精度高的优点，但由于受传感器的耐久性、价格及在发动机上安装等因素的限制，未能投入实际应用。

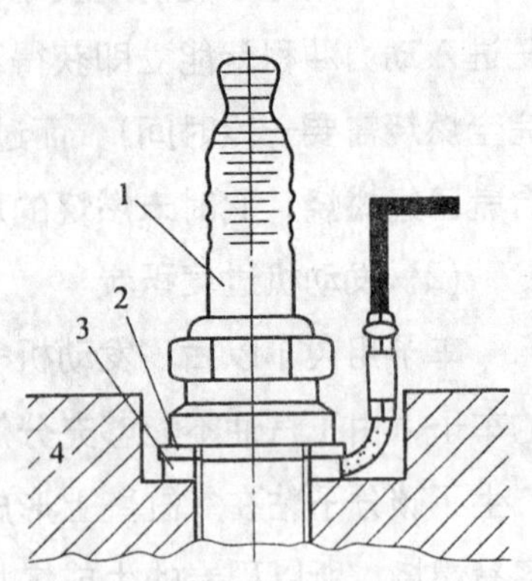

图 4—3—1 气缸压力检测方法

1—火花塞 2—垫圈

3—爆震传感器 4—气缸盖

2. 燃烧噪声检测法

这是一种非接触式检测方法，它根据汽油机爆震时异常的燃烧噪声来检测爆震，理论上具有可行性，但在实际应用中如何排除其他噪声的干扰，实现高的灵敏度和检测精度，在技术仍存在一定的困难。

3. 发动机机体振动检测法（也称缸壁振动型检测法）

这是一种非接触式检测方法，检测机体壁面振动的传感器安装在机体上，通过检测机体壁面振动间接获得汽油机是否发生爆震的信息。机体振动检测法具有较高的检测精度，传感器安装方便灵活，耐久性也较好，是目前广泛采用的爆震检测方法。

五、爆震传感器的结构及工作原理

1. 爆震传感器的作用

发动机爆震传感器如图 4—3—2 所示。其作用是将发动机机体的振动转换成电压信号输送到 ECU，ECU 根据输入电压信号进行爆震判断，以控制点火提前角，抑制爆震的产生。

2. 爆震传感器的安装位置

爆震传感器通常安装在发动机缸体侧面且靠近燃烧室的爆震传感器装配凸台上，以四缸机为例安装在 2 缸和 3 缸之间，如图 4—3—3 所示，或者 1、2 缸中间一个，3、4 缸中间一个。

3. 爆震传感器的分类

爆震传感器按结构不同分磁致伸缩式和压电式，按检测方法不同可分为共振检测方法和非共振检测方法。目前，应用比较广泛的共振型压电式爆震传感器和非共振型压电式爆震传感器。

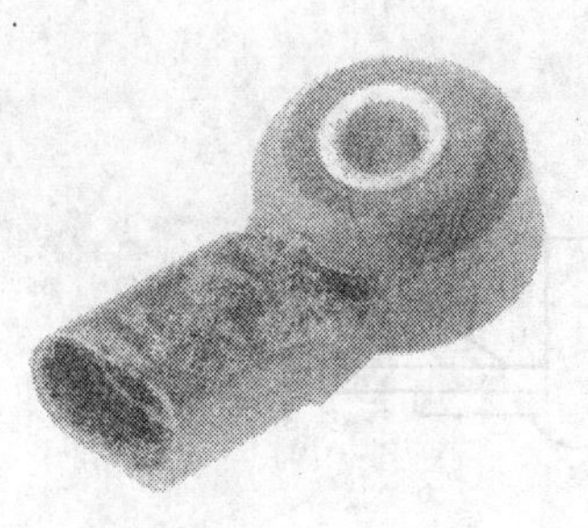

图 4—3—2 爆震传感器

图 4—3—3 爆震传感器的安装位置

(1) 共振型磁致伸缩式爆震传感器

1) 结构。磁致伸缩式爆震传感器的外形与结构如图 4—3—4 所示，主要由永久磁铁、铁心以及铁线圈等组成。

2) 工作原理。发动机振动时，通过外壳带动其内部的铁心振动，铁心产生位移，使通过感应线圈的磁路发生变化，通过线圈的磁通量也随之发生变化，线圈产生感应电动势，此电动势即为爆震传感器的输出电压信号。传感器输出的最大电压信号如图 4—3—5 所示。磁致伸缩式爆震传感器是应用最早的爆震传感器，现已经被淘汰。

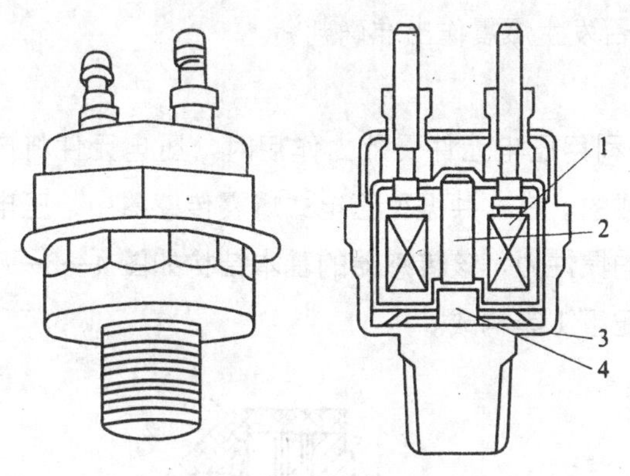

图 4—3—4 磁致伸缩式爆震传感器外形与结构

1—绕组 2—铁心 3—外壳 4—永久磁铁

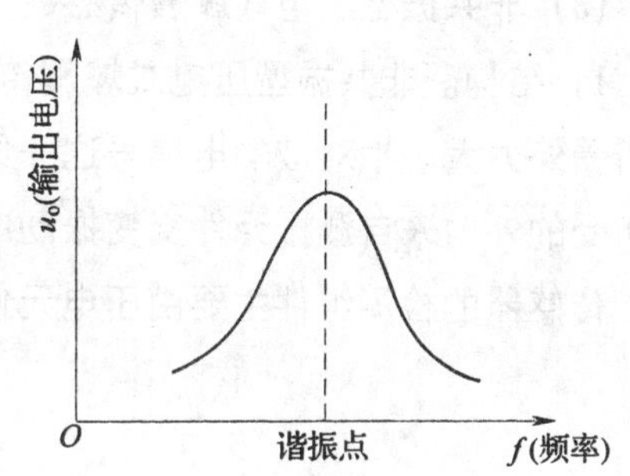

图 4—3—5 共振型磁致伸缩式爆震传感器的输出特性

(2) 共振型压电式爆震传感器

共振型爆震传感器的共同特点是测振元件的自振频率与被检汽油机爆震时的振动频率相同，当发动机爆震时，传感器测振元件将发生共振，产生较高的电压输出信号。

共振型压电式爆震传感器是利用压电元件在外力作用下产生变形时将产生与变形大小相对应的电信号这一原理制成的。

1) 结构。在共振型压电式爆震传感器中，使压电元件产生变形的外力来自测振元件的交变振荡，该传感器的基本结构如图 4—3—6 所示。传感器的检测组件主要由压电元件 5、振荡片 6、基座 7 等构成。压电元件紧密贴合在振荡片上，振荡片则固定在传感器的基座上。发动机工作时，振荡片随机体壁面振动激励而产生振荡，振荡片的振荡使与它紧密贴合

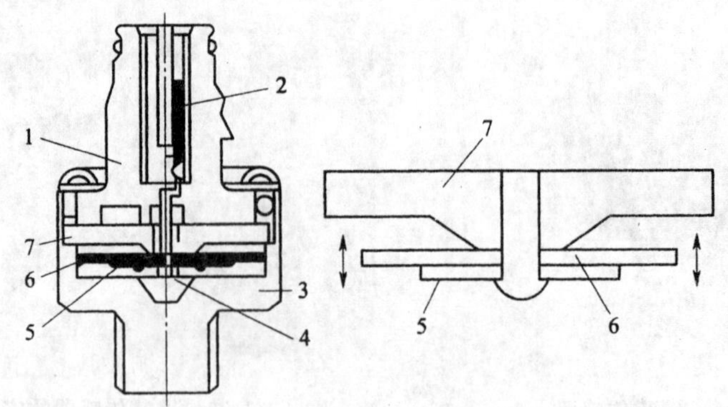

图 4—3—6 共振型压电式爆震传感器

1—连接器 2—接头 3—壳体 4—引线端 5—压电元件 6—振荡片 7—基座

的压电元件变形，并输出交变的电压信号，输出电压的高低与振荡片的振幅，也即压电元件的变形成正比。

2）工作原理。当汽油机发生爆震时，由于振荡片的自振频率与爆震时机体壁面的振动频率相同，振荡片在机体壁面振动激励下发生共振。在共振时，振荡片的振幅达到最大，使与它紧密贴合的压电元件产生最大的输出电压，如图 4—3—7 所示。共振型爆震传感器在共振区（即爆震时）的输出电压比非共振区的输出电压高得多，因此不需要借助滤波器，ECU 根据传感器的输出电压就能对汽油机是否发生爆震作出准确判断。

（3）非共振型压电式爆震传感器

1）结构。非共振型压电式爆震传感器是利用压电元件受外力作用时，压电元件将产生与所受外力大小相对应的电信号这一原理制成的。在非共振型压电式爆震传感器中，压电元件所受的外力来自测振元件交变振动中产生的惯性力，该传感器的基本结构如图 4—3—8 所示。传感器的检测组件主要由压电元件 3 和配重 1 等构成。

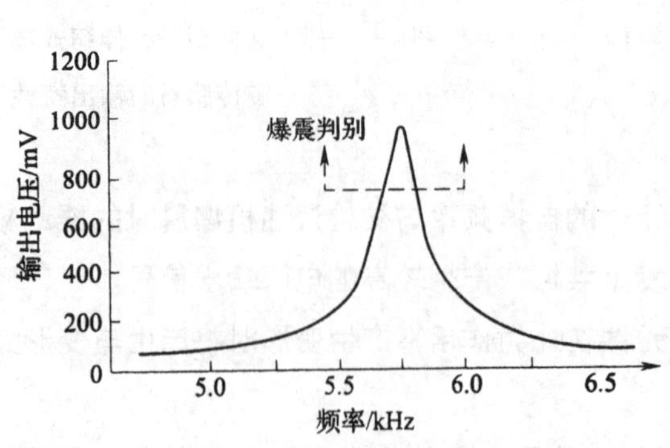

图 4—3—7 共振型压电式爆震传感器的输出特性

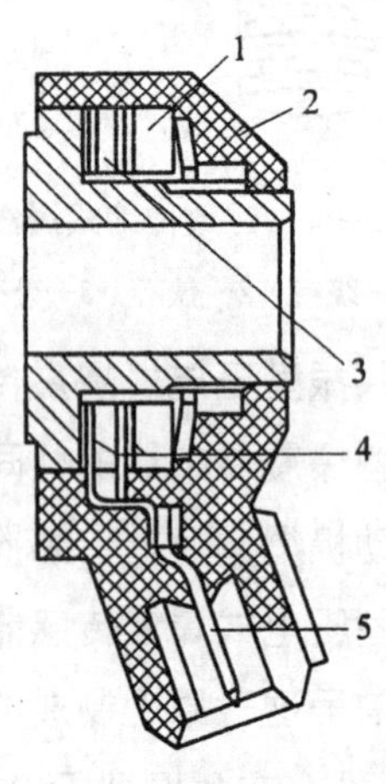

图 4—3—8 非共振型压电式爆震传感器

1—配重 2—外壳 3—压电元件 4—触头 5—输出接头

2）工作原理。汽油机工作时，机体壁面的振动传递到传感器上，传感器内的配重在机体振动的激励下产生振动。由于配重振动时加速度的变化规律与机体壁面振动的规律相对应，也即配重作用在压电元件上的惯性力的变化规律与机体壁面振动的规律相对应，因此，压电元件输出电信号的变化规律与机体壁面振动的规律相对应。由于非共振型压电式爆震传感器仅是把机体壁面的机械振动转化为相应的输出电压的变化，因此即使在爆震区域或该区域附近，传感器也不会产生很大的输出信号，但在工作频带宽度范围内传感器具有较平的输出特性，如图 4—3—9 所示。为了能够根据该传感器输出的电压信号对汽油机是否发生爆震作出判断，必须对传感器的输入进行滤波处理，以提高对爆震信号识别的准确性。

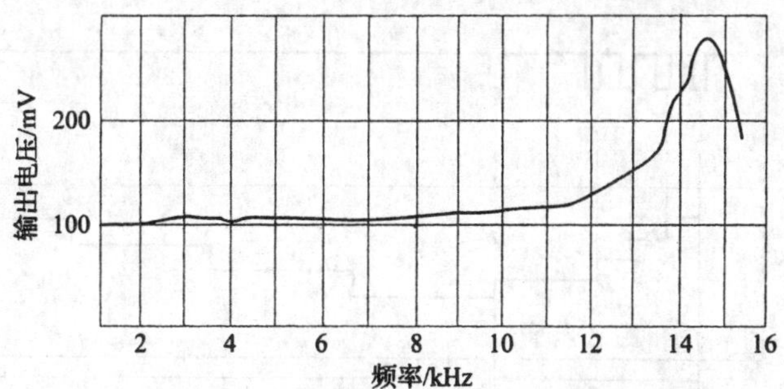

图 4—3—9　非共振型压电式爆震传感器输出电压特性

非共振型压电式爆震传感器工作频带宽度可以从零到数千赫兹，因此可检测具有较宽振动频率的发动机振动。当用于汽油机爆震检测时，只需要根据具体汽油机爆震时的振动频率调整滤波器的过滤频率，即能满足不同类型汽油机的使用要求。通用性强、制造时不需调整、结构简单是非共振型压电式爆震传感器最突出的优点。

六、爆震控制方法

1. 爆震信号的识别

爆震信号判别电路如图 4—3—10 所示，发动机控制模块收到爆震传感器的信号后，经滤波电路 2 滤波，将爆震信号与其他振动信号分离，只允许特定频率范围的爆震信号通过滤波电路，再将此信号的最大值与爆震强度基准值进行比较，如大于基准值，则将爆震信号电压输入微机，表示发生爆震，由微机进行处理。

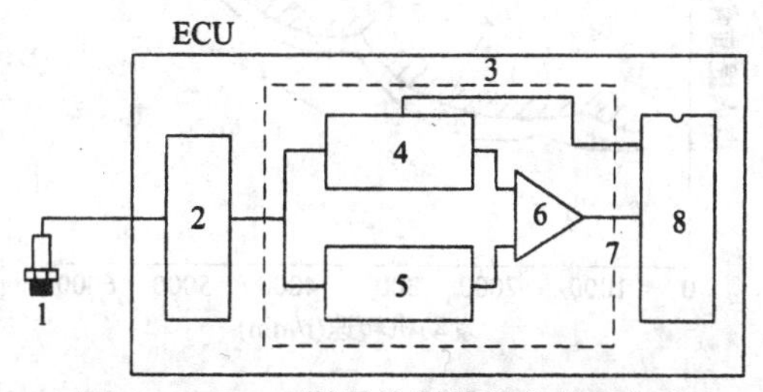

图 4—3—10　爆震控制的输入处理电路

1—爆震传感器　2—滤波电路　3—爆震判定范围信号　4—峰值检测

5—比较基准能量级计算　6—爆震判定　7—爆震信号　8—微电脑

当发动机出现轻微爆震时，即爆震的临界状态时，其动力性、经济性接近最佳值。闭环控制方式即按轻微爆震来确定最佳点火提前角。

2. 爆震的控制

发动机控制模块在某一时刻对点火提前角判断采用开环控制还是闭环控制，可由ECU对反映负荷（空气流量或进气歧管绝对压力或节气门开度）的传感器送来的信号进行分析即可判断。

当发动机控制模块（ECU）对点火提前角进行闭环控制时，其实际点火提前角的控制如图4—3—11所示。

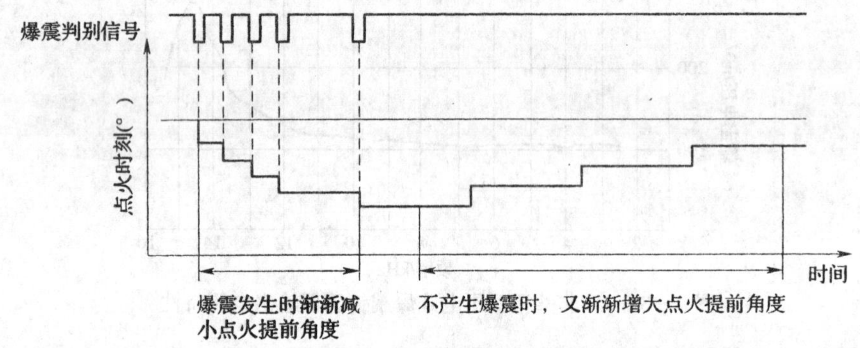

图4—3—11 点火提前角的闭环控制

当ECU监测到发动机爆震时，对点火提前角的控制立即转入闭环控制。此时，ECU将利用爆燃传感器的信号作为反馈信号逐步以某一固定角度（1.5°～2°）减小点火提前角，依据点火顺序若下一缸再监测爆震时，再以该固定角度减小点火提前角，直到爆燃完全消失为止；若无爆震产生，则又逐渐地增大点火提前角，一直到产生爆震时，又恢复前述的反馈控制。

爆震反馈控制的点火提前角控制曲线如图4—3—12和图4—3—13所示，把实际点火提前角控制在理想最佳点火提前角附近。

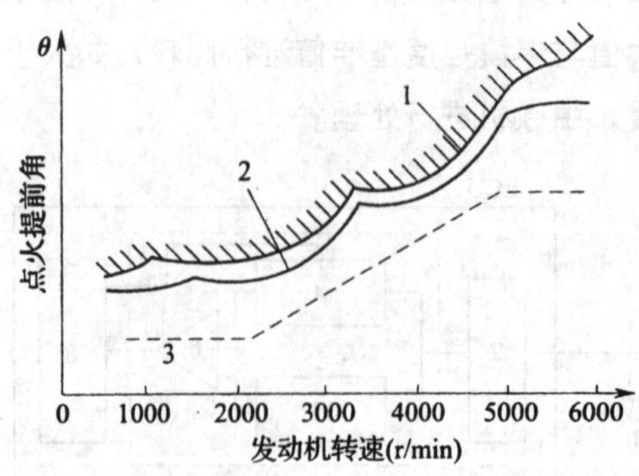

图4—3—12 发动机转速对最佳点火提前角的影响

1—理想最佳点火提前角与转速的关系 2—电控点火系的最佳点火提前角与转速的关系

3—离心装置调整的最佳点火提前角与转速的关系

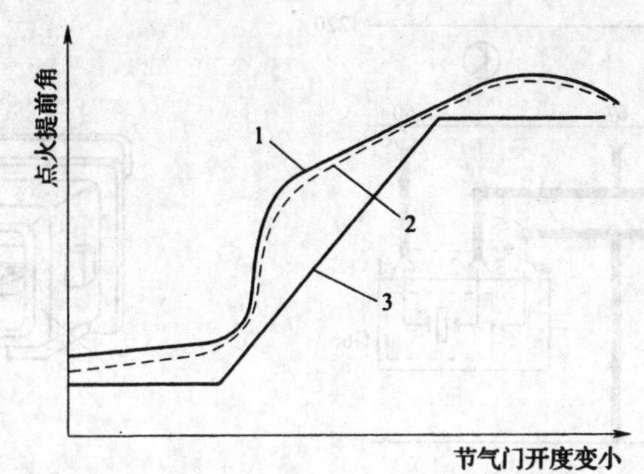

图 4—3—13　发动机负荷对最佳点火提前角的影响

1—理想最佳点火提前角与负荷的关系　2—电控点火系的最佳点火提前角与负荷的关系

3—真空装置调整的最佳点火提前角与负荷的关系

技能训练

实训任务　桑塔纳 2000GSi 型轿车爆震传感器检修

一、实训准备

桑塔纳 2000GSi 型轿车一辆、故障诊断仪一台、万用表一只、通用工具一套、发动机舱防护罩一套、“三件套”一套。

二、实训要求

1. 认识桑塔纳 2000GSi 型发动机爆震传感器的安装位置和电路图。
2. 掌握爆震传感器的检测方法。

三、实训步骤

桑塔纳 2000GSi 采用了两只爆震传感器，接线原理如图 4—3—14 所示。发动机每两缸用一个爆震传感器。爆震传感器 G61 为白色插头，用于 1、2 缸，安装在气缸体进气管侧 1、2 缸之间。G66 为蓝色插头，用于 3、4 缸，安装在气缸体进气管侧 3、4 缸之间。传感器插头上有 3 根引线，2 根为信号线，1 根为屏蔽线，如图 4—3—15 所示。爆震传感器压电元件产生的电压很微弱，屏蔽线的作用是防止外界和汽车本身各个电气元件产生的电磁干扰对信号的影响，防止 ECU 得不到信号或得到错误信号。

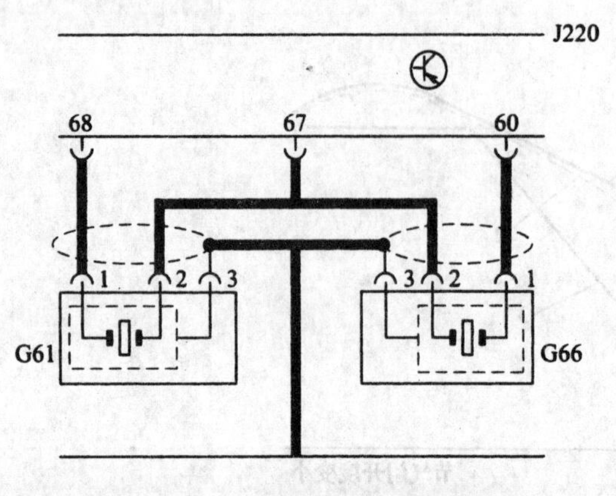

图 4—3—14　爆震传感器接线原理

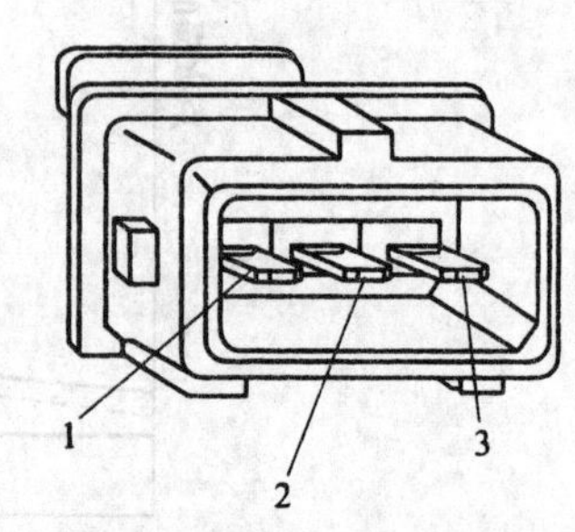

图 4—3—15　爆震传感器插头

1—信号正极线　2—信号负极线
3—屏蔽线

爆震传感器的检查包括传感器电阻的检查、传感器线路电阻的检查及传感器输出电压的检查等。

1. 爆震传感器电阻的检查

断开点火开关，等待 10 s 后拆下爆震传感器插头，用万用表测量爆震传感器插头的任意两端子间的电阻均应为无穷大，见表 4—3—1。若电阻不符合标准，则需要更换爆震传感器。

表 4—3—1　　爆震传感器各端子间的电阻值

检测项目	检测条件	检测部位	标准值
爆震传感器电阻	断开点火开关、拔下传感器插头	传感器插座上端子 1、2	>1 MΩ
爆震传感器电阻	断开点火开关、拔下传感器插头	传感器插座上端子 1、3	>1 MΩ
爆震传感器电阻	断开点火开关、拔下传感器插头	传感器插座上端子 2、3	>1 MΩ

另外检查各接线端子与爆震传感器壳体间的电阻是否为无穷大，即不导通。若为 0 Ω，说明爆震传感器已经损坏，则需要更换爆震传感器。

2. 爆震传感器线路的检查

若爆震传感器电阻符合标准，而传感器工作不良，则需要对传感器的线路电阻进行检测。

断开点火开关，拔下控制器线束插头和传感器线束插头，用万用表电阻挡检测传感器和控制器两插头上各端子之间导线电阻应当符合表 4—3—2 规定的值。

表 4—3—2 爆震传感器各线束电阻值

检测项目	检测条件	检测部位	标准值
G66 传感器信号正极线	拔下控制器、传感器插头	控制器 60 端子至传感器插头 1 端子	<0.5 Ω
G61 传感器信号正极线	拔下控制器、传感器插头	控制器 68 端子至传感器插头 1 端子	<0.5 Ω
传感器信号负极线	拔下控制器、传感器插头	控制器 67 端子至传感器插头 2 端子	<0.5 Ω
传感器屏蔽线	拔下控制器、传感器插头	发动机搭铁点（控制器模块旁边）至传感器插头 3 端子	<0.5 Ω

如果上述检测部位的电阻值为无穷大，说明线路有断路。如果电阻值大于标准值，说明线路接触不良，一般为锈蚀、脏污所致。

3. 爆震传感器输出信号电压的检测

当用扳手或其他物体敲击爆震传感器基座时，同时用万用表毫伏电压挡测量爆震传感器插头 1 端子与 2 端子之间的信号电压，应该有电压显示，大致范围为 400 mV，说明爆震传感器完好。

不过，用万用表检测一般不太准确，也不太直观，如果用示波器检测，将更直观也更准确。

4. 爆震传感器波形的检测

（1）设备连接

连接 KT600 和电源延长线，根据被测试车型的电瓶位置选择电瓶供电或者点烟器供电，将测试探头接入通道 1（CH1 端口），然后将测试探头上的小鳄鱼夹接蓄电池负极或搭铁，用测试探针接爆震传感器的信号线（传感器插头 1 号线），如图 4—3—16 所示。

（2）测试条件

1）将爆震传感器的连线断开，连接仪器至传感器上。

2）使用木槌在靠近传感器附近的缸体上敲击以使传感器产生信号。

(3) 测试步骤

1) 按照图 4—3—16 连接好设备，打开 KT600 电源开关。

2) 在金德仪器主菜单下按上下方向键选择示波分析仪，按［ENTER］键确认。

3) 在汽车专用示波器菜单下选择点火系统，按［ENTER］键进入点火系统选择菜单。

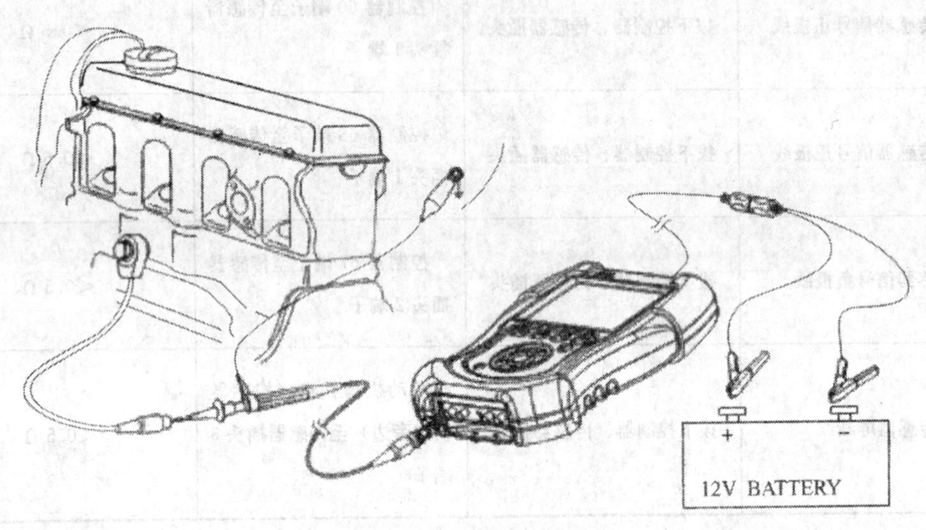

图 4—3—16　示波器的连接

4) 选择爆震传感器—压电晶体，按［ENTER］键确认，按照测试条件，屏幕将会显示波形，如图 4—3—17 所示。

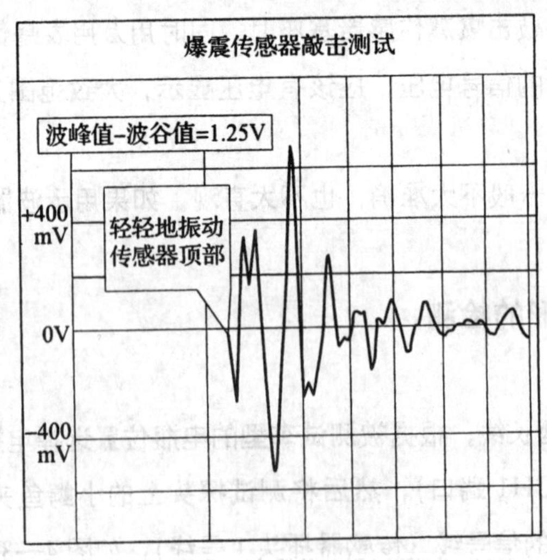

图 4—3—17　爆震传感器波形

5) 必要时可以通过选择周期、幅值、电平等参数，然后按上下方向键改变波形，也可以选择停止，冻结波形后，选择存储，以保存波形。

5. 检查爆震传感器的安装扭矩

若爆震传感器的功能完好，则应检查爆震传感器的安装扭矩是否合适。

桑塔纳 2000GSi 爆震传感器固定螺栓的拧紧力矩标准值为 20 N·m。在安装爆震传感器时，若拧紧力矩过大，则惯性配重块预压力过大，惯性配重块振动减轻，爆震传感器会感知爆震信号电压太低，从而出现点火过早现象。同样，若拧紧力矩太小，配重块振动加重，爆震传感器会感知爆震信号电压太高，出现点火过迟现象。

§4—4　电控点火系统常见故障的诊断与排除

学习目标

1. 掌握电控点火系统常见故障现象及原因。
2. 掌握电控点火系统故障诊断步骤。
3. 掌握电控点火系统常见故障的诊断方法。
4. 能够排除电控点火系统常见故障。

相关知识

一、电控点火系统常见故障现象

电控点火系统常见故障有发动机不能启动、发动机启动困难、发动机怠速不稳、油耗增大、加速不良、爆燃、放炮等。

二、电控点火系统常见故障原因

1. 不能启动的故障原因有：蓄电池电量不足、点火熔丝烧毁、点火错乱、点火继电器损坏、火花塞损坏、高压线故障、点火电路或其插头故障、曲轴位置传感器或霍尔传感器信号故障、点火线圈损坏、ECU 损坏等。

2. 发动机启动困难和运行不正常的故障原因有：缺缸、点火错乱、点火正时不正确、火花塞损坏、高压线故障、爆震传感器信号故障、点火电路插头接触不良、曲轴位置传感器或霍尔传感器信号故障、点火线圈损坏、ECU 损坏等。

3. 电控点火系统常见故障诊断步骤如图 4—4—1 所示。

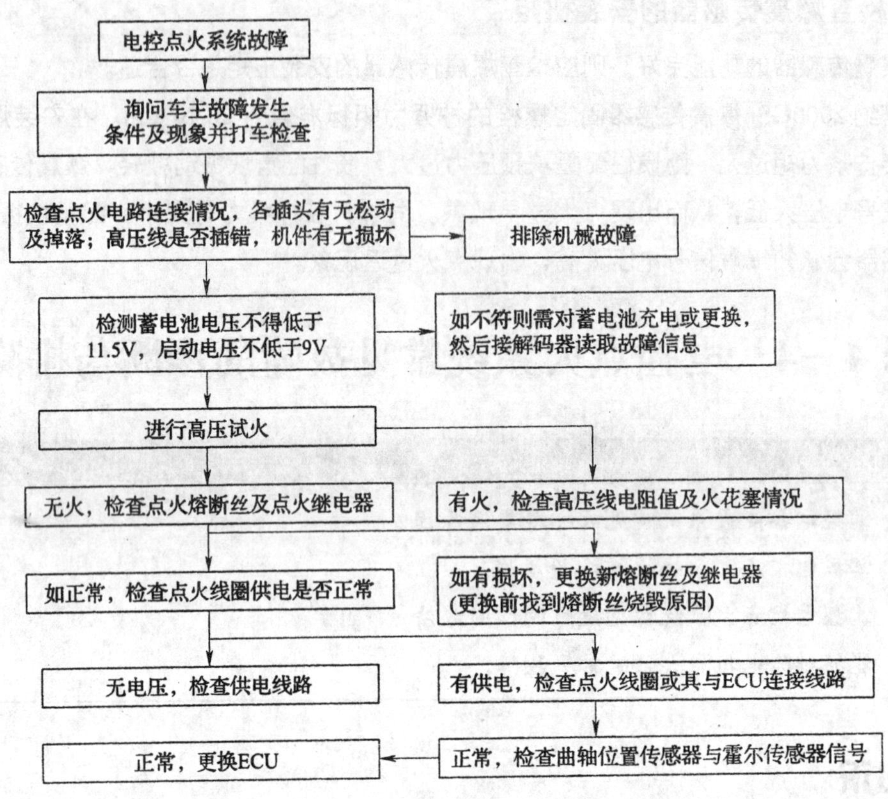

图 4—4—1　电控点火系统常见故障诊断步骤

技能训练

实训任务　电控点火系统故障诊断

一、实训准备

整车或发动机试验台架、灭火器、举升机、数字万用表、火花塞、示波器、汽车解码器、延长线、维修手册、专用工具、常用工具等。

二、实训要求

通过实训，掌握电控点火系统电路图的识读，掌握电控点火系统常见故障的诊断方法，快速准确判断故障部位并能排除故障。

三、实训步骤

电控点火系统故障诊断见表 4—4—1。

表 4—4—1　　电控点火系统故障诊断

操作内容	图　示
1. 蓄电池电压检测 关闭所有用电设备，打开前照灯 15 s，消除蓄电池表面电荷 电压不得低于 11.5 V	
2. 检查高压火 一定要用火花塞测试	
3. 测量高压线电阻值 阻值应符合维修手册规定	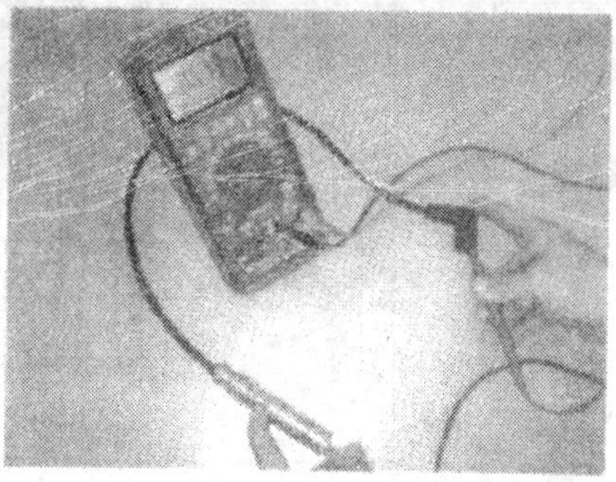
4. 检查火花塞外观及间隙检查 火花塞表面应无明显损伤或积炭，间隙为 0.9～1.1 mm	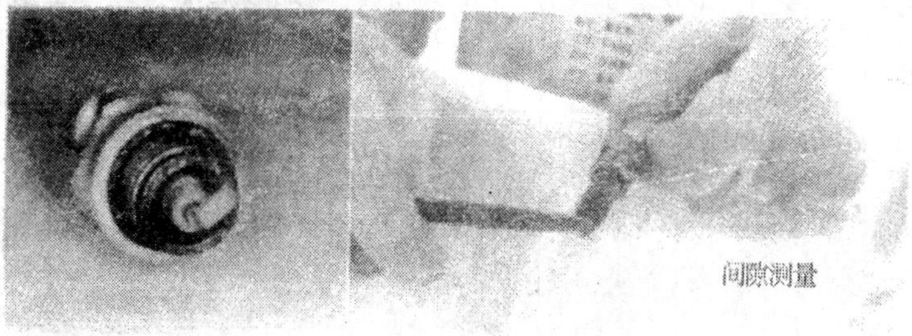 间隙测量

续表

操作内容	图　示
5. 点火线圈供电测量 电压应为 12 V 左右	
6. 点火线圈电阻测量	
7. 曲轴位置传感器波形检测	
8. 霍尔传感器波形检测	

第 5 章 怠 速 控 制

发动机怠速工况是指发动机在对外无功率输出的情况下以最低转速稳定运转的工况。

§5—1 怠速控制系统的组成与控制原理

学习目标

1. **掌握怠速控制系统的组成。**
2. **掌握怠速控制系统的控制原理。**

一、怠速控制系统的组成和作用

1. 怠速控制系统的组成

怠速控制系统主要由各种传感器、信号控制开关、电子控制单元（ECU)、怠速控制阀和节气门旁通空气道等组成，如图 5—1—1 所示。

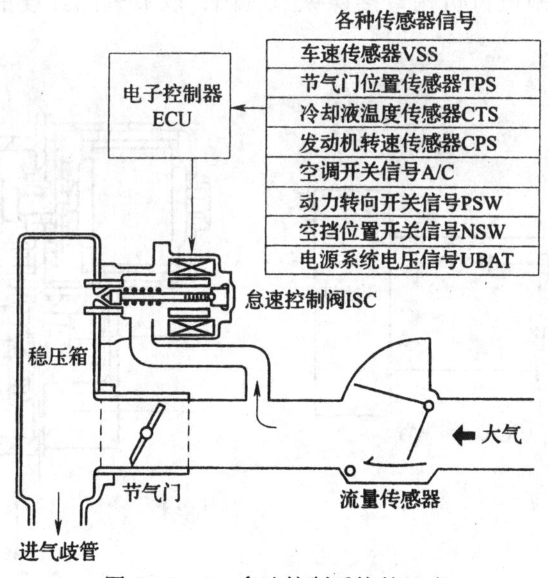

图 5—1—1 怠速控制系统的组成

2. 怠速控制系统各部件的作用

(1) 车速传感器和节气门位置传感器

车速传感器提供车速信号，节气门位置传感器提供怠速触点开闭信号，这两个信号用来判定发动机是否处于怠速状态。

(2) 冷却液温度传感器

冷却液温度信号用于修正怠速转速。在 ECU 内部，存储有不同水温对应的最佳怠速转速，在冷车启动后的暖机过程中，ECU 根据发动机温度信号，通过控制怠速控制阀的开度来控制相应的快怠速转速，并随发动机温度升高逐渐降低怠速转速。当冷却液温度达到正常工作温度时，怠速转速恢复正常怠速转速。

(3) 开关信号

空调开关、动力转向开关、空挡启动开关信号和电源电压等信号用于向 ECU 提供发动机负荷变化的状态信息。在 ECU 内部，存储有不同负荷状况下对应的最佳怠速转速。

(4) 怠速控制阀

怠速控制阀用于调整怠速时旁通空气道截面大小。在汽车正常运行工况下，由驾驶员通过加速踏板控制节气门开度，通过调节进气量来控制发动机的输出功率；而在发动机怠速（空负荷运转）时，加速踏板完全松开，节气门关闭，发动机怠速转速取决于旁通空气道吸入的空气量。

二、怠速控制系统的分类

怠速控制系统按进气量的调节方式分为节气门直动式和旁通空气道式两种。

1. 节气门直动式

电子控制器通过控制执行机构直接操纵节气门，以节气门开度的改变来实现怠速的控制，如图 5—1—2 所示。

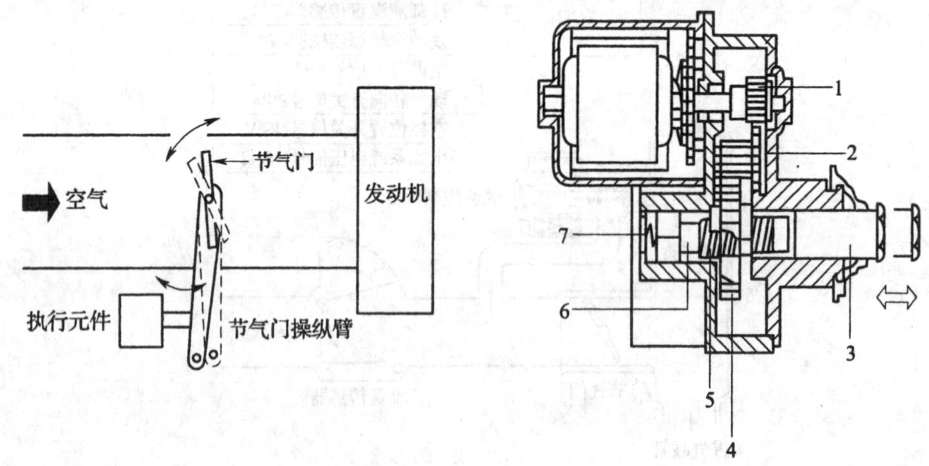

图 5—1—2　节气门直动式

1、2、4—减速齿轮　3—传动轴　5—丝杆　6—防转动六角孔　7—弹簧

2. 旁通空气道式

电子控制器通过怠速控制阀改变怠速辅助空气通道的空气流量来实现怠速的控制（图

5—1—3）。这种控制方式动态响应好，结构简单且尺寸较小，目前较为常见，但这种控制方式现在有被电子节气门取代的趋势。

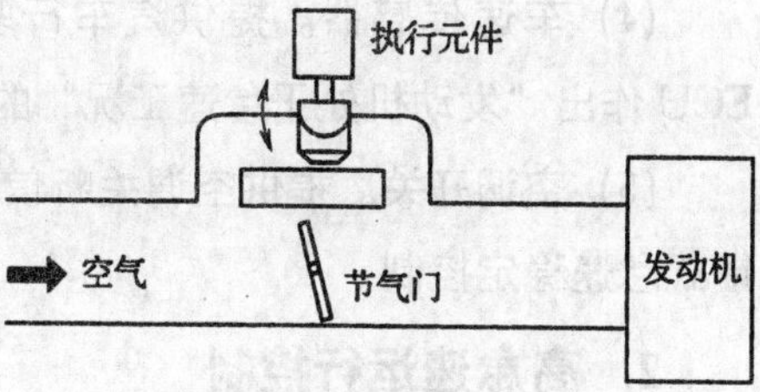

图 5—1—3　旁通空气道式

三、怠速工况的识别

在怠速控制系统中，就怠速控制而言，怠速状态识别非常重要。只有 ECU 确认到怠速工况时，ECU 才进行怠速控制。

当前电喷车有三种怠速状态的识别信号：一是怠速触点信号；二是节气门位置软开关信号；三是加速踏板位置信号。

1. 怠速触点信号

在丰田车系四线插头节气门位置传感器中，其中有一线为 IDL。怠速时，节气门全关，IDL 信号为 0 V（触点闭合搭铁）；节气门打开，IDL 信号为 12 V 或 5 V（触点打开）。大众车系为怠速开关 F60 闭合为怠速，断开为非怠速。

2. 节气门位置软开关信号

三线插头的节气门位置传感器取消怠速触点，怠速工况信号直接由节气门开度信号代替，进口车一般小于 0.6 V，国产车一般小于 0.8 V。节气门开度信号只要小于上述值，发动机控制单元便认为是怠速工况，并控制怠速阀工作；大于规定信号范围，便认为加速工况，不做怠速控制。

3. 加速踏板信号

对于电子节气门车辆用加速踏板位置信号识别怠速。只要司机不踩加速踏板，电脑就默认为怠速状态。

四、怠速控制系统的控制功能

1. 怠速稳定性控制

发动机怠速稳定控制实际上是一种转速反馈控制。在微机存储器中，存储有发动机在不同状态下的最佳稳定怠速参数。当发动机处于怠速工况时，怠速控制系统不断地监测发动机的转速，并与当前发动机状态下的目标转速进行比较，当发动机怠速出现波动，偏离了设定的目标转速时，ECU 输出控制脉冲使怠速控制执行器动作，将发动机的怠速调节在设定的目标转速范围之内。

怠速稳定控制所需的传感器信号有以下几种。

（1）发动机转速传感器。提供发动机在怠速工况下的发动机转速信号。

（2）节气门位置传感器。提供节气门关闭信号，是 ECU 判断发动机是否处于怠速工况的基本信号。

（3）发动机冷却液温度传感器。提供发动机温度信号，ECU 根据此信号选定目标转速。

(4) 车速传感器。提供汽车行驶速度信号，当车速低于 2 km/h，且节气门关闭时，ECU 作出“发动机处于怠速工况”的判断，进入怠速稳定控制程序。

(5) 空调开关。提供空调关断信号，只有在空调不使用时，ECU 才进入发动机转速反馈式怠速稳定控制。

2. 高怠速运行控制

(1) 发动机高怠速控制

在发动机怠速工况时，如果需要发动机以一定的负荷在较高的转速下运转时，ECU 输出控制信号，使怠速控制执行器动作，将发动机的怠速调高至某一值。例如，在使用电器设备的负荷比较大时或蓄电池亏电等情况下，ECU 控制怠速电动机增大怠速进气量，提高发动机怠速转速，以调高发电机的输出功率。

(2) 转速变化预见性高怠速控制

在发动机怠速工况时，为避免发动机驱动的附加装置的阻力矩突然增大而导致发动机怠速下降甚至熄火（如空挡启动开关、空调开关等接通或断开时）。ECU 在接收到附加装置阻力矩增大的有关电信号时就输出控制信号，通过怠速控制执行器预先调大怠速进气量。

怠速控制系统的高怠速运转控制除了利用发动机转速传感器、节气门位置传感器、车速传感器、发动机冷却液温度传感器等得到发动机转速、怠速工况及发动机温度信息外，还用到如下的开关信号。

1）空调开关信号。提供汽车空调是否使用信息。若开关接通，ECU 将作出高怠速运转控制，以使发动机有适当的功率输出，带动空调压缩机正常运转。

2）蓄电池电压。提供蓄电池是否亏电或蓄电池负荷是否很高的信息。若亏电或负荷很高，ECU 将作出高怠速运转控制，以便在怠速工况下使发电机能向蓄电池充电。

3）自动变速器挡位开关。提供自动变速器是否从 N 挡或 P 挡挂上运行挡位（D 挡或 R 挡、3 位、2 位）信息。若挂入相应挡位，ECU 将作出高怠速运转控制，以避免自动变速器油泵因挂上运行挡后阻力增大而引起发动机转速下降。

4）尾灯继电器或后窗降雾继电器等。向怠速控制系统提供电器负荷增大信号，ECU 根据这些用电设备继电器接通信号作出电器负荷增大判断，并进行高怠速控制，以避免发电机负荷增大而引起发动机转速下降。

3. 其他状态下的怠速控制

(1) 启动时怠速控制阀的控制

在发动机启动时，ECU 控制怠速控制阀至开度最大位置，以使发动机启动容易。启动后，ECU 根据发动机转速及温度信号，逐渐减少怠速控制阀的开度。

(2) 活性炭罐电磁阀工作时怠速控制阀的控制

在一些汽车上，怠速控制系统还根据活性炭罐控制阀的开启情况来调整怠速通道的通气量，以避免发动机怠速产生波动。除用于怠速工况判别的节气门位置传感器外，该稳定怠速控制所用到的传感器信号还有以下两个。

1）发动机转速传感器。提供发动机怠速工况下的发动机转速信号。

2）活性炭罐电磁阀。提供活性炭罐电磁阀开启信号，当活性炭罐电磁阀通电时，ECU 控制怠速控制阀的开度以稳定怠速。

4. 怠速偏离修正控制

怠速偏离修正控制即怠速控制系统的学习修正控制。当因发动机部件老化等外部原因使发动机的怠速偏离原设定值时，ECU 除了用反馈控制使怠速转速仍达到目标转速外，并将怠速执行结构的开度参数存储在存储器中，在以后的怠速控制中使用。

技 能 训 练

实训任务　丰田威驰怠速控制系统的控制功能

一、实训准备

1. 工具：常用工具一套、KT600 汽车诊断仪、电路图或维修手册、实训报告。
2. 设备：丰田威驰发动机实训台架 2～4 台或丰田威驰轿车整车 2～4 辆。

二、实训要求

1. 进一步了解怠速控制系统的结构与工作原理。
2. 掌握怠速控制系统的控制功能。

三、实训步骤

1. 启动控制

实车操作观察启动工况：点火开关打到启动挡，怠速控制机构在怠速范围的最大开度，启动后的最大进气量使转速很高。

2. 启动后控制

在发动机启动后，若怠速控制机构仍保持在全开状态，怠速转速会升得过高。所以在启动期间或启动后，发动机转速达到规定值（此值由冷却液温度确定）时，电脑开始控制怠速控制机构，将阀门关小到由冷却液温确定的阀门开度。

实车操作观察启动后控制：假设启动转速最高升至 1 800 r/min，启动后发动机立即由 1 800 r/min降到当时水温决定的冷车高怠速转速开始点，这里假设为 1 600 r/min。

3. 暖机过程控制

在暖机时，随着水温升高，发动机自身的运转阻力变小，根据冷却液温所确定的位置，怠速控制机构开始逐渐关闭。当冷却液温度达到正常温度时（不同车系的研发人员规定的这个值不同，丰田车系认为水温到70℃后，大众车系认为水温到80℃后），暖机控制结束。

实车操作观察：发动机转速由1 600 r/min逐渐下降至正常怠速转速。

4. 怠速反馈控制

在怠速运转时，如果发动机的实际转速与电脑存储器存储的目标转速相差超过一定值时，电脑将通过控制怠速控制机构，增减怠速空气量，使发动机的实际转速与目标转速相同。

实车操作观察：随着水温慢慢升高发动机转速下降至正常温度70℃时的转速，由暖机过程控制转入目标转速反馈控制（热车目标转速750～850 r/min）。到达目标转速后的怠速控制机构不再根据水温变化继续关小怠速控制机构，而是在此怠速控制机构位置上微调。微调的方向根据发动机转速偏离目标转速情况而定。

怠速波动允许的上下偏差较小，当发动机转速发生很小的波动时怠速控制机构就进行控制，所以观察者在发动机转速表上几乎看不到转速变化，但在检测仪的数据流中可以注意到发动机转速的变化情况。

5. 负荷变化的控制

发动机在怠速运转时，如变速器挂挡和摘挡、空调电磁离合器的接通或断开、转动方向盘是都将使发动机的负荷立刻发生变化。为了避免发动机怠速时转速波动或熄火，在发动机转速出现变化前，电脑控制怠速控制机构开大或关小一个固定距离。

同时，在开大灯、启动冷却风扇和鼓风机等用电器时，由于用电负载增大，蓄电池端电压会降低。为了保证电脑供电端子和点火开关供电端子具有正常的供电电压，需要控制怠速控制机构，相应地增加空气量，提高发动机怠速转速，提高发电机的输出功率。

实车操作观察：在怠速时对上述工况逐一测试时，观察数据流中发动机转速或电瓶电压读数会下降，同时发动机伴随点火提前角增大以及怠速进气量增加。

6. 减速控制

节气门被打开时，发动机的动力所需要的进气量全由节气门主气道提供，怠速旁通气道此时已无关紧要。但是为了防止松开加速踏板时熄火，电喷发动机在设计时已经考虑到应该在加速工况下开大怠速旁通气道，防止发生减速不稳而熄火的现象。怠速控制机构的旁通气道的打开量值比正常怠速时的开度还要大些。

实车操作观察：在数据流中观察，在加速的非怠速工况时，怠速控制机构的开度比怠速稳定时稍增大，但怠速控制机构的开度和启动位置及启动后位置相比要小。

§5—2　怠速控制执行机构

学习目标

1. 掌握旁通空气道式怠速控制阀的分类及结构。
2. 掌握旁通空气道式怠速控制阀的工作原理。
3. 掌握节气门直动式怠速控制原理。
4. 能进行怠速控制阀的检测。
5. 能进行节气门的匹配。

一、旁通空气道式怠速控制执行机构的分类

旁通空气道式怠速控制执行机构的种类较多，一般可按结构分为双金属片式、石蜡式、电磁阀式、旋转电磁阀式和步进电动机式五种。这些执行机构的结构不同，功能与控制方式也不同。各种旁通空气道式怠速执行机构的比较见表 5—2—1。

表 5—2—1　　各种旁通空气道式怠速执行机构的比较

类型		控制方式	功能	说明
石蜡式		机械式	只提供低温时的附加空气量用于暖机控制	石蜡的热胀冷缩决定附加空气量的大小
双金属片式		机械式	只提供低温时的附加空气量用于暖机控制	双金属片随温度的变形决定附加空气量的大小
电磁阀式	开关电磁阀式	机械式或电子式	只提供低温时的附加空气量用于暖机控制	附加空气量只有开、关两种状态
	比例电磁阀式	电子式	能提供全部怠速空气量，并具备所有功能	ECU 用 PWM 信号控制空气量大小
旋转电磁阀式		电子式	能提供全部怠速空气量，并具备所有功能	ECU 用 PWM 信号控制空气量大小
步进电动机式		电子式	能提供全部怠速空气量，并具备所有功能	ECU 通过控制旋转步数来控制空气量的大小

1. 石蜡式辅助空气阀

石蜡式辅助空气阀根据发动机的冷却液温度，由阀门改变空气旁通气道流通截面积的大小，从而控制补充空气量的多少。驱动阀门所需的力来自感温体中石蜡的热胀冷缩，而石蜡的热胀冷缩由感温器周围冷却液的温度决定。

(1) 结构

石蜡式辅助空气阀的结构如图 5—2—1 所示，主要由石蜡感温体、阀门、内外弹簧、冷却液通道、空气通道等组成。感温体浸于冷却液中，感温体内充满石蜡，石蜡体积随水温的升降而膨胀和收缩。为了简化结构，大多数感温体采用与节气门作成一体的形式共用同一冷却液路。

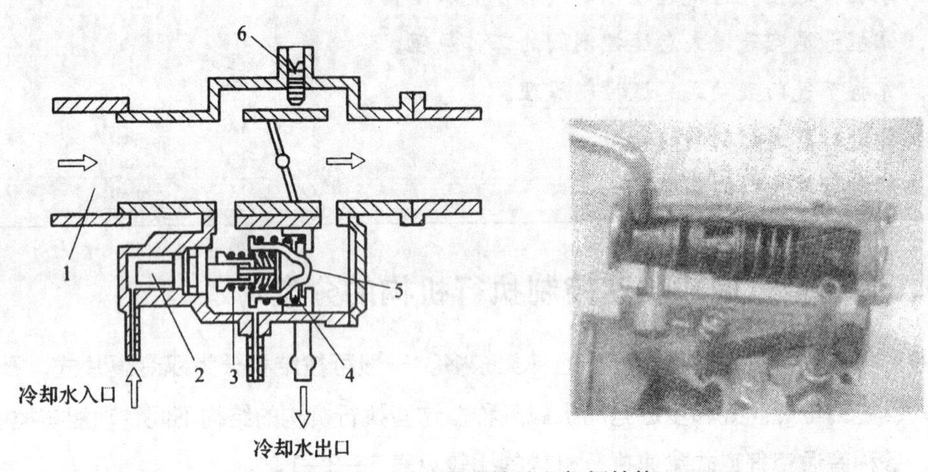

图 5—2—1　石蜡式辅助空气阀结构

1—冷却液腔　2—石蜡感温器　3—内弹簧　4—外弹簧　5—控制阀　6—怠速调整螺钉

(2) 工作原理

当发动机冷却液温度较低的时候，感温体内的石蜡凝固、体积收缩，阀门打开，内弹簧被压缩，当内外弹簧的力相平衡时，阀门稳定在某一开度。当冷却液温度逐渐升高时，感温体内的石蜡熔化、体积膨胀，膨胀产生的推力大于外弹簧的弹力，阀门向右边逐渐关闭，空气量也逐渐减小，发动机由快怠速逐渐降低到正常怠速；当冷却液温度大于 80℃时辅助空气阀完全关闭。

2. 双金属片式辅助空气阀

双金属片式辅助空气阀是在发动机低温启动时及而后的暖机过程中，对进气量进行补充的另一种快怠速机构，与石蜡式辅助空气阀功能相同。

(1) 结构

双金属片式辅助空气阀的结构如图 5—2—2 所示，主要由绕有加热线圈的双金属片、辅助空气道和阀片等组成。空气阀截面积的大小由双金属片操纵的阀门控制，而双金属片的动作（即变形）则由加热线圈通电时间和发动机的水温或发动机附近气温决定。

(2) 工作原理

当发动机水温较低时，发动机附近的气温也较低，阀门处于较大的开启状态，此时节气门虽然关闭，但从空气旁通阀流入额外的空气使吸入气缸的空气量增多，怠速变高成为高怠速的状态。发动机启动后，电流经点火开关流过双金属片上的加热线圈，双金属片受热弯曲，逐渐将阀门关闭，在此过程中流经辅助空气阀的空气量也逐渐减少，发动机转速逐渐降低。

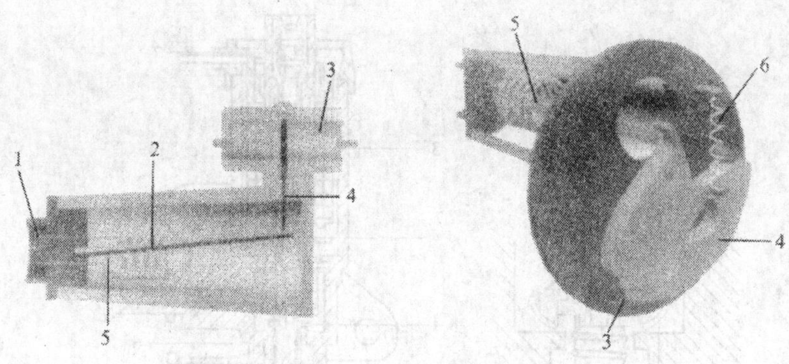

图5—2—2　双金属片式辅助空气阀结构

1—电线接头　2—电热丝　3—辅助空气道　4—阀片

5—双金属片　6—弹簧

当加热线圈通电达到一定时间或发动机水温达到一定温度，辅助空气阀的阀门完全关闭，怠速所需空气经怠速调节螺钉的旁通气道供给，发动机稳定在正常怠速转速运行。

3. 开关电磁阀式怠速控制阀

电磁线圈只有通电和断电两种状态，怠速控制阀也只有开、关两种状态，如图5—2—3所示。怠速控制阀打开时发动机的怠速只能提高100 r/min左右。

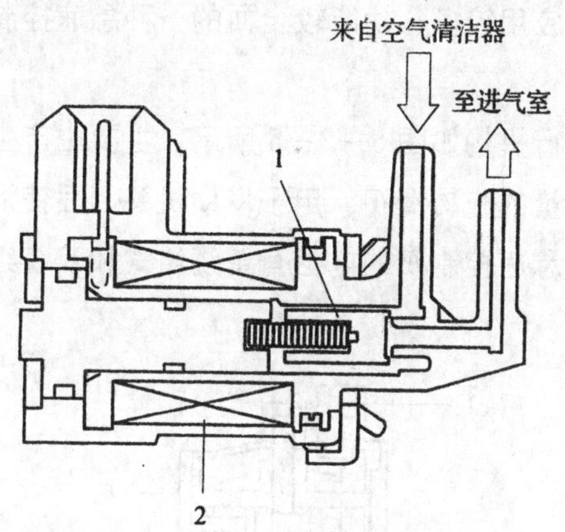

图5—2—3　开关电磁阀式怠速控制阀

1—阀门　2—电磁线圈

4. 比例电磁阀式怠速控制执行机构

(1) 结构

比例电磁阀式怠速执行机构如图5—2—4所示，主要由电磁线圈、阀轴和阀等组成。

(2) 工作原理

阀门的开度由ECU采用PWM信号（占空比）控制电磁线圈的平均电流的大小来实现阀门开度的控制。当ECU加大PWM信号的脉宽（占空比）时，磁化线圈中平均电流越大，磁场强度越大，阀轴上移而阀门开度越大，旁通道开度越大，从而导致旁通空气量的加大与怠速的提高。当PWM信号脉宽减小时，旁通空气量减少而怠速下降。

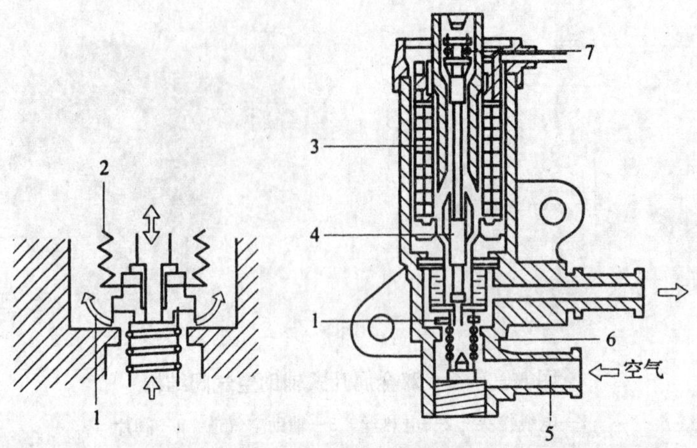

图 5—2—4　比例电磁阀式怠速控制执行机构

1—阀　2—波纹管　3—电磁线圈　4—阀轴　5—吸入口　6—壳体　7—弹簧

图 5—2—4 中波纹管的作用是为了消除阀门上下两侧压差对开启位置的影响，便于 ECU 计算决定 PWM 信号，同时也减小了阀上的作用力。

5. 旋转滑阀式怠速控制执行机构

旋转滑阀式怠速控制执行机构与用 PWM 信号控制的比例电磁阀式怠速控制执行机构一样，均为目前电控发动机上应用较多、功能较全面的一种怠速控制执行机构，但其结构与工作原理则与之有明显区别。

旋转滑阀式怠速控制执行机构如图 5—2—5 所示，主要由产生永磁场的永久磁铁、与电枢轴一起转动控制旁通进气量的旋转滑阀、用于发动机关闭后使滑阀完全打开的复位弹簧以及电枢等组成。旋转滑阀式怠速控制阀的电枢有单绕组式和双绕组式两种。其中，单绕组式为新型，双绕组式为旧型。

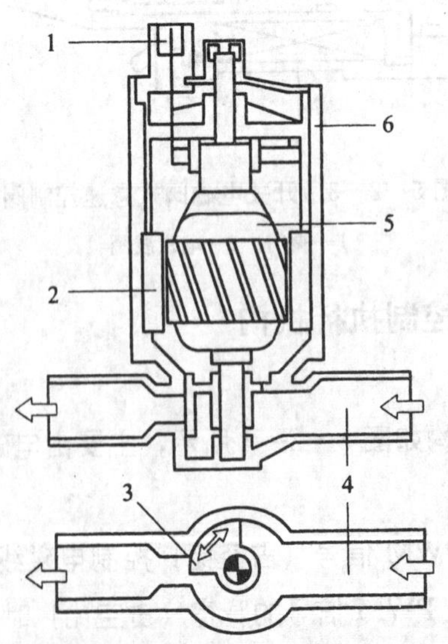

图 5—2—5　旋转滑阀式怠速控制执行机构

1—连接器插座　2—永久磁铁　3—旋转滑阀　4—空气旁通道　5—电枢　6—外壳

(1) 单绕组式怠速控制阀

1）结构。单绕组式的怠速控制阀结构比较简单，事实上就是单向直流电动机（接头是两根线，容易和电磁阀弄混），电枢只能做单向驱动，电枢的前端安装有控制阀门，ECU 采用占空比的方式控制电枢线圈的平均电流来控制电磁力的大小，当电磁力与复位弹簧力平衡时，滑阀位置就确定了。单绕组式怠速控制阀断电后由复位弹簧把滑阀拉到全开位置。

丰田新型单绕组式怠速控制阀实物如图 5—2—6 所示，原理如图 5—2—7 所示，与本田一样采用 3 根线控制式。主要由电磁线圈、IC（集成电路）、永久磁铁和转阀等组成，其中转阀的一端通空气滤清器，另一端通节气门后方。阀门的开度由 IC（集成电路）通过控制电磁线圈电流的方向改变转阀的转角，即可以改变空气通道的大小。

图 5—2—6　丰田新型单绕组式怠速控制阀实物

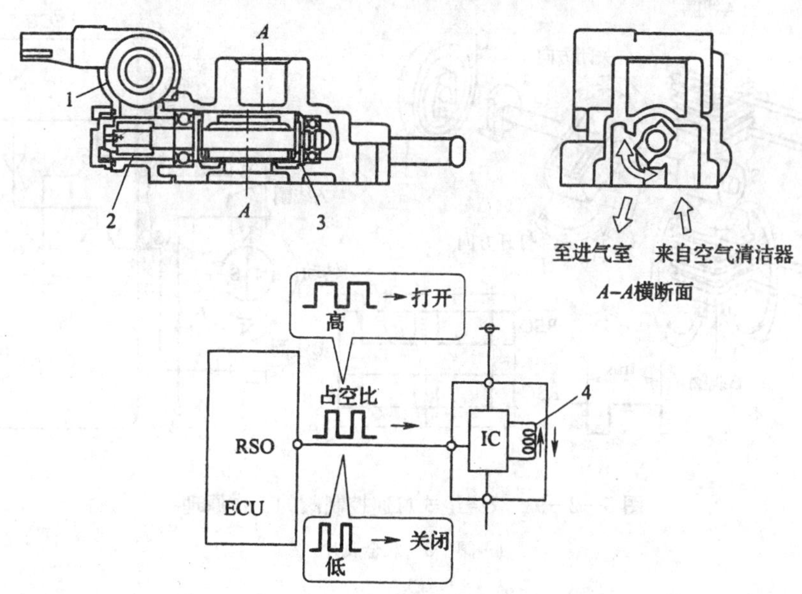

图 5—2—7　丰田新型单绕组式怠速控制阀结构原理

1、4—线圈　2—永久磁铁　3—阀门

2）工作原理。当发动机工作时，ECU 向 IC（集成电路）发送一定频率的方波信号，再由 IC 控制电磁线圈的工作电流方向，ECU 只要改变方波信号的占空比，即可改变转阀的开度。

(2) 双绕组式怠速控制阀

1）结构。双绕组式怠速控制阀的结构如图 5—2—8 所示，主要由两个电磁线圈、永久磁铁、双金属片和转阀等组成。

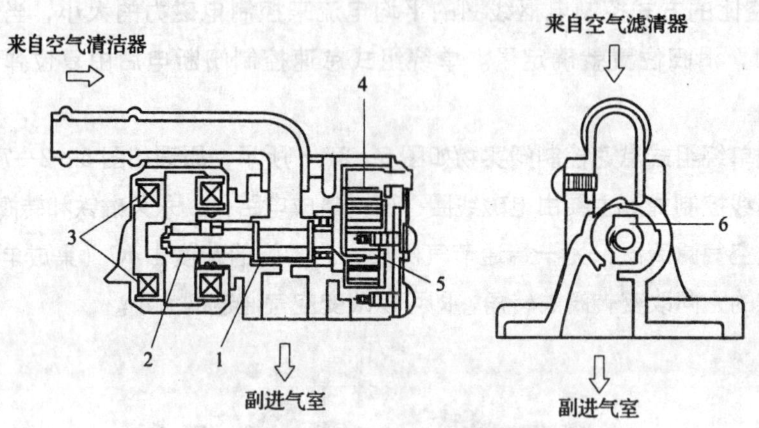

图 5—2—8 双绕组式怠速控制阀结构

1—阀门 2—永久磁铁 3—电磁线圈 4—双金属片 5—保护装置 6—转阀

2）工作原理。如图 5—2—9 所示，阀门安装在阀轴的中部，阀轴的一端安装有圆柱形永久磁铁，阀轴的另一端装有双金属片。

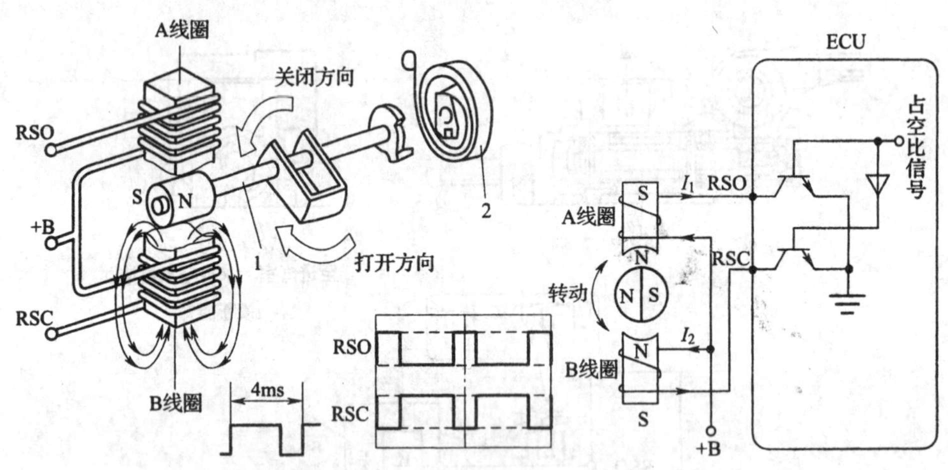

图 5—2—9 双绕组式怠速控制阀的工作原理

1—阀 2—双金属片

永久磁铁对应的圆周位置上安装有两个绕向相反的电磁线圈（线圈 A、B），通电后两线圈所产生的磁场同极相对，共同对转轴上的永久磁铁产生作用力，因此电枢可以做双向驱动。线圈 A 的磁场使转阀开度增大，线圈 B 的磁场使转阀开度减小。当两个磁场强度相同时，转阀处于中间位置。

双绕组式怠速控制阀的控制电路如图 5—2—10 所示，两个线圈由电源电路同时供电，并分别由ECU内的两个三极管控制，其中一个三极管的基极电路设有反向器。发动机ECU通过控制两个线圈通电的占空比来控制其工作电流，但两个占空比信号的频率相同、方向相反，因而占空比互补。例如，线圈A的占空比为60%时，线圈B的占空比则为40%，这样，线圈A的工作电流就大于线圈B的工作电流，因而转阀的开度增大，发动机的怠速随之升高。

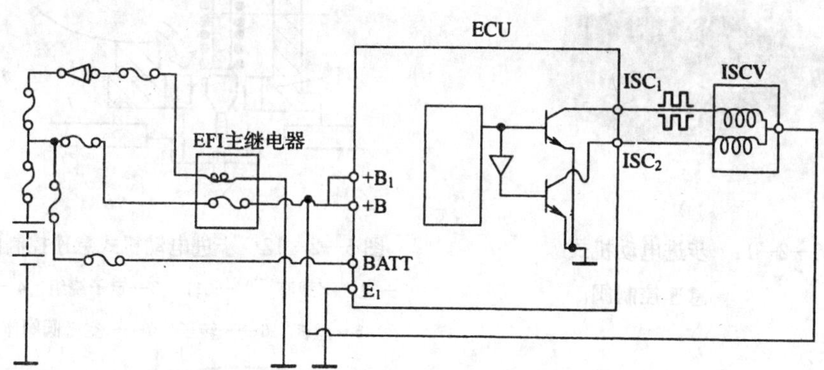

图5—2—10　双绕组式怠速控制阀的控制电路

6. 步进电动机式怠速控制阀

步进电动机式怠速控制阀是目前应用最多的一种怠速控制装置，如图5—2—11所示。发动机怠速运转时，ECU根据各种传感器信号控制步进电动机顺时针或逆时针方向转动转子，使控制阀移进或移出，增加或减小控制阀与阀座之间的间隙，以调节允许通过的空气量。

(1) 步进电动机的分类

步进电动机按插头线数不同分四线式步进电动机和六线式步进电动机。

1) 四线式步进电动机由两组线圈组成。

2) 六线式步进电动机由四组线圈组成，通过控制各线圈的顺序，来完成步进电动机的旋转。

(2) 六线式步进电动机

1) 结构。步进电动机式怠速控制阀如图5—2—12所示，主要由永久磁铁构成的转子、线圈构成的定子和将旋转运动变成直线运动的进给丝杠和阀等部分组成。发动机ECU对步进电动机进行直接控制，使转子即可顺时针也可逆时针旋转，从而使阀芯轴向移动，改变阀与阀座之间的间隙以达到调节旁通空气道的空气量。

①转子。步进电动机的内部结构如图5—2—13所示，转子由永久磁铁构成，N极和S极在圆周上相间排列，共有8对磁极（极数视发动机而异）。

②定子。定子由A、B两个定子组成，其内绕有A、B两组线圈，线圈由导磁材料制成的爪极包围。每个定子各有8对爪极，每对爪极N极和S极相差一个爪的差位，A、B两定子的爪极相错开一个爪的距离组成一体安装在外壳上，如图5—2—14所示。

图 5—2—11 步进电动机式怠速控制阀

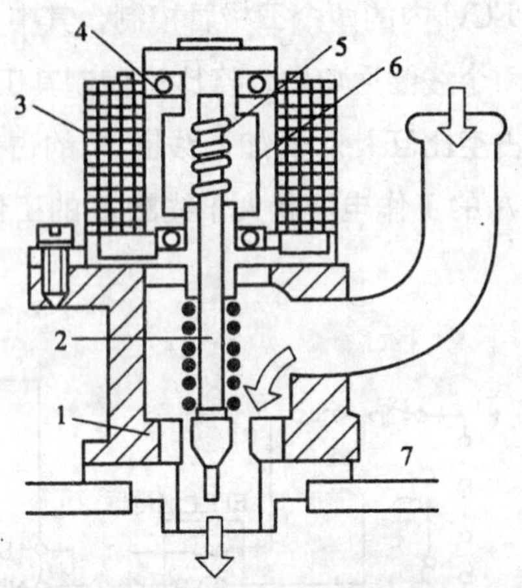

图 5—2—12 步进电动机式怠速控制阀

1—空气阀阀座 2—阀杆 3—定子绕组 4—轴承 5—丝杆 6——转子 7——空气阀阀体

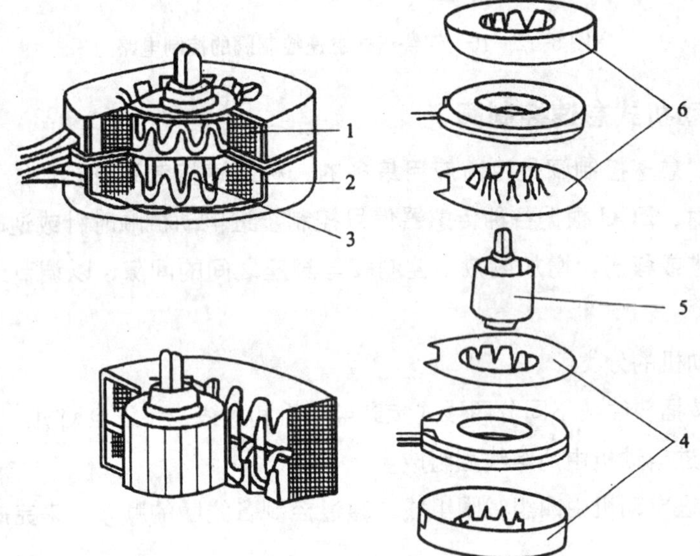

图 5—2—13 步进电动机的内部结构

1—线圈 A 2—线圈 B 3—爪极 4—定子 B 5—转子 6—定子 A

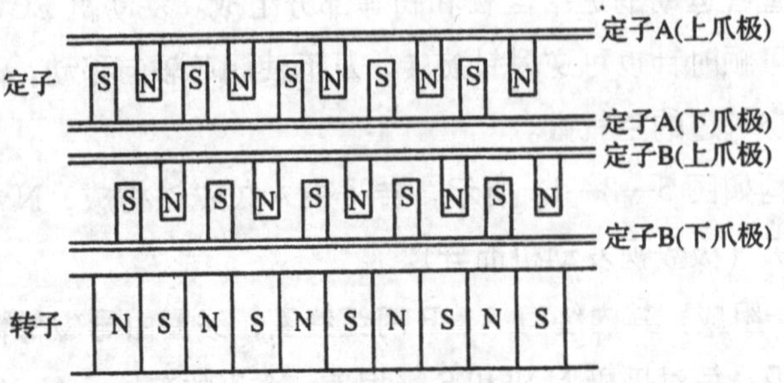

图 5—2—14 定子爪极布置

2）工作原理。ECU通过控制定子相线绕组的电压脉冲，交替变换定子爪极极性，使步进电动机转子产生步进式转动。如图5—2—15所示为相线绕组的控制电路，A、B两定子绕组分别由1、3相绕组和2、4相绕组构成，由ECU内晶体三极管控制各相绕组的搭铁。相线控制脉冲如图5—2—16所示。欲使步进电动机正转时，相线控制脉冲按1—2—3—4相顺序依次迟后90°相位角，定子上N极向右方向移动，转子随之正转，如图5—2—17所示；反之，欲使步进电动机反转时，相线控制脉冲按4—3—2—1相顺序依次迟后90°相位角，定子上N极向左方向移动，转子随之反转。

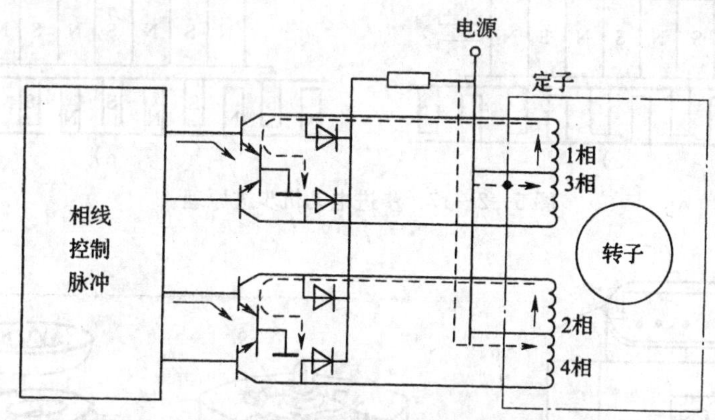

图5—2—15 步进电动机相线绕组的控制电路

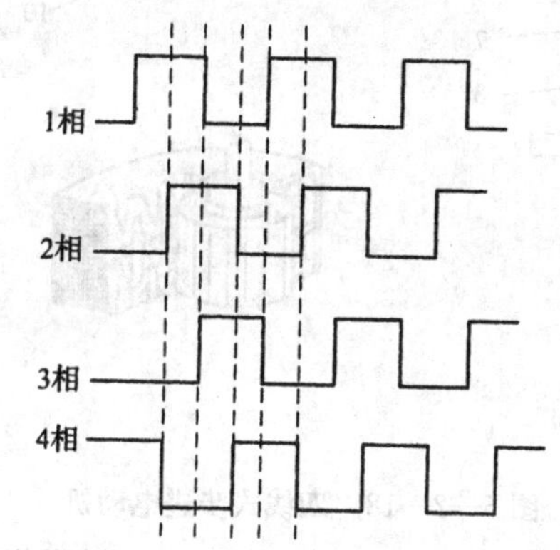

图5—2—16 步进电动机相线控制脉冲

(3) 四线式步进电动机

1）结构。四线式步进电动机的结构如图5—2—18所示，与六线式步进电动机基本相同，主要有控制阀门、壳体、后轴承、密封圈、丝杠机构、线束连接器、定子、转子和爪极等组成。

2）工作原理。四线式步进电动机工作原理如图5—2—19所示，虽然四线式步进电动机的定子只有两组线圈，但ECU可通过控制每个线圈内的电流流向来实现六线式步进电动机中四个线圈的功能，图5—2—19中的箭头表示电流的方向，数字用来表示不同的通电顺序。即当A为正极D负极时为“1”绕组，B为正极C负极时为“2”绕组，D为正极A负极时为“3”绕组，C为正极B负极时为“4”绕组。

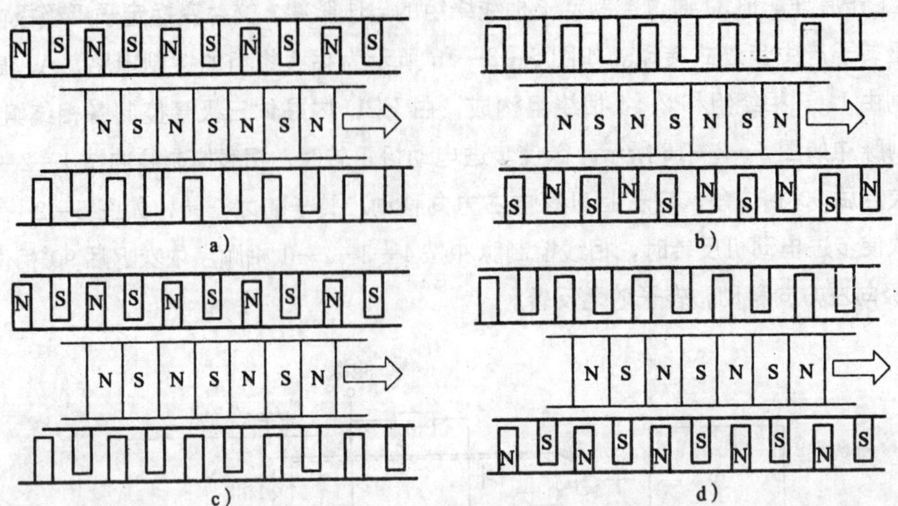

图 5—2—17 步进电动机步进原理

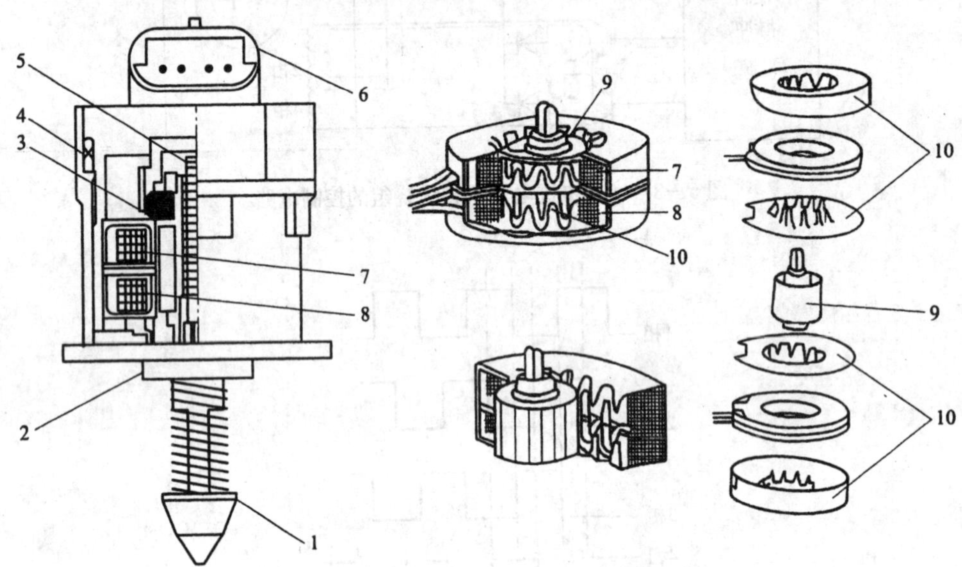

图 5—2—18 四线式步进电动机

1—控制阀门 2—壳体 3—后轴承 4—密封圈 5—丝杠机构. 6—线束连接器
7、8—定子 9—转子 10—爪极

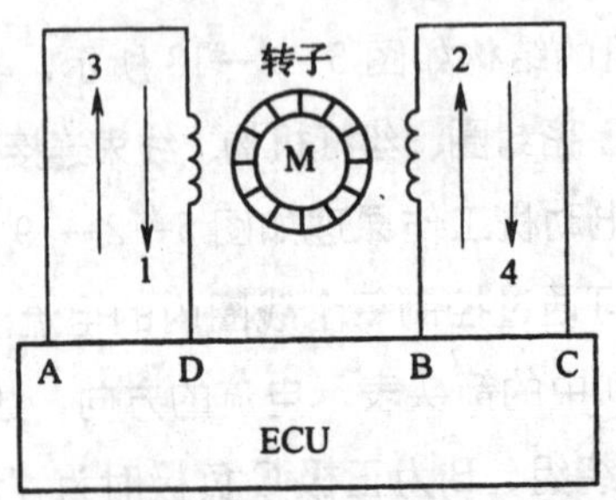

图 5—2—19 四线式步进电动机工作原理

若要使电动机顺时针转动，必须按如图 5—2—20a 所示顺序控制各绕组工作，即按 1—2—3—4 的顺序控制。若要使电动机逆时针转动，必须按如图 5—2—20c 所示顺序控制各绕组工作，即按 1—4—3—2 的顺序控制。如果按图 5—2—20b 的通电顺序，即 1—3—2—4 进行控制时，由于第 1 步 “1” 和第 2 步 “3” 都是对同一个线圈通电，即转子刚顺转一步，接着原线圈磁力反转，转子又逆转一步回来，形成电动机转子总是来回摆动，转子轴将不伸缩。

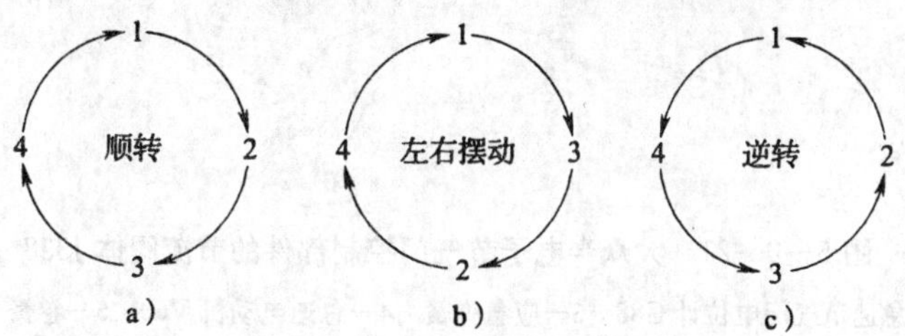

图 5—2—20　四线步进电动机不同通电顺序时的旋转情况

二、节气门直动式怠速控制系统

节气门直动式取消了旁通气道，发动机各种工况的进气量完全从主气道通过。

节气门直动式又分为两种类型：带节气门拉索的节气门直动式怠速控制机构，“怠速电动机”仅控制怠速的空气流量，也称为半电子节气门；“节气门全程电动机”控制所有工况的空气流量，也称为电子节气门。

1. 大众半电子节气门怠速控制执行机构

怠速控制装置是通过节气门体控制部件中的怠速稳定控制器，直接控制节气门的开启来实现怠速稳定控制的。它没有怠速空气旁通道。怠速稳定控制器是由一个直流电动机通过齿轮传动控制节气门开启。如图 5—2—21 所示为大众半电子节气门控制部件的节流阀体 J338。

节流阀体 J338 是一个电动机系统组件，如图 5—2—21 所示。它由怠速直流电动机 V60、怠速节气门电位计 G88、节气门电位计 G69、怠速开关 F60、应急弹簧和卷簧等组成。其中应急弹簧是阻止 V60 关小节气门，卷簧是阻止拉索开大节气门。

(1) 节气门电位计 G69

节气门电位计与节气门轴连接。它的阻值变化反映了节气门在全部开度范围的位置，此信号作为主要的负荷辅助信号，直接影响发动机喷油量和点火角，还根据节气门位置信号的变化率来识别加减速工况。

(2) 怠速节气门电位计 G88

怠速节气门电位计与怠速直流电动机连在一起，向控制单元提供节气门的当前位置及怠速范围内怠速电动机的位置。当节气门开度超出怠速调节范围极限时，怠速节气门电位计将不再起作用。

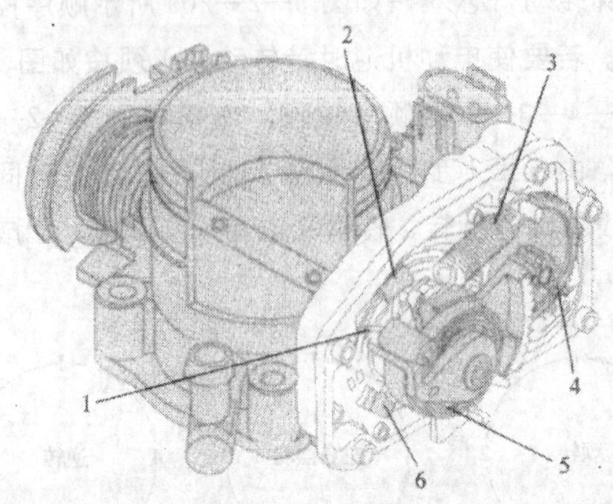

图 5—2—21 大众半电子节气门控制部件的节流阀体 J338

1—怠速开关 F60 2—怠速节气门电位计 G88 3—应急弹簧 4—怠速电动机 V60 5—卷簧 6—节气门电位计 G69

(3) 怠速开关 F60

怠速开关在整个怠速调节范围内闭合，ECU 通过怠速开关的闭合信号来识别怠速工况。

(4) 怠速调节电动机 V60

它是一个直流电动机，能在怠速调节范围内通过齿轮驱动来操纵节气门开度。ECU 不断地采集转速传感器送来的转速信号并与理论怠速转速 840 r/min 进行比较，如果存在大于 50 r/min的偏差，ECU 将根据节气门电位计当前的位置信息，在怠速范围内通过控制怠速直流电动机来调节节气门开度，实现对怠速进气量的调节，以控制发动机怠速转速。

2. 电子节气门怠速控制执行机构

如图 5—2—22 所示为大众汽车电子节气门。大众汽车电子节气门和半电子节气门的区别是识别怠速的方法不同、电动机的控制范围也不同。电子节气门通过“加速踏板位置传感器”怠速软开关识别怠速，并不是“节气门位置传感器”上的物理怠速开关或节气门位置传感器信号用软开关识别怠速。

工作原理：电子节气门的电动机控制范围决定于加速踏板位置的怠速软开关，即司机不踩加速踏板时，电动机控制节气门在应急开度（即电子节气门生效后，维持发动机运转的开度）以下控制怠速；当踩下加速踏板时，电动机控制节气门在应急开度以上工作。

如图 5—2—23 所示，怠速时，发动机控制单元通过加速踏板位置传感器的电压信号可以识别出加速踏板没有被踏下，此时应执行怠速控制过程。发动机控制单元激活节气门控制器，并通过伺服电动机控制节气门的位置。节气门依据实际怠速转速与理论怠速转速偏差的大小适当打开或关闭某一角度。节气门驱动器的两个角度传感器将节气门的当前位置信号传送给发动机控制单元，对节气门位置进行反馈控制。

图 5—2—22 大众汽车电子节气门

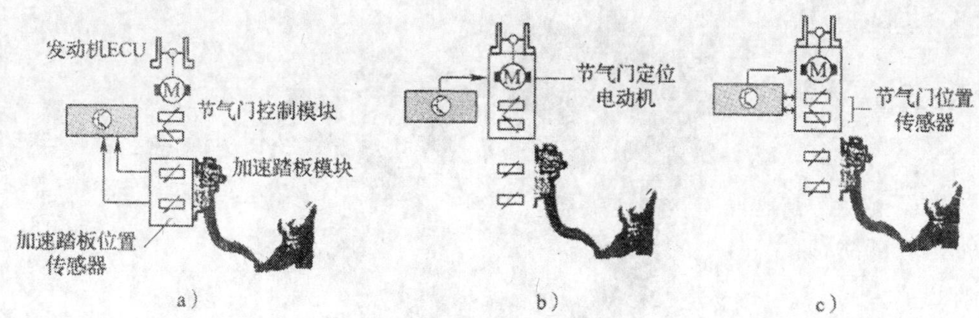

图 5—2—23 怠速时电子节气门控制系统控制过程

a）怠速控制过程开始 b）节气门开启与关闭 c）节气门位置传感器信号传输给发动机 ECU

技 能 训 练

实训任务一 桑塔纳 2000 时代超人怠速执行机构检查

一、实训准备

1. 工具：常用工具一套、万用表、X431 汽车诊断仪、电路图或维修手册、实训报告。

2. 设备：桑塔纳 2000 时代超人发动机实训台架一台或桑塔纳 2000 时代超人轿车整车一辆。

二、实训要求

1. 认识怠速执行机构的结构、位置和电路图。

2. 掌握怠速执行机构的检查方法。

三、实训步骤

桑塔纳 2000 时代超人怠速执行机构如图 5—2—24 所示，采用大众半电子节气门控制部件，电路图如图 5—2—25 所示。

1. 检查发动机怠速数据流

(1) 检查条件

1) 冷却液温度大于 80℃。

2) 测试时冷却风扇不能转。

3) 空调关闭。

4) 其他用电设备关闭。

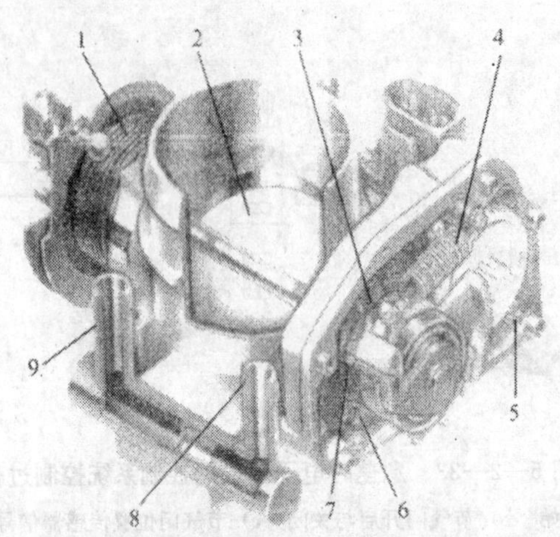

图 5—2—24　桑塔纳 2000 时代超人怠速执行机构

1—扭簧　2—节气门　3—怠速位置传感器　4—复位弹簧　5—节气门怠速控制电动机
6—节气门位置传感器　7—怠速触点开关　8、9—水管

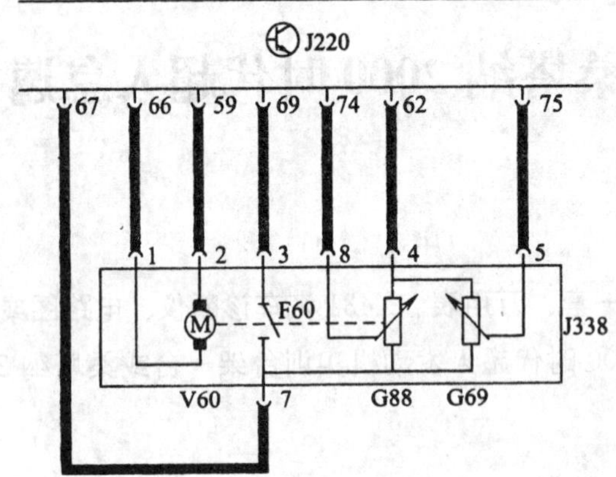

图 5—2—25　桑塔纳 2000 时代超人怠速执行机构电路

5）油门拉索调节正常。

6）发动机怠速运作。

（2）连接 X431 故障诊断仪，进入“发动机诊断系统”后再进入 08 功能“读测量数据流”显示组 03，在该显示组中包括 4 个显示区域，见表 5—2—2。

表 5—2—2　　　　数据流 03 组数据及其说明

输入组号	显示区域	定义	各显示值说明
03	A	发动机转速	正常怠速值为（800±30）r/min 若怠速超出规定，检查怠速
	B	电瓶电压	正常值为 10.0～14.5 V 若电压值超出规定值，检查电脑的供给电压
	C	冷却液温度	正常值为 80～105℃ 若小于 80℃，可能发动机未达到温度或检查温度传感器
	D	进气温度	若读值在 19.5℃不变化，可能进气温度传感器信号有故障

其中，当区域B电瓶电压在10.0～14.5 V，区域C冷却液温度应大于80℃时，区域A发动机怠速应为（800±30）r/min。

（3）若怠速转速不在标准范围内，则进入08功能“读测量数据流”显示组20，见表5—2—3。

表5—2—3　　数据流20组数据及其说明

输入组号	显示区域	定义	各显示值说明
20	A	发动机转速	正常怠速值为（800±30）r/min 若怠速超出规定，检查怠速
	B	变速器变速杆位置	若是手动变速器，该数据流为0
	C	空调开关	A/C Low（空调关闭） A/C High（空调打开）
	D	空调压缩机	压缩机关闭或压缩机打开

如果A/C开关是打开的，压缩机在工作，应把A/C开关关闭，鼓风机关闭，压缩机不工作。再检查此时发动机怠速转速是否正常。

（4）如果怠速转速仍然超出范围，则进入08功能“读测量数据流”显示组04，见表5—2—4。

表5—2—4　　数据流04组数据及其说明

输入组号	显示区域	定义	各显示值说明
04	A	节气门角度	怠速时正常值为0～5° 若大于5°可能是节气门控制部件J338没有基本设定、油门拉线过紧，需调整或节气门控制部件损坏
	B	怠速空气质量测量值（空挡位置）	正常值为－1.70～＋1.70 g/s 若小于－1.70 g/s，节气门有泄漏 若大于＋1.70 g/s，进气系统有泄漏
	C	怠速空气质量测量值（D挡位置）	0.00 g/s（由于该车现只装手动变速器，故此读值为0.00不变）
	D	工作状态（怠速，部分负荷，全负荷，加速，减速）	在发动机怠速时，应显示怠速，否则应检查怠速开关

应检查该组数据区域D显示是否为怠速工况，如果没有显示怠速，应检查怠速开关触点是否脏或线路开路。如正常，应检测该组数据区域A节气门角度是否为0～5°；没有达到标准值，应检查节气门控制部件与发动机控制单元的匹配。

（5）如果数据正常怠速转速仍然超出范围，则进入08功能“读测量数据流”显示组05，见表5—2—5。

表 5—2—5 数据流 05 组数据及其说明

输入组号	显示区域	定义	各显示值说明
05	A	怠速转速 （测量值）	正常怠速值为（800±30）r/min 若怠速超出规定，检查怠速
	B	怠速转速 （规定值）	正常值为 800 r/min，应保持不变
	C	怠速控制值	正常值为－10%～＋10%
	D	进入空气质量	怠速时正常值为 2.0～4.0 g/s 若小于 2.0 g/s 可能是进气系统有泄漏 若大于 4.0 g/s 可能是发动机负荷过大

应检查该组数据区域 C 怠速控制是否在正常范围：－10%～＋10%，区域 D 进入空气质量是否在 2.0～4.0 g/s。

2. 节气门控制部件检测

桑塔纳时代超人节气门控制部件位于节气门拉索轮的对面。节气门电位计、怠速开关、节气门定位电位计和紧急弹簧全部安装在节气门控制组件壳体内。这个壳体不必打开，全部调整由诊断仪基本设定功能来完成。节气门控制部件控制电路如图 5—2—25 所示。

(1) 节气门电位计的检测

节气门电位计也就是节气门位置传感器，当节气门电位计出现故障时，发动机 ECU 就用发动机转速和空气流量计的信号值计算替代。

1）测量节气门电位计的供电电压。拔下节气门控制部件的插头，用数字式万用表测量插头上 4 和 7 端子之间的电压值。打开点火开关，此电压值应接近 5 V（发动机 ECU 提供）。

2）测量节气门电位计导线的导通情况。用数字式万用表测量插头上的 4、5 和 7 端子分别至 ECU 线束插座端子 62、75 和 67 之间的电阻值（端子 4、5 和 7 分别对应 ECU 插座上的端子 62、75 和 67），测得电阻值应小于 1 Ω。

3）测量节气门电位计的信号电压。插上节气门控制部件的插头，用数字式万用表测量插头上 5 和 7 端子之间的电压值，打开点火开关，使节气门开度变化，此电压值应在 0.5～4.9 V 之间变化。

(2) 怠速节气门电位计的检测

1）测量节气门定位电位计的供电电压。拔下节气门控制部件的插头，用数字式万用表测量插头上 4 和 7 端子之间的电压值，打开点火开关，此电压值应接近 5 V。

2）测量节气门定位电位计导线的导通情况。用数字万用表测量插头上的 4、8 和 7 端子分别至 ECU 线束插座端子 62、74 和 67 之间的电阻值，测得的电阻值应小于 1 Ω。

3）测量节气门定位电位计的信号电压。插上节气门控制部件的插头，用数字式万用表测量插头上 8 和 7 端子之间的电压值，打开点火开关，使节气门开度变化，此电压值应在 0.5～4.9 V 之间变化。

(3) 怠速开关的检测

当怠速开关出现故障时，ECU 将比较节气门电位计和怠速节气门电位计的值，根据两者的相位关系判别节气门的怠速位置。

1) 测量怠速开度的供电电压。拔下节气门控制部件的插头，用数字式万用表测量 3 号端子与 7 号端子的电压，打开点火开关，此电压值应接近蓄电池电压。

2) 测量怠速开关的电阻。拔下节气门控制部件的插头，用数字式万用表测量节气门控制部件插头上的 3 和 7 端子之间的电阻。当节气门关闭时，测得的电阻值应小于 1 Ω。

(4) 节气门定位器的检测

节气门定位器即怠速稳定装置，俗称怠速电动机，怠速电动机损坏或 ECU 对怠速控制出现故障，节气门控制部件内的紧急运行弹簧设置节气门处于紧急运行位置。

1) 测量节气门定位器的供电电压。点火开关打开、关闭瞬间端子 1 与 2 之间电压应有 12 V 到 0 V 的变化。

2) 测量电动机电阻。用延长线连接节气门体 1、2 端子，用万用表测量两端子间的电阻为 3～200 Ω。

3) 测量节气门定位器导线的导通情况。用数字式万用表测量 ECU 线束插座至节气门定位器电线插头间的电阻，电阻值应小于 1 Ω。

3. 节气门匹配

仔细阅读数据流时，会发现，当节气门变脏后，发动机在怠速时，节气门开度会增大。这是因为节流阀体变脏后，在相同的开度下，进气量会减少，将不足以维持发动机的额定转数，此时节气门开度会增大（怠速控制阀）。这说明电控单元具有学习功能。不但能够检查到元件参数的变化，还能够适应这种变化并且记忆储存。当清洗节气门后，维持相同怠速转速所需要的开度减小，但是电控单元仍会采用清洗前所记忆的节气门参数来控制怠速，这会导致电控单元收到一个节气门怠速位置的电压信号，并不知道其开启角度，因为电控单元还不知道节气门最小怠速位置、最大怠速位置的电压值等基本参数。此时将会出现怠速过高或不稳。这个时候就需要用汽车解码仪对汽车节气门进行“基本调整”，使 ECU 的记忆值与节气门的初始状态进行匹配学习，让 ECU 了解节气门的基本特性参数。如果电控单元知道了节气门最小怠速位置、最大怠速位置，就知道了怠速节气门电位计的电压范围，如果电控单元知道了怠速节气门电位计的几个中间位置的电压值就知道了怠速节气门电位计的特性，这样才能在以后的运行过程中正常地调节它与节气门的动作。

需要进行节气门匹配的情况有以下几种。

(1) 在更换电控单元后，电控单元内还没有存储节流阀体的特性，需进行基本设置。

(2) 在电控单元断电后，电控单元存储器的记忆丢失，需进行基本设置。

(3) 更换节流阀体后，需进行基本设置。

(4) 在清洗节流阀体后，需进行基本设置。

实训任务二　丰田威驰怠速执行机构检查

一、实训准备

1. 工具：常用工具一套、万用表、KT600 汽车诊断仪、电路图或维修手册、实训报告。
2. 设备：丰田威驰发动机实训台架 2～4 台或丰田威驰轿车整车 2～4 辆。

二、实训要求

通过实训，认识怠速执行机构的结构、位置和电路图，掌握怠速执行机构的检查方法。

三、实训步骤

丰田威驰怠速控制阀如图 5—2—6 所示，原理如图 5—2—7 所示，采用单线圈旋转滑阀式怠速控制阀。

其电路如图 5—2—26 所示，怠速控制阀插头有 3 个端子，其中 1 号端子连接 ECU 为怠速控制阀控制线，在整个怠速范围内，ECU 通过占空比（0～100%）对怠速转速进行控制，2 号端子连接 EFI 主继电器为怠速控制阀供电线，3 号端子为怠速控制阀搭铁线。

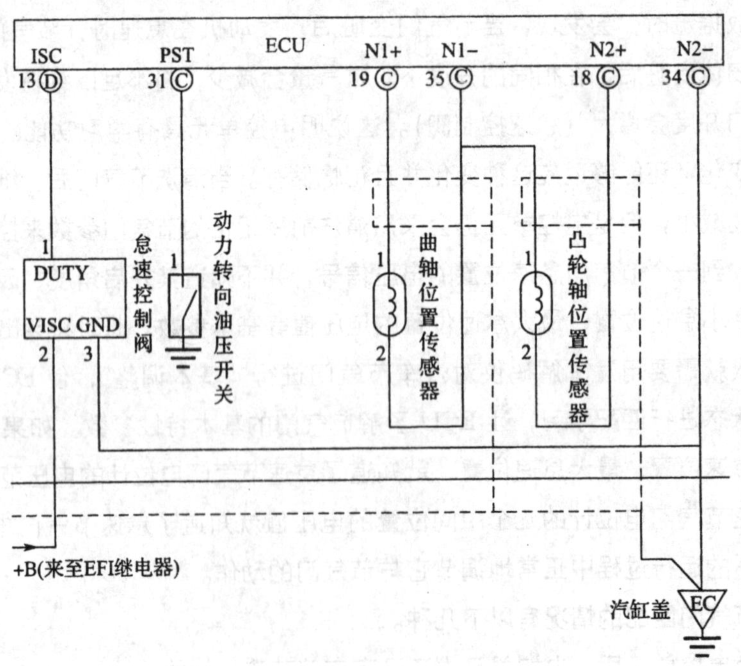

图 —2—26　丰田威驰发动机怠速控制阀电路

1. 怠速控制阀供电电压的检测

拔下怠速控制阀插头，打开点火开关，不启动发动机，用万用表测量怠速控制阀插头 2

号端子与搭铁间的电压应为蓄电池电压。若电压不正常应检测 EFI 主继电器及其供电线路是否正常。

2. 怠速控制阀搭铁的检查

拔下怠速控制阀插头，打开点火开关，不启动发动机，用万用表测量怠速控制阀插头 3 号端子与搭铁间的电阻应小于 0.5 Ω。若不正常应检查搭铁线路是否正常。

3. 怠速控制阀控制信号的检查

插上怠速控制阀插头，启动发动机并使发动机达到正常工作温度、变速器处于空挡位置时，使发动机维持怠速运转。

用万用表电压挡（或占空比挡）测量插头 1 号端子，当快速转动方向盘或开启大灯、空调使发动机负荷增大时，检查控制线电压（或占空比）是否发生变化。若不变则应检测 ECU 或怠速控制线是否正常。若控制线电压（或占空比）变化，但发动机转速不发生变化，则应检测或更换怠速控制阀。

§5—3 电子节气门的原理及检修

学习目标

1. 掌握电子节气门的优点。
2. 掌握电子节气门的结构。
3. 掌握电子节气门系统的控制功能及工作原理。

一、电子节气门的优点

传统的机械式节气门（图 5—3—1）采用的是机械连接方式，它由加速踏板、拉线和杠杆、复位弹簧和节气门体等部分组成。加速踏板与节气门片通过拉线杠杆连接在一起，驾驶员通过直接控制加速踏板来实现驾驶意图，二者之间是一种刚性连接。

电子节气门控制（Electronic Throttle Control，ETC）系统是在电控燃油喷射系统的传统节气门机构中去掉一些附属补偿装置（怠速控制阀），取消了加速踏板和节气门之间的机械连接，如图 5—3—2 所示，在 ECU 增加了驱动电路、驱动电动机以及齿轮传动系统等，其开度在任何工况下都直接由电动机驱动，发动机 ECU 通过控制算法实现节气门开度的精确控制，从而能够精确地控制进气量。

二、电子节气门控制系统的组成及功用

电子节气门控制系统由加速踏板模块、节气门控制单元、节气门体（包括电动机和节气门位置传感器等）、电子节气门故障指示灯等组成，其系统结构如图 5—3—2 所示。

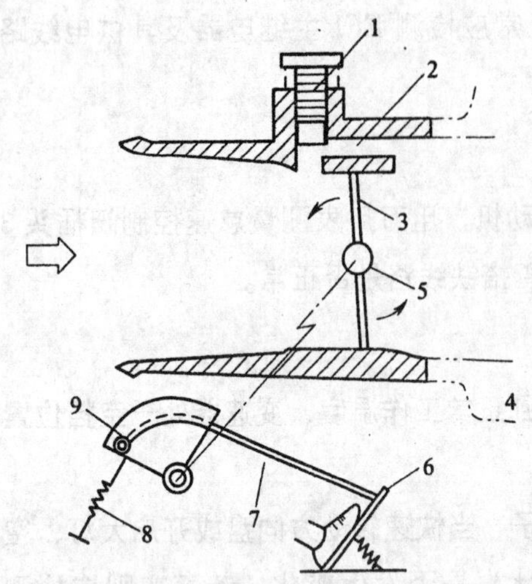

图 5—3—1 传统节气门控制方式

1—怠速调整螺钉 2—旁路 3—节流阀 4—进气道 5—轴 6—加速踏板 7—油门拉线 8—复位弹簧 9—节气门拉杆

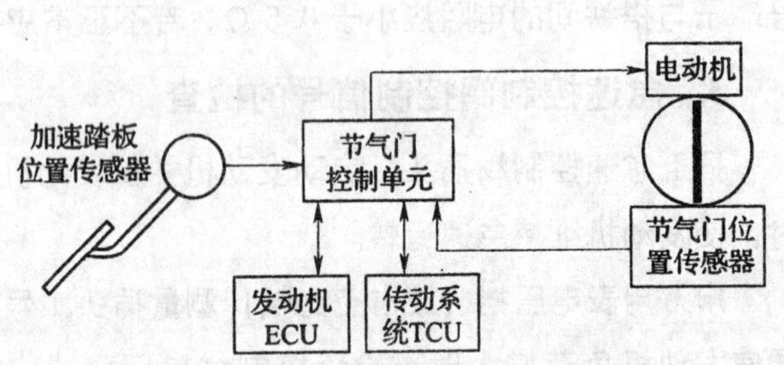

图 5—3—2 电子节气门控制系统组成

1. 加速踏板模块

其作用是将加速踏板的位置信号转换为电压信号输入到电控单元，反映驾驶员对发动机的转矩需求，如图 5—3—3 所示。

图 5—3—3 加速踏板模块

2. 节气门控制单元

节气门控制单元是整个系统的核心，包括两部分：信息处理模块和电动机驱动电路模块。

(1) 信息处理模块接受来自加速踏板位置传感器的电压信号，经过处理后得到节气门的最佳开度，并把相应的电压信号发送到电动机驱动电路模块。

(2) 电动机驱动电路模块接受来自信息处理模块的信号，控制电动机转动相应的角度，使节气门达到或保持相应的开度。电动机驱动电路应保证电动机能双向转动。

现在电子节气门产品已将节气门控制器与发动机电控单元集成为一体，从而使系统的结构进一步简化，可靠性也进一步提高。

3. 节气门体

如图 5—3—4 所示，其作用是按照发动机控制单元的指令驱动节气门电动机控制节气门的开度，并且电动机驱动节气门的相应位置通过节气门位置传感器反馈给发动机控制单元，实现闭环控制。

4. 电子节气门故障指示灯（EPC）

如图 5—3—5 所示，其作用是在电子节气门存在故障时点亮，提示驾驶员系统有故障。

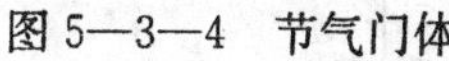

图 5—3—4 节气门体

图 5—3—5 电子节气门故障指示灯（EPC）

电子节气门系统的工作原理如下：驾驶员操纵加速踏板，加速踏板位置传感器产生相应的电压信号输入节气门控制单元，控制单元首先对输入的信号进行滤波，以消除环境噪声的影响，然后根据当前的工作模式、踏板移动量和变化率解析驾驶员意图，计算出对发动机扭矩的基本需求，得到相应的节气门转角的基本期望值。然后再经过 CAN 总线和整车控制单元进行通信，获取其他工况信息以及各种传感器信号，如发动机转速、挡位、节气门位置、空调能耗等，由此计算出整车所需求的全部扭矩，通过对节气门转角期望值进行补偿，得到节气门的最佳开度，并把相应的电压信号发送到驱动电路模块，驱动控制电动机使节气门达到最佳的开度位置。节气门位置传感器则把节气门的开度信号反馈给节气门控制单元，形成闭环的位置控制。

同时，ECU 对系统的功能进行监控，如果发现故障，将点亮系统故障指示灯，提示驾驶员系统有故障。同时，节气门不再受电动机控制。节气门在复位弹簧的作用下返回到一个小开度的位置，使车辆慢速开到维修地点。

三、节气门体主要部件的结构与工作原理

电子节气门安装在进气歧管的前端，发动机控制单元通过调节节气门的角度来控制进气管的截面积，从而控制发动机进气量。如图 5—3—6 所示，电子节气门主要由节气门阀、驱动电动机、减速齿轮组、复位弹簧和节气门位置传感器等组成。

1. 节气门阀

因节气门阀具有一定的厚度，为了避免节气门阀在全关闭位置时卡在进气管道中，节气门的全关闭角度（节气门与进气流垂直方向的夹角）并不是 0°，而是有 2°的夹角，相应地节气门形状设计成椭圆形，如图 5—3—7 所示，节气门的开度范围为 0°～88°。静态时节气门并非完全关闭，靠复位弹簧保持在 9°的开度，如图 5—3—7b 所示。节气门开度为 θ 时，其有效面积为节气门在垂直于空气流动方向的投影面积，如图 5—3—7c 所示。

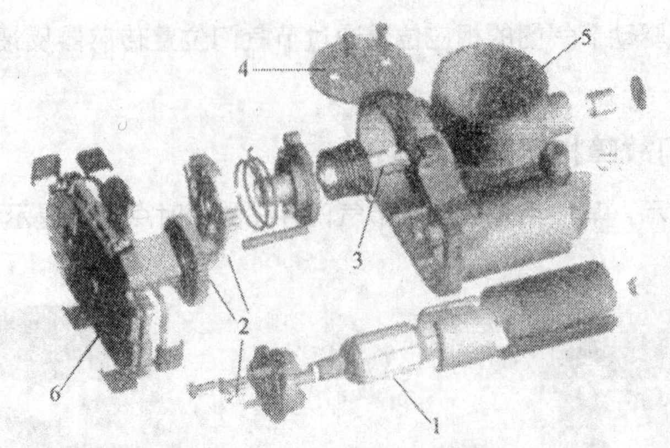

图 5—3—6 电子节气门结构

1—节气门电动机 2—减速齿轮 3—节气门轴 4—节气门 5—节气门体 6—节气门位置传感器

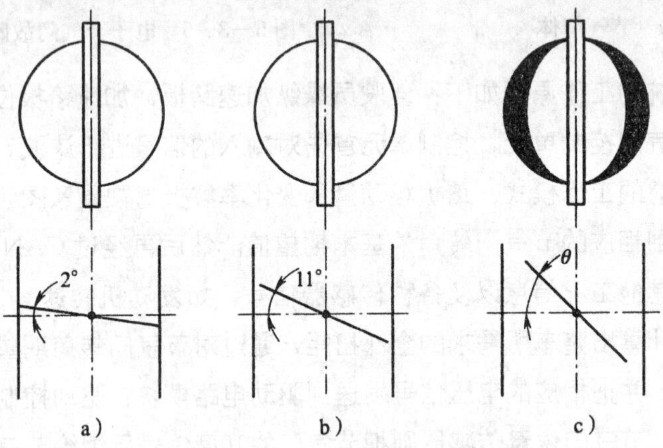

图 5—3—7 电子节气门不同开度时的位置

a）节气门全关 b）节气门静态位置 c）节气门部分开启

2. 驱动电动机

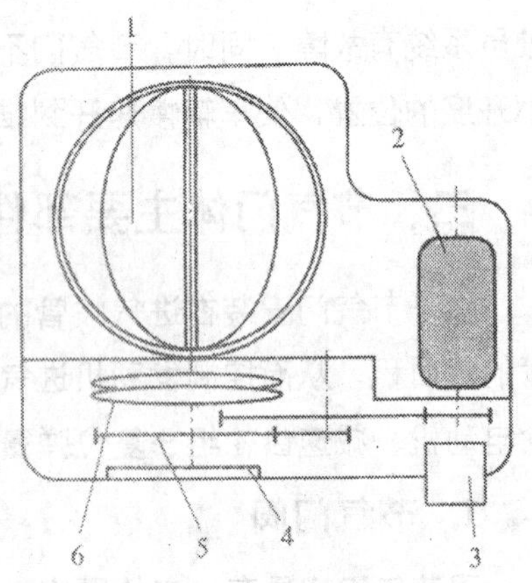

图 5—3—8 电子节气门齿轮传动系统结构

1—节气门 2—驱动电动机 3—节气门引脚 4—节气门位置传感器 5—减速齿轮组 6—复位弹簧

节气门控制电动机一般选用步进电动机或直流电动机，经过两级齿轮减速来调节节气门开度，如图 5—3—8 所示。早期以使用步进电动机为主，步进电动机精度较高、能耗低、位置保持特性较好，其高速性能较差，不能满足节气门较高的动态响应性能的要求，所以现在比较多地采用直流电动机，直流电动机精度高、反应灵敏、便于伺服控制。

直流电动机采用脉冲宽度调制（PWM）技术控制，其特点是频率高、效率高、功率密度高、可靠性高。控制单元通过调节脉宽调制信号的占空比来控制直流电动机转角的大小，电动机方向则是由和节气门相连的复位弹簧控制的。电动机输出转矩和脉宽调制信号的占空比成正比。当占空比一定，电动机输出转矩与复位弹簧阻力矩保持平衡时，节气门开度不变；当占空比增大时，电动机驱动力矩克服复位弹簧阻力矩，节气门开度增大；反之，当占空比减小时，电动机输出转矩和节气门开度也随之减小。

3. 减速齿轮组

直流电动机的扭矩通过减速齿轮组驱动节气门转轴，如图 5—3—8 所示。减速齿轮组使电动机可以与节气门的转轴平行放置，使节气门尺寸减小，结构更加紧凑。此外，与没有减速齿轮的系统相比可以采用功率较小的电动机。

4. 节气门位置传感器

节气门位置传感器（Throttle Position Sensor，TPS）用于实时采集节气门开度，对闭环控制进行位置反馈，是节气门状态的唯一检测元件，如图 5—3—9 所示。

节气门体连接器有 6 个引脚：其中 2 个引脚是电动机的电源线，另外 4 个引脚是节气门位置传感器的电源线和信号线。引脚布置如图 5—3—10 所示。

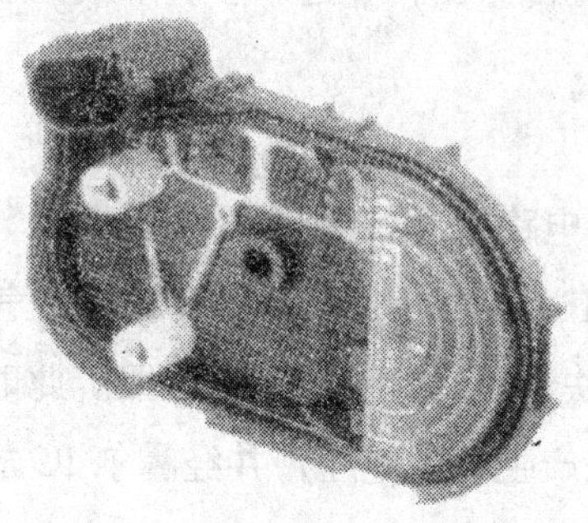

图 5—3—9　节气门位置传感器

6	4	2
TPS –	TPS2	TPS+
MOTOR–	MOTOR +	TPS1
5	3	1

图 5—3—10　电子节气门引脚布置

1—TPS1 信号输出端　2—TPS 电源正极
3—电动机电源正极　4—TPS2 信号输出端
5—电动机电源负极　6—TPS 电源负极

如图 5—3—11 所示为电子节气门内部电路。为了使电子节气门具有高度的可靠性，位置传感器采用了冗余设计，即系统采用两个节气门位置传感器。两个传感器由同一电源供电，阻值反向变化，即一个电阻值增加时另一个减小。其输出电压成互补的方式，两个传感器输出电压信号之和始终等于供电电压，如图 5—3—12 所示。从控制角度讲，使用一个传感器就可使系统正常运转，但冗余设计可使两个传感器相互检测，当一个传感器发生故障时能及时被识别，在很大程度上增加了系统的可靠性，保证行车的安全性更高。

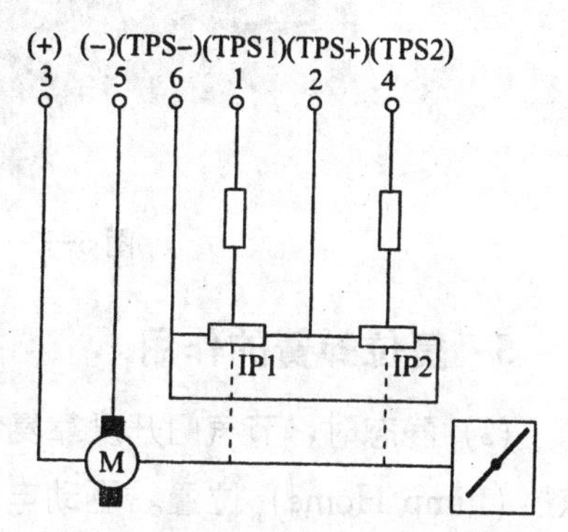

图 5—3—11　电子节气门内部电路

(1) 电子节气门传感器的分类

电子节气门传感器有电位计式和霍尔式。

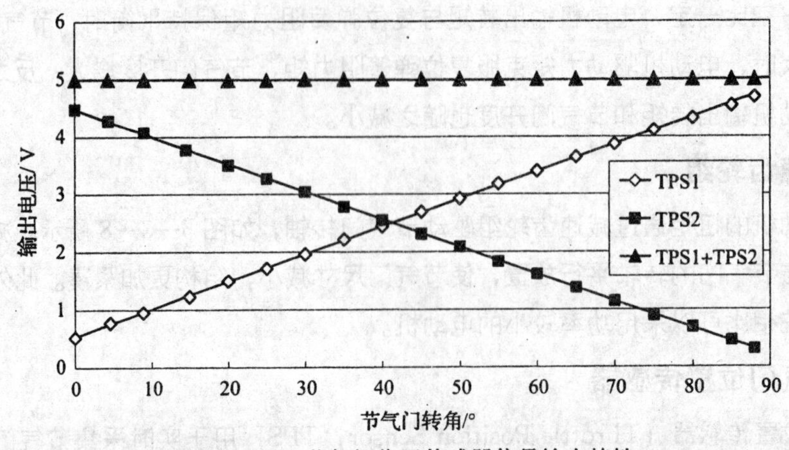

图 5—3—12　节气门位置传感器信号输出特性

由于电子节气门位置传感器的电位计随着节气门阀频繁运动并且处在高温的工作环境中，其精度可能会因为机械磨损而下降。因此，为了提高电子节气门系统的可靠性，现代大部分电子节气门位置传感器采用非接触霍尔型节气门位置传感器，并进一步将节气门驱动芯片集成于节气门体内。

(2) 无接触霍尔型节气门位置传感器

霍尔型节气门位置传感器实物如图 5—3—13 所示，电路原理如图 5—3—14 所示，主要由霍尔元件构成的霍尔 IC（集成电路）和可绕其转动的磁铁构成。磁铁安装在与节气门轴的相同轴上，和节气门一起转动。当节气门开启时，磁铁也同时转动，改变位置。此时，霍尔 IC 中的霍尔元件因磁铁位置变化所造成磁通量的变化产生霍尔电压，并经霍尔 IC 放大后从 VTA1 端子和 VTA2 端子输出节气门信号电压。此信号被送至发动机 ECU 作为节气门开度信号。此传感器不仅能精确地探测节气门开启程度，还采用了无接触方式，简化了构造，所以不易发生故障。同时，为了确保此传感器的可靠性，还具有不同输出特性的两个系统输出信号。

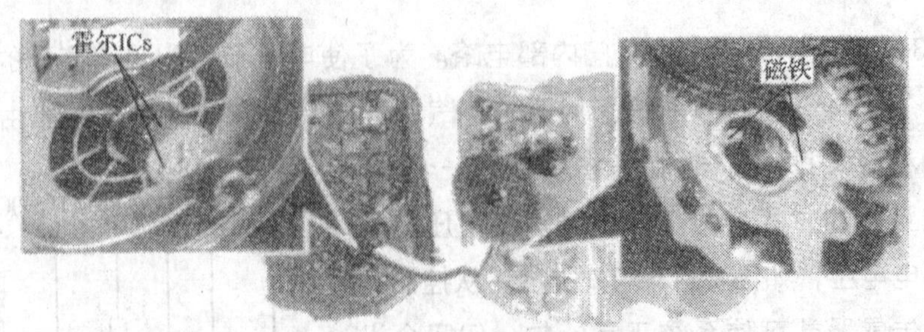

图 5—3—13　霍尔型节气门位置传感器实物

5. 复位弹簧的作用

(1) 静态时，节气门开度靠复位弹簧的扭矩保持在 9°的开度，这个位置即是“跛行回家”（Limp Home）位置。驱动电动机断电，节气门在复位弹簧的作用下返回到“跛行回家”位置，使汽车能“跛行回家”。

(2) 控制节气门的开度，当电动机输出转矩与复位弹簧阻力矩保持平衡时，节气门开度不变；当电动机驱动力矩大于复位弹簧阻力矩时，节气门开度增大；当电动机驱动力矩减小时，节气门开度减小。

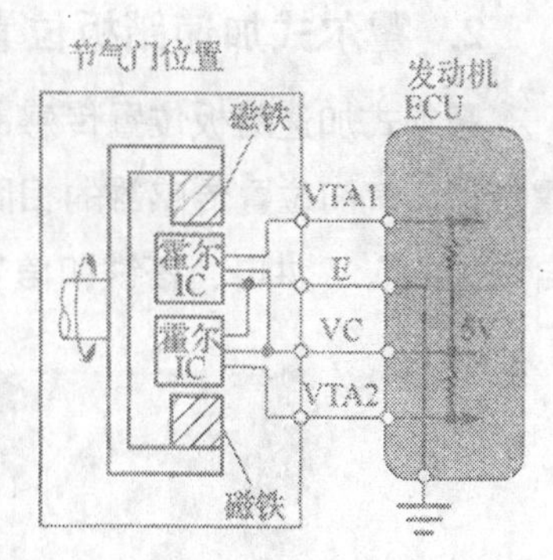

图 5—3—14 霍尔型节气门位置传感器电路原理

四、加速踏板位置传感器

加速踏板位置传感器（Pedal Position Sensor，PPS），其作用是将加速踏板踩下的量（角度）转化为电信号输入到电控单元，发动机管理系统称这种信号为"驾驶员需求"(Driver Demand)。同样，出于安全性和可靠性考虑，加速踏板位置传感器也采用了冗余设计，设计了两个传感器。两个传感器依据各自相互独立的电源运行，且两个传感器输出电压信号为两倍关系，如图 5—3—15 所示。

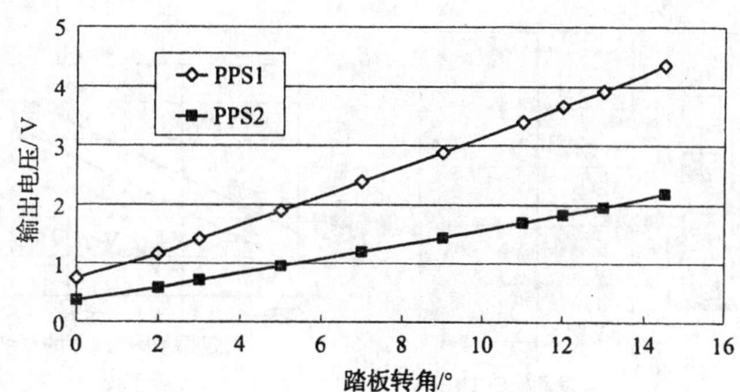

图 5—3—15 加速踏板位置传感器信号电压输出特性

加速踏板位置传感器有两种类型：电位计式和霍尔式。

1. 电位计式加速踏板位置传感器

电位计式加速踏板位置传感器如图 5—3—16 所示，此传感器的构造和工作原理基本上和线性型节气门位置传感器相同，只不过内部采用两个传感器。

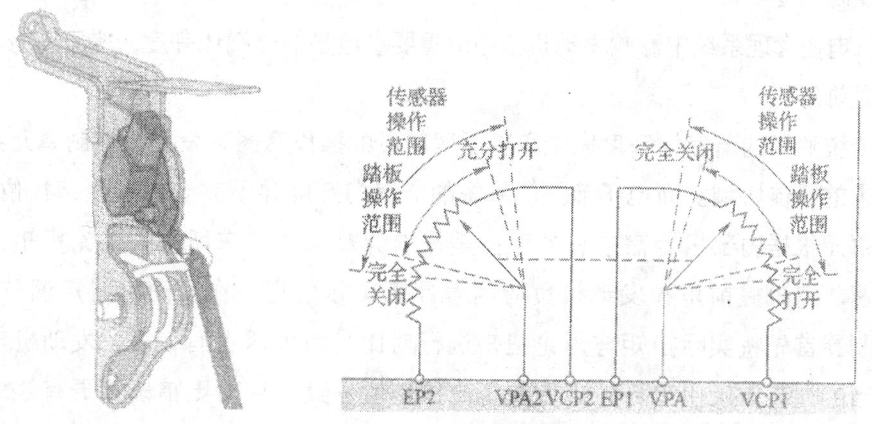

图 5—3—16 电位计式加速踏板位置传感器

2. 霍尔式加速踏板位置传感器

霍尔式加速踏板位置传感器如图 5—3—17 所示，此传感器的构造和工作原理基本上和霍尔型节气门位置传感器的相同，都采用两个传感器。只不过采用 6 线式，每个传感器有各自单独的 5 V 供电、搭铁和信号线。电压信号输出特性如图 5—3—18 所示。

图 5—3—17　霍尔式加速踏板位置传感器

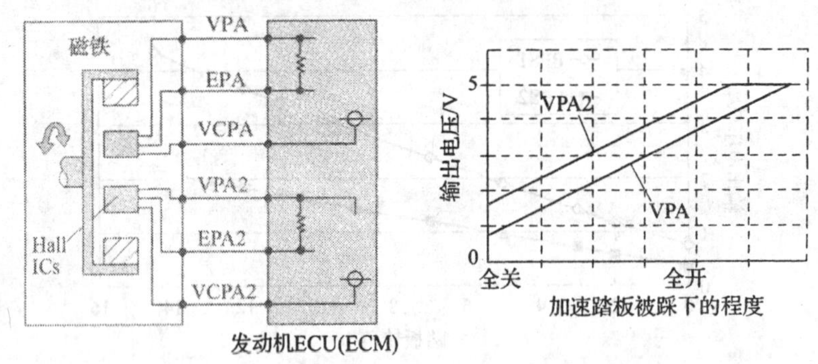

图 5—3—18　霍尔式加速踏板位置传感器信号电压输出特性

五、电子节气门系统的控制功能及工作原理

1. 基于发动机扭矩需求的节气门开度控制

(1) 控制原理

发动机电控管理系统中影响发动机扭矩的重要参数是节流阀体开度、增压压力、喷油时间和点火提前角。

由于传统油门的节气门开度完全取决于驾驶员的操作意图，发动机控制单元并不能进行扭矩需求的最佳协调。而电子节气门系统的节气门开度并不完全由加速踏板位置决定，而是控制单元根据内部扭矩需求和外部扭矩需求计算当前汽车所需的理论扭矩，并通过发动机转速、点火提前角和发动机负荷信号计算实际扭矩。在发动机扭矩调节过程中，发动机控制器首先将实际扭矩与理论扭矩进行对比，如果两者有偏差，发动机电控系统将通过适当的调节作用使实际扭矩值和理论扭矩值一致，从而更精确和更有效地实现所需的扭矩。

内部主要扭矩需求包括启动、催化反应器加热、怠速调节、空燃比控制、功率限制、转速限制等。

外部主要扭矩需求来自驾驶员、巡航控制、车速限制、自动变速器、空调装置、制动系统等。

(2) 控制方法

当发动机实际扭矩与理论扭矩存在偏差时，电控管理系统可以通过以下两条途径来调节发动机扭矩。

1) 通过对影响进气的调整参数进行控制以改变进气量，如调整节流阀体开度或增压发动机的增压压力。这是一种逐渐缓慢过渡的方法，由于其作用时间较长，因此又称为长期扭矩需求调整参数。

2) 通过对与进气无关的调整参数进行改变来实现扭矩控制，如改变点火提前角或喷油时间。由于其作用时间短，反应快，可以在扭矩生成时对动力变化非常迅速地响应。因此，又称为短期扭矩需求调整参数。

2. 可选工作模式控制

驾驶员可根据不同的行车需要通过模式开关选择不同的工作模式，通常有正常模式、动力模式和雪地模式三种，区别在于节气门对加速踏板的响应速度不同。在正常模式下，节气门对加速踏板的响应速度适合于大多数行驶工况。在动力模式下，节气门加快对加速踏板的响应速度，发动机能提供额外的动力。在附着较差的工况下（比如雪地、雨天）驾驶员可选择雪地模式驾驶车辆，此时节气门对加速踏板的响应降低，发动机输出的功率比正常情况下小，使车轮不易打滑，保持车辆稳定行驶。

3. 海拔高度补偿

在海拔较高的地区，大气压下降，空气稀薄，氧气含量下降，导致发动机输出动力下降。此时电子节气门系统可按照大气压强和海拔高度的函数关系对节气门开度进行补偿，保证发动机输出动力和加速踏板位置的关系保持稳定。

4. 其他扩展功能

早期的电子节气门功能比较简单，在形式上采用一个机械式的主节气门串联一个电控的辅助节气门，往往只能实现某一单一的功能。现代电子节气门则独立成一个系统，可实现多种控制功能，既提高行驶可靠性，又使结构简化，成本降低。主要有如下控制功能。

(1) 牵引力控制（ASR）

牵引力控制系统又称驱动防滑系统。它的作用是当汽车加速时将滑移率控制在一定的范围内，从而防止驱动轮快速滑动。它的功能一是提高牵引力；二是保持汽车的行驶稳定。通过减小节气门开度来降低发动机功率从而达到控制目的。

(2) 巡航控制 (CCS)

巡航控制系统又称为速度控制系统，它是一种减轻驾车者疲劳的装置。当驾驶员开启该系统时，车速将被固定下来，驾驶员不必长时间踩踏加速踏板。

(3) 怠速控制 (ISC)

电子节气门系统取消了怠速调节阀，直接由控制单元调节节气门开度来实现车辆的怠速控制。

第6章　排放控制

§6—1　三元催化转换器

学习目标

1. 掌握三元催化转换器的作用。
2. 掌握三元催化转换器的结构。
3. 掌握三元催化转换器的工作原理。

一、汽车的公害与治理

1. 汽车公害的种类

(1) 排气对大气的污染。在大气污染中，汽车排放所造成的污染占有相当比重。据有关资料介绍，大气中所含 CO 的 75%、HC 和 NO_x 的 50%来源于汽车的排放。

(2) 噪声对环境的污染。

(3) 电气设备对无线电广播及电视的电波干扰，但只是局部问题。

在这三者中，排气污染对人们的生活环境影响最大，因此被认为是第一公害。

2. 汽车排污的来源

在汽车发动机排气中的污染物质主要有一氧化碳（CO）、碳氢化合物（HC）、氮氧化物（NO_x）、二氧化硫（SO_2）、微粒物质（铅化物、炭烟、油雾）和臭气等。它们大部分是有毒的，有些具有强烈刺激性，有些甚至有致癌作用。汽车排污的来源有三方面。

(1) 从排气管排出的废气，主要成分是 CO、HC 和 NO_x，其他还有 SO_2、铅化合物和炭烟等。

(2) 曲轴箱窜气，即从活塞与气缸之间的间隙漏出的，再自曲轴箱经通气管排出的可燃气体，其主要成分是 HC。

(3) 从油箱盖、油泵接头、油泵与油箱的连接处挥发出的汽油蒸气，其成分是 HC。

3. 汽车的净化措施

在汽车排出的成分中，CO、HC 和 NO_x 是主要的污染物质，因此，目前汽车的排污标准和净化措施也旨在降低这三种成分和含量。为此在汽车上采取了下列净化措施。

(1) 电子燃油喷射（EFI），减少废气 HC、CO 和 NO_x 的排放量。

(2) 三元催化装置（TWC），减少废气 HC、CO 和 NO_x 的排放量。

(3) 油箱蒸发物排放控制（EVAP），减少 HC 气体排放量。

(4) 废气再循环（EGR），减少 NO_x 排放量。

(5) 曲轴箱强制通风（PCV），减少 HC 气体的挥发。

(6) 二次空气供给，减少 HC、CO 的排放量。

二、三元催化转换器的功用

三元催化转换器是现代汽车发动机管理系统的排气再（后）处理子系统的主要零部件。其作用是将发动机运转工作过程中所产生的有害气体排放物（主要将废气中的碳氢化合物 HC、一氧化碳 CO 和氮氧化物 NO_x）转化成对人类社会环境无害的排放物（二氧化碳 CO_2、水蒸气 H_2O 和氮气 N_2）。

三、三元催化转换器的组成

三元催化转换器通常称为触媒，其结构如图 6—1—1 所示。其主要由涂有催化剂并起反应床作用的载体，不锈钢制焊接结构的外壳，介于载体和壳体之间起耐热、隔热和减震作用的衬垫及排气锥管等元件构成。

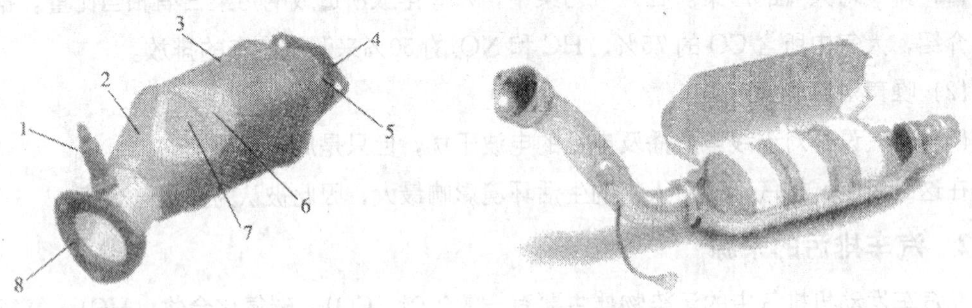

图 6—1—1 三元催化转换器结构

1—氧传感器 2—进气锥管 3—壳体 4—废气出口 5—排气锥管 6—衬垫 7—载体 8—废气入口

1. 壳体

催化器壳体由不锈钢（含铬、镍等金属）板材制成，是催化转换器的支承体。

2. 衬垫

衬垫一般有膨胀垫片和钢丝网垫两种，起减振、缓解热应力、固定载体、保温和密封作用。

3. 载体

载体是用来形成三元催化转换器的反应床，为废气提供反应的场所。

载体的物理形状有圆柱体和椭圆柱体等多种形状，如图 6—1—2 所示。

图 6—1—2 载体的形状

4. 涂层

三元催化转换器的涂层附着在载体的表面，它以氧化铝（又称三氧化二铝，俗称矾土，是一种白色无定形粉状物）为主，在粗糙多孔的表面散布着作为催化剂的贵金属，有铂（Pt）、钯（Pd）及铑（Rh），其作用是促使废气中的有害成分转化为无害物质。

5. 锥管

其作用是引导排气从前端排气管进入催化床和引导排气从催化床后段进入后端排气管。

四、三元催化转换器的工作原理

三元（效）催化的含义指该种催化剂可同时对 HC、CO 和 NO_x 三种有害气体进行的无害化催化转换处理。

当在一定工作温度范围内，发动机燃烧废气流经蜂窝状陶瓷载体表面，涂层表面上的催化剂（铂、钯和铑）将会促进废气中的有害化学成分 HC、CO 和 NO_x 的化学反应。其过程分为 HC 和 CO 的氧化反应与 NO_x 的还原反应两种，如图 6—1—3 所示。

氧化反应　$2CO+O_2=2CO_2$　　$4HC+5O_2=2H_2O+4CO_2$

还原反应：$2NO+2CO=N_2+2CO_2$　　$10NO+4HC=5N_2+2H_2O+4CO_2$

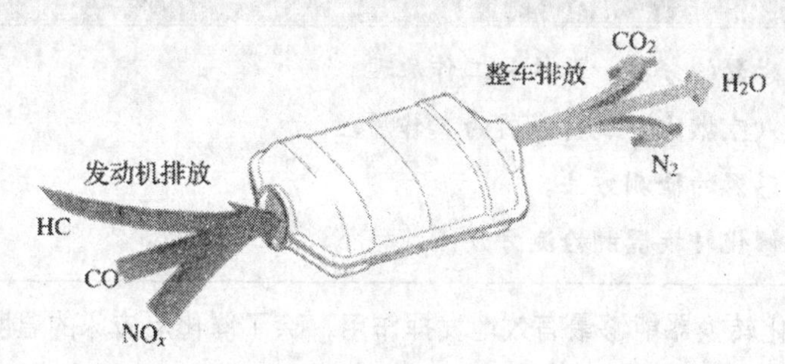

图 6—1—3　三元催化转换器的催化作用

HC、CO 和 NO_x 的转化需要在载体的温度达到 300℃ 左右时方可达到较高的转化效率。因此，三元催化转换器通常安装在靠近排气歧管的位置，以保证三元催化转换器能迅速达到正常工作温度。

五、三元催化转换器的失效

在正常情况下，三元催化转换器具有优良的转化效率并具有和整车寿命相同的服务周期。然而，由于实际使用条件的千差万别，燃油品质的参差不齐和车辆的实际运行状态及发动机工作与控制状态的各异，依然会导致三元催化转换器产生失效，使催化剂不能正常工作。因此，在进行催化剂的失效分析时，所有导致其失效可能的偶然因素都应加以考虑。

三元催化转换器的失效原因参见表 6—1—1。

表 6—1—1 三元催化转换器的失效原因

失效种类	失效原因分析
温度过高	1. 高温会使贵金属产生不可逆的化学（氧化）反应，影响 HC、CO 和 NO_x 的转化效率 2. 温度达到 1 000℃以上时，催化器的陶瓷载体可能会产生纵向裂纹 3. 温度超过 1 400℃时，会使催化转换器陶瓷载体熔化
催化剂中毒	1. 车用燃油品质：燃料中所含的重金属添加剂（铅）将在催化器载体表面沉积，导致重金属（铅）中毒 2. 车用燃料中所含的硫化物成分同样也是对催化剂有害的 3. 发动机润滑油品质及添加剂中的有害物质，如磷——主要来自发动机润滑油，造成载体表面污染沉积中毒
机械碰撞损坏	主要包括野蛮装卸、操作粗暴、悬挂部件毁坏，颠簸坏路、严重磕碰等物理因素造成的损坏
化学腐蚀破坏	雪地喷洒的融雪剂对三元催化转换器外壳的飞溅，及其他有害物质在催化器的内部形成冷凝物而导致壳体内部的腐蚀

§6—2 氧传感器结构和工作原理

学习目标

1. 掌握氧传感器的分类、结构和工作原理。
2. 掌握宽带（空燃比）氧传感器的工作原理。
3. 掌握氧传感器的检测方法。
4. 掌握三元催化转换器的检测方法。

为了使三元催化转换器能够最有效地发挥作用，除了催化反应床的温度需要保持在一定的工作温度（300℃以上）之外，发动机空燃比也对转化效率高低起着至关重要的作用。当发动机的空燃比偏浓时，由于 HC 和 CO 成分较多而 NO_x成分较少，因此催化剂对氮氧化物的转化效率较高，对 HC 和 CO 的转化效率较低。当空燃比偏稀时，由于 HC 和 CO 成分较少而 NO_x成分较多且氧的成分较多，因此催化剂对碳氢化合物和一氧化碳的转化效率较高，对 NO_x的转化效率较低。而只有当发动机工作在理想空燃比附近时，三元催化转换器对于 HC、CO 和 NO_x 转化效率达到最高，如图 6—2—1所示。

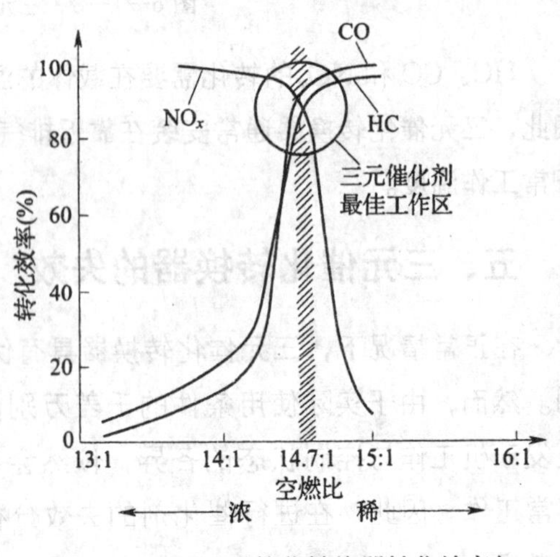

图 6—2—1 三元催化转换器转化效率与空燃比的关系

因此，为了保证三元催化转换器最佳的转化效率，使其燃烧严格保持控制在理想空燃比

14.7∶1 (λ=1) 附近。为此，现代汽车发动机管理系统普遍采用由氧传感器组成的空燃比反馈控制方式，即闭环控制方式。

一、氧传感器的作用

氧传感器如图 6—2—2 所示，安装在发动机排气管上，如图 6—2—3 所示。其作用是监测排气管中氧离子的含量，用于确定实际空燃比较理论空燃比是浓还是稀，并将其转变为电信号输入发动机 ECU。ECU 根据氧传感器信号对喷油时间进行修正（增加或减少喷油量），实现空燃比反馈控制（闭环控制），从而将过量空气系数 λ 控制在 0.98～1.02 之间（空燃比约为 14.7），使发动机获得最佳浓度的混合气，从而达到降低有害气体的排放量和节约燃油的目的。

图 6—2—2　氧传感器

图 6—2—3　氧传感器安装位置

二、氧传感器的类型

1. 按检测范围分：窄型氧传感器和宽型氧传感器（空燃比传感器）。

2. 按检测功能分：上游氧传感器和下游氧传感器，如图 6—2—4 所示。

上游氧传感器俗称前氧，安装在三元催化转换器的上游位置。用于测量发动机燃烧废气中氧的浓度，并生成电压信号反馈给 ECU，以实现空燃比的反馈控制，如图 6—2—4 中 1 和 2 为空燃比反馈控制用氧传感器。

下游氧传感器俗称后氧，安装在三元催化转换器下游端。用于检测三元催化转换器的转化效率。如图 6—2—4 中 3 和 4 为诊断用氧传感器。

3. 按氧传感器的材料和结构分：氧化锆式和氧化钛式。

4. 按传感器是否具有加热装置分：加热型和非加热型。

5. 按传感器接线数分：1 线、2 线、3 线和 4 线式氧

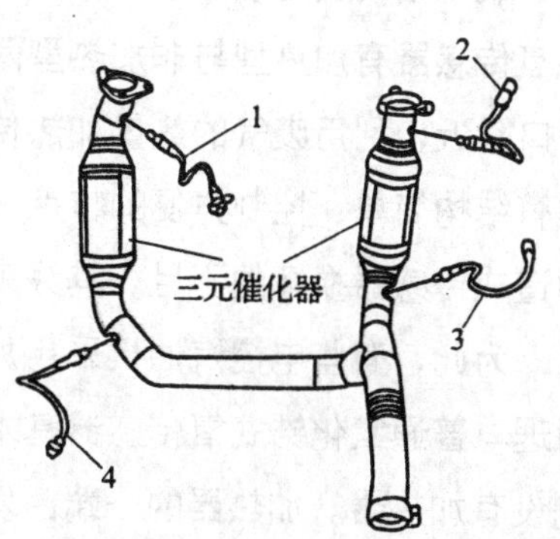

图 6—2—4　氧传感器的类型

传感器。

1 线、2 线——非加热型氧传感器；3 线、4 线——加热型氧传感器。

三、氧化锆式氧传感器的结构和工作原理

1. 结构

如图 6—2—5 所示，氧化锆式氧传感器主要由钢质护管、钢质壳体、锆管、加热元件、电极引线、防水护套和线束连接器等组成。

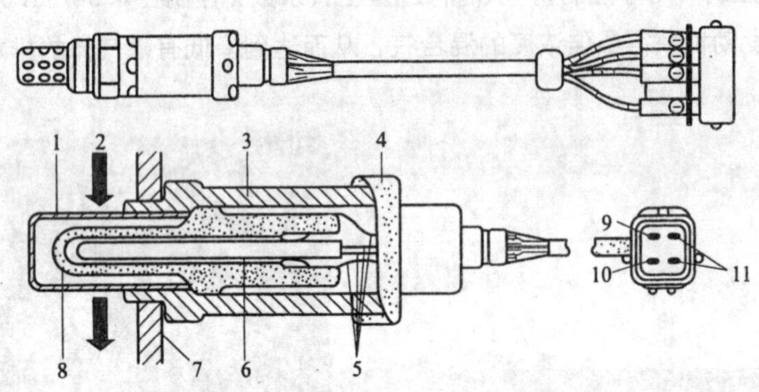

图 6—2—5 氧化锆式氧传感器结构

1—钢质护管 2—排气 3—壳体 4—防水护套 5—电极引线 6—陶瓷加热体 7—排气管 8—二氧化锆固体电解质（锆管） 9—加热元件电源正极 10—加热元件电源控制端子 11—信号输出端子

锆管是在二氧化锆固体电解质粉末中添加少量的添加剂挤压成形后，再烧结而成的陶瓷管。锆管制作成试管形状，以便氧离子能均匀扩散与渗透。锆管内表面通大气，外表面通排气。

在锆管的内、外表面都涂覆有一层金属铂作为电极，并用金属线与传感器信号输出端子连接。金属铂除了起到电极作用将信号电压引出传感器之外，另一个更重要的作用是起催化剂的作用，能使发动机排气中的 CO 与 O_2 反应会生成 CO_2，减少排气中含氧量，提高传感器的灵敏度。

氧化锆式氧传感器是一种高温型传感器，正常工作温度为 600～800℃，因此，氧化锆式氧传感器有加热型与非加热型两种。非加热型氧传感器一般布置在排气总管上或排气总管出口附近，利用废气的热量加热传感器，使其达到正常工作所需的温度。这种布置方式尽管具有结构简单、控制方便的特点，但是也存在传感器布置的灵活性较差，排气的极端高温可能造成传感器损坏的不足。其线束连接器只有 1 个或 2 个接线端子。

为此，有些电控汽油机采用加热型氧化锆式氧传感器。这种氧传感器的基本结构和工作原理与普通氧化锆式氧传感器基本相同，但其线束连接器有 3 个或 4 个接线端子。在锆管内侧设有加热器。加热器的一端由发动机主继电器或直接通过蓄电池供电，另一端由 ECU 以占空比的方式控制搭铁进行加热。加热的目的是保证低温时，氧传感器也能投入工作，从而

减少有害气体的排放量。

目前，氧化锆式氧传感器有下列几种形式，见表 6—2—1。

表 6—2—1　　氧化锆式氧传感器的形式

形式	特　点
单引线式	氧传感器只有一根信号线，以壳体作为搭铁回路。这种氧传感器依靠排气管中的废气热量才能保证正常工作温度，当发动机怠速工作达不到正常工作温度时，ECU 会以一个固定值代替氧传感器信号值
两线式	一根为信号线，另一根为搭铁线
三线式	使用在加热型氧传感器上，其中两根线分别为信号线和搭铁线，第三根线为来自继电器或点火开关的 12 V 加热电源线
四线式	其中两根线分别为信号线和搭铁线，另外两根线分别为加热线圈供电线和控制线

2. 工作原理

如图 6—2—6 所示，锆管内侧与氧离子浓度高的大气相通，外侧与氧离子浓度低的排气相通，且锆管外侧的氧离子随可燃混合气浓度变化而变化。当氧离子在锆管中扩散时，锆管内外表面之间的电位差将随可燃混合气浓度的变化而变化，即锆管相当于一个氧浓差电池，传感器的信号源相当于一个可变电源。

当供给发动机的可燃混合气较浓（即空燃比 A/F 小于 14.7 或过量空气系数小于 1）时，排气中氧离子含量较少、CO 浓度较大。在锆管外表面催化剂铂的催化作用下，氧离子几乎全部都与 CO 发生氧化反应生成 CO_2气体，使外表面上氧离子浓度为零。由于锆管内表面与大气相通，氧离子浓度很大，因此，锆管内、外表面之间的氧离子浓度差较大，两个铂电极之间的电位差较高，约为 0.9 V。

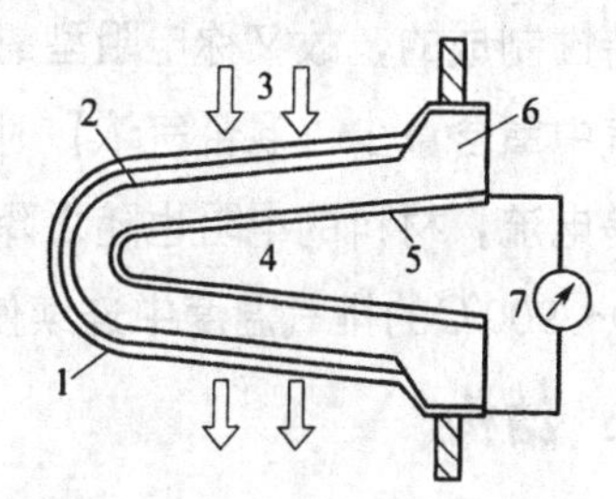

图 6—2—6　氧化锆式氧传感器的工作原理
1—铂电极　2—多孔陶瓷层　3—排气　4—大气
5—铂电极　6—固体电解质　7—输出信号电压

当供给发动机的可燃混合气较稀（即空燃比大于 14.7 或过量空气系数大于 1）时，排气中氧离子含量较多、CO 浓度较小，即使 CO 全部都与氧产生化学反应，锆管外表面上还是有多余的氧离子存在。因此，锆管内、外表面之间氧离子的浓度差较小，两个铂电极之间的电位差较低，约为 0.1 V。

当空燃比 A/F 接近于理论空燃比 14.7（或过量空气系数接近于 1）时，排气中的氧离子和 CO 都很少。由于，二氧化锆管内外涂有铂起催化作用，能使排气中氧气与一氧化碳、碳化氢等发生反应，减少排气中氧含量，使外侧铂表面的氧几乎不存在，提高了传感器的灵敏度。因此，氧传感器输出电压信号值有一突变，使传感器输出电压从 0.1 V 急剧变化到 0.9 V，如图 6—2—7b 所示。

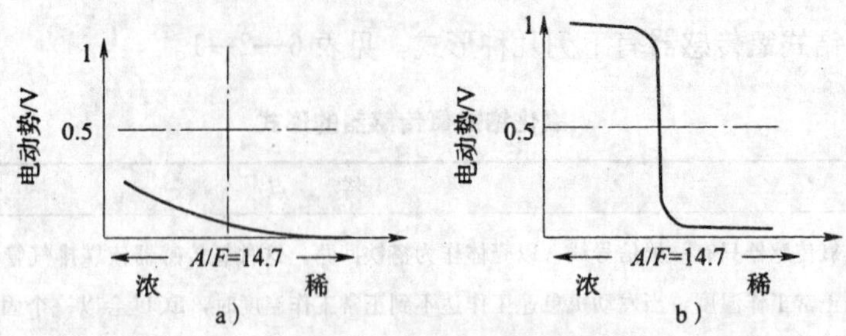

图 6—2—7 氧传感器工作特性

a）没有铂催化作用时的输出特性 b）有铂催化作用时的输出特性

由图 6—2—7 可见，当可燃混合气浓时，如果没有催化剂铂的催化作用使氧离子浓度急剧减小到零，在混合气由浓变稀时，固体电解质两侧氧离子的浓度差将连续变化，如图 6—2—7a 所示，即电动势不会出现跃变现象。由于在使用过程中，燃油和润滑油硫化产生的硅酮等颗粒物质附着在铂电极表面上会导致铂电极逐渐失效；此外，传感器内部端子处用于防水的硅橡胶会逐渐污染内侧电极，导致催化剂铂失效。因此，氧化锆式氧传感器必须定期（汽车每行驶 80 万 km）更换。

四、氧化钛式氧传感器的结构和工作原理

氧化钛式氧传感器是利用二氧化钛（TiO_2）材料的电阻值随排气中氧含量的变化而变化的特性制成的，故又称电阻型氧传感器。二氧化钛是在室温下具有很高电阻的半导体。但当排气中氧含量少（混合气浓）时，氧分子脱离，使其晶体出现缺陷，便有更多的电子可用来传递电流，材料的电阻也随之降低。此种现象与温度和氧含量有关，因此，欲将二氧化钛在 300～900℃的排气温度中连续使用，必须作温度补偿。

1. 结构

如图 6—2—8 所示，氧化钛式氧传感器的外形与氧化锆式氧传感器相似，主要由二氧化钛元件、热敏电阻、加热元件、金属保护管、金属外壳和电极引线等组成。

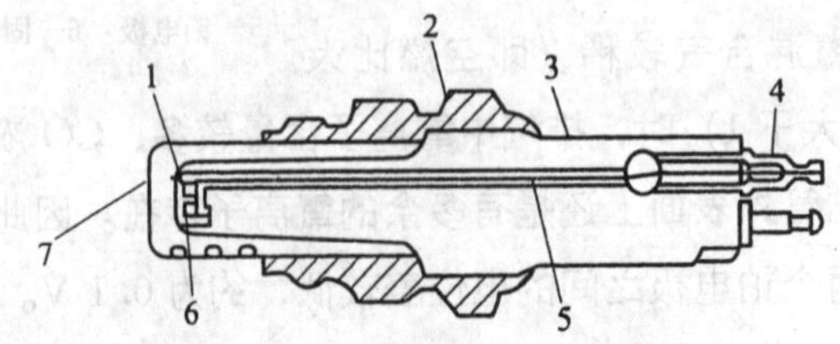

图 6—2—8 氧化钛式氧传感器结构

1—二氧化钛元件 2—金属外壳 3—陶瓷绝缘材料 4—接线头 5—导线 6—热敏电阻 7—金属保护管

氧化钛式氧传感器具有两个二氧化钛组件，一个是具有多孔性用来感测氧气的二氧化钛陶瓷；另一个则为实心二氧化钛陶瓷，用来作加热调节器，补偿温度的误差。在两个元件的两端和两个元件的连接点处共引出 3 根引线，如图 6—2—9 所示。

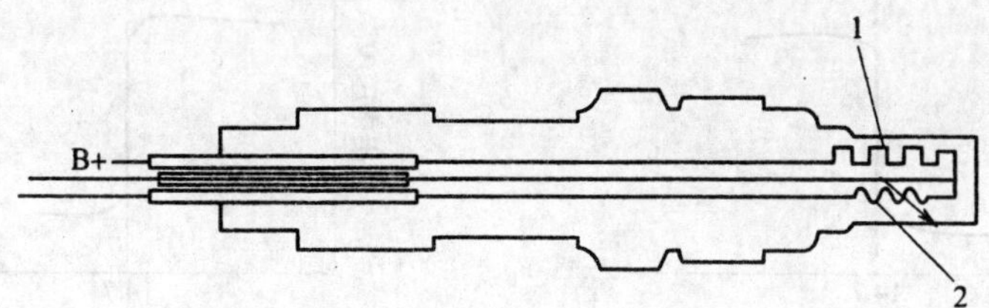

图 6—2—9　氧化钛式氧传感器两钛元件的内部连接

1—加热器　2—钛元件（电阻依氧含量而变化）

2. 工作原理

氧化钛式氧传感器的电路如图 6—2—10 所示。由于二氧化钛半导体材料的电阻具有随氧离子浓度的变化而变化的特性，因此，氧化钛式氧传感器的信号源相当于一个可变电阻。当发动机混合气稀（过量空气系数大于 1）时，排气中氧离子含量较多，传感元件周围的氧离子浓度较大，二氧化钛呈现低阻状态。当发动机的可燃混合气浓（过量空气系数小于 1）时，由于燃烧不完全，排气中会剩余少量氧气，传感元件周围的氧离子很少，二氧化钛呈现高阻状态。

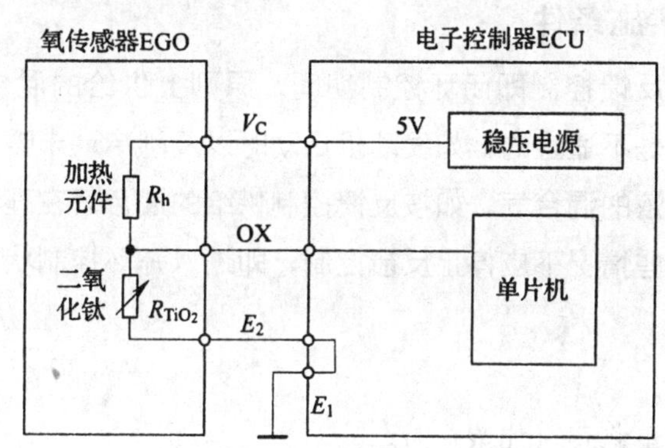

图 6—2—10　氧化钛式氧传感器与 ECU 的电路连接

与此同时，在催化剂铂的催化作用下，剩余氧离子与排气中的 CO 产生化学反应生成 CO_2，将排气中的氧离子进一步消耗掉，从而大大提高了传感器的灵敏度。因此，氧化钛式氧传感器的电阻将在混合气的过量空气系数约为 1（空燃比 A/F 约为 14.7）时产生突变，如图 6—2—11 所示。当 ECU 为氧化钛式氧传感器提供一个稳定的电压时，在其输出端便可得到一个随混合气浓度交替变化的信号电压，如图 6—2—12 所示。该稳定电压一般由 ECU 内部的稳压电源提供。

氧化钛式氧传感器与氧化锆式氧传感器相比，具有结构简单、体积小、价格低等优点，但有电阻随温度变化大的缺点。因此，需要温度补偿回路，或安装在温度较高的排气管上并通过内装加热器来确保温度稳定性。

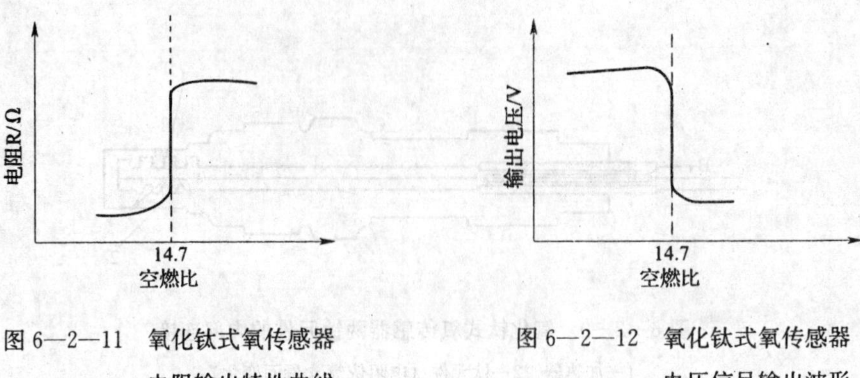

图 6—2—11　氧化钛式氧传感器电阻输出特性曲线

图 6—2—12　氧化钛式氧传感器电压信号输出波形

五、空燃比反馈控制

为了满足越来越严格的排放法规的要求，最有效地利用三元催化转换器对排气的催化净化效能，现代电控汽油机在绝大部分运行工况对空燃比都实行闭环控制。

根据氧传感器的输出特性（图 6—2—7b 或图 6—2—12），氧传感器输出电压信号在过量空气系数等于 1 时或者说在理论空燃比为 14.7 处发生跃变。电脑将利用这个空燃比反馈信号电压与基准电压 0.45 V 进行比较，判定混合气的浓稀程度以进行控制。如比理论空燃比浓，则缩短喷油时间；反之，则延长喷油时间。这就是空燃比反馈控制。

1. 反馈控制的实施条件

采用氧传感器进行反馈控制即闭环控制期间，原则上供给的混合气是在理论空燃比附近。但在有些条件下又是不适宜的，如发动机启动时以及刚启动未暖机时，由于发动机冷却液温度低，这时需要较浓的混合气，如按反馈控制供给的混合气在理论空燃比附近，发动机可能会熄火。所以在有些情况下应停止反馈控制，即进入开环控制状态。一般遇到以下情况反馈控制作用解除。

(1) 发动机启动时。

(2) 启动后燃油增量修正（加浓）时。

(3) 冷却液温度使燃油增量修正时。

(4) 节气门全开（大负荷、高转速）时。

(5) 加减速燃油量修正时。

(6) 燃油中断停供时。

(7) 从氧传感器送来的空燃比过稀信号持续时间大于规定值（如 10 s 以上）时。

(8) 从氧传感器送来的空燃比过浓信号持续时间大于规定值（如 4 s 以上）时。

此外，由于氧传感器的温度在 300℃以下不会产生电压信号，当然反馈控制也不会发生作用。

2. 短期/长期燃油修正

空燃比修正就是对基本喷射时期的反馈补偿值，燃油修正包括短期燃油修正和长期燃油修正。

当发动机处于闭环状态时，短期燃油修正将对空燃比进行小的、临时的修正。如果混合气过稀或过浓的程度超过了短期燃油修正的范围，这时就要进行长期燃油修正。

长期燃油修正值是由短期燃油修正值得到，并代表了燃油偏差的长期修正值。

短期/长期燃油修正的特点如下。

(1) 在闭环工况下起作用。

(2) ECU 通过对喷油量进行微调来控制空燃比。

(3) 短期燃油修正是 ECU 依据氧传感器的电压信号进行喷油量的修正。

(4) 长期燃油修正是 ECU 通过对短期燃油修正（长时间修正的趋势）的计算得来的，其目的是尽可能地让短期燃油修正的数值接近 0%，如果长期燃油修正的数值超过 5%，则表示发动机系统有故障，应该进行检查。

(5) OBDII 系统需经过两个发动机驱动循环才能得出有关燃油修正的故障码。短期燃油修正值是临时存储的，在点火开关后自动消失。长期燃油修正值是被存储在记忆单元中，并被用于确定基本喷油量，对开环和闭环中喷油器的喷射量控制都有影响。

(6) 燃油修正的方向与故障码是相反的。

六、空燃比传感器

空燃比传感器又称为宽范围氧传感器、宽带氧传感器、线性氧传感器或稀混合比氧传感器等。

由于普通氧传感器只能定性检测到排出气体浓度的高低，而不知道浓稀的程度。因此要使 A/F 保持在理论空燃比就显得非常困难，且当发动机需要作稀混合或浓混合控制时，这一类型的氧传感器便无法胜任了。而空燃比传感器不但可以检测出排出气体浓度的高低，还可以检测出实际的空燃比状况，如图 6—2—13 所示。

1. 宽带氧传感器结构

宽带氧传感器的结构如图 6—2—14 所示，主要由测试室、参考室、泵电池、氧浓差电池以及加热部件组成。

(1) 测试室和参考室

测试室是用来接收汽车内燃机排出的尾气的，而参考室是用来接收氧含量一定的气体或者空气。在测试室里安有四个阴极，在测试室与参考室之间有一个氧浓差电池，在测试室与排气之间有一个泵电池。

(2) 氧浓差电池

氧浓差电池（感应电池）是由氧化锆制成，位于测量室和参考室之间。当参考室和测量室内氧的浓度不同，就会在氧浓差电池两端产生一个电动势 U_s，而这个电动势的大小就反映了测量室中氧的浓度。

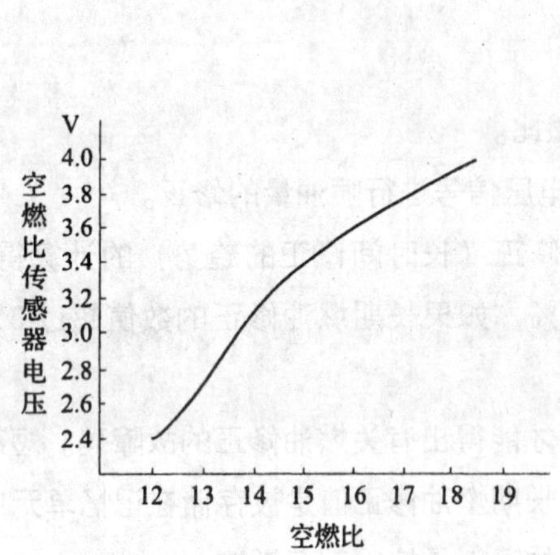

图 6—2—13 空燃比传感器信号电压输出特性

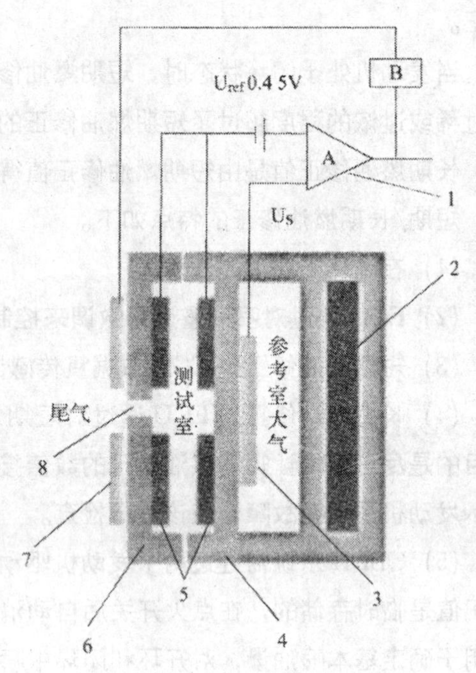

图 6—2—14 宽带型氧传感器结构原理

1—控制电路 2—加热器 3—阳极

4—氧浓度电池（参考电压） 5—阴极

6—氧化锆（泵电池） 7—阳极 8—扩散小孔

一般的氧化锆传感器将此电压作为控制单元的输入信号来控制燃气的混合比。而宽带型氧传感器与此不同的是：发动机控制单元根据此电压把感应室两侧的氧含量保持一致，让氧浓差电池电压值维持在 0.45 V。此过程由传感器的另一部分——泵电池来完成。

(3) 泵电池

泵电池位于测量室和排气管之间，泵电池由氧化锆制成，它根据氧化锆的反作用原理工作（在其两极加上电压后会有氧离子的移动），当泵电流流经泵电池时，就会使泵电池两端的氧离子产生移动，移动的方向由泵电流的方向确定。

(4) 加热部件

由于宽带氧传感器内部的氧浓差电池只有当温度在 700～800℃时性能最好。所以在传感器内安装有加热线圈，ECU 通过控制加热线圈的加热电压，使传感器保持合适的工作温度。

2. 工作原理

当内燃机燃烧为稀燃，即空燃比较大时，废气中氧的含量较高，大于理论值，此时氧浓度电池感应电压 U_s 小于 0.45 V，控制电路就会产生一个大于零的泵电流。泵电流流经泵电池后，产生一个把氧从测试室里抽出来的机制，以使测试室里面的氧含量恢复理论值，维持 U_s 在 0.45 V。而当内燃机燃烧为富燃，即空燃比较小的时候，废气中氧的含量较少，小于理论值，感应电压U_s大于0.45 V，此时控制电路后就会产生一个小于零的泵电流（即电流方向与稀燃时相反）。该泵电流能把氧从外面泵入测试室，以使测试室的氧的含量恢复理论值，维持U_s在0.45 V。由于不同浓度的混合气需要泵入或泵出氧的多少不同，故泵电池的泵电流与混合气的空燃比一一对应。空燃比与泵电流大小的关系大致如图6—2—15所示。宽带氧传感器就是通过泵电流的大小和方向，来反映废气的浓或稀，以及浓稀程度。并且，再将泵电流转换为0～5 V连续的线性电压输出。

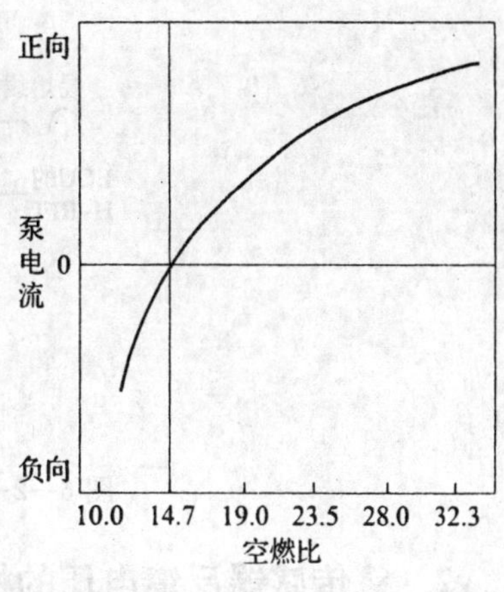

图6—2—15 泵电流与空燃比的关系

技能训练

实训任务一 氧传感器的检测

一、实训准备

1. 工具：常用工具一套、万用表、示波器、KT600汽车诊断仪、电路图或维修手册、实训报告。

2. 设备：发动机实训台架一台或实训车一辆。

二、实训要求

1. 认识氧传感器的结构、位置和电路图。

2. 掌握氧传感器的检查方法。

三、实训步骤

氧传感器一般有单线、双线、三线、四线4种引线形式。目前，四线式氧传感器应用较多。如图6—2—16所示为四线氧化锆式氧传感器与ECU的连接电路图，分别为氧传感器信号线3、4号端子，氧传感器加热线圈供电2号端子和加热线圈搭铁控制线1号端子。

1. 氧传感器加热器电阻的检测

点火开关置于OFF，拔下氧传感器导线插接器，用万用表欧姆挡测量氧传感器接线端中加热器端子与搭铁端子间的电阻，其电阻值应符合标准值（一般为4～40 Ω，具体数值参见具体车型说明书）。如不符合标准，应更换氧传感器。测量后，接好氧传感器线束插接器，以便作进一步的检测。

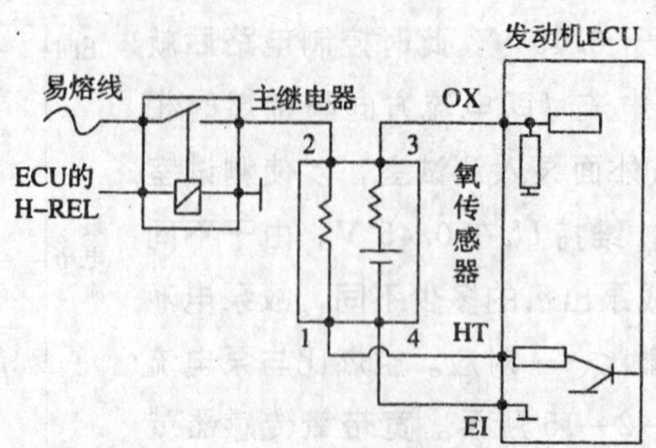

图 6—2—16 四线氧化锆式氧传感器连接电路

2. 氧传感器反馈电压的检测

测量氧传感器的反馈电压时，应拔下氧传感器的线束插头，对照车型的电路图，从氧传感器的反馈电压输出接线柱（3 号端子）上引出一条细导线，然后插好线束插头，在发动机运转中，从引出线上测出反馈电压。

具体的检测方法如下。

(1) 将发动机热车至正常工作温度（或启动后以 2 500 r/min 的转速运转 2 min)。

(2) 将万用表 2 V 直流电压挡的负表笔接搭铁，正表笔接氧传感器线束插头上的信号输出端。

(3) 让发动机以 2 500 r/min 左右的转速保持运转，同时用示波器检查氧传感器信号电压能否在 0~1 V 之间来回变化，记下 10 s 内电压的变化次数。

在正常情况下，随着反馈控制的进行，氧传感器的反馈电压将在 0.45 V 上下不断变化，10 s 内反馈电压的变化次数应不少于 8 次。如果少于 8 次，则说明氧传感器或反馈控制系统工作不正常，其原因可能是氧传感器表面有积炭，使灵敏度降低所致。对此，应让发动机以 2 500 r/min的转速运转约 2 min，以清除氧传感器表面的积炭，然后再检查反馈电压。如果在清除积炭后电压表指针变化依旧缓慢，则说明氧传感器损坏，或电脑反馈控制电路有故障。

(4) 检查氧传感器有无损坏

拔下氧传感器的线束插头，使氧传感器不再与电脑连接，反馈控制系统处于开环控制状态。将万用表电压挡的正表笔直接与氧传感器反馈电压输出接线柱连接，负表笔良好搭铁。检查氧传感器反应是否正常。

在发动机运转中测量反馈电压，通过突然踩下或松开加速踏板的方法来改变混合气的浓度。在突然踩下加速踏板时，混合气变浓，反馈电压应上升；突然松开加速踏板时，混合气变稀，反馈电压应下降。如果氧传感器的反馈电压无上述变化，表明氧传感器已损坏。

3. 氧传感器外观颜色的检查

从排气管上拆下氧传感器，检查传感器外壳上的通气孔有无堵塞，陶瓷芯有无破损。如有破损，则应更换氧传感器。

通过观察氧传感器顶尖部位的颜色也可以判断故障，见表 6—2—2。

表6—2—2 氧传感器顶尖部位的颜色

图示	氧传感器状况	原因
	淡灰色顶尖	这是氧传感器的正常颜色
	保护管沉积物颜色介于亮白色和颗粒状的浅灰色之间	由硅污染造成的，此时必须更换氧传感器。硅化合物存在于一些密封材料、润滑剂及防冻剂等材料中，如大修时使用了含硅的密封胶，它们参与燃烧形成了沉积
	保护管表面棕色顶尖	由铅污染造成的，如果严重，也必须更换氧传感器
	保护管表面黑色顶尖	由积炭造成的，在排除发动机积炭故障后，一般可以自动清除氧传感器上的积炭

实训任务二　三元催化转换器的检测

一、实训准备

1. 工具：常用工具一套、万用表、示波器、电路图或维修手册、实训报告。
2. 设备：丰田威驰发动机实训台架2～4台或丰田威驰轿车整车2～4辆。

二、实训要求

通过实训，认识三元催化转换器的结构、安装位置和电路图，掌握三元催化转换器的检查方法。

三、实训步骤

1. 外观检查

检查催化转换器在行驶中是否受到损伤以及是否过热。

(1) 将车辆升起之后，观察催化转换器表面是否有凹陷，如有明显的凹痕和刮擦，则说明催化转换器的载体可能受到损伤。同时要检查催化转换器是否有裂纹，各连接是否牢固，各类导管是否有泄漏，如有则应及时加以处理。

(2) 观察催化转换器外壳上是否有严重的褪色斑点或略有成青色和紫色的痕迹，在催化转换器防护罩的中央是否有非常明显的暗灰斑点，如有则说明催化转换器曾处于过热状态，需作进一步的检查。

(3) 用拳头敲击并晃动催化转换器，如果听到有物体移动的声音，则说明其内部催化剂载体破碎，需要更换催化转换器。此时也可使用内窥镜检查三元催化转换器内部是否有结焦、熔化和破碎现象，在没有内窥镜时，可从汽车上拆下三元催化转换器，用手电筒从一端沿轴向照射三元催化转换器内部，由维修人员在另一端直接观察。

2. 背压试验

催化转换器由于结焦、烧熔、破碎剥落及油污聚集等原因会造成陶瓷蜂窝载体孔道阻塞，由于流阻增大，会使得催化转换器前的排气背压增高。

检测排气背压的方法：拆下氧传感器或检测螺塞，接上压力表（或从二次空气喷射管路上脱开接空气泵止回阀的接头，再在二次空气喷射管路中接入压力表），在发动机转速为2 500 r/min时观察压力表的读数，此时压力表的读数应小于17.24 kPa。如果排气背压大于或等于20.70 kPa，表明排气系统堵塞；如果排气背压超过发动机所规定的限值，则需将催化转换器后端的排气系统拆掉。重复以上试验，如果催化转换器堵塞，排气背压仍将超过发动机所规定的限值；如果排气背压下降，说明消声器或催化转换器下游的排气系统出现问题。另外也可通过测量催化转换器前后的压力差来判断，当压力差超过规定值时，说明催化器有堵塞。

3. 真空试验

当排气系统堵塞造成排气不畅时，也会反向影响到进气的顺畅而造成进气管路真空度的下降，因此，通过对进气真空度的检测，也可以间接反映排气通道的堵塞情况。

进行进气真空度检测时，应先将废气再循环（EGR）阀上的真空软管取下，并用塞子将管口塞住，以避免产生虚假的真空泄漏现象。然后将真空表接到进气歧管上，将发动机缓慢加速到2 500 r/min，观察真空表读数。若真空表读数瞬间下降后又回升到原有水平(47.5～74.5 kPa)，并能稳定地保持在这一水平至少15 s，说明催化转换器没有堵塞；若真空表读数下降，则可能为催化转换器或排气管堵塞。但是进气歧管真空度下降，并不能完全说明是由催化转换器堵塞造成的。发动机供油量减少时，进气歧管的真空度也会下降，因此与进气真空度相比，排气背压试验更能真实反映催化转换器的情况。

以上方法只能检查催化转换器机械故障，催化转换器的性能好坏，也就是其转化效率的高低，则需要通过下列的检查来判断。

4. 测量三元催化转换器进出口温度

催化转换器在正常工作状态下，由于氧化反应产生了大量的反应热，因此可通过温差对比来判断催化转换器性能的好坏。

(1) 启动发动机，预热至正常工作温度。

(2) 将发动机转速维持在 2 500 r/min 左右，将车辆举升，用数字式温度计（接触式或非接触式红外线激光温度计）测量催化转换器进口和出口的温度，需尽量靠近催化转换器(50 mm 内)。

正常工作时，催化转换器出口的温度应至少高于进口温度 10%～15%，大多数正常工作的催化转换器，其催化转换器出口的温度高于进口温度 20%～25%。如果出口温度值低于正常的范围，则催化转换器工作不正常，需更换。如果出口温度值超过以上范围，则说明废气中含有异常高浓度的 CO 和 HC，需对发动机本身作进一步的检查。

5. 测量三元催化转换器前后氧传感器信号

三元催化转换器对发动机的排放控制具有极其重要的意义。没有三元催化转换器就不可能满足欧洲排放法规。第二代车载故障诊断系统（OBD－Ⅱ）具有对三元催化转换器进行故障诊断的功能。在该系统中三元催化转换器的上游和下游各装一个氧传感器。通过检测上、下游氧传感器的波形，判断三元催化转换器是否失效。

如图 6—2—17 所示波形表示三元催化转换器正常，如图 6—2—18 所示波形表示三元催化转换器不正常。

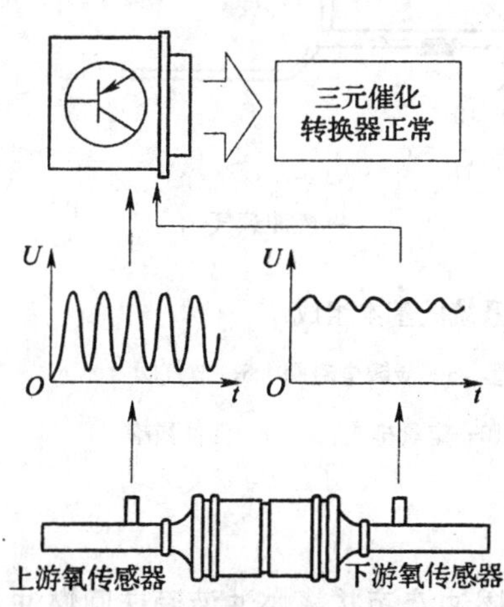

图 6—2—17 三元催化转换器正常时前后氧传感器波形

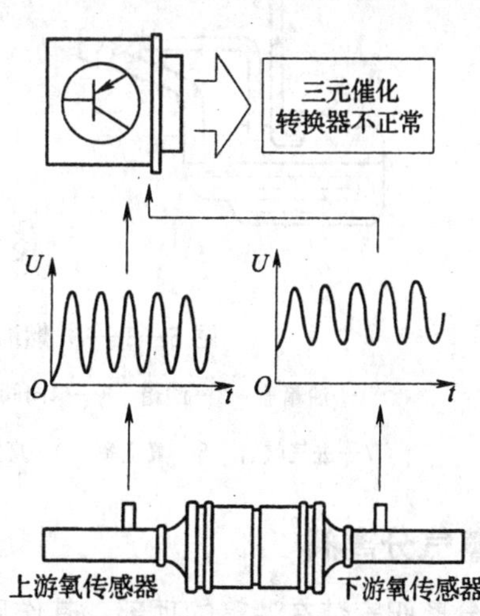

图 6—2—18 三元催化转换器不正常时前后氧传感器波形

§6—3 燃油蒸发控制系统

学习目标

1. 掌握燃油蒸发控制系统的结构。
2. 掌握燃油蒸发控制系统的工作原理。
3. 能进行燃油蒸发控制系统主要部件的检测。

油箱中的燃油因外部空气、排气管的热辐射以及系统回油管流回的过量燃油使油箱中的燃油受热挥发。其主要成分是 HC，它占汽车总 HC 排放量的 20%左右。为了改善大气质量必须安装燃油蒸发排放控制系统（EVAP）。

一、燃油蒸发控制系统的结构

燃油蒸发控制系统的作用是防止汽车油箱内蒸发的燃油蒸气排入大气。燃油箱蒸气控制系统随汽车制造商和生产年代的不同而有所不同，但大致主要由蒸气回收罐（也称活性炭罐）、炭罐电磁阀、蒸气分离阀及相应的蒸气管道和真空软管等组成，如图 6—3—1 所示。

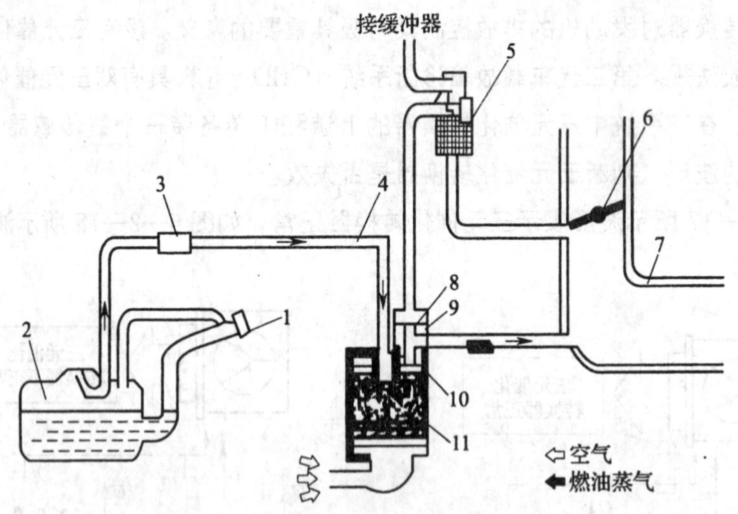

图 6—3—1 燃油蒸发控制系统的基本组成

1—油箱盖 2—油箱 3—单向阀 4—排气管 5—炭罐电磁阀 6—节气阀 7—进气歧管 8—真空室 9—真空控制阀 10—定量排放孔 11—活性炭罐

1. 蒸气分离阀

蒸气分离阀安装在油箱的顶部，其作用是收集燃油液滴并将燃油液滴送回燃油箱。它只允许燃油蒸气进入炭罐，不允许液态汽油进入炭罐，否则当发动机运行时，一旦 EVAP 系统工作，液态燃油就会进入进气歧管，造成混合气浓度加大，发动机工作不平稳等；同时防止汽车翻倾时油箱内的燃油从蒸气管道中漏出。

蒸气分离阀主要有两种类型，即泡沫式和浮子式。

(1) 泡沫式蒸气分离阀

泡沫式蒸气分离阀如图 6—3—2 所示。泡沫式蒸气分离阀内安装有蜂窝孔状的泡沫材料。当正常工作时，只有蒸气能够通过蜂窝孔的过滤材料进入炭罐；而液态的燃油不能通过泡沫材料，从而实现燃油蒸气和液体燃油的分离。

(2) 浮子式蒸气分离阀

浮子式蒸气分离阀如图 6—3—3 所示。在阀内安装有一个浮子，通过浮子上的针阀控制蒸气出口的开闭。当正常工作时，阀蒸气进入蒸气分离阀下面的两个入口，蒸气不能影响中心浮子的位置，它们能够容易地通过中心孔并到达炭罐。但当燃油从油箱进入的时候，浮子升起使顶端的针阀关闭，防止燃油进入炭罐。

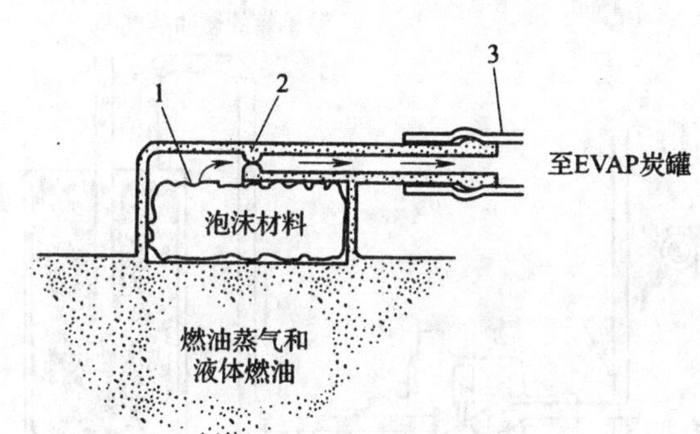

图 6—3—2　泡沫式蒸气分离阀

1—蜂窝孔泡沫（液体燃油不能通过）

2—节流孔　3—蒸气管

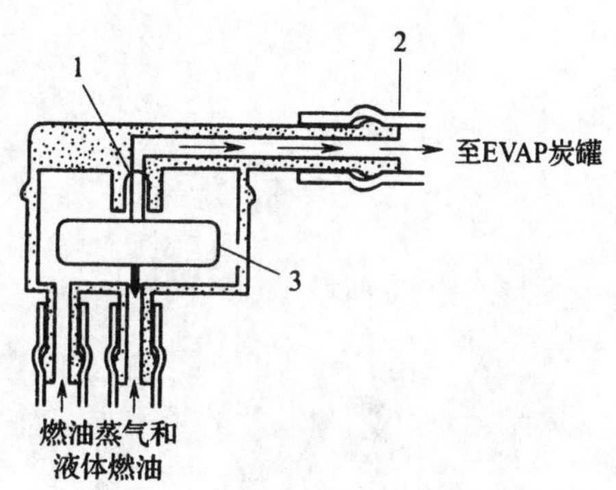

图 6—3—3　浮子式蒸气分离阀

1—针阀　2—蒸气管　3—浮子

2. 活性炭罐

活性炭罐如图 6—3—4 所示。炭罐本身是一个抗油性的尼龙或塑料容器，里面装满了活性炭颗粒，活性炭可以吸附燃油蒸气中的燃油分子。当油箱内的燃油蒸气经蒸气管道进入蒸气回收罐时，蒸气中的燃油分子被活性炭吸附，并在真空吸力作用下可以释放燃油蒸气。

(1) 活性炭罐的管路连接。炭罐有三根管，如图 6—3—5 所示。一根为从燃油箱来的蒸气管，一根为连接进气道的蒸气放泄管，另一根为带有空滤器的新鲜空气管。

(2) 活性炭罐的位置。有的位于车前叶子板内侧；有的位于车后油箱附近。

(3) 活性炭罐的形状。有圆柱形、长方形。

3. 炭罐电磁阀

炭罐电磁阀实物如图 6—3—6 所示，管路连接如图 6—3—7 所示，一端通过管路与进气道相接，另一端通过管路与炭罐相接。炭罐电磁阀上的插头有两个端子，一个端子为供电端

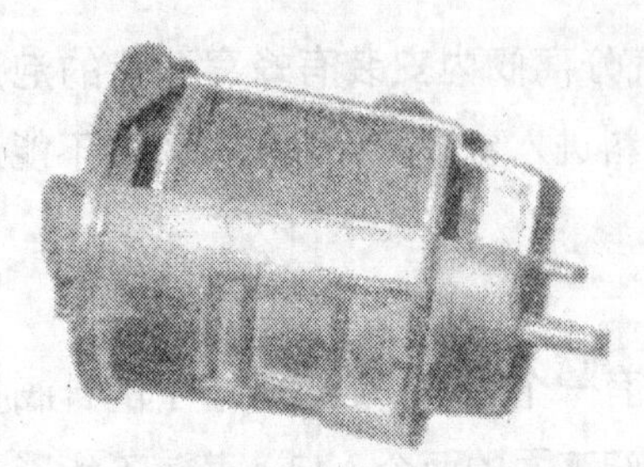

图 6—3—4　活性炭罐

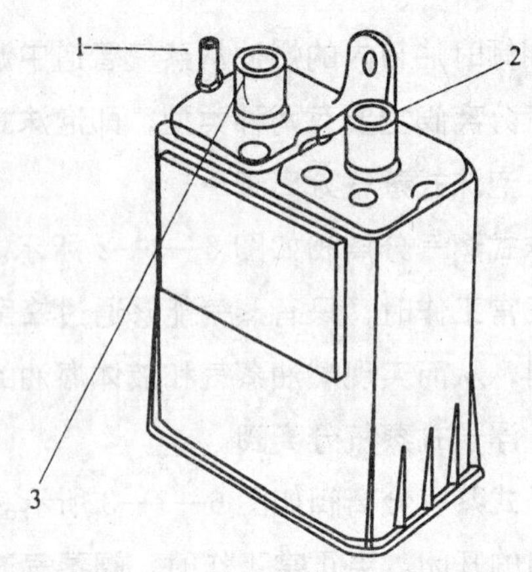

图 6—3—5　活性炭罐通气孔的位置

1—从燃油箱来的蒸气　2—新鲜空气　3—至进气歧管

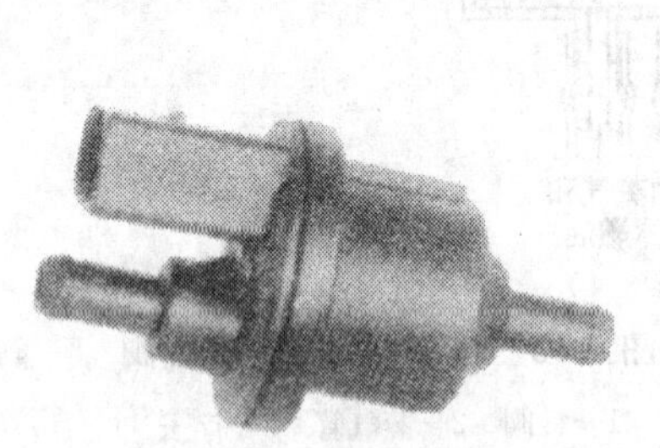

图 6—3—6　炭罐电磁阀实物

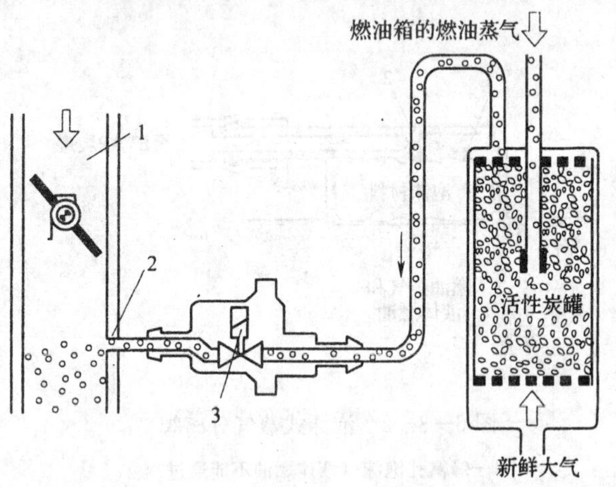

图 6—3—7　炭罐电磁阀的管路连接

1—节气门体前侧　2—节气门体后侧　3—活性炭罐电磁阀

子连接蓄电池，另一个端子连接 ECU 为搭铁控制端子，发动机微机采用脉冲宽度调制，控制两根管路相通截面积的大小，控制燃油蒸气的放泄量。

当发动机运转时，如果电磁阀开启，则在进气歧管真空吸力的作用下，新鲜空气将从活性炭罐的下方进入，经过活性炭后再从蒸气回收罐的出口通过活性炭罐电磁阀进入发动机进气歧管，把吸附在活性炭上的燃油分子送入发动机燃烧，使之既达到控制燃油蒸发污染的目的又充分将燃油利用。同时，该气流还对活性炭罐内的活性炭进行了“清洗”使其恢复吸附能力，具有再生功能，不会因使用太久而失效。

4. 燃油箱盖

燃油箱盖起到密封 EVAP 系统的作用，同时调节燃油箱的压力和真空，如图 6—3—8 所示。当燃油箱内压力升到 55.16 kPa 时，压力释放阀打开，燃油箱压力释放。如燃油箱内真空度大于 338 Pa 时，真空释放阀将真空释放掉避免油箱变形。

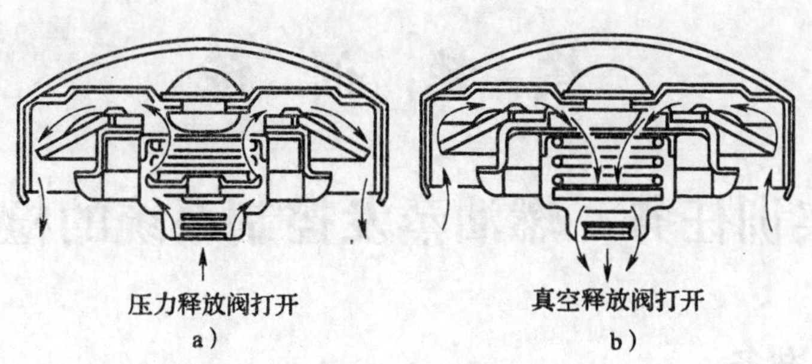

图 6—3—8 燃油箱盖对油箱内压力和真空的调节原理
a）压力泄漏 b）真空泄漏

二、燃油蒸发控制系统的工作原理

当环境温度升高时，加速了油箱内的燃油蒸发，来自燃油箱的燃油蒸气被送至炭罐，炭罐里的活性炭粒将燃油蒸气吸附在其表面，即储存起来。ECU 根据发动机的液温、转速、节气门开度等运行参数，控制炭罐电磁阀通电打开，进气道的真空进入炭罐，从活性炭上吸离燃油蒸气，同时将外界新鲜空气通过空滤器吸入炭罐，新鲜空气和燃油蒸气混合被吸入进气道，进入燃烧室燃烧。

1. 通常考虑条件

发动机动力控制模块（PCM）使炭罐电磁阀通电工作通常考虑以下条件。

（1）发动机启动超过规定时间。

（2）冷却液温度高于一定值。

（3）发动机不处于怠速运转工况。

（4）发动机转速达到一定数值时。

（5）车速达到一定数值时。

（6）发动机不在减速断油模式中，并且节气门开度小于 96%。

（7）发动机在闭环燃油控制模式中。

2. 较高清污率条件

满足下列条件，在可能产生大量燃油蒸气的条件下使用具有较高清污率。

（1）进气温度超过 50℃。

（2）发动机冷却液温度高于 100℃。

（3）发动机已运行 15 min 以上。

技能训练

实训任务 燃油蒸发控制系统的检测

一、实训准备

1. 工具：常用工具一套、万用表、电路图或维修手册、实训报告。
2. 设备：发动机实训台架一台或实训车一辆。

二、实训要求

1. 认识燃油蒸发控制系统的结构、安装位置和电路图。
2. 掌握燃油蒸发控制系统的检查方法。

三、实训步骤

对燃油蒸发控制系统的故障，一般采用就车检测和单件检测方法来查找。

1. 就车检测

就车检测可按下述顺序进行：

(1) 将发动机预热至正常工作温度，并使之怠速运转。

(2) 拔下蒸气回收罐上的真空软管，检查软管内有无真空吸力。若燃油蒸发控制系统工作正常，在发动机怠速运转中电磁阀应关闭、真空软管内无真空吸力。如果此时真空软管内有真空吸力，则用万用表电压挡检查电磁阀线束连接器端子上是否有电压。若电磁阀线束连接器端子上有电压，说明发动机控制单元有故障；若无电压，则说明电磁阀有故障（卡死在开启位置）。

(3) 踩下加速踏板，当发动机转速大于 2 000 r/min 时，检查上述真空软管内有无真空吸力。若真空软管内有真空吸力，则说明该系统工作正常；若真空软管内无真空吸力，则用万用表电压挡检查电磁阀线束连接器端子上是否有电压。若电压正常，说明电磁阀有故障；若电压异常，则说明发动机控制单元或控制线路有故障。

2. 单件检测

(1) 检查电磁阀电磁线圈的电阻值

拔下电磁阀线束连接器，用万用表欧姆挡测量电磁阀电磁线圈的电阻值，如图 6—3—9 所示。电阻值应符合规定值，否则应更换电磁阀。

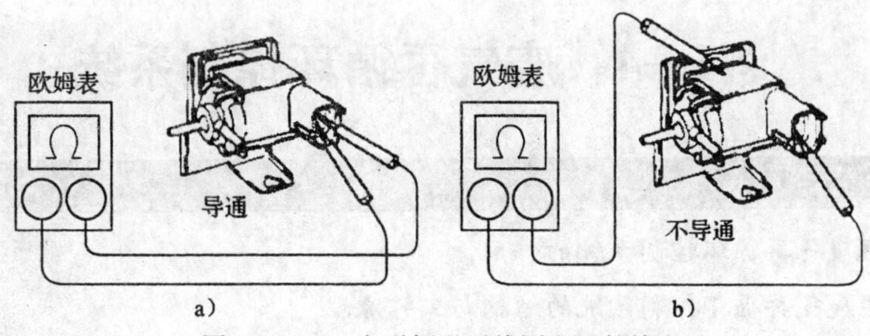

图 6—3—9 电磁阀电磁线圈电阻的检查

a）20℃时电阻值约为 19～33 Ω b）与壳体不导通

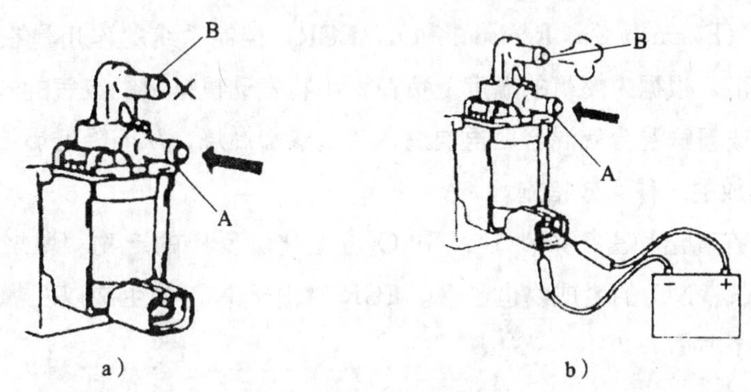

图 6—3—10 检查活性炭罐排气阀导通情况

a）不通电时 b）通电时

（2）检查电磁阀的工作

1）如图 6—3—10a 所示，在接插件断开的情况下，向“A”管中吹气。空气不应从“B”管中出来。

2）如图 6—3—10b 所示，将 12 V 的蓄电池接到活性炭罐排气阀插头上。在这种状态下，向“A”管吹气，空气应该从 B 管吹出。如果检查结果与之不符，则更换活性炭罐排气阀。

（3）活性炭罐的检查

1）从活性炭罐上取下软管，并拆下活性炭罐。

2）如图 6—3—11 所示，从油箱管吹空气时，排气管道及空气管道中应有空气吹出，不应有阻力存在。若存在阻力，则必须更换活性炭罐。

图 6—3—11 活性炭罐的检查

1—排气管 2—油箱管 3—空气管

注意：

不要在活性炭罐排气管处抽吸空气，因为活性炭罐内的燃油蒸发物对人体有害。

§6—4 废气再循环控制系统

学习目标

1. 掌握废气再循环控制系统的作用。
2. 掌握废气再循环控制系统的结构与工作原理。

一、废气再循环控制系统的作用

废气再循环（Exhaust Gas Recirculation，EGR）控制系统的作用是在保证内燃机动力性不降低的前提下，根据内燃机的温度及负荷大小将发动机排出的废气的一部分再送回进气管，和新鲜空气或新鲜混合气混合后再次进入气缸参加燃烧，从而降低燃烧温度，这是目前用于降低 NO_x 排放的一种有效措施。

由于 NO_x 是在高温和富氧条件下 N_2 和 O_2 发生化学反应的产物。燃烧温度和氧浓度越高，持续时间越长，NO_x 的生成物也越多。EGR 对由于 NO_x 的生成以及燃烧过程的影响主要体现在以下几个方面。

1. 稀释效应

再循环的废气替代了一部分新鲜空气，使得新鲜空气量减少，氧气浓度降低。氧气浓度降低后，一方面，燃料的焰前化学反应和燃烧反应速度都将降低，也就是着火滞燃期和燃烧持续期延长；另一方面，N_2 与 O_2 接触的机会也减小，这样可以极大地降低 NO_x 的生成量。

2. 热效应

再循环废气中的 CO_2 和 H_2O 具有较高的比热容，能比空气吸收更多的热量，使燃烧室的最高温度随之下降，有利于抑制 NO_x 的生成，降低 NO_x 的排放。

3. 化学效应

在高温下，废气中 CO 与水蒸气会发生裂解，裂解是一个高的吸热过程，会吸收一部分燃烧热量，使得缸内峰值温度降低，这样会减少因峰值温度过高而造成对 NO_x 排放的影响。

二、EGR 系统的废气循环量的控制

为减低 NO_x 的排放，将废气引入燃烧室后，其燃烧速度和燃烧温度下降，这样会造成发动机在全负荷时的最大输出功率有所下降；中等负荷时，会使燃油消耗率升高，HC 排放上升；小负荷时，特别是怠速时过度的废气再循环将使燃烧不稳定，甚至导致发动机“缺火”。

因此，为了使 EGR 系统能更有效地发挥作用，使之在不同工况下既能保证发动机的各种最佳性能，又能实现减少 NO_x 生成量的控制目标，主要措施是根据发动机的温度及负荷

的大小控制废气再循环的循环量。

通常，废气再循环的循环废气量用 EGR 率表示，其公式如下：

$$\text{EGR 率}=\frac{\text{EGR 流量}}{\text{吸入空气量}+\text{EGR 流量}}\times 100\%$$

EGR 系统的控制如下。

1. 在发动机暖机过程中，冷却液温和进气温度均较低，NO_x 排放浓度也很低，混合气供给不均匀，为确保发动机燃烧稳定性，冷机时不进行 EGR 控制。

2. 怠速和小负荷时，NO_x 排放浓度低，为了保证稳定燃烧，不进行 EGR 控制。

3. 当发动机水温达到正常工作温度、负荷增大运转时，燃烧室内温度升高，促使 NO_x 的生成，此时最好的方法是降低燃烧室温度，即进行 EGR 控制。

4. 大负荷、高速时，此时虽温度很高，但氧浓度不足，NO_x 排放生成物较少，且为了保证发动机有较好的动力性，通常也不进行 EGR 或减少 EGR 率。

三、EGR 系统主要分类及控制方式

EGR 阀是排气再循环系统中的关键部件，它通常被安装在进气歧管上，车用燃油机 EGR 系统主要有三种形式：真空控制 EGR 系统（机械式）、电控真空驱动 EGR 系统（气电式）和电控式 EGR 系统，如图 6—4—1 所示。

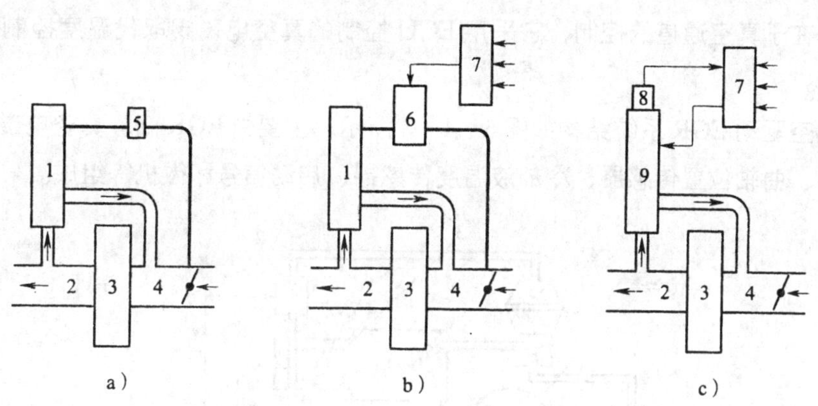

图 6—4—1　EGR 系统的结构形式

a）真空控制 EGR 系统　b）电控真空驱动 EGR 系统　c）电控式 EGR 系统

1—真空驱动 EGR 阀　2—排气管　3—发动机　4—进气管　5—温度控制阀

6—电控真空调节器　7—电子电控单元　8—EGR 阀位置传感器　9—电磁驱动 EGR 阀

1. 真空控制 EGR 系统（机械式）

在如图 6—4—1a 所示的真空控制 EGR 系统中，EGR 阀上有一个接真空控制信号的软管与节气门后方相连，用来控制 EGR 阀的开与闭。温度控制开关常常安装在冷却剂通道中，根据发动机的工作温度接通或断开通向 EGR 阀的真空控制信号。

真空控制 EGR 系统的工作原理如图 6—4—2 所示，当发动机处于怠速时，节气门关闭，无真空压力作用在 EGR 阀的膜片上，在弹簧的作用下阀门保持关闭，没有废气进入进气歧

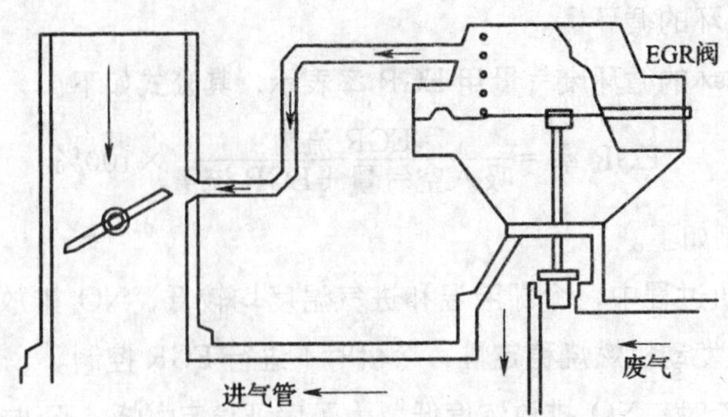

图 6—4—2 真空控制 EGR 系统基本工作原理

管。随着发动机负荷增大，节气门打开，真空信号传送到 EGR 阀时，膜片上移，阀门开启，废气进入进气歧管开始循环。当发动机处于大负荷时，节气门全开，此时真空口处的真空很小，EGR 阀关闭，以使发动机保持足够的动力性能。

由此不难看出，真空控制 EGR 系统（机械式）废气再循环量的控制除低温切断 EGR 真空通道外，其余控制规律依据发动机节气门后的真空度控制 EGR 工作时间。真空控制 EGR 系统没有 ECU 的介入，是一种机械式的 EGR 系统。

2. 电控真空驱动 EGR 系统

如图 6—4—1b 所示为电控真空驱动 EGR 系统。气电式 EGR 系统与机械式 EGR 系统的主要区别在于真空通道的控制，它采用 ECU 控制的真空电磁阀取代温度控制阀来控制真空通道。

电控真空驱动 EGR 系统结构如图 6—4—3 所示，主要由 EGR 阀、真空电磁阀、节气门位置传感器、曲轴位置传感器、冷却液温度传感器、启动信号和微机等组成。

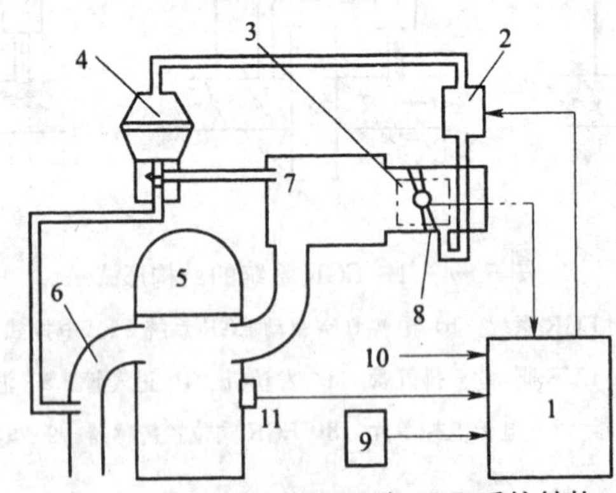

图 6—4—3 电控真空驱动 EGR 系统结构

1—微机 2—真空电磁阀 3—节气门位置传感器 4—EGR 阀 5—发动机 6—发动机排气管
7—发动机进气管 8—节气门 9—曲轴位置传感器 10—发动机启动信号 11—冷却液温度传感器

3. 可变 EGR 率式电控真空驱动 EGR 控制系统

可变 EGR 率式电控真空驱动 EGR 控制系统如图 6—4—4 所示，主要由微机、EGR 阀、节气门位置传感器、EGR 真空电磁阀、节气门、曲轴位置传感器、定压阀、调压阀等组成。

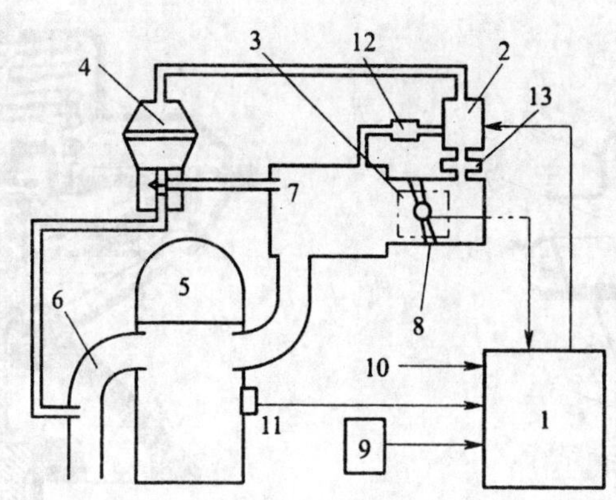

图 6—4—4　可变 EGR 率式电控真空驱动 EGR 控制系统

1—微机　2—EGR 真空电磁阀　3—节气门位置传感器　4—EGR 阀　5—发动机　6—发动机排气管　7—发动机进气管　8—节气门　9—曲轴位置传感器　10—发动机启动信号　11—冷却液温度传感器　12—定压阀　13—调压阀

发动机工作时，ECU 根据各种传感器传送的信号，确定发动机在哪一种工况工作，向 EGR 真空电磁阀输出不同占空比的脉冲电压，从而获得为适应发动机工况所需的不同的 EGR 率。脉冲电信号的占空比越大，电磁阀打开时间越长，进入调压阀负压室的空气量越多，真空度越小，排气再循环控制阀开度越小，EGR 率越小，当小至某一值时，排气再循环阀关闭，排气再循环系统停止工作。反之，脉冲电信号的占空比越小，EGR 率越大。

4. 废气再循环阀

EGR 阀控制废气进入进气歧管，EGR 阀处在进、排气歧管之间。EGR 阀有真空式和电磁式两种。真空式 EGR 阀又分为普通型、正背压和负背压三种。

(1) 普通型 EGR 阀

普通型 EGR 阀结构如图 6—4—5 所示，主要由膜片、复位弹簧、阀、阀座等组成。在 EGR 阀内有一膜片，膜片上方为一个密封的真空室。膜片通过阀杆连接下部的锥形阀。膜片上方的弹簧将膜片向下推，使锥形阀落在阀座上。系统工作时，真空作用于 EGR 真空室的膜片上，带动锥形阀打开进、排气歧管之间的通道。

(2) 正背压 EGR 阀

正背压 EGR 阀如图 6—4—6 所示，EGR 阀内有一个位于膜片中央的控制阀。一个软弹簧使此阀常开，排气通道从锥形阀下端经阀杆连到控制阀，膜片下部通大气。发动机运转时，排气压力作用于控制阀内。

当发动机低速运转时，排气压力不足以关闭控制阀。如果有真空压力供给膜片室，真空压力通过控制口排出，锥形阀仍保持关闭。

当发动机转速和车速增加时，排气压力也增加，排气压力关闭 EGR 阀控制阀。当有真空压力供给膜片室时，膜片和 EGR 阀上升，EGR 阀打开。

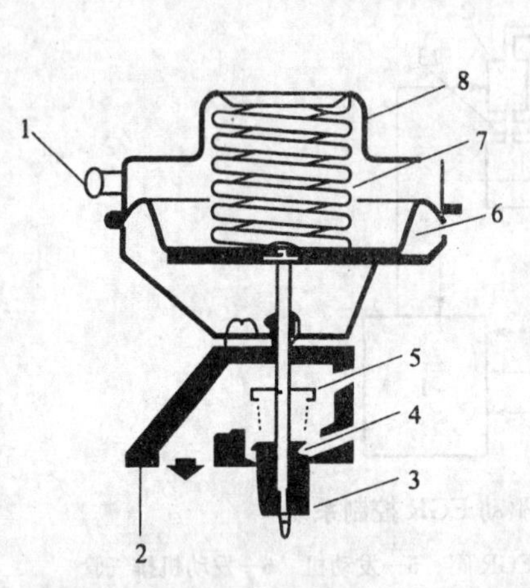

图 6—4—5　普通式 EGR 阀

1—真空入口　2—进气　3—废气　4—阀闭
5—阀开　6—膜片　7—弹簧　8—EGR 阀

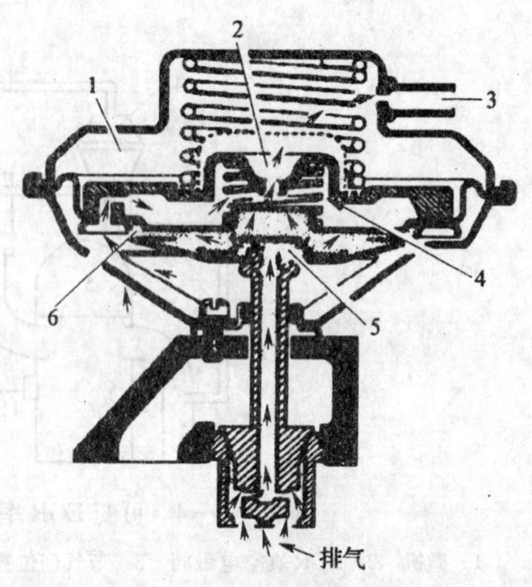

图 6—4—6　正背压 EGR 阀

1—真空室　2—当停机时控制阀开启　3—控制真空
4—控制阀弹簧　5—减压器　6—膜片

(3) 负背压 EGR 阀

负背压 EGR 阀如图 6—4—7 所示，阀里有一个常闭的控制阀位于膜片中央，一个排气通道从锥形阀下端经阀杆连到控制阀。当汽车速度和发动机转速较低时，排气系统中的控制阀开启；当汽车和发动机的速度增加到某一设定值时，控制阀关闭。当有真空压力供给膜片室，EGR 阀就打开。

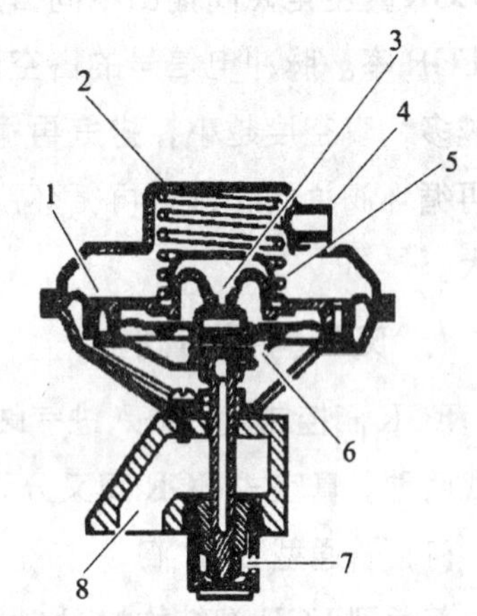

图 6—4—7　负背压 EGR 阀

1—膜片　2—废气再循环阀　3—放气孔
4—真空入口　5—大弹簧　6—小弹簧
7—锥形阀　8—进气

5. 真空电磁阀

真空电磁阀（Vacuum Solenoid Valve，VSV）有三条气道：一条接真空，一条接 EGR 阀，另一条通大气。当电磁阀不通电时，铁心在弹簧作用下，堵塞真空气道，使通往 EGR 阀的气道与大气相通；当电磁阀通电时，铁心压缩弹簧，堵塞大气气道，使真空气道与通往 EGR 阀的气道相通，如图 6—4—8 所示。

以上形式的 EGR 控制系统由于没有 EGR 针阀位置的反馈信息，系统始终处于开环状态。EGR 率只能预先设定，不能检测并控制发动机各种工况下的实际 EGR 率。另外，真空管路也存在滞后效应的缺点。

6. 闭环控制式 EGR 控制系统

现代汽车发动机的 EGR 系统是在电控开环的基础上，设置 EGR 温度传感器或 EGR 针阀位置传感器，自动将实际 EGR 率反馈给 ECU，供 ECU 对输出的控制信号进行修正，使

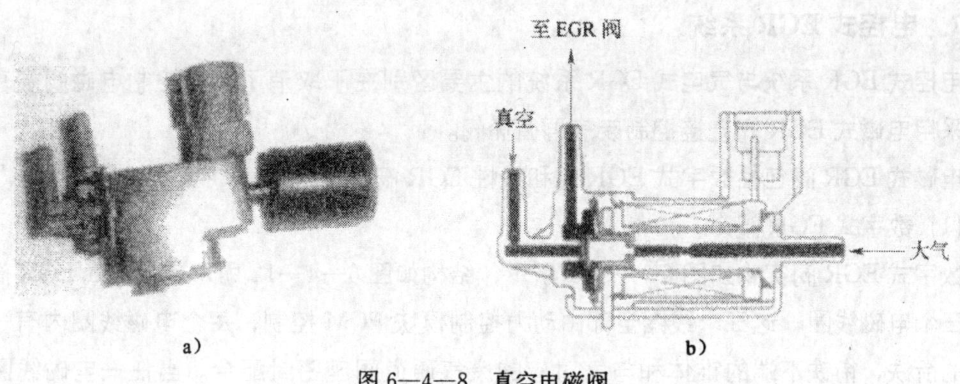

图 6—4—8　真空电磁阀
a）外形　b）结构

实际的 EGR 率与控制目标更逼近。这种具有反馈监控功能的闭环控制系统实现了对 EGR 率的精确控制。

(1) 用 EGR 阀开度作为反馈信号的闭环控制 EGR 系统

用 EGR 阀开度作为反馈信号的闭环控制 EGR 系统如图 6—4—9 所示。与普通 EGR 系统相比，该系统在 EGR 阀上增加了一个用于检测其开启高度的电位计式 EGR 位置传感器。该传感器可将 EGR 阀开启高度转换为相应的电压信号反馈给 ECU，ECU 根据反馈信号控制真空电磁阀的动作，进而调节 EGR 阀膜片室的真空度，改变 EGR 率。

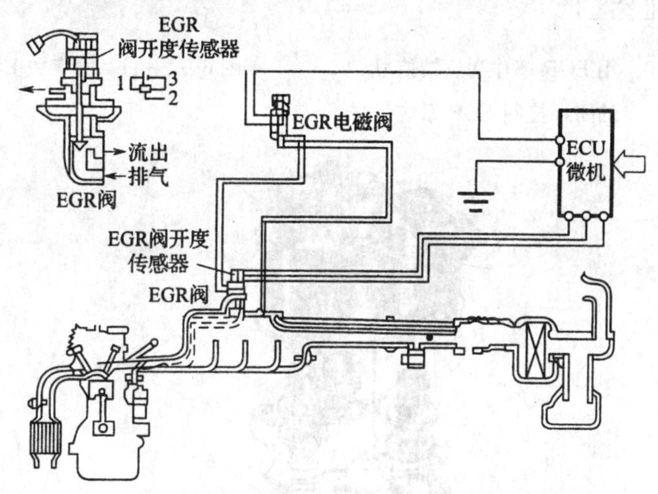

图 6—4—9　用 EGR 阀开度作为反馈信号的闭环控制 EGR 系统

(2) 用 EGR 率作为反馈信号的闭环控制 EGR 系统

如图 6—4—10 所示为日本三菱汽车公司开发的可直接用 EGR 率作为反馈信号的闭环控制 EGR 系统。新鲜空气经节气门进入稳压箱，发动机中的一部分循环废气经控制阀也进入稳压箱；稳压箱中设置有 EGR 率传感器，它不断检测稳压箱中新鲜空气与废气所形成的混合气中的氧气浓度，并将检测结果输入 ECU。ECU 经分析、计算后向控制阀输出控制信息，并不断调整 EGR 阀的开启度，实现 EGR 系统的闭环控制。

7. 电控式 EGR 系统

电控式 EGR 系统与气电式 EGR 系统的主要区别在于取消了真空控制电磁阀及真空通道，采用电磁式 EGR 阀直接控制废气再循环阀。

电磁式 EGR 阀包括数字式 EGR 阀和线性 EGR 阀。

(1) 数字式 EGR 阀

数字式 EGR 阀实物如图 6—4—11 所示，结构如图 6—4—12 所示。数字式 EGR 阀内装备有三个电磁线圈，这三个线圈全部由动力控制模块 PCM 控制，每个电磁线圈内有一个可移动的衔铁，衔铁下端的锥体和与之对应的废气通道阀座密封配合。当任一电磁线圈通电时，活动衔铁就被电磁力所吸引，废气可通过开启的废气通道进入进气管路。三个电磁线圈所对应的废气通道截面积各不相同。

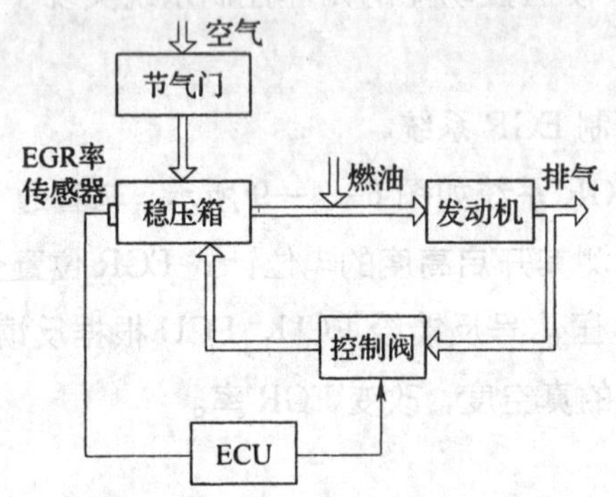

图 6—4—10 用 EGR 率作为反馈信号的闭环控制 EGR 系统

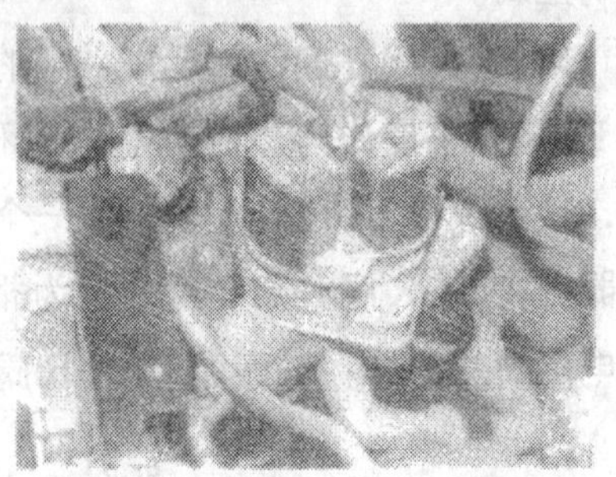

图 6—4—11 数字式 EGR 阀实物

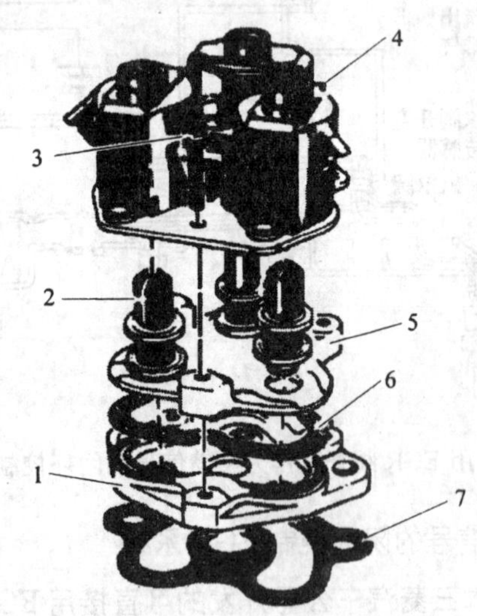

图 6—4—12 数字式 EGR 阀结构

1—底座 2—可动铁心 3—螺钉 4—电磁线圈及安装板组件 5—底板 6—衬垫 7—绝缘垫

ECU 根据传感器信号，控制三个电磁阀按八种不同方式组合，从而产生八种不同 EGR 率控制，见表 6—4—1。

表 6—4—1　　数字式 EGR 阀的八种组合方式

组合方式	第 1 孔	第 2 孔	第 3 孔	EGR 流量（%）
0	闭	闭	闭	0
1	开	闭	闭	14
2	闭	开	闭	29
3	开	开	闭	43
4	闭	闭	开	57
5	开	闭	开	71
6	闭	开	开	86
7	开	开	开	100

(2) 步进电动机式 EGR 阀

步进电动机式 EGR 阀是由微机控制的，微机根据曲轴位置传感器、节气门位置传感器、冷却液温度传感器、点火开关、电源电压等信号判断发动机的工况，按预先设置的程序控制 EGR 阀的步进电动机进给量。在不影响发动机的动力性能和经济性能的前提下，可提高 EGR 率，最大限度地降低发动机排放物中 NO_x 的含量。

随着科技水平的进步，脉宽调制技术［或称占空比（Duty Cycle）控制技术］的日趋成熟，原先数字式 EGR 阀被更先进的单电磁线圈线性控制带位置感知器（PPS）反馈的 EGR 阀所代替。

(3) 线性 EGR 阀

线性 EGR 阀如图 6—4—13 所示，仅有一个由 PCM 控制的电磁阀。电磁阀阀端部有一个锥形轴针（锥形阀）。EGR 阀上设有一个 EGR 阀位置传感器用于给 PCM 提供反馈电压信号，如图 6—4—14 所示。

a）

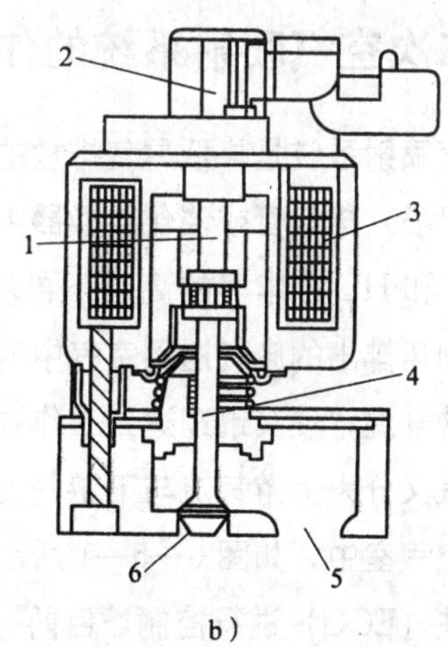

b）

图 6—4—13　线性 EGR 阀

a）外形　b）结构

1—电枢　2—针阀位置传感器　3—线圈　4—针阀芯　5—进气孔　6—出气孔

图 6—4—14　EGR 阀位置传感器

先进的脉宽调制技术使得 EGR 阀枢轴的开启度完全是线性渐变的，PCM 根据各种感知器所传送的发动机运行参数计算出最优的 EGR 开启度。通过控制 EGR 阀的电磁线圈脉冲信号的占空比，控制锥形阀的开度，并根据 EGR 阀位置传感器反馈电压，实现了对废气再循环流量的精确闭环控制。

§6—5　二次空气喷射控制

学习目标

1. 掌握二次空气喷射系统的作用。
2. 掌握二次空气喷射系统的组成与工作原理。

一、二次空气喷射系统的作用

二次空气喷射系统是降低尾气排放的机外净化装置之一。其功用是利用空气泵将新鲜空气经空气喷管喷入排气管或催化转换器中，以增加氧含量，一方面，使废气中因未充分燃烧而产生的 CO 和 HC 在排气的高温下再次燃烧，生成 CO_2 和 H_2O，达到排气净化的目的；另一方面，利用排出的废气遇到空气中的氧气进行二次燃烧，加速三元催化转换器（TWC）和氧传感器的升温，使其迅速达到工作温度。

二次空气又分为上游气流与下游气流。上游气流进入排气总管，下游气流流进三元催化转换器中的空气室中，如图 6—5—1 所示。空气进入排气歧管及三元催化转换器的时机由发动机控制模块（ECU）进行控制。目前，所用的二次空气喷射系统有以下两种类型。

(1) 空气泵系统。利用空气泵将压缩空气导入排气系统。

(2) 脉冲空气系统。利用排气压力将空气导入排气系统。

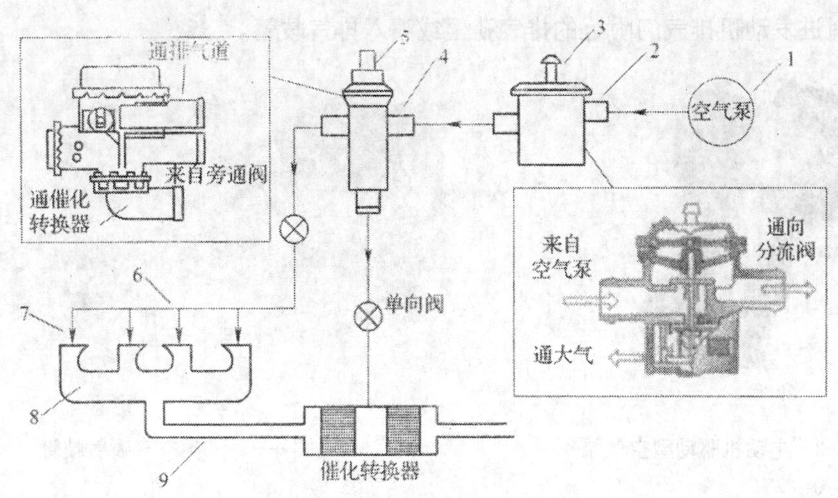

图 6—5—1　二次空气喷射系统的组成

1—空气泵　2—旁通阀　3、5—真空管　4—分流阀　6—空气分配管

7—空气喷管　8—排气歧管　9—排气管

二、二次空气喷射系统的组成及工作原理

1. 空气泵式二次空气喷射系统

(1) 结构

空气泵式二次空气喷射系统的组成如图 6—5—1 所示，主要由空气泵、旁通阀、分流阀、空气分配管、空气喷管和单向阀等组成。

1）空气泵。空气泵的作用是将新鲜的空气吸入空气泵经压缩后供给二次空气喷射系统，空气泵产生的低压空气称为二次空气。

空气泵有两种类型：传动带驱动型空气泵和电动机驱动型空气泵。目前，大多数采用电动机驱动型空气泵，如图 6—5—2 所示。

2）旁通阀。旁通阀的作用是控制空气泵二次空气的流向。旁通阀的开启与关闭由真空度控制，当旁通电磁阀不通电时，旁通空气阀关闭通向分流阀的通道，打开通向大气的通道。此时二次空气经旁通阀进入大气中。当旁通电磁阀通电时，分流阀通道打开而关闭大气通道，二次空气流向分流阀。

3）分流阀。分流阀的作用是控制二次空气是通向排气歧管还是通向三元催化转换器喷管。当分流电磁阀通电时，二次空气通向排气歧管；当断电时，通向三元催化转换器喷管。

4）单向阀。在空气分流阀到排气口和催化转换器之间各有一个单向阀，它允许从空气泵来的具有一定压力的空气进入空气喷射歧管，从而防止高温的发动机废气进入连接软管和空气泵。

5）空气喷射歧管。空气喷射歧管通常是由不锈钢管焊接而成，其形状和分支数目由发动机的结构和气缸数目而定，如图 6—5—3 所示。空气喷射歧管的作用是把空气泵泵送的新鲜空气喷射进发动机排气门附近的排气孔里或喷入排气歧管。

图 6—5—2 电动机驱动型空气泵

图 6—5—3 空气喷射歧管

（2）工作原理

空气泵系统有以下几种工作方式。

1）在发动机刚启动后，发动机控制模块控制电磁阀在断电状态，电磁阀切断旁通阀和分流阀的真空。这样，从空气泵来的空气通过旁通阀旁通到大气。

2）发动机暖车期间，发动机控制模块给旁通电磁阀和分流电磁阀通电，空气从空气泵经旁通阀流到分流阀，分流阀再将空气导入排气口。进入排气口的空气使 HC 排放物在排气歧管中燃烧，这种燃烧同时使氧传感器快速加热。此时，发动机燃油喷射控制系统处于开环控制，氧传感器的输出信号不影响 ECU 的控制。

3）发动机在正常工作温度下运行时，发动机控制模块以闭环方式工作。发动机控制模块只给旁通电磁阀通电，而使分流电磁阀断电，切断供到分流阀的真空。这样，从空气泵来的空气经旁通阀流至分流阀后被导入催化转换器，并与 HC 和 CO 燃烧，减少 HC 和 CO 的排放量。

2. 脉冲空气式二次空气喷射系统

脉冲空气式二次空气喷射系统如图 6—5—4 所示，主要由二次空气控制阀、二次空气电磁控制阀等组成。同空气泵系统相比，脉冲空气系统不需动力源注入空气，而是依靠大气压力与废气真空脉冲之间的压力差使空气进入排气歧管，因此减少了成本及功率消耗。

二次空气控制阀主要由单向阀（图 6—5—5）和真空控制阀（图 6—5—4）组成。

发动机工作时由于排气中压力是正负交替的脉冲压力波，当发动机以较低转速运转时，排气压力为负，空气由滤清器通过二次空气控制阀内的单向阀进入排气管；当排气压力为正时单向阀关闭，所以空气不能反向流动。当发动机高速、高温、减速或大负荷时，ECU 关闭二次空气控制电磁阀切断通向真空控制阀门膜片上方的真空，于是阀门在膜片上部弹簧的作用下向下移动关闭二次空气供给通道，以防止三元催化转换器温度过高。

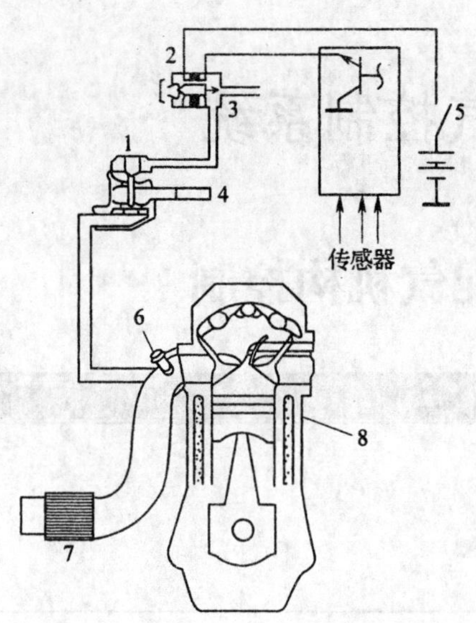

图 6—5—4　脉冲空气式二次空气喷射系统

1—二次空气控制阀　2—二次空气电磁控制阀

3—来自进气歧管　4—来自空气滤清器

5—点火开关　6—氧传感器

7—催化转换器　8—真空控制阀

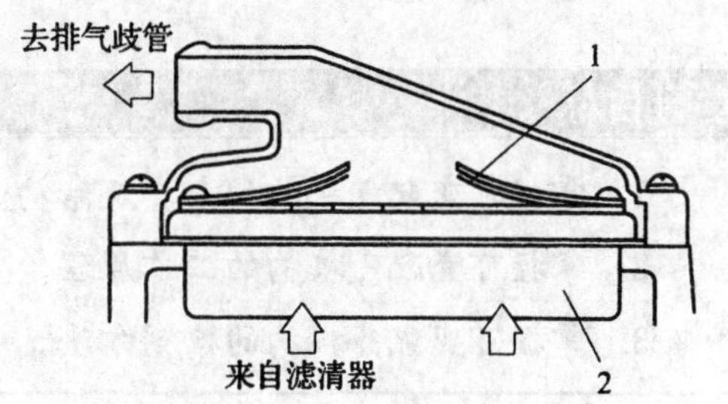

图 6—5—5　二次空气控制阀

1—舌簧阀（单向阀）　2—过滤器

第 7 章　进气控制系统

§ 7—1　可变配气机构控制

学习目标

1. 掌握可变配气机构的分类及结构。
2. 掌握可变配气机构的工作原理。
3. 掌握可变配齐机构的检测方法。

由于传统发动机配气机构的气门运行参数（气门开启相位、气门开启持续角度和气门升程）是固定不变的，参数的确定取决于设计的工况点。如果进气迟闭角加大，高转速时充气效率增加，有利于发挥最大功率，但对中、低速性能不利；反之，则对高速时最大功率的发挥不利。传统发动机往往将气门正时设计成高速全负荷工况最为有利，以便求得最大的标定功率。因此，这种配气机构很难满足发动机在多种工况对配气的需要。

为了满足发动机全工况的要求，要求配气相位机构能使气门正时、气门开启持续时间及气门升程等参数中的一个或多个随发动机的工况变化实时进行调节。

一、可变配气机构分类

可变气门机构是多种多样的，其分类方法也不尽相同。按照控制参数的不同，可变气门技术可以分为以下两大类。

1. 可变气门定时（Variable Valve Timing，VVT），即气门开启与关闭时刻可变

根据气门开启持续期的变化情况，可变气门定时又可分为两类。

（1）可变气门相位，即在气门开启持续期和升程曲线不变的前提下，同时改变气门的开启时刻和关闭时刻，如图 7—1—1 所示。

（2）可变气门相位与持续期，即在改变气门定时的同时也改变了气门开启持续期，如图 7—1—2 所示。

2. 可变气门升程（Variable Valve Lift，VVL），即可以改变气门开启的最大升程

按照气门定时和持续期的变化情况，可变气门升程可以分为两类。

（1）可变气门升程与定时，即在改变升程的同时改变了定时与开启持续期，其气门升程曲线如图 7—1—3 所示。

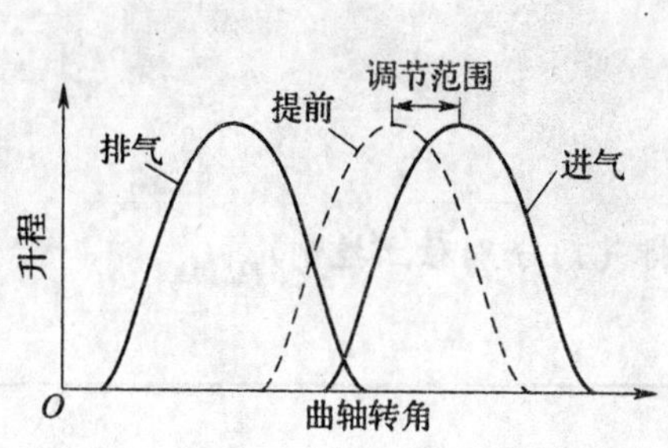

图 7—1—1 可变气门相位

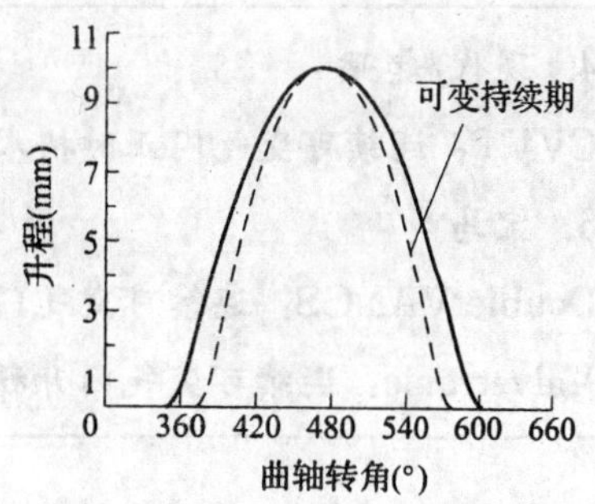

图 7—1—2 可变气门相位与持续期

(2) 气门升程单独可变，即在保持气门的定时和开启持续期不变的条件下，单独改变气门的最大升程，其气门升程曲线如图 7—1—4 所示。

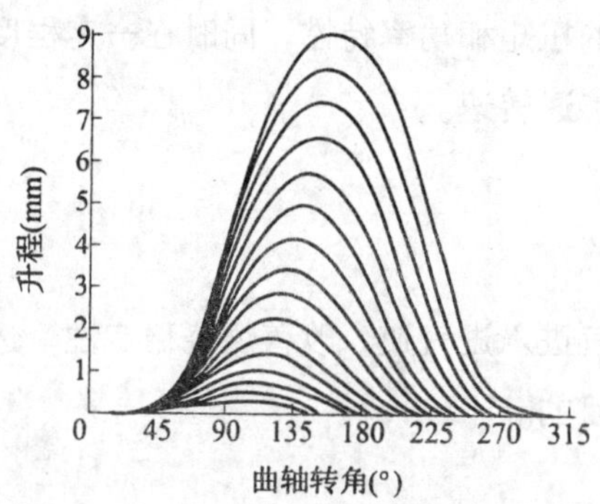

图 7—1—3 可变气门升程与定时

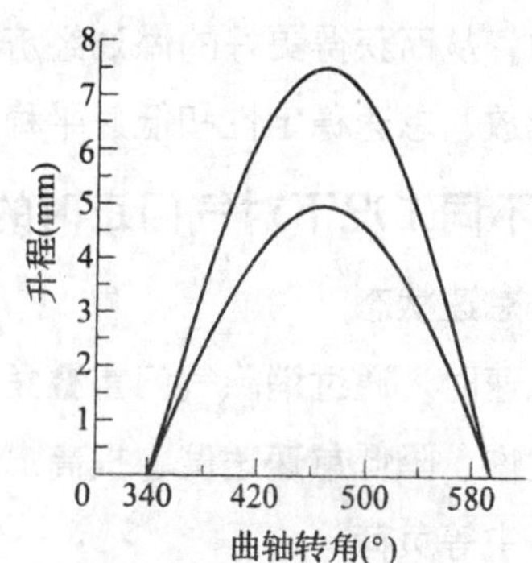

图 7—1—4 气门升程单独可变

知识拓展

目前，这些技术已在各车厂广泛使用，有的仅配气正时可变，有的仅气门升程可变，而有的则是两者都可变。尽管可变配气机构的实现手段和技术名称各不相同，但是目的都只有一个，就是使发动机在不同转速下有不同的气门重叠角或者气门升程，从而使发动机在高、低转速的动力表现都趋近于完美。各车系可变配气机构的应用状况及名称如下。

1. 本田

VTEC：分级可变气门升程＋分级可变气门正时。

i－VTEC：分级可变气门升程＋连续可变气门正时（进、排气）。

2. 丰田

VVT－i：连续可变气门正时（进气门）。

DVVT－i：智能连续可变气门正时（进、排气门可分别独立控制）。

VVTL－i：分级可变气门升程＋连续可变气门正时（进、排气门），该系统在 VVT－i 的基础上增加了凸轮升程控制机构，与 i－VTEC 基本相似。

3. 日产

CVTC：连续可变气门正时系统。

4. 现代/起亚

CVVT：连续可变气门正时技术。

5. 宝马

Double VANOS：连续可变气门正时（进、排气门分别独立控制）。

Valvetronic：连续可变气门升程。

二、可变气门正时技术结构及工作原理

可变气门正时技术改变了传统发动机中配气相位固定不变的状态，在发动机运转工况范围内提供最佳的配气正时，较好地解决了高转速和低转速、大负荷和小负荷下动力性与经济性的矛盾，从而获得更好的燃油经济性、更优异的扭矩和功率特性，同时在一定程度上改善了废气排放、怠速稳定性和低速平稳性，降低了怠速转速。

1. 不同工况下对气门正时的要求

(1) 怠速状态

在怠速时，通过消除气门重叠角，以减小废气进入进气道，改善燃烧稳定性，达到改善怠速稳定性、降低怠速速度、提高燃油经济性的目的。

(2) 中等负荷

在中等负荷行驶范围内，通过增加气门重叠从而增加了内部 EGR（废气再循环）量。一方面，减少进气歧管内的负压，使活塞的泵吸损失减少，改善了油耗；另一方面，也使 NO_x 排放减少。

(3) 从低速到中速大负荷

在低速到中速大负荷行驶范围内，采用提前关闭进气门，提高充气效率。这样，在低速到中速范围提高扭矩输出。

(4) 高速大负荷

在高速大负荷行驶范围内，采用推迟进气门关闭时刻，提高充气效率，达到提高功率的目的。

(5) 低温工况

在低温状态下，采用消除气门重叠防止废气窜入进气道，减少低温下燃油消耗，稳定怠速，降低怠速转速。最终稳定怠速，提高燃油经济性。

(6) 启动或停机

在启动或者停机时，消除气门重叠以消除废气进入进气道，从而提高发动机的启动性能。

2. 可变气门正时系统的组成

虽然可变气门正时技术在各个厂商的称谓略有不同，但是实现的方式却大同小异。可变

气门正时系统由传感器、ECU 和凸轮轴正时机油控制阀、VVT－i 控制器等部分组成，如图 7—1—5 所示。

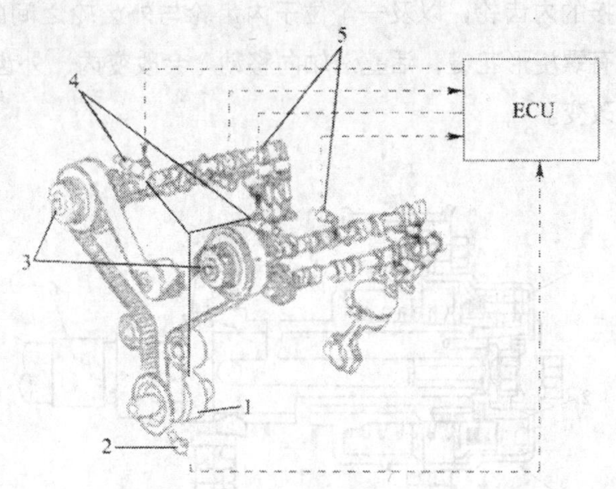

图 7—1—5　可变气门正时技术的组成

1—机油泵　2—曲轴位置传感器　3—VVT－i 控制器　4—凸轮轴正时控制阀　5—VVT－i 传感器

可变气门正时系统的控制原理如图 7—1—6 所示，ECU 根据发动机曲轴位置传感器、空气流量计、进气歧管压力传感器、凸轮轴位置传感器、节气门位置传感器和水温传感器等信号，计算出各个行驶条件下的最佳气门正时（目标气门正时）；同时，根据凸轮轴位置传感器和曲轴位置传感器信号检测当前的实际配气正时，并与目标配气正时进行比较，从而确定凸轮轴的调整方向（提前、滞后保持不变），然后向相应凸轮轴正时机油控制阀传送占空比控制信号控制凸轮轴正时油压控制阀动作，改变 VVT 控制器液压流量，从而控制气门的正时，实现气门正时的调整。

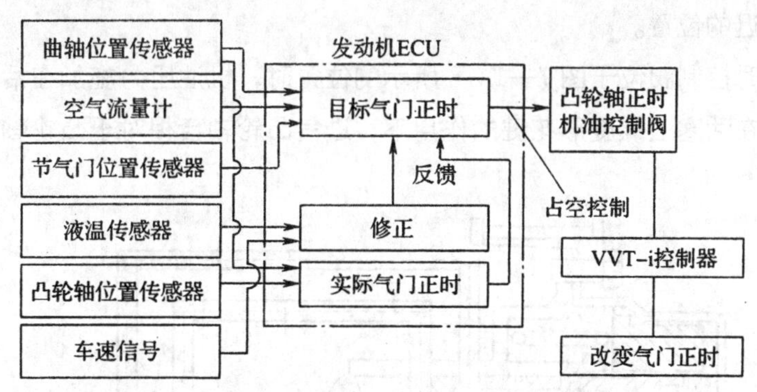

图 7—1—6　可变气门正时系统的控制原理框图

3. 可变气门正时控制器

可变气门正时控制器（CVCP 或 VCP）的作用是根据控制系统的需要连续调节凸轮轴与曲轴间的相对相位关系，实现对配气相位的控制。常用的可变气门正时控制器按结构形式分类，大体可分为螺旋槽式、凸轮轴链条调节式和叶片式三种结构形式。

(1) 螺旋槽式 VVT-i 控制器

1) 结构。螺旋槽式 VVT-i 控制器如图 7—1—7 所示，主要由正时带驱动的外齿轮、与进气凸轮轴刚性连接的内齿轮，以及一个位于内齿轮与外齿轮之间的可移动活塞等组成，活塞的内、外表面上有螺旋形花键，活塞沿轴向移动，会改变内、外齿轮的相位，从而产生气门配气相位的连续改变。

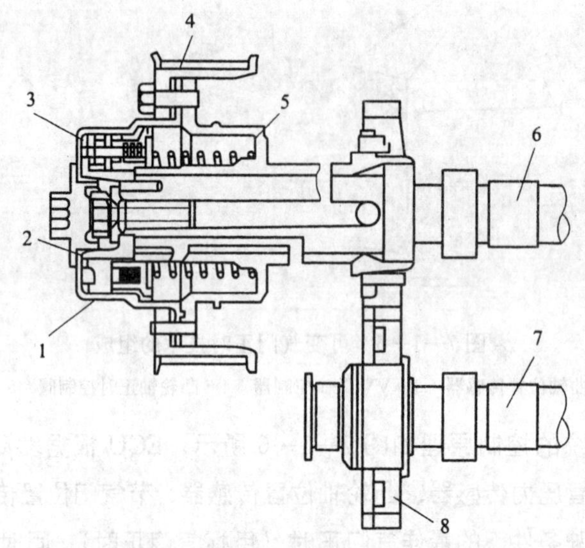

图 7—1—7 螺旋槽式 VVT—i 控制器结构

1—外齿轮 2—内齿轮 3—可动活塞 4—正时带轮 5—VVT—i 外壳 6—进气凸轮轴 7—排气凸轮轴 8—梯形齿轮

2) 工作原理。凸轮轴正时控制阀根据 ECU 的指令控制凸轮轴正时控制阀内阀轴的位置，从而将油压施加给凸轮轴正时带轮以提前或推迟配气正时。发动机停机时，凸轮轴正时控制阀处于最延迟的位置。

当凸轮轴正时控制阀位于图 7—1—8 所示的位置时，机油压力施加在活塞的左侧，使得活塞向右移动，在活塞上螺旋形花键的作用下，进气凸轮轴会相对于凸轮轴正时带轮提前某个角度。

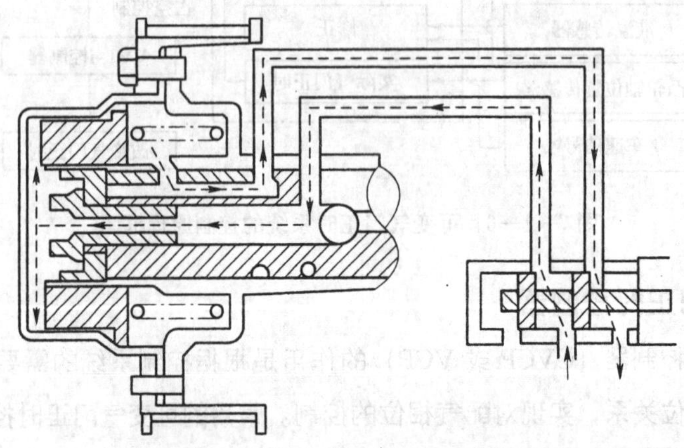

图 7—1—8 螺旋槽式 VVT-i 控制器控制凸轮轴提前时的工作状态

当凸轮轴正时控制阀位于图7—1—9所示的位置时，机油压力施加在活塞的右侧，迫使活塞左移，在活塞上螺旋形花键的作用下，进气凸轮轴会相对于凸轮轴正时带轮推迟某个角度。

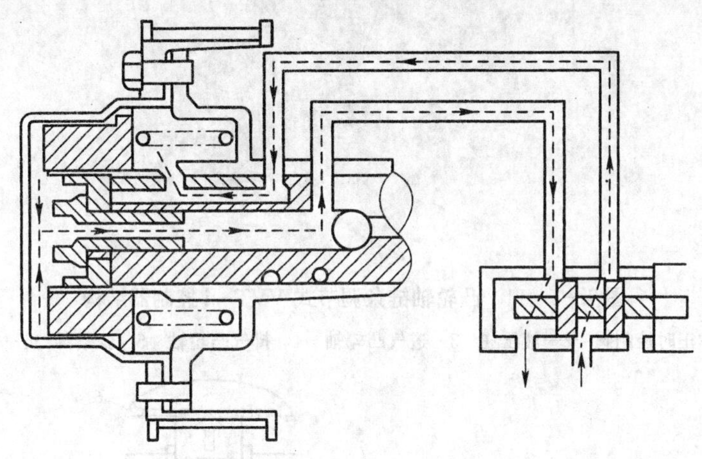

图7—1—9 螺旋槽式VVT—i控制器控制凸轮轴推迟时的工作状态

当得到理想的配气正时后，凸轮轴正时机油控制阀就会关闭油道使活塞两侧压力保持平衡，活塞停止移动。

(2) 凸轮轴链条调节式VVT—i控制器

大众车系的可变气门正时系统大多数采用正时链条控制，其传动方式及进、排气凸轮轴的分布如图7—1—10所示，其结构主要由驱动链条、张紧器、凸轮轴正时控制阀组成。进、排气凸轮轴分别安装在内、外侧，曲轴通过齿形带驱动排气凸轮轴，再由链条驱动进气凸轮轴。在两轴之间设置了一个可变气门正时调节器，如图7—1—11所示。在内部液压缸的作用下，可变气门正时调节器可以上升和下降，从而改变凸轮轴间的相位角。

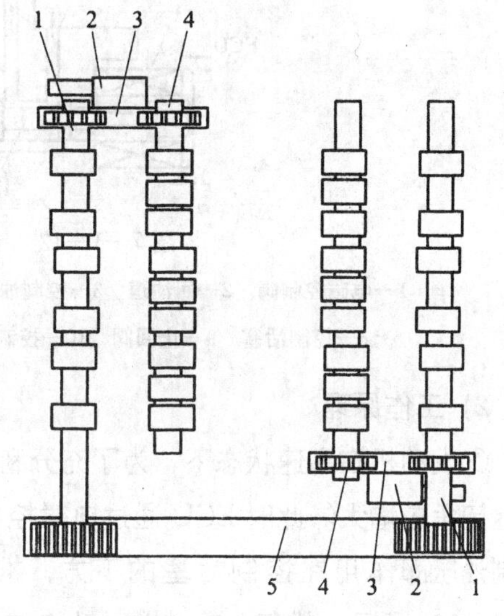

图7—1—10 大众VVT凸轮轴传动

1—排气门 2—正时调节器

3—链条 4—进气门 5—正时皮带

1) 可变正时调节器。可变正时调节器如图7—1—12所示，它是在液压紧链器的基础上加装了用ECU控制的电磁阀，形成了一个“配气相位调节总成”部件，主要由上下滑板、控制活塞、控制套筒、止回阀、油道和电磁控制阀等组成。

电磁控制阀主要由电磁线圈和滑阀等组成。电磁控制阀线圈的电阻值为10～18 Ω，用于控制滑阀轴向移动，滑阀上有4道隔墙，用于控制A、B控制油道与主油道或与回油道相通，从而控制活塞上下移动，产生“提前”或“迟后”调节。

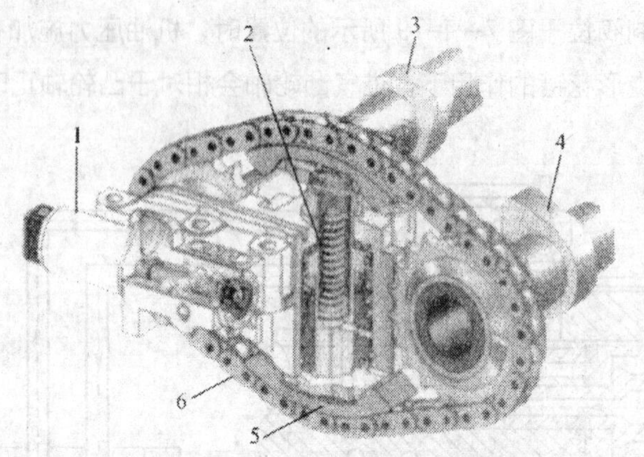

图 7—1—11　凸轮轴链条调节式 VVT—i 控制器结构

1—凸轮轴正时控制阀　2—液压缸　3—进气凸轮轴　4—排气凸轮轴　5—张紧器　6—驱动链条

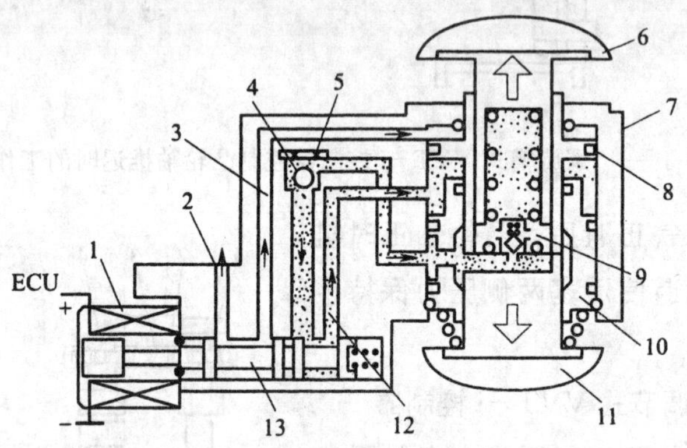

图 7—1—12　链条调节式可变正时调节器

1—电磁控制阀　2—回油道　3—控制油道 B　4—节流球　5—主油道　6—上滑板　7—外壳　8—控制活塞　9—止回阀　10—控制套筒　11—下滑板　12—控制油道 A　13—滑阀

2）工作原理

①发动机在高速状态下，为了充分利用气体进入气缸的流动惯性，提高最大功率，进气门迟闭角应增大。此时 ECU 通过电磁控制阀控制滑阀左移，使 A 控制油道与主油道相通，控制油压即作用在控制活塞的下方，推动控制活塞向上运动，使上部链条变长，如图 7—1—13a 所示。排气凸轮轴顺时针旋转，首先要拉紧下部链条成为紧边，此时进气凸轮

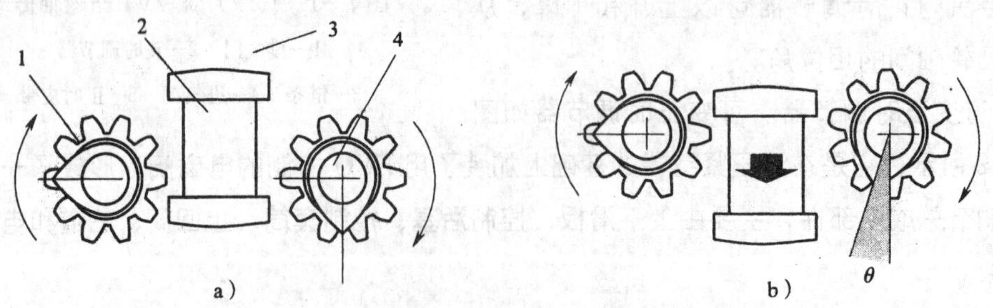

图 7—1—13　大众链条调节式正时控制系统的两个工作状态

a）发动机高速位置　b）发动机低速位置

1—排气门　2—正时调节器　3—链条　4—进气门

轴才能被带动旋转。就在下部链条由松变紧的过程中，排气凸轮轴已转过θ角，进气凸轮才开始动作，进气门关闭变慢了，即进气门迟闭角增大θ。

②发动机在低速状态下，为了提高最大扭矩，进气门迟闭角应减少。此时ECU通过电磁控制阀控制滑阀右移，使B控制油道和主油道相通，控制油压即作用在控制活塞的上方，推动控制活塞向下运动，使下部链条变长，上部链条被放松，如图7—1—13b所示。由于下部链条作用着排气凸轮旋转拉力和调节器向下的推力，进气凸轮轴顺时针额外转过θ角，加快了进气门的关闭，即进气门迟闭角减少θ。

(3) 叶片式凸轮控制器

如图7—1—14所示，叶片式凸轮控制器主要由转子、定子、复位弹簧、前盖、后盖、锁销、弹簧导向套、锁销弹簧、油封、定子螺栓和凸轮销等组成。

图7—1—14 叶片式凸轮控制器结构

1—定子螺栓（4个） 2—定子 3—锁销、锁销弹簧和弹簧导向套

4—前盖 5—复位弹簧 6—油封（4个） 7—转子 8—后盖

1）定子与转子。叶片式凸轮控制器在凸轮轴上的安装如图7—1—15所示。

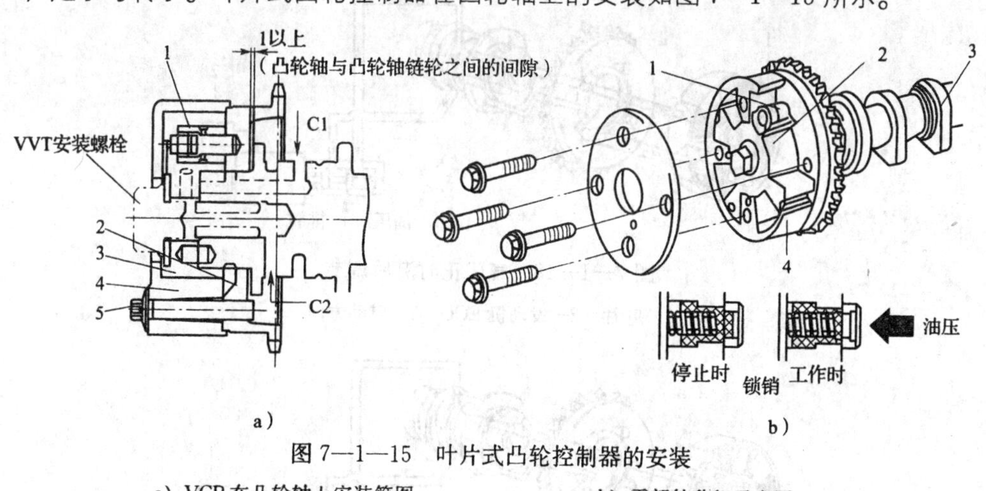

图7—1—15 叶片式凸轮控制器的安装

a）VCP在凸轮轴上安装简图 b）零部件分解示意图

1—锁销 2—壳体（定子） 3—转子 1—锁销 2—叶片（固定在进气凸轮轴上）

4—链轮 5—固定螺栓 3—进气凸轮轴 4—壳体

①定子。定子与凸轮轴链轮用4颗固定螺栓连在一起，通过带或链条等传动装置与曲轴连接在一起，它们间的相对位置是不变的。

②转子。中心安装螺栓将控制器总成转子 2 与凸轮轴固定在一起，它们间的相对位置也是不变的，转子与凸轮轴的相位关系由定位销保证。

如图 7—1—16 所示，转子与定子（链轮）可以角向相对转动，且在转子与定子的叶片之间构成了两个液压室：一侧是气门正时提前室，另一侧是气门正时延迟室。来自机油泵的油压通过转子叶片两侧的油道为两室提供机油压力，由油压控制阀（OCV）按照发动机运行条件控制转子两侧的机油流量，使其相对定子发生相对转动，也可通过液压控制使转子和定子锁死，保持中间位置。如图 7—1—17 所示为气门正时提前调节，图 7—1—18 所示为气门正时滞后调节，图 7—1—19 所示为气门正时保持位置。

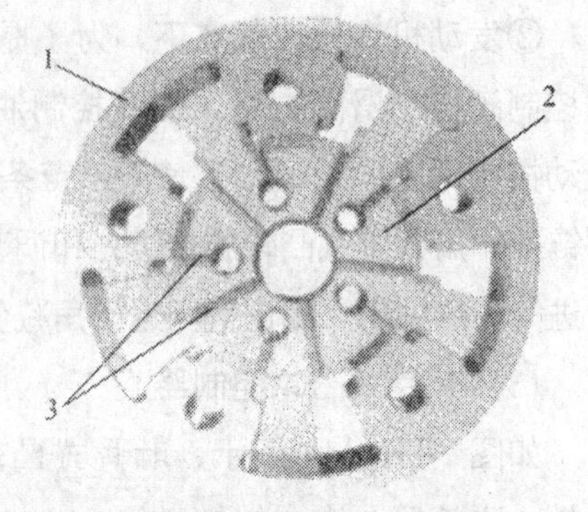

图 7—1—16　叶片式凸轮控制器内部结构

1—外转子　2—内转子　3—机油通道

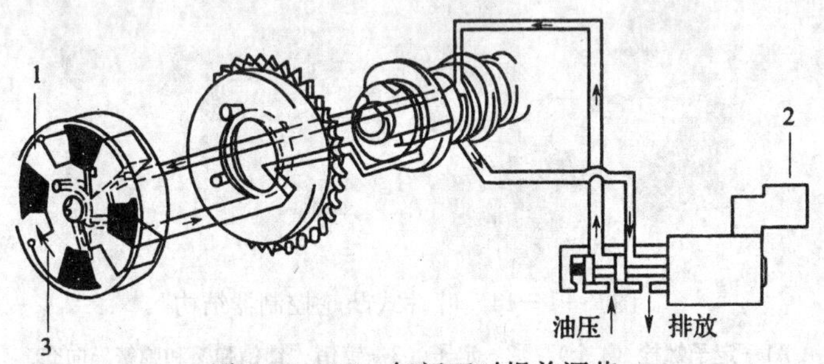

图 7—1—17　气门正时提前调节

1—叶片　2—发动机 ECU　3—转动方向

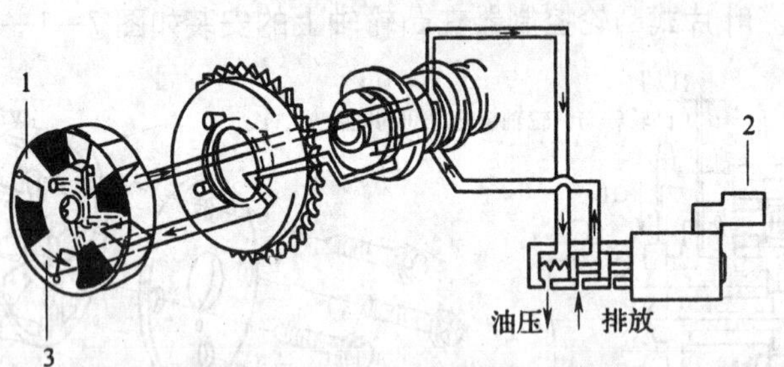

图 7—1—18　气门正时滞后调节

1—叶片　2—发动机 ECU　3—转动方向

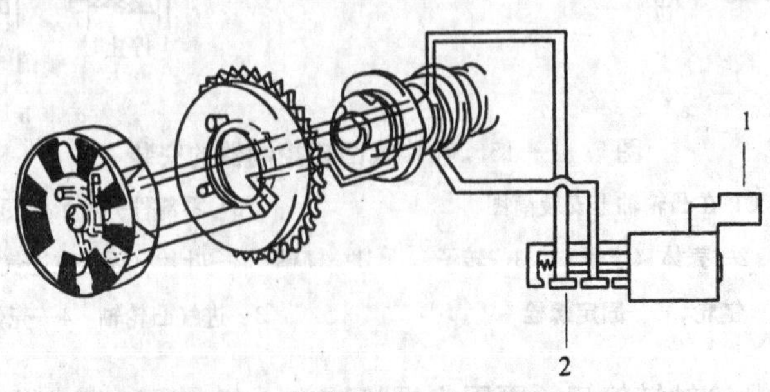

图 7—1—19　气门正时保持位置

1—发动机 ECU　2—油压

2）密封。气门正时控制器的泄漏是影响控制器响应特性和相位保持特性的重要因素，定子与转子之间、转子与前后盖之间、定子与前后盖之间以及转子与凸轮轴之间等都需要进行密封。现有的叶片式结构采用的密封形式有三种：

①转子周边全部采用密封件来密封，密封可靠，但摩擦力过大。

②采用机械间隙密封，密封好坏全靠相关零件的配合精度和表面质量来决定，摩擦力很小。

③在转子的外圆弧面和定子的内圆弧面的中部各开一条轴向沟槽，槽内各放一小叶片，叶片的底部有弹簧片施力，以消除转子外表面与缸壁之间和定子内表面与转轴之间的间隙，如图7—1—20所示。这种方法结构简单，工作可靠，寿命长，但转子和定子的端面处是采用机械间隙密封。

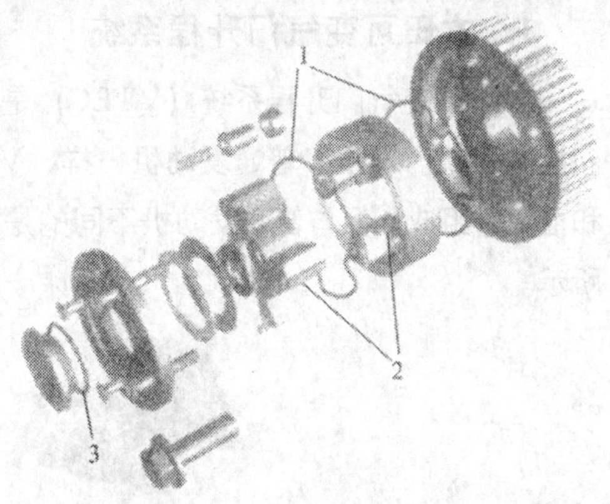

图7—1—20 叶片式凸轮控制器的密封

1、2、3—油封

3）锁止销。锁止销的作用是在发动机不工作时，锁销处在落座位置将转子与定子（链轮）锁住不能相对转动。当发动机启动、机油压力高于40 kPa时，在机油压力的作用下，锁销克服弹簧压力顶起解除锁止。

4）复位弹簧。复位弹簧是保证锁止销能准确地回到销孔。由于叶片式相位器系统具有结构紧凑和成本优势，无论是在进气凸轮轴，还是排气凸轮轴上都可以方便地布置。且在相同的情况下，相位调节范围和响应速度方面有了大幅度提升，而且在启动、怠速等时候锁止装置也充分保障了系统的可靠。因此，在当前发动机中叶片式凸轮控制器已经完全取代了前两种方案。

（4）凸轮轴正时机油控制阀

凸轮轴正时机油控制阀（OCV）如图7—1—21所示，主要由两部分组成：一个线性电磁阀和可双向移动的四通路控制阀。发动机ECU通过调节信号中的占空比，控制电磁阀的输入电流，调整阀芯的位置，改变可变气门正时控制器提前侧和推迟侧的机油压力，使叶片相对壳体转动，实现配气相位的调节及控制。

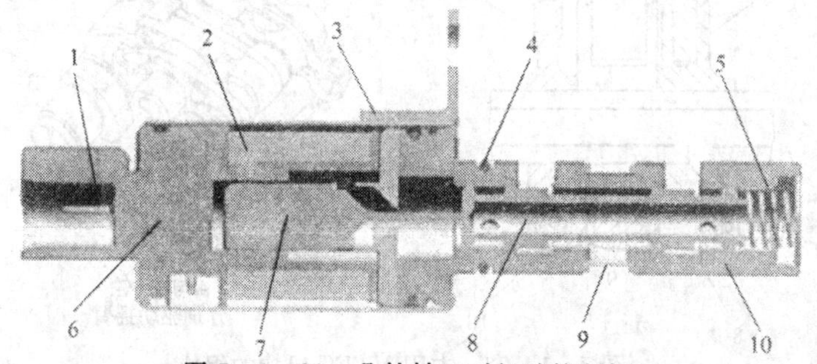

图7—1—21 凸轮轴正时机油控制阀

1—接线端子 2—线圈 3—支架 4—O型垫圈 5—复位弹簧 6—绕线架 7—衔铁 8—轴阀 9—内置滤清器 10—罩壳

三、可变气门升程

可变气门正时系统只改变气门打开的时机，却不能显著改变进气量，因此它对动力的提升帮助不大。而可变气门升程技术可以在发动机不同转速下匹配合适的气门升程，低转速时使用较小的气门升程，增加缸内紊流，提高燃烧速度，使低转速下扭矩充沛；高转速时使用较大的气门升程，提高进气量，增大高转速时的功率输出。

1. 本田可变气门升程系统

本田可变气门升程系统（VTEC）是世界上第一个能同时控制气门开闭时间及升程的气门控制系统。与很多普通发动机一样，VTEC 发动机每缸由 4 个气门（2 进 2 排）、凸轮轴和摇臂等组成，但与普通发动机不同的是进气凸轮与摇臂的数目及控制方法，如图 7—1—22 所示。

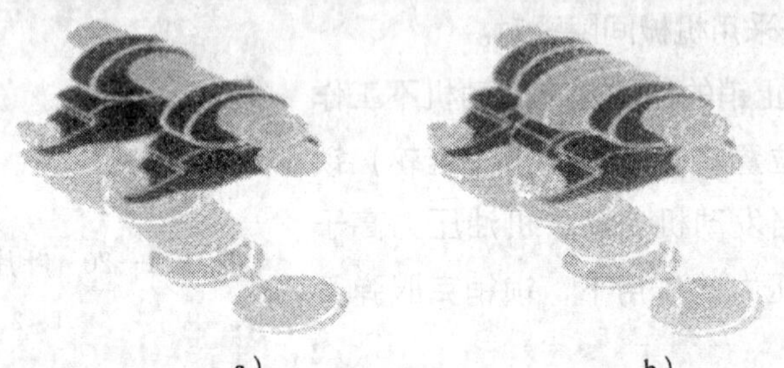

图 7—1—22 本田 VTEC 发动机与普通发动机配气机构

a）普通发动机配气机构 b）VTEC 发动机配气机构

(1) VTEC 机构的组成

VTEC 机构主要由气门（每缸 2 进 2 排）、凸轮、摇臂、同步活塞（A、B）、正时活塞和正时板等组成，如图 7—1—23 所示。

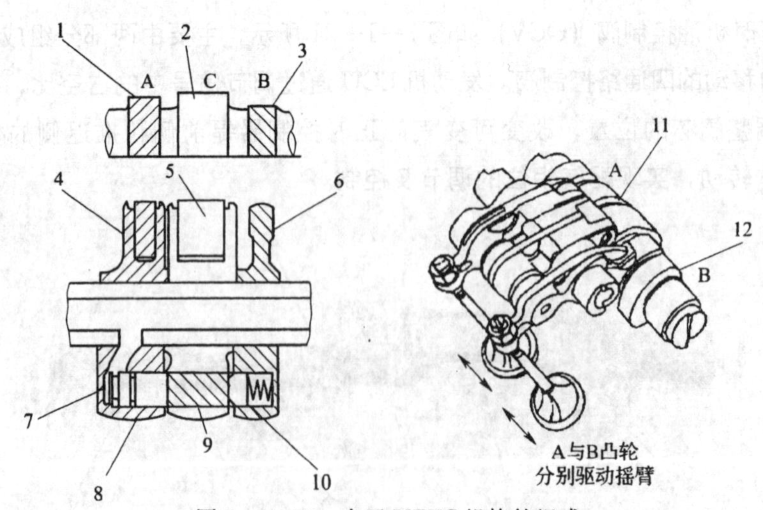

图 7—1—23 本田 VTEC 机构的组成

1—主凸轮 2—中间凸轮 3—次凸轮 4—主摇臂 5—中间摇臂 6—次摇臂 7—正时活塞 8—A 同步活塞 9—B 同步活塞 10—阻挡活塞 11—主凸轮 12—次凸轮

VTEC机构同一缸的两个进气门有主、次之分，即主进气门和次进气门。每个进气门通过单独的摇臂驱动，驱动主进气门的摇臂称为主摇臂，驱动次进气门的摇臂称为次摇臂，在主、次摇臂之间装有一个中间摇臂，中间摇臂不与任何气门直接接触，三个摇臂并列装一起组成进气摇臂总成。在主摇臂、中间摇臂、次摇臂的油缸孔中一次分别安装正时活塞及主同步活塞A、中间同步活塞B和次同步活塞（阻挡活塞）及复位弹簧。

凸轮轴上相应有三个不同升程的进气凸轮分别驱动主摇臂、中间摇臂和次摇臂，凸轮轴上的凸轮也相应分为主凸轮、中间凸轮和次凸轮。在凸轮形状设计上，中间凸轮的升程最大，次凸轮的升程最小，主凸轮的形状适合发动机低速时单气门工作的配气相位要求，中间凸轮的形状适合发动机高速时双进气门工作的配气相位要求。

在主摇臂上装有一个正时板（惯性锁止片），在发动机转速较低时，正时板在弹簧的作用下挡住正时活塞向右运动；当发动机转速升高后，由于离心力和惯性力的作用，使得正时板克服弹簧作用力而取消对正时活塞的锁止，在控制油压的作用下正时活塞向右运动，使配气机构由单气门操作状态转换为双气门操作状态。

（2）VTEC可变气正时控制系统的组成及工作原理

VTEC控制系统由传感器、控制部分和执行部分组成，如图7—1—24所示。执行部分由VTEC机构中的凸轮、摇臂和同步活塞等组成。控制部分由发动机ECM电控组件、VTEC电磁阀、VTEC压力开关等组成。在发动机运转过程中，各传感器不断地向ECM输入转速、负荷、车速以及水温信号。由ECM判断何时改变气门正时和升程。当转换条件符合后，ECM操纵VTEC电磁阀打开油路，使从机油泵输出的压力油推动同步活塞把3个摇臂联锁起来，实行VTEC气门正时和升程变动，以改变进气量，增加发动机功率。如果转换条件不符合，ECM将VTEC电磁阀断电，切断油路，不实行VTEC控制。

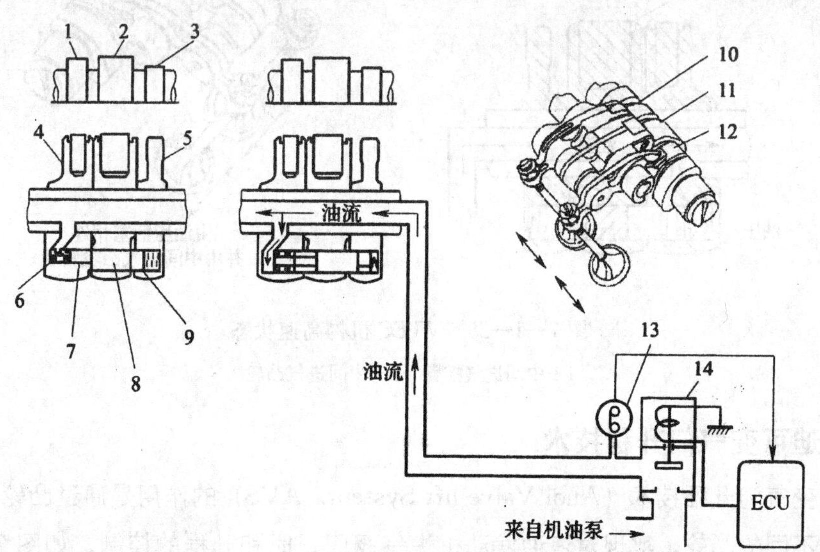

图7—1—24 VTEC可变气正时控制系统的组成

1—主凸轮 2—中凸轮 3—次凸轮 4—主摇臂 5—次摇臂 6—正时活塞 7—同步活塞A 8—同步活塞B 9—阻挡活塞 10—主凸轮 11—中凸轮 12—次凸轮 13—VTEC压力开关 14—VTEC电磁阀

VTEC控制系统的工作可分为低速状态和高速状态两个工作过程：

1）发动机低速运转时，电磁阀不通电使油道关闭，机油压力不能作用在正时活塞上，在次摇臂油缸孔内的弹簧和阻挡活塞作用下，正时活塞和同步活塞A回到主摇臂油缸孔内，与中间摇臂等宽的同步活塞B停留在中间摇臂的油缸孔内，三个摇臂彼此分离，互不干涉，如图7—1—23a所示。此时，主凸轮通过主摇臂驱动主进气门，中间凸轮驱动中间摇臂空摆（不起作用），次凸轮的升程非常小，几乎不参与进气过程，其目的是防止次进气门附近积聚燃油。

2）当发动机高速运转，且发动机转速、负荷、冷却液温度及车速达到设定值时（发动机转速达到2 300～2 500 r/min以上，发动机负荷达到25%以上，液温达到60℃以上，车速达到10 km/h以上），ECU向VTEC电磁阀供电，使电磁阀开启，来自润滑油道的机油压力作用在正时活塞一侧，正时板移出。在气门关闭时，正时活塞推动两同步活塞A、B和阻挡活塞克服复位弹簧弹力移动，逐渐贯穿3个摇臂，将主摇臂与中间摇臂、次摇臂与中间摇臂插接成一体，成为一个同步工作的组合摇臂，如图7—1—25所示。此时，由于中间凸轮升程最大，组合摇臂受中间凸轮驱动，两个进气门同步工作，进气门配气相位和升程与发动机低速时相比，气门的升程、提前开启和迟后关闭角度均增大，增加了进气流通面积和开启持续时间，从而提高了发动机高速时的动力性。

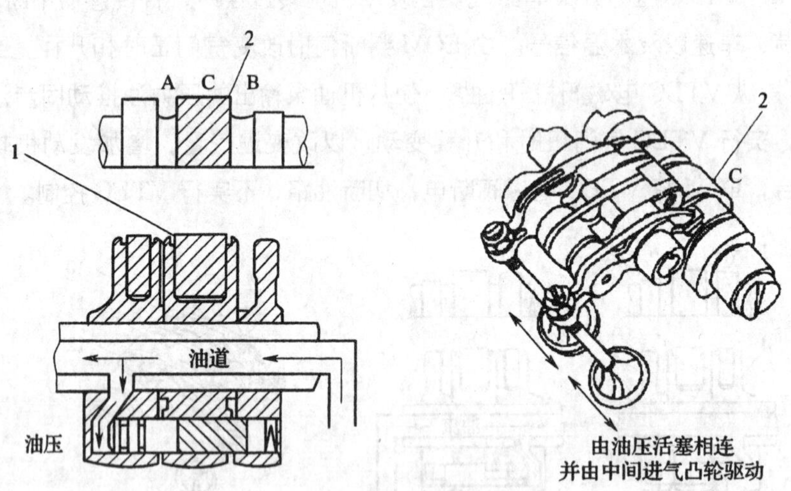

图7—1—25 VTEC机构高速状态

1—中间进气摇臂 2—中间进气凸轮

2. 奥迪可变气门升程技术

奥迪可变气门升程技术（Audi Valve-lift System，AVS）的作用是通过凸轮轴的轴向移动两组高度不同的凸轮，实现对汽油发动机进气阀门正时和升程的控制，如图7—1—26所示。这种可变气门升程系统主要通过切换凸轮轴上的低角度凸轮和高角度凸轮，来实现气门的可变升程。

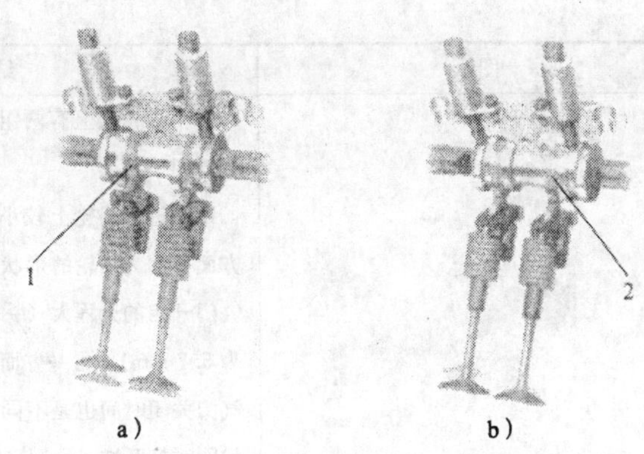

图 7—1—26 奥迪可变气门升程机构

a）切换至低角度凸轮时，气门升程小 b）切换至高角度凸轮时，气门升程大

1—低角度凸轮 2—高角度凸轮

(1) 奥迪可变气门升程的组成及结构特点

奥迪可变气门升程系统主要由凸轮轴、凸轮块和驱动电磁阀等组成。其主要部件的结构及其特征见表 7—1—1。

表 7—1—1 奥迪可变气门升程主要部件的结构及其特征

名称	图示	结构特征
凸轮轴	凸轮块（带内花键） 进气凸轮轴（带外花键）	凸轮上带有内花键、凸轮轴上带有外花键。凸轮与凸轮轴通过内外花键连接，使凸轮块可在凸轮轴上轴向移动约 7 mm
凸轮块定位装置		轮轴内有一个弹簧和钢球，而在凸轮块上有两道凹槽，其作用是用于凸轮块定位（止动）
凸轮块	电磁驱动器 螺旋形滑槽	每个凸轮块上有两组进气凸轮用于驱动两个气门，且每组进气凸轮设计了两个不同角度和升程的凸轮（一个升程小，另一个升程大）。同时在每组凸轮处设有一道螺旋沟槽，且两组螺旋沟槽的旋向相反

续表

名称	图示	结构特征
凸轮	 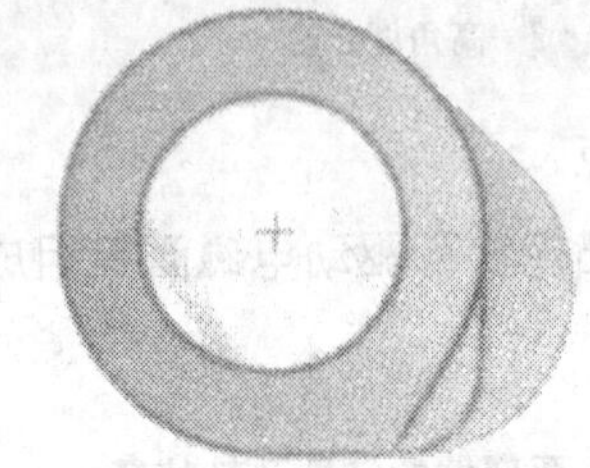	每个凸轮块上有两组进气凸轮，每组凸轮驱动一个气门 每组进气凸轮上较小的凸轮外形是不对称的。一方面，因为凸轮的形状使得一个进气门比另一个进气门开启的升程大（一个升程为 2 mm，另一个升程为 5.7 mm）；另一方面，因为较小凸轮外形使得两气门关闭时间也是不同的（凸轮形状是按照让进气门同时打开这一原则来设计的） 较大的凸轮外形的气门升程为 11 mm 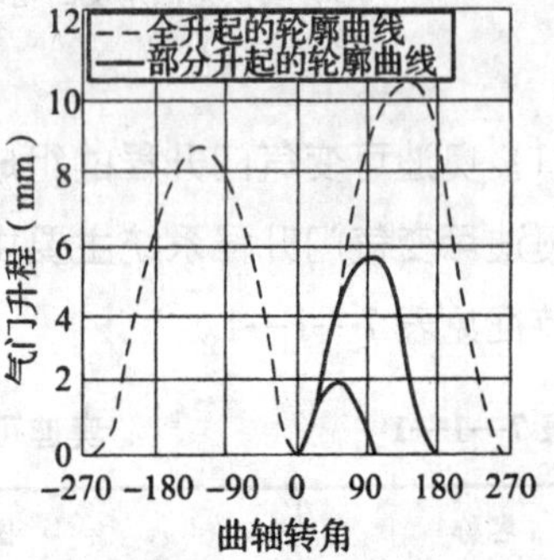
电磁驱动器	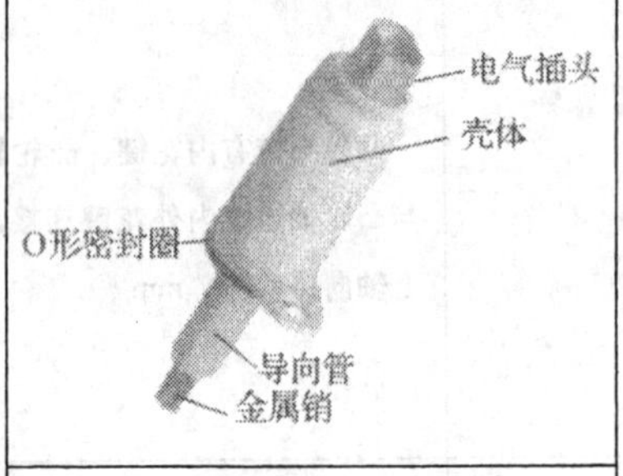 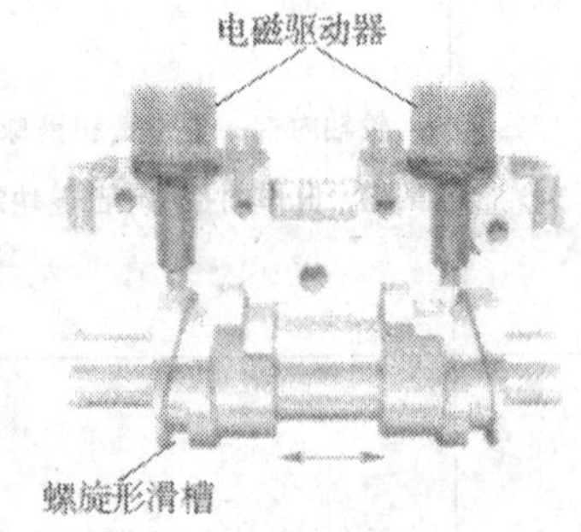	电磁驱动器主要由电气插头、金属销和 O 形密封圈等组成。凸轮块的纵向移动是通过两个金属销来实现的 当电磁驱动器通电时，金属销伸到凸轮块端部的螺旋形滑槽内，在凸轮块转动过程中，螺旋形的槽曲线使得凸轮块纵向移动。在移动结束时，电磁驱动器断电，金属销被相应形状的槽底又推回到初始位置 每个气缸使用两个调节元件，一个金属销和另一侧的滑槽协同工作，可以使凸轮块返回到原来的位置

(2) 奥迪 AVS 可变气门升程系统工作原理

如图 7—1—27 所示，在发动机高负荷的情况下，AVS 系统将凸轮向右推动 7 mm，使角度较大的凸轮得以推动气门顶杆。在此情况下，气门升程可达到 11 mm，以提供燃烧室最佳的进气流量和进气流速，实现更加强劲的动力输出。

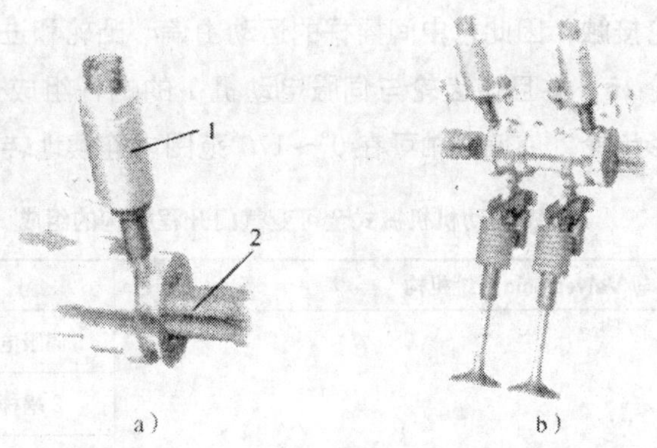

图 7—1—27 奥迪 AVS 高负荷时工作原理

a）高负荷时，电磁驱动器使凸轮轴向右移动，切换至高角度凸轮轴，从而增大气门的升程

b）高负荷时，气门升程较大，进气量也较大

1—电磁阀驱动器 2—凸轮轴

而在发动机低负载的情况，为了追求发动机节油性能，此时 AVS 系统将凸轮推至左侧（图 7—1—28），采用较小的凸轮推动气门顶杆（两进气门升程分别为 2 mm 和 5.7 mm），增加缸内紊流，提高燃烧速度，使低转速下扭矩充沛。

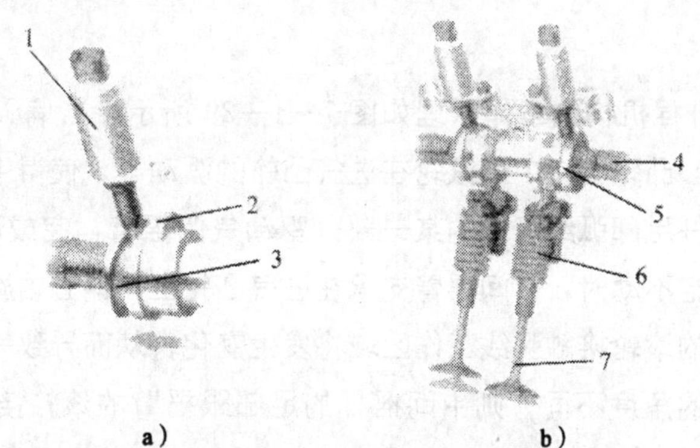

图 7—1—28 奥迪 AVS 低负荷时工作原理

a）低负荷时，电磁驱动器使凸轮轴向左移动，切换至普通凸轮轴，使气门的升程变短

b）低负荷时，气门升程较小，进气量也较少

1—电磁驱动器 2—凸轮 3—螺旋沟槽 4—凸轮轴 5—凸轮 6—气门弹簧 7—气门

奥迪 AVS 系统的气门升程控制和本田 VTEC 系统一样都是两段式的，没有做到气门升程的无级调节，所以对进气流量的控制还不够精确。

3. 宝马可变气门升程技术

(1) 结构

BMW 发动机机械式全可变气门升程机构（Valvetronic）的组成见表 7—1—2。该机构在进气凸轮轴 5 和摇臂 12 之间增加了中间摇杆 13，并且在缸盖上增加了一根偏心轴 14，在偏心轴上有与中间摇杆对应数目的偏心凸轮。中间摇杆通过其顶部的滚轮依靠在偏心凸轮上，其中部通过滚轮支承在进气凸轮轴 5 的凸轮上，足部的弧线工作区域与摇臂的滚轮接触。复位弹簧 3 的一端固定在缸盖上，另一端则固定在中间摇杆的足部，使得中间摇杆始终与偏心凸轮和进气凸轮接触，因此，中间摇杆的运动由偏心凸轮和进气凸轮共同控制。在偏心轴中部装有扇形齿轮 15，并且该齿轮与伺服电动机 1 的蜗杆组成一对蜗杆蜗轮机构。伺服电动机通过驱动扇形齿轮，使偏心轴可在 0°～170°范围内连续地转动。

表 7—1—2　　BMW 发动机机械式全可变气门升程机构的组成

宝马 Valvetronic 系统机构	结构名称	
	1 伺服电动机	9 排气门
	2 蜗杆轴	10 排气摇臂
	3 复位弹簧	11 排气 HVA
	4 槽板	12 进气摇臂
	5 凸轮轴	13 中间摇杆
	6 调节板	14 偏心轴
	7 进气 HVA	15 扇形齿轮
	8 进气门	16 排气凸轮轴

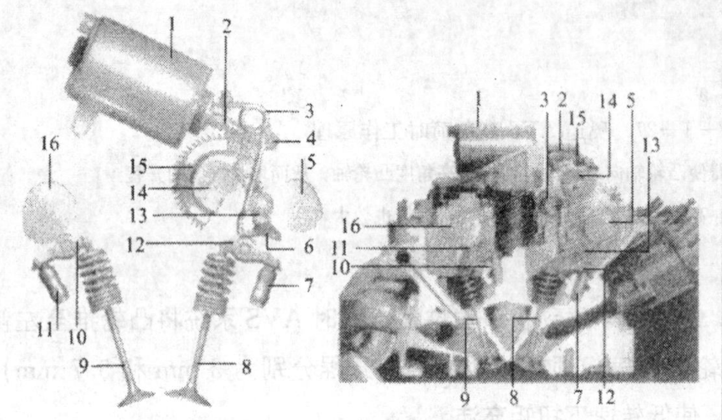

(2) 工作原理

BMW 可变气门升程机构的工作原理如图 7—1—29 所示。当偏心轴不动时，中间摇杆的顶部滚轮支承在偏心凸轮上，中部滚轮在进气凸轮的驱动下，使得中间摇杆围绕某个中心旋转，并通过中间摇杆足部弧线区域的某一部分驱动气门摇臂，完成进气门的开启与关闭。假如当进气凸轮轴固定不动时，中间摇臂支承在进气凸轮上，偏心轴旋转一定的角度，则中间摇杆的足部跟摇臂的滚轮接触弧线工作区域将发生变化，从而导致气门的升程随之发生改变，由于偏心轴旋转的角度不同，则中间摇杆的足部跟摇臂的滚轮接触弧线工作区域也不同，因此气门升程也就不同。偏心轴旋转角度越大，则中间摇杆旋转的幅度越大，进气门的升程也越大，如图 7—1—29 所示。当偏心轴旋转到初始位置 0°时，进气凸轮转动到凸顶跟中间摇杆接触时，此时气门升程达到最小为 0.30 mm。当偏心轴旋转到极端位置 170°时，进气凸轮转动到凸顶跟中间摇杆接触，此时气门升程达到最大为 9.70 mm。

a)

b)

图 7—1—29　BMW 可变气门升程机构的工作原理

因此，步进电动机可根据 ECU 的信号通过调节偏心轴的旋转角度，控制中间摇臂的旋转幅度，进而改变进气门的升程，使其升程可在 0～9.9 mm 之间连续变化。但值得注意的是，Valvetronic 机构在改变进气门升程的同时也改变了进气门的正时和持续期，因此必须增加可变气门正时系统（宝马称其为 VANOS 系统）调节凸轮轴的相位。

4. 日产可变气门升程系统

(1) 结构

日产 VVEL 可变气门升程系统的结构如图 7—1—30 所示，其主要包括 VVEL 执行器总成和 VVEL 总成。

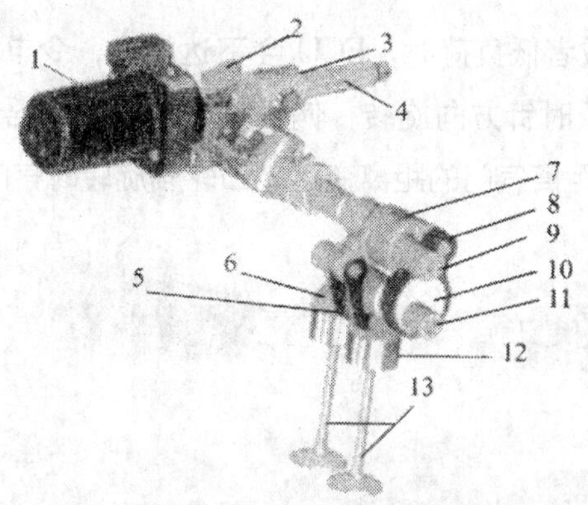

图 7—1—30 日产 VVEL 可变气门升程系统的结构

1—直流电动机 2—控制轴位置传感器 3—滚珠丝杆螺母 4—滚珠丝杆螺栓 5—连接 B 6—输出凸轮 7—摇臂 8—连接 A 9—VVEL 控制轴 10—偏心凸轮 11—驱动轴 12—气门顶筒 13—气门

1）VVEL 总成。它包括驱动轴、偏心凸轮、连杆 A 和 B、摇臂、输出凸轮和 VVEL 控制轴等。

驱动轴由发动机正时带驱动，驱动轴并不能直接驱动气门，而是通过驱动轴上偏心凸轮的旋转驱动连杆 A，连杆 A 驱动摇臂（摇臂套在控制轴上的偏心凸轮上），摇臂驱动连杆 B，连杆 B 驱动输出凸轮推动气门挺柱使气门打开（输出凸轮并不是刚性连接在驱动轴）。

2）VVEL 执行器总成。它包括直流电动机、滚珠丝杠机构和角度传感器。如图7—1—31 所示为 VVEL 执行器总成实物，图 7—1—32 所示为 VVEL 执行器的工作原理。

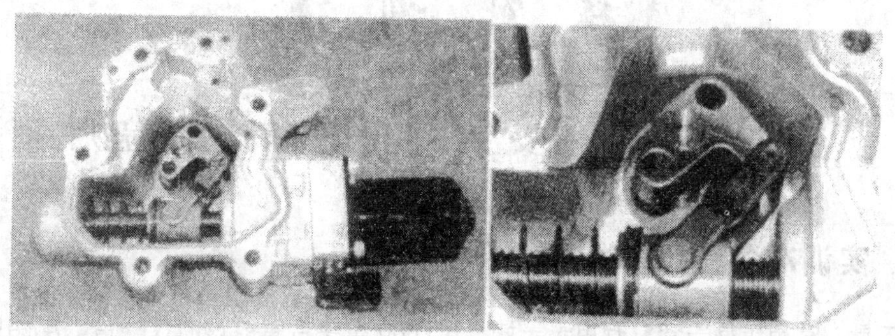

图 7—1—31 VVEL 执行器总成实物

当发动机在高转速或者大负荷时，电动机带动螺杆转动，于是套在螺杆上的螺套产生相应的横向移动。而螺套由一根连杆与控制杆相连，螺套的横向移动可以带动控制杆逆时针或顺时针发生转动。由于摇臂套在控制杆的偏心轮上，因此，摇臂的旋转中心也会随控制杆的转动上升或下降（上升时气门升程减小，下降时气门升程增大），从而达到改变气门升程的目的。

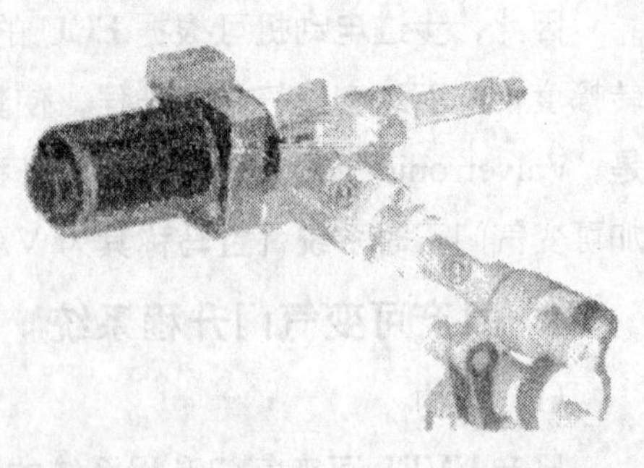

图 7—1—32　VVEL 执行器的工作原理

1—螺杆　2—螺套　3—连杆　4—控制杆

(2) 工作原理

当发动机中、低转速或者低负荷时，ECU 会下达指令，令电动机驱使螺套做远离的横向移动，联动机构使控制轴顺时针方向旋转，偏心轮圆心上移，摇臂旋转中心跟着上移，如图 7—1—33a所示，于是摇臂距离气门的距离变远，凸轮轴旋转时气门的开启角度也就随之变小。

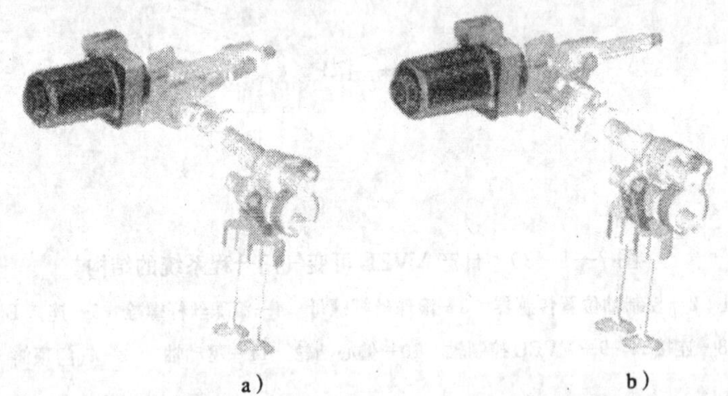

a)　　　　b)

图 7—1—33　日产可变气门升程系统工作原理

当发动机在高转速或者大负荷时，直流电动机带动螺杆转动，套在螺杆上的螺套向电动机横向移动，联动机构使得控制轴逆时针旋转一定角度。偏心轮圆心下移，摇臂旋转中心跟着下移如图 7—1—33b 所示，于是摇臂距离气门的距离变近，所以，凸轮轴旋转时气门的开启角度也就更大。

技能训练

实训任务　可变气门正时系统的检测

一、实训准备

1. 工具：常用工具一套、万用表一块、KT600 型综合智能诊断仪一台、电路图或维修手册、实训报告。

2. 设备：丰田卡罗拉双 VVT—i 发动机实训台架一台或实训车一辆。

二、实训要求

1. 认识可变气门正时系统的结构、位置和电路图。
2. 掌握可变气门正时系统的检测方法。

三、实训步骤

08 款丰田卡罗拉发动机装备双 VVT—i 系统，如图 7—1—34 所示，主要由曲轴位置传感器、空气流量计、节气门位置传感器、进气凸轮轴位置传感器、排气凸轮轴位置传感器、水温传感器、车速传感器、ECU、进气凸轮轴正时机油控制阀、排气凸轮轴正时机油控制阀和进、排气 VVT—i 控制器等组成。

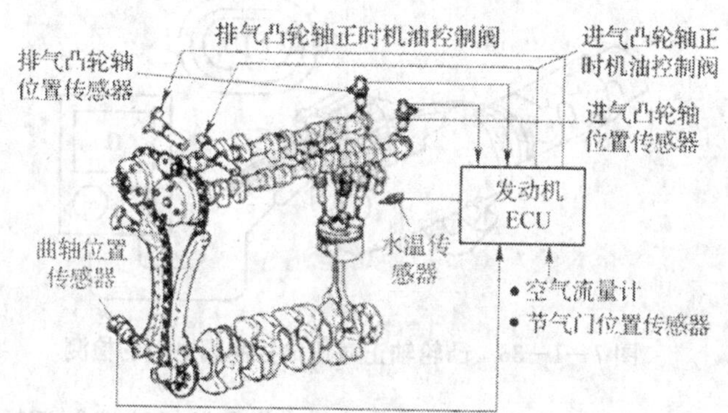

图 7—1—34 08 款丰田卡罗拉发动机可变气门正时系统的组成

VVT—i 系统发生故障的主要原因有：进、排气凸轮轴正时机油控制阀的控制电路短路或断路；进、排气凸轮轴正时机油控制阀阀芯卡滞或电磁线圈断路；机油控制阀滤清器堵塞；凸轮轴前端 VVT—i 控制器故障；正时链条跳齿或拉长；进、排气凸轮轴位置传感器故障；ECU 故障。

1. 凸轮轴正时机油控制阀的检测

排气凸轮轴正时机油控制阀电路如图 7—1—35 所示。正时机油控制阀的 1 号端子为占空比信号输入端，与 ECU 的 B31 接插器 60 号端子相连；2 号端子为接地端，与 ECU 的 B31 插接器 61 号端子相连。进气凸轮轴正时机油控制阀电路与排气基本相同，只不过其正时机油控制阀的 1 号端子与 ECU 的 B31 接插器 100 号端子相连；2 号端子与 ECU 的 B31 接插器 123 号端子相连。

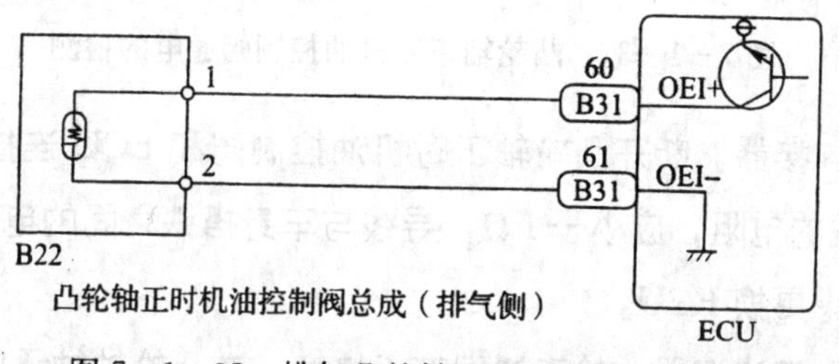

图 7—1—35 排气凸轮轴正时机油控制阀电路

(1) 使用故障诊断仪对凸轮轴正时机油控制阀进行动作测试

1) 启动发动机至正常工作温度。

2) 将故障诊断仪连接到仪表板下方的故障诊断插座 DLC3 上。并选择动态测试菜单中的 VVT 项，用 VVT 项操作凸轮轴机油正时控制阀 OCV（如果没有该设备，也可通过断开 OCV 阀连接器和直接供给 OCV 阀蓄电池电压的方法来实现对 OCV 阀的控制），检查发动机转速。机油控制阀打开时发动机怠速不稳或失速，说明机油控制阀正常，否则进入下一步。

(2) 拆检正时机油控制阀

1) 折下机油控制阀总成，用万用表测量其线圈电阻，20℃时应为 6.9～7.9 Ω，如图 7—1—36 所示。

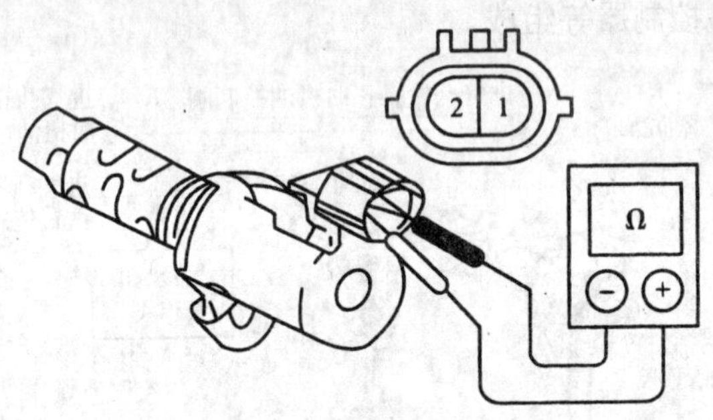

图 7—1—36 凸轮轴正时机油控制阀电阻的检测

2) 将蓄电池正极接机油控制阀插接器端子 1，负极接机油控制阀插接器端子 2，阀应能迅速移动，如图 7—1—37 所示。否则，更换新的机油控制阀。若控制阀正常，则进行下一步。

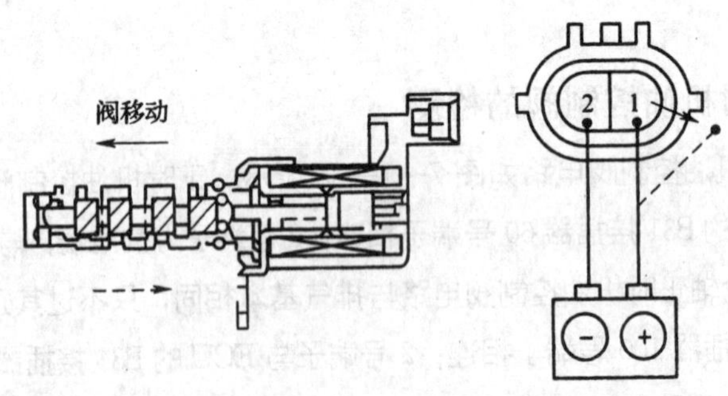

图 7—1—37 凸轮轴正时机油控制阀通电的检测

(3) 检查线束和连接器。断开凸轮轴正时机油控制阀和 ECU 连接器，测量机油控制阀与 ECU 之间连接导线的电阻，应小于 1 Ω，导线与车身搭铁之间的电阻应大于 10 kΩ。若上述检查均正常，则考虑更换 ECU。

(4) 检查机油控制阀滤清器，检查滤网有无堵塞，在凸轮轴轴承座上有油道经滤网到机油控制阀。

2. 检查凸轮轴正时齿轮（VVT—i 控制器）总成

(1) 拆下凸轮轴，检查凸轮轴正时齿轮在不工作状态下是否锁紧（用手转动凸轮轴正时齿轮）。

(2) 检查凸轮轴正时齿轮（VVT—i 控制器）的工作情况

1）将 150 kPa 的气压同时施加在提前侧 2 和延迟侧 1，如图 7—1—38a 所示。

2）如图 7—1—38b 所示，逐步减小延迟侧的气压，观察凸轮轴正时齿轮总成应向提前侧转动。

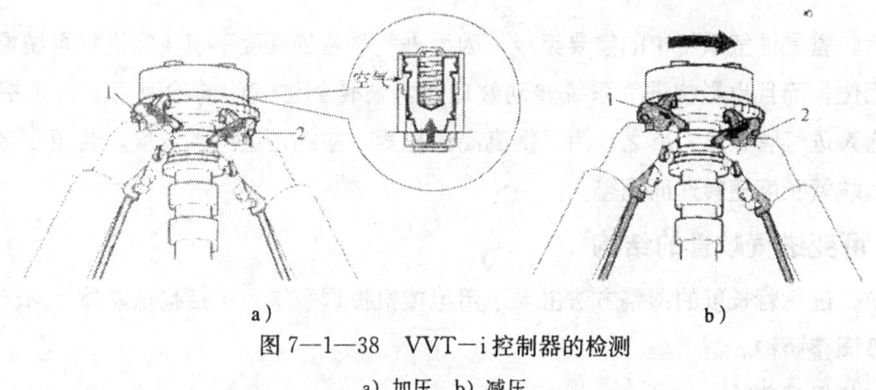

图 7—1—38　VVT—i 控制器的检测

a）加压　b）减压

3）当凸轮轴正时齿轮达到最提前的位置时，断开正时延迟侧空气压力，然后再断开正时提前侧空气压力。用手转动凸轮轴正时齿轮。正时齿轮未转到最大延迟位置时，应转动平滑。

(3) 将正时齿轮转到最大延迟位置，应能锁定。

§7—2　可变进气系统

学习目标

1. **掌握可变进气系统的分类及结构。**
2. **掌握可变进气系统的工作原理。**
3. **能进行可变进气系统的检测。**

可变进气系统是利用发动机工作时进气管道的进气动态效应来提高充气效率，以达到在发动机转速范围内增大发动机的扭矩和功率。

在换气过程中，发动机由于间断进气而引起进气管内发生压力波动，这种现象称为进气管的动态效应。进气动态效应是惯性效应和波动效应共同作用的结果。影响进气管动态效应的结构因素是进气管长度、直径和形状。

进气惯性效应：一般是指利用进气行程时进气管高速流动的气体惯性作用来提高充气效率的。由于惯性效应只发生在进气歧管中，因此惯性效应只与进气系统的进气歧管有关。且只能影响这次进气过程，而不会影响下次进气过程。

进气管波动效应：当进气门关闭后，进气管的气体还会来回波动，此气柱在进气管内的弹性波动对下一个进气循环的进气量产生影响，这一影响称为波动效应。

目前对于整个进气系统而言，为改变发动机的相关性能主要采用以下一些技术。

(1) 可变进气歧管长度技术。

(2) 可变谐振进气增压系统。

(3) 可变涡流控制系统。

一、可变进气歧管长度

进气歧管是进气系统中的重要组成，因为进气歧管的长度不仅决定进气系统惯性效应压力波的相位，而且也影响进气系统波动效应压力波传到进气门前的时间。为了提高低速扭矩，应增大进气管长度；反之，为了提高高速扭矩，应缩短进气管长度。若要二者兼得，必须使进气歧管长度随转速而调整。

1. 可变进气歧管的结构

目前，进气管长度的调整方法主要采用电控机械调整法，该结构从总体上可分为分级调整和无级调整两种。

(1) 分级调整

分级调整可变进气歧管如图 7—2—1 所示。进气歧管被设计成蜗牛般的螺旋状，分布在 V 形发动机缸体中间，气流从中部进入，在各个进气管采用一个控制阀来控制进气歧管的长度。这是目前主流的进气歧管长度可变机构的设计。

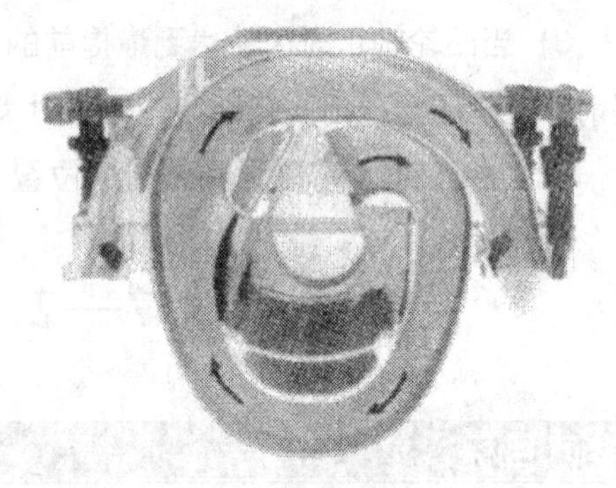

图 7—2—1 分级调整可变进气歧管的结构

当发动机在静止状态或转速低于 5 000 r/min 的中低转速运转时，黑色控制阀关闭，气流被迫从长歧管流入气缸，此时，进气歧管的固有频率降低，与发动机中低转速相匹配，可获得最佳的进气动态效应来提高充气效率，使此时的输出扭矩增大，如图 7—2—2 所示。

当发动机转速上升到 5 000 r/min，进气频率上升，此时控制阀开启，气流绕开下部导管直接注入气缸，相对于进气歧管路径长度变短，与发动机高转速相匹配，同样可获得最佳的进气动态效应来提高充气效率，使此时的输出扭矩增大，如图 7—2—3 所示。

(2) 无级调整

分级调整式可变进气歧管的结构简单，但是只能实现两级可调，不能完全满足各个转速下发动机的进气需求。而无级调整式进气歧管长度可以在发动机的整个转速范围内随着发动机转速增加而改变，充分利用进气动态效应，使发动机的充气效率在所有转速范围内都能达到最佳的效果。

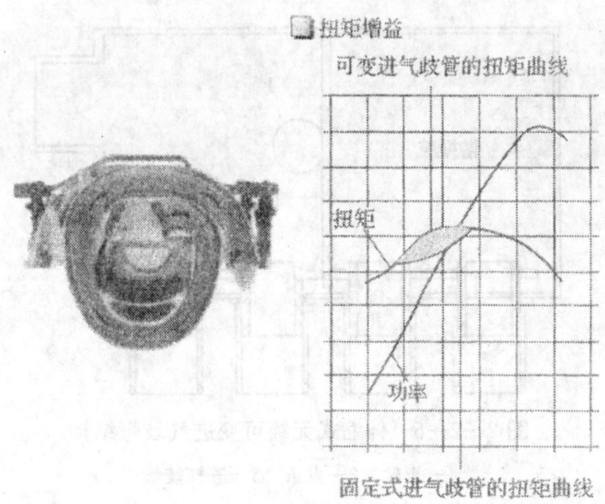

a） b）

图 7—2—2 中低转速时可变进气歧管的工作状态及其效果

a）工作状态 b）扭矩曲线

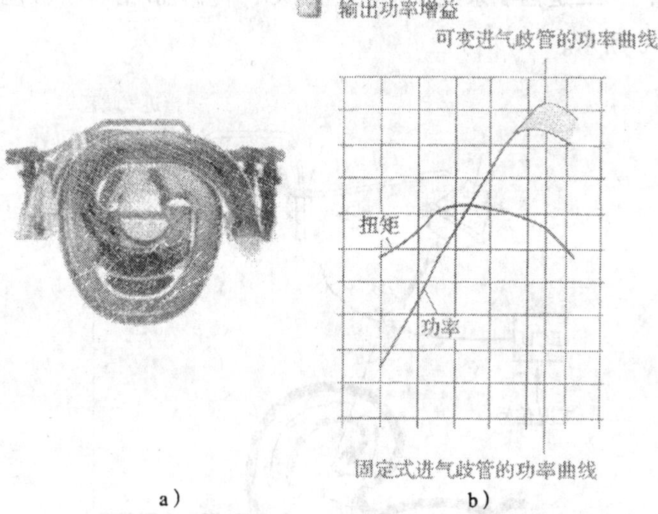

a） b）

图 7—2—3 高转速时可变进气歧管的工作状态及其效果

a）工作状态 b）功率曲线

无级可变进气系统又可分为旋转式和伸缩式两种。

1）旋转式无级可变进气歧管由可旋转的内腔件和固定的外腔件组成，通过旋转内腔件可以调整进气管长度，如图 7—2—4 所示。

2）伸缩式无级可变进气歧管通过齿轮驱动齿条，带动进气管伸缩，以达到无级改变进气系统的目的，如图 7—2—5 所示。

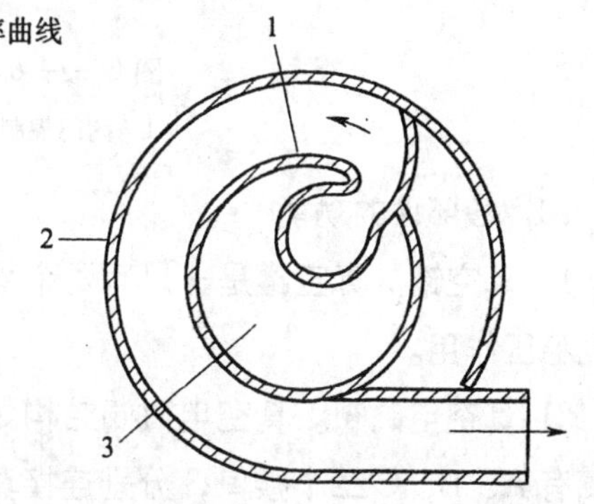

图 7—2—4 旋转式无级可变进气歧管结构

1—旋转件 2—外壳 3—内腔

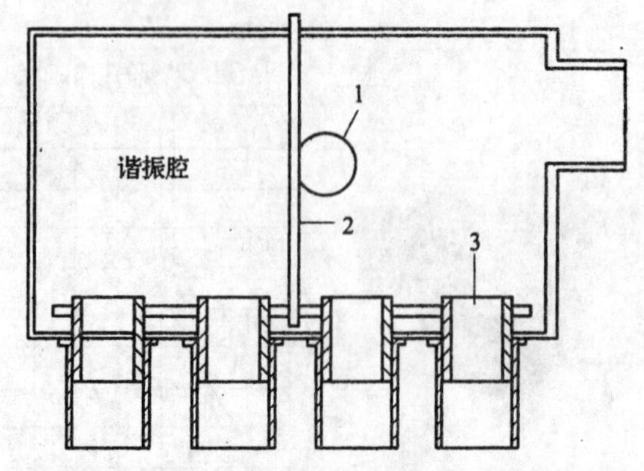

图 7—2—5　伸缩式无级可变进气歧管结构

1—齿轮　2—齿条　3—进气歧管

2. 可变进气歧管系统的组成及各部件的功能

(1) 结构

可变进气歧管系统可分为两大部分，一是进气歧管本身，即在进气歧管内部有一个控制进气通道长短的阀门；二是控制系统，主要由 ECU、传感器和系统执行部件（真空电磁阀）组成，如图 7—2—6 所示。

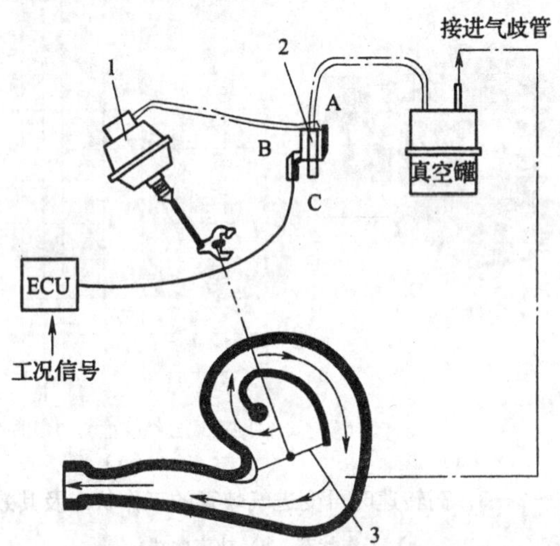

图 7—2—6　可变进气歧管系统的组成

1—阀门控制器　2—电磁控制阀　3—阀门

(2) 各部件的功能

1) 真空罐。真空罐是一只有两个管接头的密闭容器，汽车启动后即处于真空状态，并起到稳压作用。

2) 真空电磁阀。真空电磁阀结构如图 7—2—7 所示，本身是两位三通电磁阀，电磁控制阀有 A、B、C 三个接口，分别连接真空罐（进气歧管）、阀门控制器和大气。真空电磁阀由 ECU 控制三个接口的接通关系，由此控制阀门的开启和关闭的动作。当电磁阀断电时，B 接口与大气相通，当电磁阀通电时，阀杆被吸起，接口 B 与接口 A 相通。

3）阀门。阀门位于进气歧管内，由阀门控制器控制其开启和关闭。

4）阀门控制器。阀门控制器由带拉杆的隔膜、隔膜腔、摇臂、复位弹簧及限位块构成，如图7—2—8所示。在通常状态，隔膜腔中无真空负压，在复位弹簧的作用下，隔膜腔中的隔膜下沉，拉杆处于伸展状态；当隔膜腔中形成真空负压时，隔膜上浮使拉杆处于收缩状态。

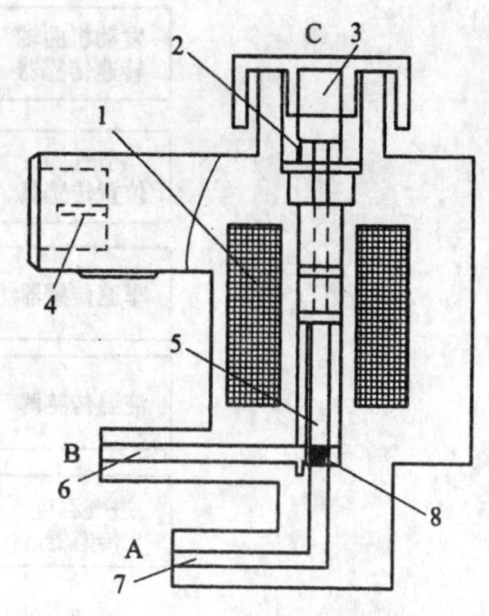

图7—2—7 真空电磁阀结构

1—线圈 2—滤清器 3—大气 4—电插头 5—铁心 6—至阀门控制器 7—来至真空罐 8—阀片

(3) 可变进气歧管系统的工作原理

可变进气歧管系统的工作原理如图7—2—9所示。汽车启动后，ECU通过各种传感器采集发动机的转速、负荷、车速、冷却液温度和进气温度等信号，首先送到信号处理模块，转换成可识别的数据与相应的预存数据做比较，预存的数据有发动机转速为4 400 r/min，节气门开度为17%，车速为30 km/h，冷却液温度和进气温度为27℃。ECU根据运算结果给电磁控制阀发出控制信号，调节进气通道的长度。

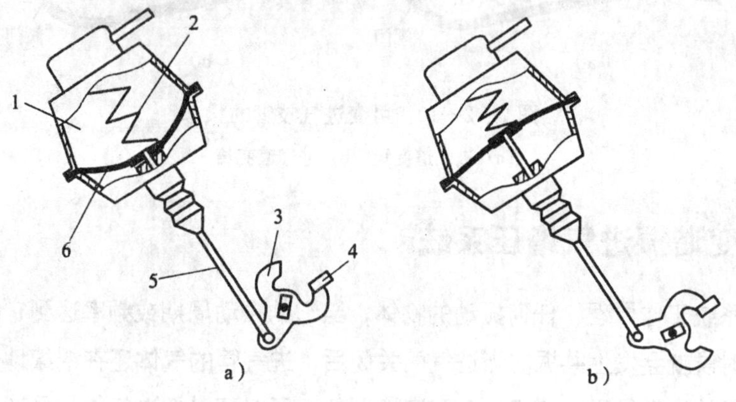

图7—2—8 阀门控制器的工作状态

a）解除真空状态 b）真空形成状态

1—隔膜腔 2—复位弹簧 3—摇臂 4—限位块 5—拉杆 6—隔膜

当ECU使电磁控制阀处于断电状态时，接口B与C接通，切断接口A与B的连通，大气被引入隔膜腔中，真空负压被解除。由于复位弹簧的作用隔膜下沉，拉杆伸出牵动摇臂使进气歧管内的阀门打开，进气道中的大部分气流会沿着最短的通道流入燃烧室，从而实现了进气道变短的目的，如图7—2—10a所示。

当ECU使电磁控制阀处于通电状态时，接口A与B接通，切断接口C与B的连通。真空负压被引入隔膜腔中，在真空负压作用下，隔膜上浮带动拉杆收缩，拉杆牵动摇臂使进气歧管内的阀门关闭，进气道中的气流沿着圆弧通道流入燃烧室，从而实现了进气道变长的目的，如图7—2—10b所示。

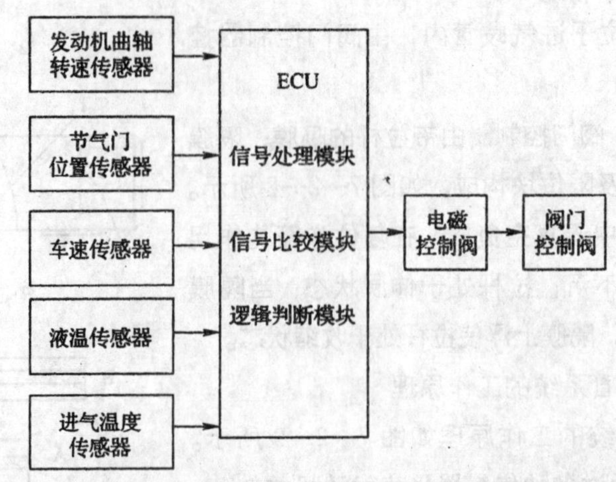

图 7—2—9 可变进气歧管系统的工作原理框图

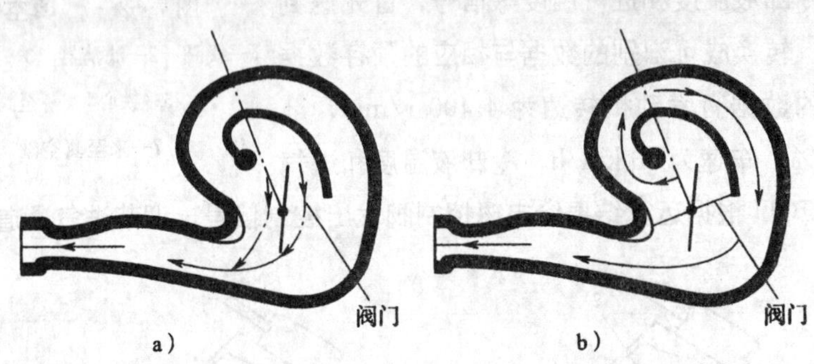

图 7—2—10 可变进气歧管的状态

a）进气道变短 b）进气道变长

二、可变谐振进气增压系统

谐振进气系统工作原理：任何振动的物体，当它的振动周期或频率达到它的固有周期（或固有频率）的时候就会发生共振。当进气门关闭后，进气管的气体还在继续地来回波动，因为进气管内的空气的波动是受进气门的开闭来控制的，所以可以把进气作为具有一定频率的振动来看待。那么，如果进气的波动频率达到了它的固有频率，就能获得最大的进气共振能量。

利用气体波动效应产生谐振增加进气量的进气系统通常包括进气歧管、谐振箱、谐振管和进气总管等部分。以一个六缸机为例，其进气系统结构如图 7—2—11 所示。

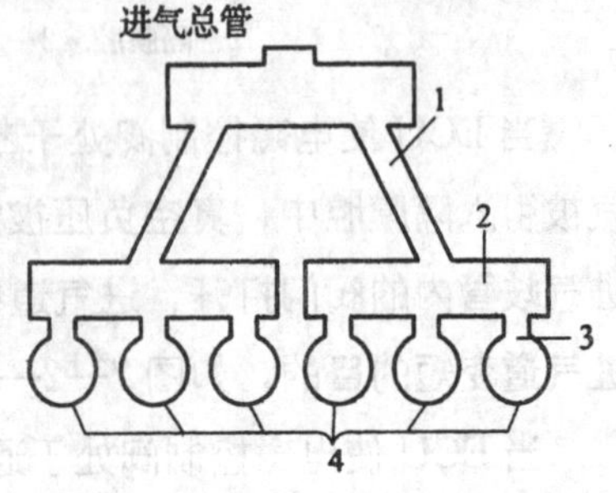

图 7—2—11 谐振进气系统的结构

1—谐振管 2—谐振箱

3—进气歧管 4—气缸

在谐振增压系统中，为了充分利用进气管内脉冲能量产生的气体动能，又使各缸进气互不干扰，进气管通常采用分支方案。

分支的原则是一根进气管所连各缸进气歧管必须不相互重叠（或重叠很小）。例如，六缸 4 冲程汽油机进气脉冲延续时间最好为 240°曲轴转角，而实际进气间隔角才

120°，这时一根进气管所连接气缸的数目不宜超过3个，同时应该使点火顺序相邻的各缸进气相互错开，如发火次序为1—5—3—6—2—4的六缸机，可采用1、2、3缸及4、5、6缸各连一根进气管。

如图7—2—12所示，发动机转速低时，阀门关闭，1、2、3缸的进气间隔角变为240°，4、5、6缸的进气间隔角也变为240°。此时气缸充气量为*BC*曲线，相对普通进气管各缸进气量增多。当发动机转速超过*A*转速时，阀门打开相当于普通进气管，进气间隔角恢复为120°，进气量为*ED*曲线，防止发动机转速超过A转速时造成的充气量下降。

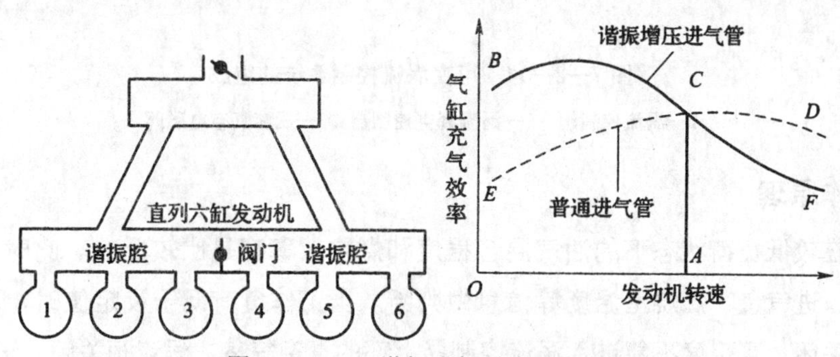

图7—2—12　谐振进气系统工作原理

三、可变涡流控制系统

可变涡流控制系统是通过节流门的控制，使发动机燃烧室内在不同工况下形成不同的"进气涡流"，促使喷油器喷出的雾状燃油与空气更好地混合，保证燃烧最充分，以获取更好的发动机性能和排放要求的一种技术，如图7—2—13所示。

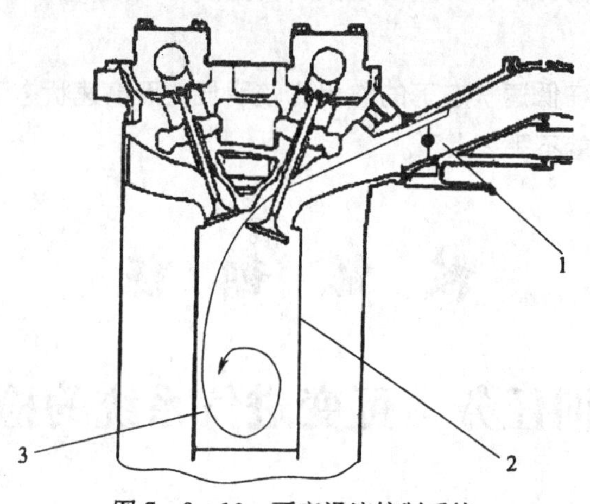

图7—2—13　可变涡流控制系统

1—进气歧管涡流控制阀　2—燃烧室　3—进气涡流

1. 结构

可变涡流控制系统的主要结构包括进气歧管内安装的涡流控制阀、涡流真空控制器及受ECU控制的涡流真空电磁阀，如图7—2—14所示。

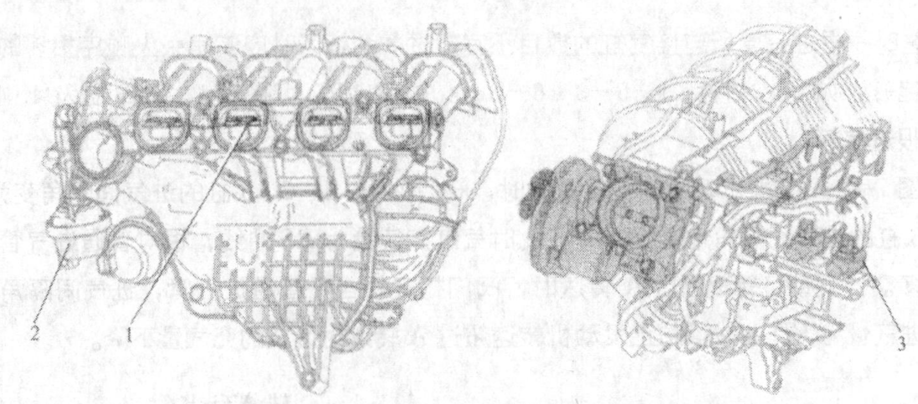

图 7—2—14 可变涡流控制系统的组成

1—涡流控制阀 2—涡流真空控制器 3—涡流真空电磁阀

2. 工作原理

发动机在较低负荷状态下的油气混合程度和燃烧效率都是比较低的。此时，ECU 依据发动机转速、进气量、燃烧室温度等信息做判断。当工作负荷低于设定值时，ECU 控制的真空电磁阀关闭，真空度不能进入涡流控制器上部的真空气室，涡流阀关闭，进气通道变小(注意不是被封闭，而是变小)，这样会产生一个强大的进气涡流，使得燃烧室内的油气充分混合，提升燃烧效率。

当发动机负荷增大或以高于某一转速运转时，气流速度已经足够强，过高的涡流强度对混合气的形成无多大益处，反而影响高速充气效果，使发动机高速性能下降。此时，ECU 根据转速、温度、进气量等信号将真空电磁阀电路接通，真空电磁阀打开，真空吸力进入涡流控制阀，将涡流控制阀打开，进气通道变大，提高进气效率，从而改善发动机的输出功率。

可变涡流控制系统在低速状态下的作用比较明显，而高速状态下由于进气量的大幅增加，对性能提升的帮助就不那么大了。

技 能 训 练

实训任务 可变进气系统的检测

一、实训准备

1. 工具：常用工具一套、万用表一只、KT600 型综合智能诊断仪一台、电路图或维修手册、实训报告。

2. 设备：福特福克斯发动机实训台架一台或实训车一辆。

二、实训要求

1. 认识可变进气系统的结构、位置和电路图。

2. 掌握可变进气系统的检测方法。

三、操作步骤

福特福克斯发动机进气歧管采用塑料制造，并且安装有涡流阀与进气歧管转换系统，如图 7—2—15 所示。

图 7—2—15　福特福克斯发动机进气系统

1—节气阀体　2—进气歧管通道控制（IMRC）节气门板　3—进气歧管调整（IMT）涡流板

1. 系统常见故障

当可变进气系统发生故障时，常会出现车辆动力不足、油耗升高等症状。可变进气系统的常见故障如下。

（1）电磁阀及控制电路故障

电磁阀可能会出现线圈断路、阀芯卡滞和通气口堵塞等故障。控制电路则可能会出现断路、短路、接触不良和接触电阻过大等故障。

（2）膜片转换阀及真空管路故障

膜片转换阀可能出现的故障有膜片破裂、拉杆变形等。真空管路则可能会出现泄漏和堵塞等故障。

（3）机械故障

可变进气系统可能的机械故障有因积炭产生阀门关闭不严或不能开启等。

2. 系统故障检查

（1）可变进气转换电磁阀的检查

1）检查电磁阀线圈的阻值应符合规定（25～35 Ω），否则更换电磁阀。

2）在断电状态下，用压缩空气从电磁阀的通大气口处吹入，空气应从通膜片式转换阀的接口处流出；用压缩空气从电磁阀的通真空口处吹，空气应不能通过。否则更换可变进气转换电磁阀。

3）在通电状态下，用压缩空气从电磁阀的通大气口处吹入，空气应不能通过。用压缩空气从电磁阀的通真空口（通进气管口）处吹入，空气应从通膜片式转换阀的接口处流出，否则更换可变进气转换电磁阀。

（2）膜片式转换阀的检查

1）检查膜片式转换阀是否有卡死、变形等现象。可以用手动真空泵连接到膜片式转换阀的膜片室，并均匀地按动手动真空泵，膜片式转换阀应在两个位置往复来回开启。

2）检查膜片式转换阀是否有泄漏现象。可以用手动真空泵连接到膜片式转换阀的膜片室，并施加真空到一定的值，然后观察在一定的时间内真空度的变化情况。如果真空度下降，则说明存在泄漏，需要更换膜片式转换阀。

§7—3 增压控制

学习目标

1. 掌握增压系统的作用。
2. 掌握增压系统的分类及结构。
3. 掌握电控废气涡轮增压系统的工作原理。

增压就是将空气预先压缩然后再压入气缸，以期提高空气密度、增加进气量的一项技术。由于进气量增加，可相应地增加循环供油量，从而可以增加发动机功率。同时，增压还可以改善燃油经济性。

一、汽车增压的分类

增压有涡轮增压、机械增压和气波增压三种基本类型。实现空气增压的装置称为增压器。各种增压类型所用的增压器分别称为涡轮增压器、机械增压器和气波增压器。

二、涡轮增压器的结构及工作原理

车用涡轮增压器由离心式压气机和径流式涡轮机及中间体三部分组成，如图 7—3—1 所示。增压器轴通过两个浮动轴承支承在中间体内。中间体内有润滑和冷却轴承的油道，还有防止机油漏入压气机或涡轮机中的密封装置等。

1. 离心式压气机

离心式压气机由进气道、压气机叶轮、无叶式扩压管及压气机蜗壳等组成。叶轮包括叶片和轮毂，并由增压器轴带动旋转。当压气机旋转时，空气经进气道进入压气机叶轮，并在离心力的作用下沿着压气机叶片之间形成的流道，从叶轮中心流向叶轮的周边。空气从旋转

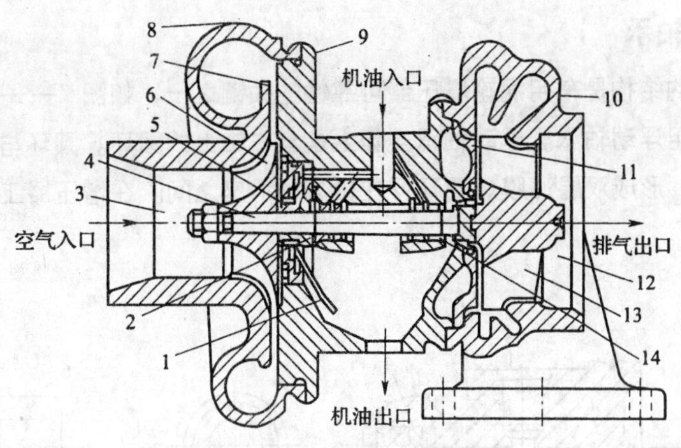

图 7—3—1 涡轮增压器的结构

1—挡油板 2—推力轴承 3—进气道 4—增压器轴 5—密封套 6—压气机叶轮 7—无叶式扩压管 8—压气机蜗壳 9—中间体 10—涡轮机壳体 11—隔热板 12—出气道 13—涡轮机叶轮 14—浮动轴承

的叶轮获得能量，使其流速、压力和温度均有较大的增高，然后进入叶片式扩压管。空气流过扩压管时减速增压，使空气所具有的大部分动能转变为压力能，同时温度也有所升高。

2. 径流式涡轮机

涡轮机是将发动机排气的能量转变为机械功的装置。径流式涡轮机由蜗壳、喷管、叶轮和出气道等组成，如图 7—3—2 所示。蜗壳的进口与发动机排气管相连，发动机排气经蜗壳引导进入叶片式喷管。排气流过喷管时降压、降温、增速、膨胀，使排气的压力能转变为动能，带动压气机旋转。

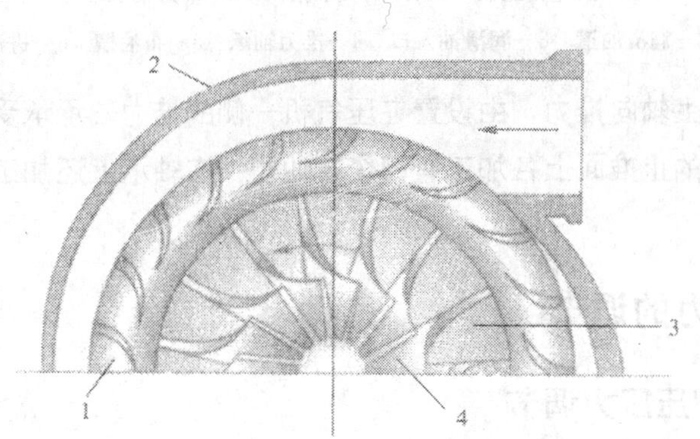

图 7—3—2 径流式涡轮机

1—叶片式喷管 2—蜗壳 3—叶轮 4—叶片

3. 转子

涡轮机叶轮、压气机叶轮和密封套等零件安装在增压器轴上，构成涡轮增压器转子。转子以超过 100 000 r/min、最高可达 200 000 r/min 的转速旋转，因此转子的平衡是非常重要的。增压器轴在工作中承受弯曲和扭转交变应力，一般用韧性好、强度高的合金钢 40 Cr 或 18 CrNiWA 制造。

4. 增压器轴承

增压器轴承的结构是车用涡轮增压器可靠性的关键之一，如图 7—3—3 所示。现代车用涡轮增压器都采用浮动轴承。浮动轴承实际上是套在轴上的圆环。圆环与轴以及圆环与轴承座之间都有间隙，形成双层油膜。圆环浮在轴与轴承座之间。在增压器工作时，轴承在轴与轴承座中间转动。

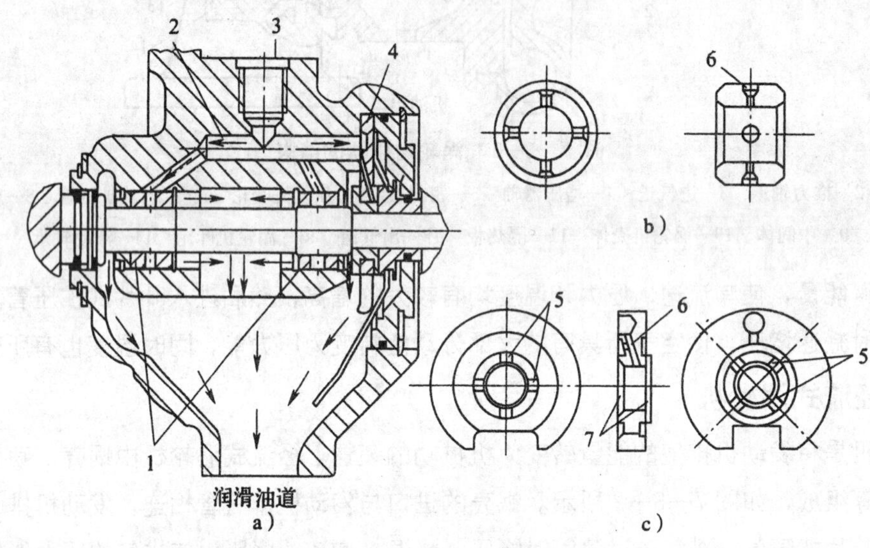

图 7—3—3 涡轮增压器轴承及其润滑

a）涡轮增压器 b）浮动轴承结构 c）推力轴承结构

1—浮动轴承 2—润滑油道 3—润滑油入口 4—推力轴承 5—布油槽 6—进油孔 7—止推面

增压器工作时产生轴向推力，由设置在压气机一侧的推力轴承承受。为了减少摩擦，在整体式推力轴承两端的止推面上各加工有四个布油槽；在轴承上还加工有进油孔，以保证止推面的润滑和冷却。

三、增压压力的调节

1. 旁通阀式增压压力调节

在汽车涡轮增压系统中设置排气旁通阀，是调节增压压力最简单、成本最低而又十分有效的方法，如图 7—3—4 所示。

排气旁通阀的工作原理：控制膜盒中的膜片将膜盒分为上、下两个室，上室为空气室经连通管与压气机出口相通，下室为膜片弹簧室，膜片通过连动杆与排气旁通阀连接。当压气机出口压力也就是增压压力低于限定值时，膜片在膜片弹簧的作用下上移，并带动连动杆将排气旁通阀关闭；当增压压力超过限定值时，增压压力克服膜片弹簧力，推动膜片下移，并带动连动杆将排气旁通阀打开，使部分排气不经过涡轮机直接排放到大气中，从而达到控制增压压力及涡轮机转速的目的，如图 7—3—5 所示。

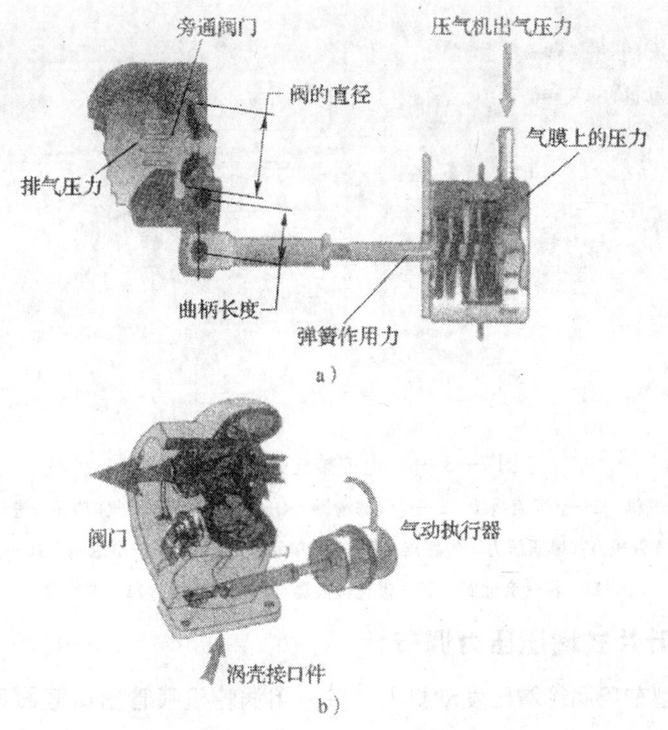

图 7—3—4 排气旁通阀的结构

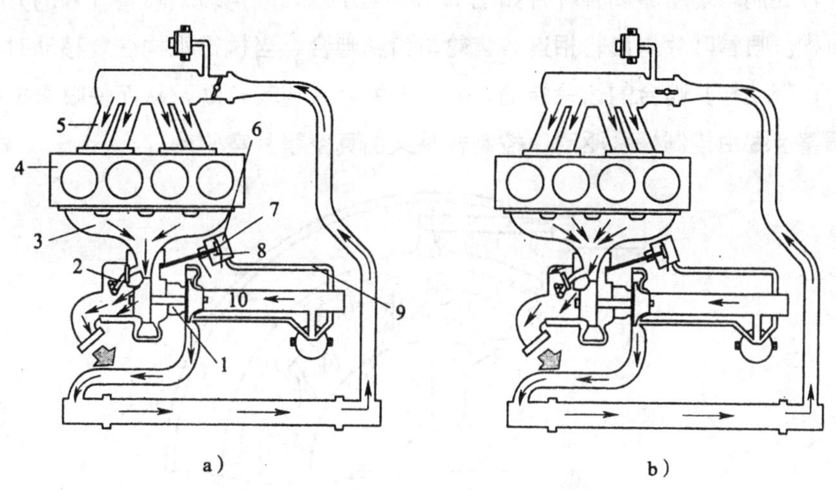

图 7—3—5 排气旁通阀工作原理

a) 排气旁通阀关闭 b) 排气旁通阀打开

1—涡轮增压器 2—排气旁通阀 3—排气歧管 4—发动机 5—进气歧管

6—控制膜盒 7—膜片 8—膜片弹簧 9—连通管 10—连动杆

在有些发动机上，排气旁通阀的开闭由电控单元控制的电磁阀操纵，如图 7—3—6 所示。

虽然排气旁通阀在涡轮增压汽车发动机上得到了广泛的应用，但是排气旁通之后，排气能量的利用率下降，致使在高速大负荷时发动机的燃油经济性变差。

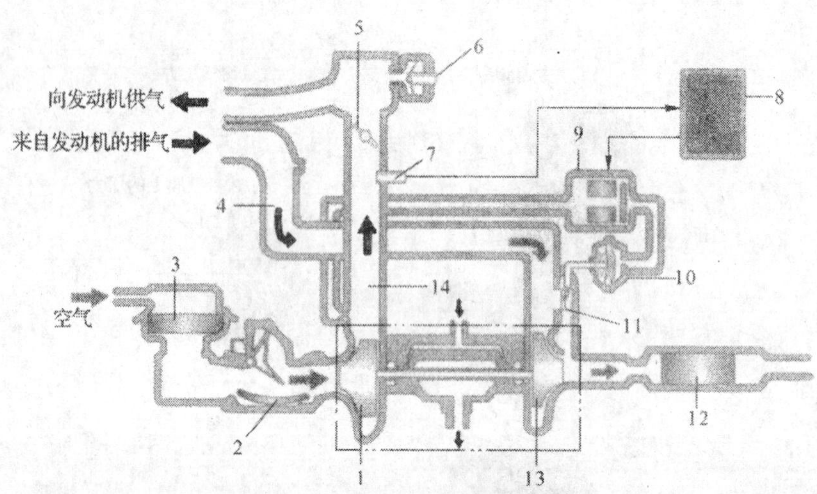

图 7—3—6 电控排气旁通阀控制系统

1—压气机 2—空气流量计 3—空气滤清器 4—排气管 5—节气门 6—进气旁通阀 7—进气管压力（增压压力）传感器 8—电控单元（ECU） 9—电磁阀 10—控制膜盒 11—排气旁通阀 12—催化转换器 13—涡轮机 14—进气管

2. 可调整叶片式增压压力调节

在大排量重型车用涡轮增压发动机上，多采用涡轮机喷管出口截面可变的涡轮增压器，简称变截面涡轮增压器。

可调叶片式涡轮增压器调整叶片如图 7—3—7 所示，采用转动喷管叶片的方法来改变喷管出口截面积。喷管叶片与齿轮相连，齿轮与齿圈啮合，当执行机构往复移动时，齿圈向左或向右转动，带动与其啮合的齿轮转动，并使喷管叶片随其转动，从而使喷管出口截面积发生改变。调整齿圈由控制杆系驱动，控制杆系又由真空膜片室驱动。

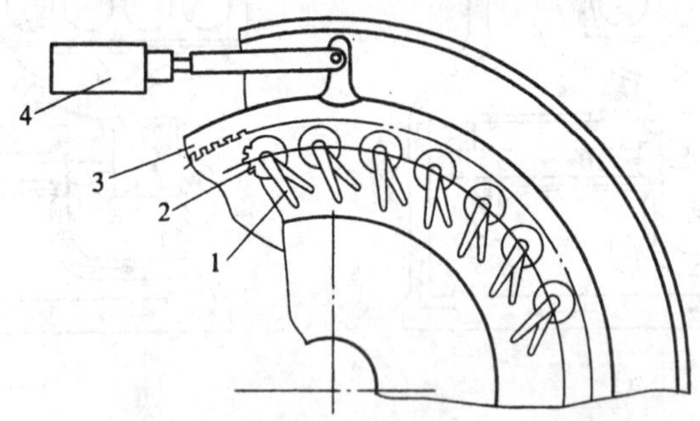

图 7—3—7 可调叶片式涡轮增压器调整叶片

1—喷管叶片 2—齿轮 3—齿圈 4—执行机构

如图 7—3—8 所示为发动机怠速时叶片的工作状态。叶片轴顺时针旋转到极限，缩小喷管出口截面积，使喷管出口的排气流速增大，从而提高了涡轮转速，增压压力和供气量都相应增加。

当发动机高速工作时，叶片轴逆时针旋转到极限，增大喷管出口截面积，使喷管出口的排气流速减小，涡轮机的转速相对降低，这样增压器将不会超速，增压压力也不至于过高，如图 7—3—9 所示。

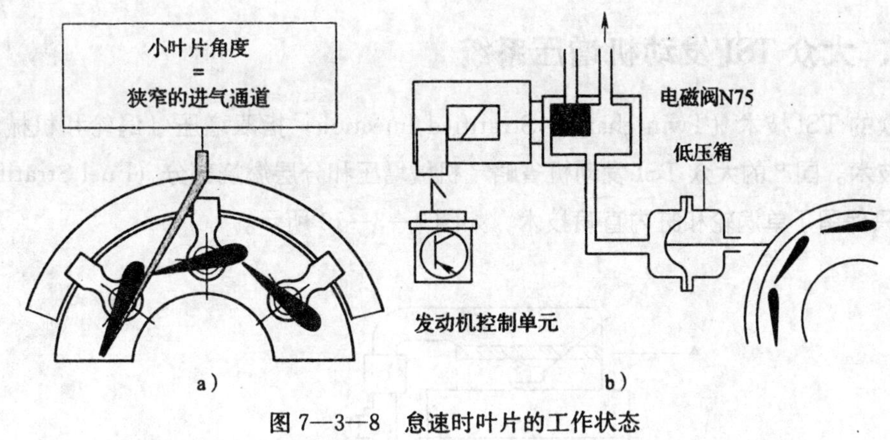

图 7—3—8 怠速时叶片的工作状态

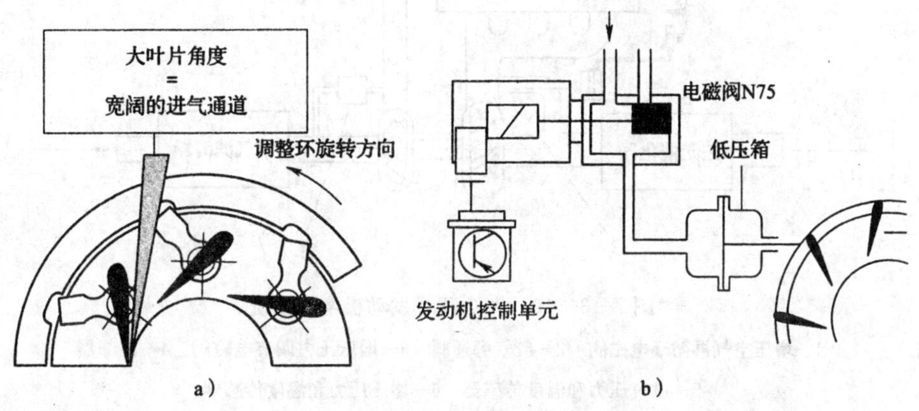

图 7—3—9 高速时叶片的工作状态

四、中冷器的作用

对于增压发动机来说，为了解决增压后的空气升温造成的不利影响，无论是机械增压发动机还是电控涡轮增压发动机，都需要在增压器与发动机进气歧管之间安装中冷器来降低进气温度。

中冷器一般由铝合金材料制成。按照冷却介质的不同，常见的中冷器可以分为风冷式和水冷式两种。

1. 水冷式

利用循环冷却液对通过中冷器的空气进行冷却。优点是冷却效率较高。缺点是需要 1 个与发动机冷却系统相对独立的循环水系统与之配合能达到较好的冷却效果，因此整个系统的组成部件较多，制造成本较高，而且结构复杂。

2. 风冷式

风冷式中冷器利用管道将压缩空气通到一个散热器中，利用风扇提供的冷却空气强行冷却。其缺点是冷却效率比水冷式中冷器低，一般需要较长的连接管路，空气通过阻力较大。优点是整个冷却系统的组成部件少，结构比水冷式中冷器相对简单。

五、大众 TSI 发动机增压系统

大众的 TSI 技术（Twin charger Stratified Injection）指双增压（涡轮和机械增压）分层喷射技术。国产的大众 TSI 发动机省略了机械增压和分层燃烧部分（Fuel Stratified Injection），只保留了单涡轮和缸内直喷技术，如图 7—3—10 所示。

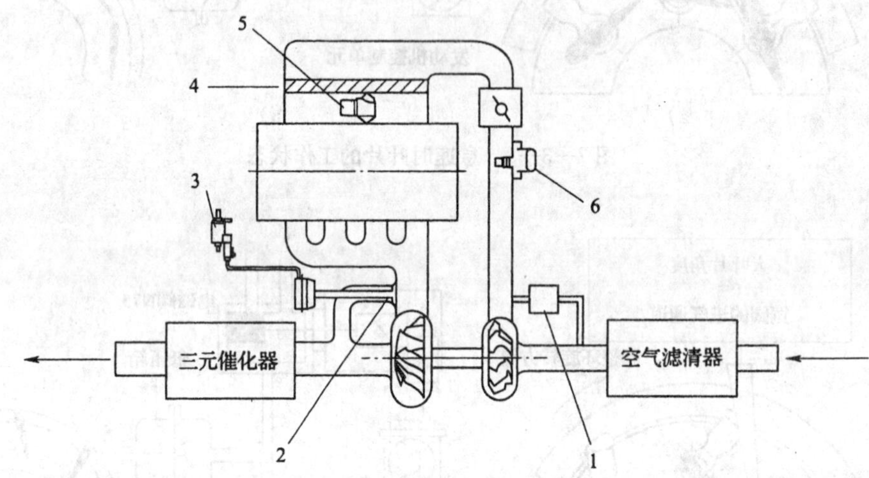

图 7—3—10 大众 TSI 发动机增压系统

1—增压空气再循环电磁阀 2—废气旁通阀 3—增压压力调节电磁阀 4—冷却器 5—进气压力和温度传感器 6—增压压力和温度传感器

1. 系统结构组成及功用

国产大众 TSI 发动机涡轮增压系统如图 7—3—10 所示，主要由涡轮增压器、中冷器、增压压力调节电磁阀、废气旁通阀、增压空气再循环电磁阀、增压压力和温度传感器、进气压力和温度传感器等传感器和 ECU 组成，其各部件的功用见表 7—3—1。

表 7—3—1 大众 TSI 发动机增压系统各部件的功用

部件名称	图示	功用
涡轮增压器		发动机的涡轮增压器和排气管采用了集成式的设计，这样做的最大好处就是省去了多余零件的体积和质量，而更少的零件也使得这套系统故障率更低，更稳定可靠。在正常使用的情况下具有和发动机相同的寿命，同时也无需特别给予维护和保养

续表

部件名称	图示	功用
废气旁通阀	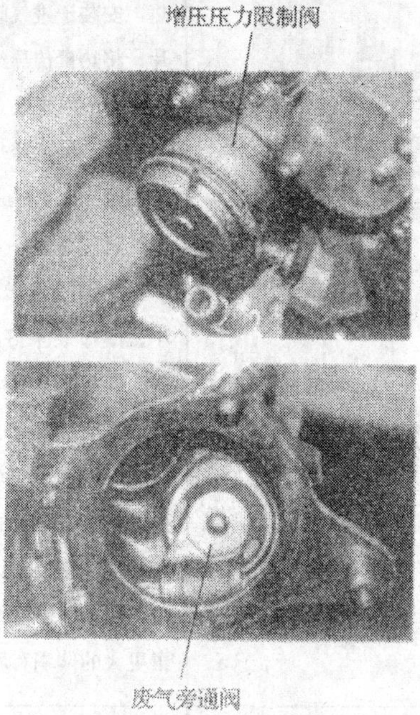 增压压力限制阀 废气旁通阀	控制增压压力，同时还有保护涡轮的作用：当发动机转速过高时，大量的废气会带动涡轮叶片高速旋转，如果不加以控制将会损坏涡轮，而此时增压压力限制阀会控制位于涡轮叶片下的旁通阀打开，过多的废气直接从旁通阀排出，以保护涡轮
增压空气再循环电磁阀	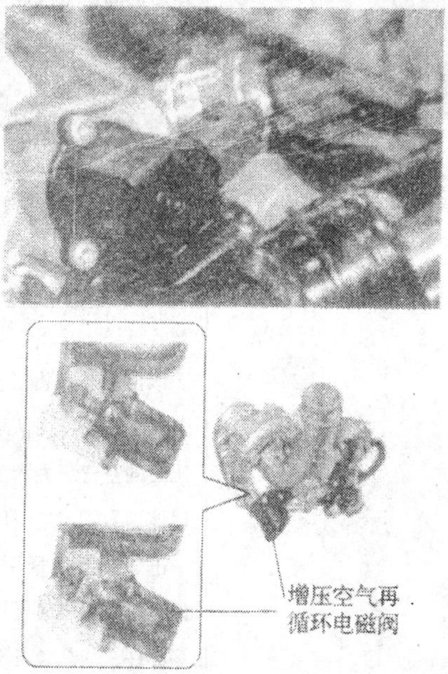 增压空气再循环电磁阀	除控制进气压力外，同时还有保护叶轮叶片的作用：空气叶轮一端的增压空气循环阀会在增压压力过大时开启，将高压气体释放到空气压力低的部分，进而保护节气门等发动机部件，并避免高压气体对叶轮叶片的反向冲击

续表

部件名称	图示	功用
冷却器	  增压空气冷却器 密封带	冷却器的作用是为增压后的空气进行散热，安装于进气歧管内。热空气流过铝制叶片，将热量传导给在内部循环的冷却液，然后冷却液再被泵入车辆进气口前端的散热器来冷却。经过冷却后的增压空气，压力值在最高可达 1.8 bar 的条件下，气体温度仅比空气温度高 20～25℃，冷却效果非常好 虽然水冷式增压空气冷却器占用的体积小、冷却效果好，是十分理想的散热的方式，但并没有在增压空气冷却中得到非常广泛的采用，因为这种结构不但对密封性要求较高（以保证进气歧管的良好密封），还需要增加特别设计的循环水冷却系统，对成本和技术都有要求，因此很多厂商的发动机通过机舱前的中冷器进行风冷，其弊端是增加了更大的体积和质量
增压压力调节电磁阀	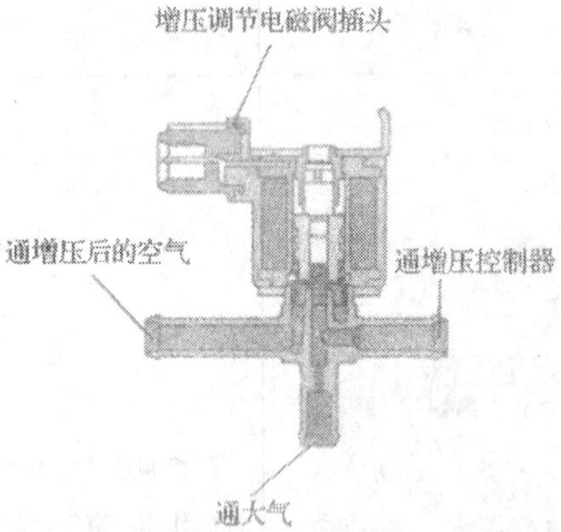 增压调节电磁阀插头 通增压后的空气 通增压控制器 通大气	在微机控制下，控制增压压力电磁阀让增压后的高压空气进入或让大气进入增压压力调节器，控制废气旁通阀的开闭 电磁阀断电时，空气通往调节器的旁通阀；通电时，高压空气通往调节器的旁通阀将旁通阀打开，降低涡轮转速
增压压力和温度传感器	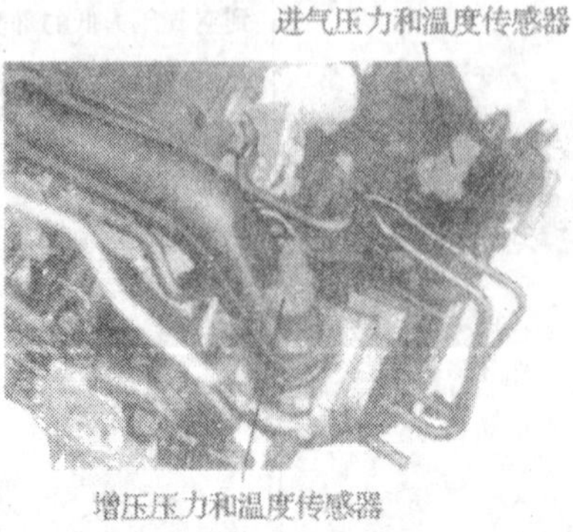 进气压力和温度传感器 增压压力和温度传感器	该传感器安装在节气门控制模块的压力管上部。增压压力信号用于测量涡流增压器增压后的空气压力和温度。发动机控制单元根据该信号调节增压压力 进气温度信号用于计算增压压力的修正值。考虑温度对增压气体密度的影响，保护零部件。如果增压后空气温度超过一定值，增压压力会降低

续表

部件名称	图示	功用
进气压力和温度传感器		进气压力和温度传感器安装在增压冷却器的进气歧管下部，测量冷却后的增压压力和温度，用于计算空气流量，以确定喷油时间。同时温度传感器与节气门前的温度传感器比较，确定冷却器前部和后部的增压空气温度差，控制冷却液循环水泵的运转
冷却液循环水泵	循环水泵	冷却液循环水泵主要用于增压系统，由电动机驱动，其作用是驱动冷却液在汽车前端的附加散热器和增压系统中循环，用于给增压系统冷却。增压系统包括两个冷却液循环通道：一个经过涡轮增压器，为涡轮系统冷却；另一个流经进气歧管内的气液热交换器，为增压空气进行冷却

2. 大众涡轮增压系统工作原理

(1) 增压控制

ECU根据进气压力传感器信号和发动机转速传感器等信号计算发动机的目标增压压力，增压后的实际进气压力值由增压压力传感器监测并反馈给ECU。ECU根据实际增压压力与目标增压压力比较并计算其差值，然后确定增压压力的调整量并通过微机输出脉宽可变的占空比信号，并将这个信号作用到增压压力调节电磁阀。以控制增压控制器调整旁通阀门的有效开度，控制冲击泵轮的通气量，从而控制泵轮转速，最终控制增压压力。

(2) 超速切断工况控制

当汽车大负荷行驶时，突然松开油门，节气门迅速关闭，而涡轮转速仍然较高，若不加以控制，增压空气继续流向节气门，可能造成气流冲击节气门，阻碍电动机转动，造成电动机损坏。为防止节气门损坏，发动机控制单元将增压空气再循环电磁阀打开，使增压气体在回路中形成局部循环，避免增压空气冲击节气门。

(3) 增压系统的冷却控制

大众 TSI 发动机采用了两套独立的冷却系统，如图 7—3—11 所示：一套主要用于发动机自身冷却的发动机冷却系统，这套系统中的水泵通过带和曲轴相连接，直接靠发动机动力实现冷却液的循环，也可称为主循环；另一套冷却系统主要用于涡轮增压器和增压空气的冷却，是通过电动冷却液循环泵驱动冷却液实现的独立循环系统，也可称为副循环。

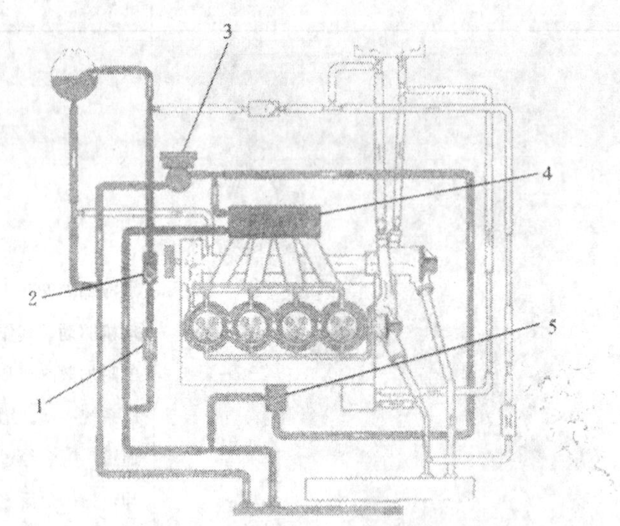

图 7—3—11 大众 TSI 发动机冷却系统

1—限流阀 2—单向阀 3—循环水泵 4—滤清器（中冷器） 5—增压器

独立的冷却液循环泵主要用于给增压系统冷却，包括两个循环通道：一个经过涡轮增压器，为涡轮系统冷却；另一个流经进气歧管内的气液热交换器，为增压空气进行冷却。两套独立冷却系统实现了缸盖和缸体温度的不同，在不同工况下可以根据需要分别对不同的部分进行冷却。

独立的冷却液循环泵通过螺栓固定在缸体上，安装在进气歧管下面，是独立冷却系统的核心部分。它根据车辆负荷来操作控制，将冷却液通过前端的泵口从附加散热器中吸出，泵入进气歧管内的冷却器和另一侧的涡轮增压器。

冷却液循环泵会在不同发动机工况下，由行车电脑控制进行智能的工作，它在下面几种情况下会被开启。

1）每次发动机启动后的短时间内。

2）输出扭矩持续在 100 N·m 以上的时候。

3）进气歧管内增压空气温度持续超过 50℃。

4）两个增压空气温度传感器之间的温差小于 8℃。

5）发动机每工作 120 s，其工作 10 s，避免涡轮增压器产生热量积聚。

6）关闭发动机后，根据MAP决定从0～480 s之间的工作时间，避免涡轮增压器过热而产生故障。

采用独立电动机带动水泵的冷却系统的优势：由于水泵并不直接通过曲轴的动力进行工作，发动机在长时间高速行驶后，如果直接将发动机熄火，冷却液循环泵仍会自动继续工作一段时间，消除了涡轮增压器因过热产生的故障隐患。另外，在发动机没有大负荷运作时，这套系统也会根据情况停止工作，达到节能的目的。

第8章　故障自诊断系统

§8—1　故障自诊断系统的简介及原理

学习目标

1. 掌握故障自诊断系统的发展。
2. 掌握故障自诊断系统的原理。

一、故障自诊断系统的发展

在汽车的故障自诊断系统发展过程中，根据各阶段的特点不同可分为OBD—Ⅰ型、OBD—Ⅱ型和OBD—Ⅲ型。

1. OBD—Ⅰ型

随着汽车有害排放物对大气的污染日趋严重，化油器和机械控制点火系统很难满足排气标准，最后导致汽车制造厂商必须使用精确监测和控制喷油、点火及排放控制系统的汽车电控系统。为了使这些系统保持最高的工作效率，通用汽车公司（GM）于1981年开始制造有检测或监测能力的车载微机，于是诞生了车载诊断系统（On—Board Diagnostics，OBD）。

1981—1987年，美国汽车工程师协会（SAE）、美国环保署（EPA）和加利福尼亚州大气资源局（CARB）正在标准化和规范汽车排放控制装置。1988年，CARB将符合加利福尼亚州销售新车的OBD—Ⅰ型制定为法令，要求自1991年起所有在美国销售的新车必须配置实施，且满足相关OBD技术要求，这就是所说的OBD—Ⅰ型。

最初的OBD系统即OBD—Ⅰ型称为第一代车载诊断系统，其诊断功能较为有限，主要针对车辆的硬件失效，这些被监测的硬件包括氧传感器、废气再循环阀、供油系统和发动机控制系统，并不探测许多会造成排放升高的发动机管理问题。作为OBD系统的早期发展阶段，存在如下明显的缺陷。

（1）缺乏统一标准

它没有要求汽车厂和车型之间任何标准化的故障码、OBD连接器接口、通信协议等，不同车系都有一套自己的检测工具，给维修带来了很大的不便，也没能充分发挥其应有的作用。

（2）监测功能不强

有些问题OBD—Ⅰ型无法监测，如催化转换器完全失效或已被去除、发动机缺火及燃油蒸发系统的泄漏等问题。况且，OBD—Ⅰ型仅当失效已经发生时才点亮MIL灯，它无法监测到与排放有关的部件的渐进损坏情况。

2. OBD—Ⅱ型

为了弥补 OBD—Ⅰ型系统的缺陷，1994 年，美国加州以立法的形式率先提出了利用车载诊断技术对排放控制装置实行故障监测的要求，称为 OBD—Ⅱ型。

OBD—Ⅱ型与 OBD—Ⅰ型车载自诊断系统不同之处在于其严格的排放针对性。它除了对任何与排放有关的部件完全失效诊断外，还能对由于部件老化、部分失效引起的排放超标进行诊断，起到了随车排放监测器的作用。当车辆排放的 HC、CO 和 NO_x 或燃油蒸发污染量超过 FTP 标准的 1.5 倍时，MIL 灯点亮（甚至在车辆似乎运行正常，无任何实际的行使性能问题时，MIL 灯也会点亮），其主要目的是提醒驾驶者，其车辆的废气排放量超标，需要进行修理。

同时所有装备 OBD—Ⅱ型系统的汽车都有一个标准化的 16 针诊断插座、电子协议、故障诊断码和标准化的部件及排放名词术语，即只要用一台仪器就可对各种车辆进行诊断维修，这给全球汽车维修检测提供了极大的方便。

3. OBD—Ⅲ型

OBD—Ⅱ型系统对监测排放问题十分有效。但驾驶者是否接受 MIL 的警告全凭“自觉”，OBD—Ⅱ型是无能为力的。为此，比 OBD—Ⅱ型更为先进的 OBD—Ⅲ型系统的开发提上了议事日程。

OBD—Ⅲ型系统有下列特点。

(1) OBD—Ⅲ型系统会分别进入发动机、变速器、ABS 等系统 ECU（微机）中去读取故障码和其他相关数据。

(2) OBD—Ⅲ型系统会利用小型车载通信系统，例如，通过无线蜂窝通讯、卫星通信或 GPS 系统将车辆的身份代码（VIN）、故障码及所在位置等信息自动通告管理部门。

(3) 管理部门根据车辆排放问题的等级，对其发出指令，包括去何处维修的建议，解决排放问题的时限等。

(4) OBD—Ⅲ型系统不仅能对车辆的排放问题向驾驶员发出警告，还能对不接受警告者进行应有的惩罚，如在法律允许的前提下对超出时限的车辆发出禁行密码指令等。

显然，OBD—Ⅲ型系统不再是起单纯的汽车检测、维护功能，而是将检测、维护和管理合为一体，以满足环境保护的要求。

二、车载诊断系统的工作原理

OBD 监测的对象是电控汽车上的各种传感器、电子控制系统（ECU）本身以及各种执行元件等。

1. 传感器的故障自诊断

由于传感器本身就是产生电信号的，因此，微机对传感器的故障自诊断不需要专门的线路，只需在软件中编制传感器输入信号识别程序，即可实现对传感器的故障自诊断。当系统工作时，各传感器的信号不断地进入到微机，微机内部对每一种被监测的传感器信号都设定了正常的信号范围，由监测软件判别输入的信号是否有异常。若某传感器的信号电压异常或信号丢失，而且这种情况持续了一段时间，ECU 便以稳定的形式将设定的故障代码存储到 RAM 中，并由指示灯闪烁报警。同时，ECU 的安全失效保护功能电路调取内存的代用值，使 ECU 系统维持汽车的故障运行。

各传感器及其电路发生故障时的失效保护功能的作用介绍如下。

(1) 空气流量计或进气压力传感器断路或短路时，ECU 根据启动信号和节气门位置传感器的信号，以固定的喷油量控制喷油。

(2) 液温传感器断路或短路时，ECU 通常按冷却液温度为 80℃控制发动机工作，防止混合气过浓或过稀。

(3) 进气温度传感器断路或短路时，ECU 通常按进气温度为 20℃控制发动机工作，防止混合气过浓或过稀。

(4) 节气门位置传感器（线性输出式）信号电路故障。当节气门位置传感器或其电路产生故障时，ECU 将始终接收到节气门处于全开或全关状态信号，无法按实际的节气门开度对喷油量等进行精确控制。此时 ECU 将根据发动机转速信号和空气流量传感器信号计算出一替代值来控制喷油。

(5) 大气压力传感器断路或短路时，ECU 按 101.13 kPa 控制喷油或进入备用系统工作状态。

(6) 氧传感器输出电压保持不变或变化过于缓慢时，ECU 将取消反馈控制，并以开环控制方式控制喷油。

(7) 曲轴位置传感器信号电路故障。由于曲轴位置传感器或其电路发生故障时，ECU 接收不到转速与转角信号，无法控制喷油时刻和点火正时，将造成发动机不能启动或失速，因此无法采取保护措施，发动机无法运转。

(8) 点火确认信号故障。如果点火系统中产生故障造成不能点火，ECU 检测不到由点火控制器返回的点火认定信号。此时，ECU 失效保护功能立即停止燃油喷射，以防止大量燃油进入气缸而不能点火工作。

(9) 爆震传感器信号或爆震控制系统故障。当爆燃传感器或其电路发生故障时，或 ECU 内爆燃控制系统出现故障时，无论是否产生爆燃，点火提前角都无法由爆燃控制系统进行反馈控制，这将导致发动机无法正常工作。此时，失效保护系统使 ECU 将点火提前角固定在一个适当值。

2. ECU 本身的故障自诊断

当 ECU 内部微处理器发生故障时，控制程序将不可能正常控制发动机运转。此时 ECU 采用后备回路系统，使发动机进入简易控制运行状态（用固定的信号控制喷油和点火正时)，但不能保证正常运转性能，使发动机仍能继续运转，以便驾驶员能将车辆开到修理厂进行检修，因此这种功能又称为“跛行回家”功能。后备回路系统原理框图如图8—1—1所示。

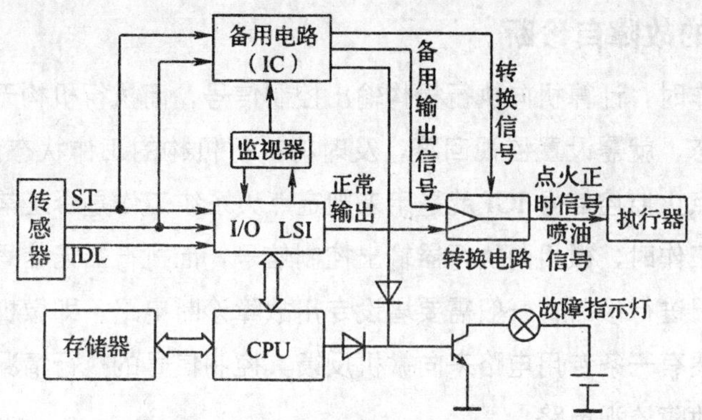

图8—1—1　后备回路系统原理框图

当ECU运行正常时，其运行程序微机工作是否正常是由被称为监视回路的电路（监视器）进行监视的，监视器中安装有独立于微机系统之外的计数器。微机正常运行时，由微机的运行程序对计数器定时清零处理，这样，监视器中计数器的数值永远不会出现计数满而溢出的现象；否则微机便不能对这个计数器进行定时清零，致使监视计数器出现溢出现象。当监视计数器溢出时，其输出端的电平由低电平变为高电平。计数器输出端电平的这一变化，将直接触发后备回路。

此时，ECU依据启动信号（ST）和节气门位置传感器信号来判断发动机启动、怠速和非怠速三种不同运转工况，并分别按三种不同工况下设定的固定喷油脉宽和点火提前角运行。因此，后备系统只能维持ECU的最基本功能，使汽车能继续行驶，而不是最佳状态，故不宜长时间在“跛行”状态下行驶，应及时进行检修。

当ECU内部微处理器出现故障时，备用系统预先设定的固定参数值的大小，因发动机型号的不同而不同。表8—1—1所列是某发动机后备系统工作时的固定参数实例。

表8—1—1　　某发动机后备系统工作时的固定参数

功能参数	CPU备用系统			曲轴转角传感器备用系统		
	启动	怠速	非怠速	启动	怠速	非怠速
喷油脉宽	12.0 ms	2.3 ms	4.1 ms	1.0 ms	与空气流量传感器成正比	
喷油频率	每转一次			间隔65.3 ms	间隔69.9 ms	间隔20 ms
点火提前角	上止点前10°	上止点前10°	上止点前20°	间隔50 ms	间隔23 ms	间隔5 ms
点火间隔	5.12 ms			5 ms	4 ms	3 ms

备用系统在遇下列情况之一时开始工作。

(1) ECU中的中央微处理器、输入/输出接口和存储器发生故障。

(2) 凸轮轴位置传感器或其电路发生故障，ECU 收不到曲轴和凸轮轴信号。

(3) 在 D 型电控燃油喷射系统中，进气歧管绝对压力传感器或其电路发生故障。此时 ECU 无法计算基本喷油脉宽。

3. 执行器的故障自诊断

控制系统工作时，计算机向执行机构输出控制信号，而执行机构无信号返回。为监测执行机构的工作状态，就需设置监视回路，及时将执行机构的工作状态信号反馈给 ECU。比如点火系统中的点火监控信号 IGf 就是用来判定点火系统工作是否正常的监视信号。

在电控系统工作时，微机向执行器输出控制信号，而执行器无信号返回微机。因此，对执行器的工作情况进行诊断，一般需要增设专用故障诊断电路，即微机向执行器发出一个控制信号，执行器要有一条专用电路来向微机反馈其控制信号的执行情况。如图 8—1—2 所示为点火电子组件故障监视电路。

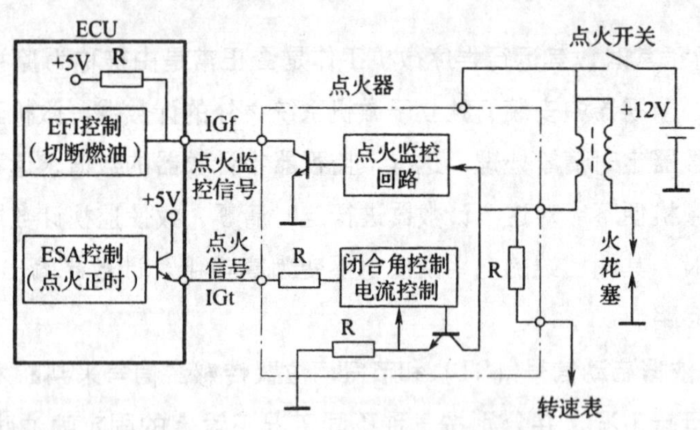

图 8—1—2 点火电子组件故障监视电路图

§8—2 第二代随车自诊断系统（OBD—Ⅱ）

学习目标

1. 掌握第二代随车自诊断系统特点。
2. 掌握第二代随车自诊断系统的监测内容及原理。

OBD—Ⅱ型是第二代随车微机自诊断系统（On - Board Diagnostics—Ⅱ）的缩写，中文意思是自我诊断。我国已于 2007 年 7 月 1 日实施国Ⅲ汽车排放标准，而要达到这一目标，国Ⅲ汽车排放标准强制规定：新车必须安装 OBD—Ⅱ型车载自诊断系统。

一、OBD—Ⅱ型的特点

OBD—Ⅱ型与 OBD—Ⅰ型相比，具有以下新特点。

1. 扩大了零部件诊断的范围

不仅要诊断对排放产生影响的所有零部件，而且要诊断当发生故障时使其他的 OBD—Ⅱ型诊断被屏蔽的零部件。

2. 增加了对系统的诊断要求

如要求能检测催化器劣化、失火、蒸发系统泄漏等故障。OBD—Ⅱ型系统需要诊断的与排放相关的零部件和系统见表 8—2—1。

表 8—2—1　　OBD—Ⅱ型系统需要诊断的与排放相关的零部件

<table>
<tr><th>系统</th><th>诊断目的</th><th>诊断的零部件或系统</th><th>备注</th></tr>
<tr><td>传感器</td><td rowspan="4">用于诊断和控制器有输入或输出关系的零部件（传感器和驱动器），主要针对零部件电路进行测试，同时包括传感器输入值合理性判断</td><td>（1）进气压力传感器（MAP）
（2）空气流量传感器（MAF）
（3）节气门体位置传感器（TPS）
（4）水温传感器（ECT）
（5）进气温度传感器（IAT）
（6）氧传感器（O2S）
（7）车速传感器（VSS）
（8）凸轮轴位置传感器（CMP）
（9）曲轴位置传感器（CKP）
（10）废气再循环阀开度传感器（EGRP）
（11）爆震检测传感器（KS）</td><td>发生故障时 OBD 故障指示灯亮</td></tr>
<tr><td rowspan="3">执行器</td><td>（1）车身垂直的加速度传感器（用于缺火诊断时路面状况判别）
（2）ABS 车轮速度传感器（用于缺火诊断时路面状况判别）
（3）空调压力传感器
（4）燃油位置传感器</td><td>不影响排放，发生故障时故障指示灯不亮，只记录故障码</td></tr>
<tr><td>（1）点火控制回路
（2）喷油嘴控制回路
（3）炭罐电磁阀控制回路
（4）怠速控制阀
（5）废气再循环阀控制器</td><td>发生故障时 OBD 故障指示灯亮</td></tr>
<tr><td>（1）空调离合器继电器（需通过排放测试确认是否与排放相关）
（2）冷却风扇继电器（同上）
（3）可变进气管道控制电磁阀（同上）</td><td>不影响排放，发生故障时故障指示灯不亮，只记录故障码</td></tr>
</table>

续表

系统	诊断目的	诊断的零部件或系统	备注
系统测试	用于诊断系统性故障	(1) 失火 (2) 催化转换器 (3) 氧传感器 (4) 废气再循环系统 (5) 供油控制系统 (6) 冷却系统 (7) 怠速控制系统	造成故障的原因可能是电路或机械性的
控制器测试	用于诊断和控制器有关的通信故障、硬件故障及内存记忆	(1) 通信故障 (2) 内存记忆检查 (3) 硬件故障	(1) 检查通信信号的有无及合理性 (2) 确认 ECM/PCM 中的软件程序 (3) 检查 ECM/PCM 中的硬件功能

3. 提供了标准化的硬件和软件

其包括标准化的数据诊断接口（SAE—J1962）、标准化的解码器（SAE—J1987）、标准化的电子通信协议、标准化的诊断故障码（DTC，SAE—J2012）、标准化的维修服务情报（SAE—J2000）。

二、数据诊断接口（DLC）

1. 数据诊断接口的功用

每一台具有 OBD 功能的车上都有一个数据连接口（Data Link Connector，DLC）。OBD 系统通过这个接口可以和遵循同一通信协议的扫描工具通信，将 OBD 系统的响应信息输出，以便于维修人员访问。

DLC 诊断插座统一为 16 针，如图 8—2—1 所示，端子分配及其功用见表 8—2—2。

图 8—2—1 DLC 诊断插座端子

表 8—2—2 DLC 诊断插座的端子分配及其功用

端子号	功用	端子号	功用
1 号端子	厂家定义	4 号端子	车身地
2 号端子	SAE—J1850 总线正	5 号端子	信号地
3 号端子	厂家定义	6 号端子	CANHigh（J—2284）（控制器局域网高端）

续表

端子号	功用	端子号	功用
7 号端子	ISO－9141－2KLine（通信线）	12 号端子	厂家定义
8 号端子	厂家定义	13 号端子	厂家定义
9 号端子	厂家定义	14 号端子	CANLow（J－2284）（控制器局域网低端）
10 号端子	SAE－J1850 总线负	15 号端子	ISO－9141－2LLine（激活线）
11 号端子	厂家定义	16 号端子	永久正电压

16 针脚共可分为传输线、电源及厂家定义 3 部分，其中 2、4、5、6、7、10、14、15 和 16 号端子为 OBD－Ⅱ型功能端子；1、3、8、9、11、12 和 13 号端子未分配 OBD－Ⅱ型的功能，这些端子的使用并没有标准化，车辆厂商可根据所需的目的使用这些端子。

2. 数据诊断接口（DLC）安装位置

诊断插座（DLC）安装位置如图 8—2—2 所示，将仪表板划分成标有数字的几个区域，每个区域都代表汽车制造商安装诊断插座的特定位置。位置＃1～位置＃3 是诊断插座的首选位置，而位置＃4～位置＃8，可以作为保留位置安装诊断插座。

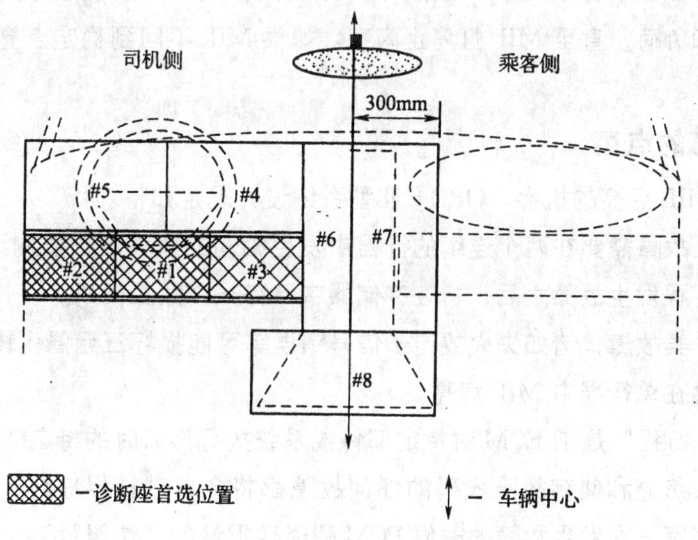

图 8—2—2 诊断插座（DLC）安装位置

三、故障指示灯

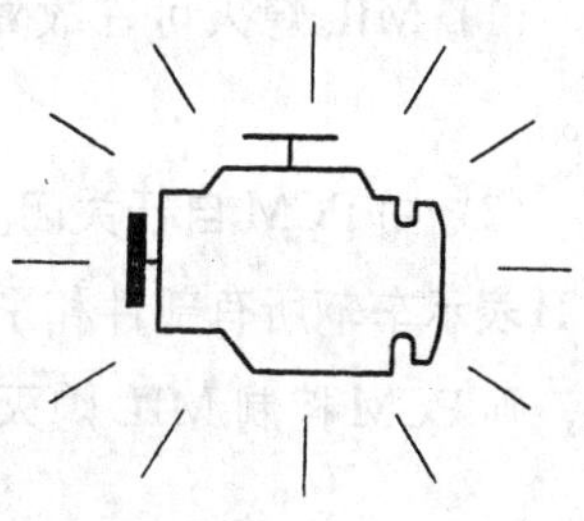

图 8—2—3 故障指示灯

故障指示灯（MIL）如图 8—2—3 所示，要求当车辆排放的 HC、CO 和 NO_x 或燃油蒸发污染量超过标准的 1.5 倍时，MIL 灯必须亮。其目的是告诉驾驶员“排放相关零部件”出现故障，要求驾驶员对车辆相关零部件进行检修。此外，制造厂商也可能设计在出现一点也不影响车辆排放的故障时也点亮 MIL 灯。因此，点亮的 MIL 灯不一定是与排放有关的故障。

1. 指示灯自检功能

通常，故障指示灯（MIL）在点火开关打开时，MIL 灯常亮或点亮几秒后熄灭；发动机正常无故障运转时 MIL 灯应熄灭。如果仍亮或闪烁，表示该系统有故障。

2. 故障警告功能

当发动机带故障运转时，MIL 可通过以下三种不同的显示方式表达不同故障的紧急程度。

（1）MIL 的一次快速闪烁

MIL 灯的一次快速闪烁表明发生了一个瞬时故障。没有必要维修，而且不可能储存故障码。

（2）MIL 一直亮

MIL 灯一直亮表明一个正在发生的故障必须引起注意。此类故障可能影响驾驶性能和油耗，应该尽快诊断并修理。

（3）MIL 迅速闪亮

MIL 迅速闪亮表明存在足以严重损坏三元催化转换器的紧急故障。此时，驾驶员应立刻减少车速和负荷，直至 MIL 灯停止闪亮。如果 MIL 不回到稳定点亮状态，应该立刻切断发动机电源。

3. 故障灯的点亮

为了减少 MIL 点亮的机会，OBD－Ⅱ型系统设计规定如下。

（1）某一类故障需要在两个连续的行程中发生相同的故障且被监测到，MIL 才点亮。但是在第一个行程发生故障之后，将在存储器中储存一个故障代码。

（2）而另一类故障，诸如失火或电子信号错误等可能损坏三元催化转换器的故障，只要监测到，将会在单行程中 MIL 点亮。

这里术语“行程”是指 ECM 对特定部件或系统执行诊断时的特定驾驶条件。

通常，MIL 点亮和储存故障代码的任何故障都将会自动捕捉冻结数据帧数据，冻结数据帧数据是当第一次发生故障的时候 PCM 瞬时数据量的“快照”。

4. 故障灯的熄灭

（1）MIL 熄灭可在故障修复后利用解码仪通过清除故障码或者断开供电电池予以关闭。

（2）由 PCM 自行关闭。但 PCM 自行关闭故障指示灯至少需要以行驶模式 B（行驶模式 B 表示车辆所有部件和系统应至少被 OBD 系统监控一次）驾驶车辆 3 次以后没有出现故障，则 PCM 控制 MIL 熄灭。

四、故障冻结数据

故障冻结数据主要包括开环/闭环、计算负载、冷却液温度、短期燃油修正值、长期燃油修正值、发动机转速、车速、歧管绝对压力传感器、基本燃油喷射时间、进气温度传感器等，见表 8—2—3。

表 8—2—3　　故障冻结数据示例

燃油系统	模式 4
计算负荷值	49%
冷却液温度	87℃
短期燃油修正值	92%
长期燃油修正值	100%
发动机转速	1 900 r/min
车速	24 km/h
歧管绝对压力传感器	0.0%
基本燃油喷射时间	1.4 ms
进气温度传感器	26℃

此数据可用于确定当故障发生时车辆是运行还是停止、发动机是否暖机、空燃比是浓还是稀。在路试时，可利用此数据使路试车辆行驶条件与设置 DTC 时的实际条件相对应，以核实 DTC。冻结数据组随车型和年份的不同而不同。关于特定车辆的更多信息，参见相应的维修手册。

五、OBD－Ⅱ型故障码

1. OBD－Ⅱ型故障码的组成

OBD－Ⅱ型都统一使用标准的故障代码，其故障代码共由 5 位英文字母和数字组成，第 1 位用字母表示，后 4 位用数字表示。

(1) 第一个字符：表示设置故障码所属的系统。

当前分配的字母有 4 个："P" 代表动力系统，"B" 代表车身，"C" 代表底盘，"u" 代表网络通信。

(2) 第二个字符：表示故障码是通用 OBD－Ⅱ型故障码或制造厂商给定的故障码(OEM)。

它包括 0、1、2 或 3。如果故障码是 OBD－Ⅱ型通用故障码，显示 0、2、3；如果是 OEM 故障码，则显示 1。

(3) 第三个字符：表示故障码发生的系统或子系统。

出故障的子系统：1——燃油或空气计量故障；2——燃油或空气计量故障；3——点火故障或发动机缺火；4——辅助排放控制系统故障；5——车速或怠速控制系统故障；6——微机或输出电路故障；7——变速器控制系统；8——变速器控制系统。

(4) 第四和第五个字符：表示在第三位字符指示系统内特定故障的分配号。

不同的传感器、执行器和电路分配了不同区段的数字，区段中较小的数字表示通用故障，即通用故障码；较大的数字表示扩展码，提供了更具体的信息，如电压低或高，响应慢，或信号超出范围。

例如，P0100 为空气流动电路故障代码（SAE 定义），P1456 为电子加热催化剂故障代码（生产厂商自定义）。

2. OBD－Ⅱ型故障码的分类

OBD－Ⅱ型标准的故障码包括四种基本故障码，分别为 A 类、B 类、C 类和 D 类，但是只有两种与排放有关。这种分类能帮助维修人员更好地理解不同类型故障的紧急程度。所以在进行故障诊断时，应分清故障码类型。

(1) A 类故障码与排放有关，而且是最严重的一类故障。它们可能损坏三元催化转换器，在多数情况下，一旦监测到此类故障，MIL 灯就亮，并且储存故障码。此外，PCM 将在 A 类故障发生时捕捉冻结数据帧数据。

(2) B 类故障码与排放有关，但不是很严重。此类故障码在第一个行程中发生故障时，记录故障码，但 MIL 灯并不亮。如果下一个连续行程测试通过，将会清除故障码。然而，如果在第二个连续行程中再次发生相同故障，MIL 灯将会亮，而且将会储存故障码。同时，在第二个连续行程发生相同故障时，PCM 才会捕捉冻结数据帧数据。

(3) C 类和 D 类故障码与排放无关，发生此类故障时 MIL 灯将不亮。但是在第一个行程发生故障后，将会储存故障码，但 PCM 不捕捉冻结数据帧数据。

六、OBD－Ⅱ型的故障诊断原理

1. 值域判定法

当 ECU 接收到的输入信号超出规定的数值范围时，自诊断系统就确认该输入信号出现故障。例如，某车水温传感器设计在正常使用温度范围－30～120℃（或范围更大些）内，输出电压为 0.30～4.70 V，所以当 ECU 检测出信号电压小于 0.15 V 或大于 4.85 V 时就判定水温传感器信号系统发生短路或断路故障。

2. 时域判定法

当 ECU 检测时发现某一输入信号在一定的时间内没有发生变化或变化没有达到预先规定的次数时，自诊断系统就确定该信号出现故障。例如，氧传感器在发动机达到正常工作温度，控制系统进入闭环后，ECU 检测不到氧传感器的输出信号超过一定时间或者氧传感器信号在 0.45 V 上下的情况已超过一定时间，自诊断系统就判定氧传感器信号系统出现故障。

3. 功能判定法

当 ECU 给执行器发出动作指令后，检测相应传感器的输出参数是否发生变化，若传感器输出信号没有按照程序规定的参数变化，就确认执行器或电路出现故障。例如，当 ECU 发出开启 EGR 阀命令后，通过检测进气压力传感器 MAP 输出信号是否有相应变化，判断 EGR 阀及电路是否有故障。

4. 逻辑判定法

ECU 对两个具有相互联系的传感器进行数据比较，当发现两个传感器信号之间的逻辑关系违反设定条件时，就断定其一定有故障。例如，ECU 检测到发动机转速大于某个转速时，节气门位置传感器输出信号小于某个值，则判定节气门位置传感器出现故障。

§8—3　诊断仪器的使用

学习目标

1. 掌握诊断仪器的功用。
2. 掌握万用表的使用。
3. 能正确使用解码器。

随着科学的发展，电子技术在汽车上应用越来越广泛，汽车的检测与诊断也越来越依赖于专用检测仪器。解码器、车用数字万用表和示波器等就是使用非常广泛的专用仪器。

一、汽车万用表

当汽车电子元件出现故障进行检查时，最重要的是测量数据和故障原因的推理过程。因为电子元件内部的情况不像机械零部件能拆开看见，而利用合理的逻辑步骤检测可很快发现问题，在这个过程中的关键工具就是万用表。

1. 万用表的分类

万用表分指针式和数字式，如图 8—3—1 所示。

由于指针式万用表内阻小，使用时易造成过大电流，所以在电控发动机的检测中，很多元件的测量都规定要用高阻抗的数字式万用表，以防止烧坏。

在发动机电控系统故障的检测与诊断中，除经常需要检测电压、电阻和电流等参数外，还需要检测转速、闭合角、频宽比（占空比）、频率、压力、时间、电容、电感、温度、半导体元件等。这些参数对于发动机电控系统的故障检测与诊断具有重要意义。因此，一般数字式万用表不适于现代汽车电子元件的维修与检测，需用专用仪表即汽车万用表。

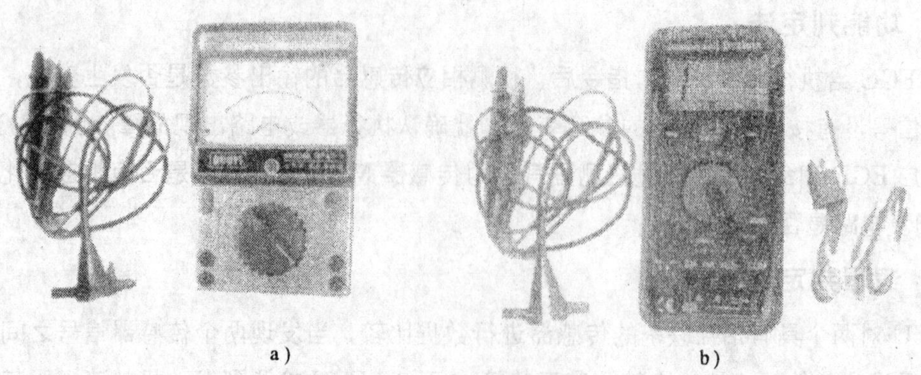

a）　　　　　　　　b）

图 8—3—1　万用表的分类

a）指针式　b）数字式

2. 汽车万用表的基本结构

博士 MMD540H 型汽车专用万用表如图 8—3—2 所示，主要由电子显示屏、测试项目选择开关、功能按键、公用座孔（用于测量电压、电阻、频率、闭合角、频宽比和转速等）、搭铁座孔、电流测量座孔等构成。

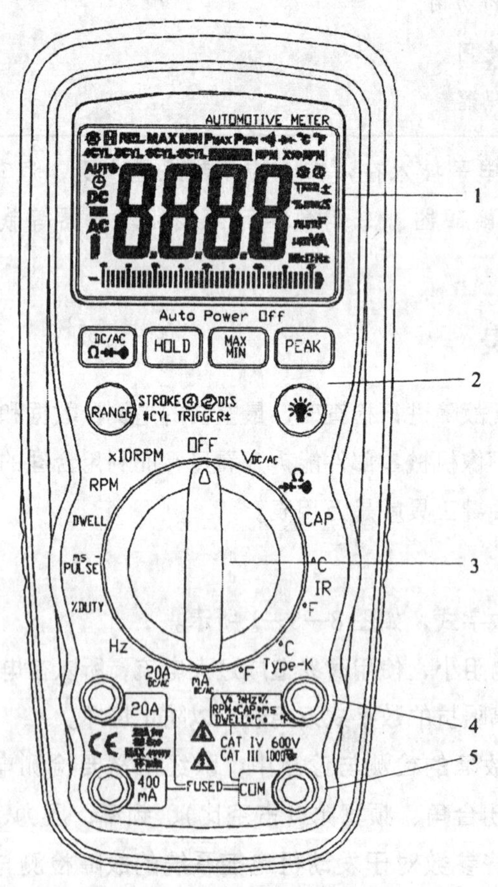

图 8—3—2　汽车万用表的基本结构

1—电子显示屏　2—功能按键　3—测试项目选择开关　4、5—测量线插孔

(1) 电子显示屏

汽车万用表的电子显示屏如图 8—3—3 所示，各显示符号的作用见表 8—3—1。

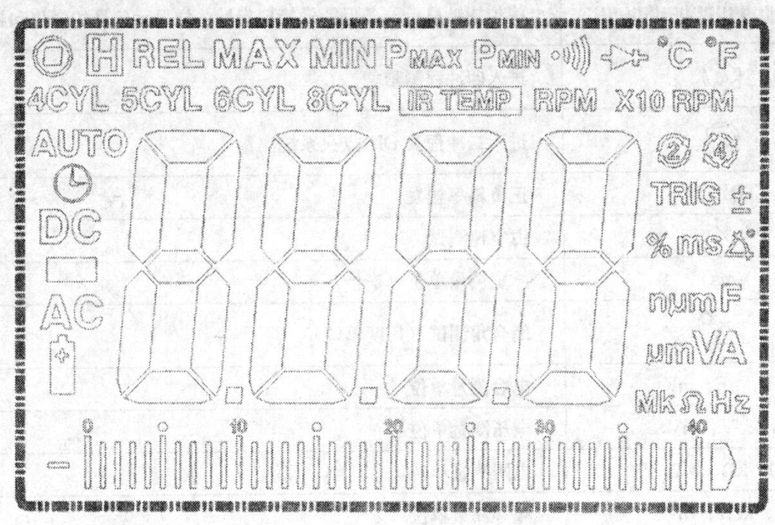

图 8—3—3 汽车万用电子显示屏

表 8—3—1 汽车万用表各显示符号的作用

序号	显示符号	功能说明
1		屏幕上显示此图标，表示电池电力不足。为避免读数错误，电池电力不足符号出现时，应立即更换电池
2	HOLD（H）	仪表保持模式开启，读数不再更新
3	REL 或△	相对模式（REL △）。主显示屏幕的读数已经经过副显示屏幕参考值的修正。按下此功能键，读数清理，进入相对值测量
4	MAX	屏幕显示读数最大值
5	MIN	屏幕显示读数最小值
6	PMAX	峰值测量功能。读数会自动不断更新并显示最高的峰值
7	PMIN	读数会自动更新并显示最低负值峰值
8	•)))	声音提醒符号，蜂鸣器可能鸣叫。已选择通断性测试
9	▶|	二极管检测
10	℃、℉	温度的单位，分别表示摄氏度和华氏度
11	4～8CYL	被测发动机缸数
12	IR TEMP	红外温度
13	RPM×10RPM	转速测试
14	AUTO	自动量程选择测试
15	AC	指示当前读数代表的是交流测量
16	▬	表示负的读数。在相对模式下，本符号代表目前的输入低于储存的参考值
17	DC	指示当前读数代表的是直流测量

续表

序号	显示符号	功能说明
18	[模拟条形图]	模拟指针显示。条形图像模拟指针一样显示信号的变化和趋势
19	(4)	进入四冲程测量
20	(2)	进入二冲程及 DIS 点火系统测量
21	TRIG±	正负斜率触发
22	%	占空比测试
23	ms	脉宽测量单位（毫秒）
24	∠°	闭合角测试（角度单位）
25	nF、μF、mF	电容测量单位
26	μV、V、mV	电压测量单位
27	Ω、kΩ、MΩ	电阻测量单位
28	Hz、kHz、MHz	频率测量单位
29	8.8.8.8	数值显示区域

(2) 功能按键

汽车万用表各功能按键如图 8—3—4 所示，各功能按键的功能见表 8—3—2。

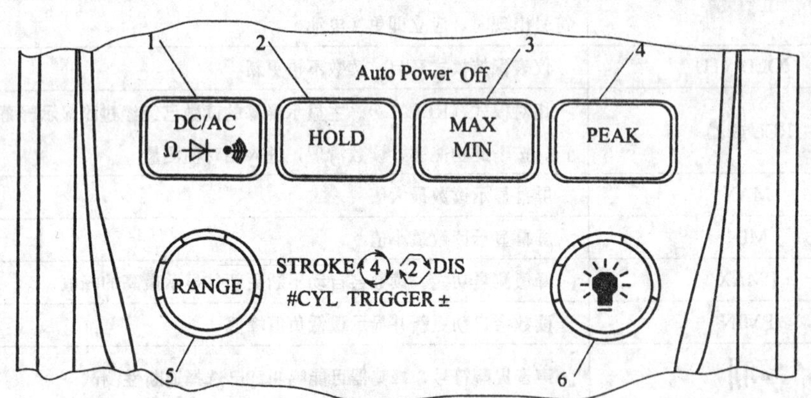

图 8—3—4 汽车万用表功能按键

表 8—3—2 汽车万用表各功能按键的功能

序号	按键符号	按键功能
1	DC/AC Ω	模式按键：按模式按键功能逐次为 DC/AC 电压、DC/AC 电流、电阻、二极管、电路通断测量和电容量

续表

序号	按键符号	按键功能
2	HOLD	数据保存按键：测试仪的数据保存功能可以保存数据以供后续测量结果参考 （1）按 DATA HOLD 按键“保持”测试仪上的读数。显示屏上则会显示“HOLD”字样 （2）再次按 DATA HOLD 按键返回正常工作模式
3	MAX MIN	最大值/最小值按键： （1）按 MAX/MIN 按键启动最大值/最小值记录模式。屏幕上会显示“MAX or MIN”标志。测试仪换至手动测距模式，只有当新的最大或者最小值发生时，测试仪会显示并保存最大值或者最小值，并更新 （2）再次按 MAX/MIN 按键，显示屏上“MAX　MIN”标识会不断闪烁。测试仪会显示当前读数，但会不断更新并存储最大和最小读数
4	PEAK	峰值保存按键：峰值保存功能能捕捉交流/直流电压或者电流的峰值 （1）转换测试选择开关至 A 或者 V 的位置 （2）连续按住 PEAK 按键直至“CAL”符号显示在屏幕上，这个过程将清除掉 0 位 （3）按 PEAK 按键，PMAX 符号将会显示在屏幕上 （4）若出现更高的峰值时，读数会自动不断更新 （5）再次按 PEAK 按钮，PMIN 符号会显示在屏幕上，读数会自动更新并显示最低负值峰值 （6）要转换到正常工作模式，按住 PEAK 按钮，直至 PMIN 或者 PMAX 标识在显示屏上消失
5	RANGE STROKE 4 2 DIS #CYL TRIGGER ±	手动测量与四冲程或二冲程（DIS）、Hz、%，ms+/−，CYL 选择按键： （1）当测试项目选择开关在转速位置时，按此键选择四或二冲程模式 （2）当测试项目选择开关在 DWELL 位置时，按此键选择 4～8CYL（缸）模式 （3）当测试项目选择开关在 MS 与 DUTY 位置时，按此键选择 TRIG± 正负触发模式 （4）当测试项目选择开关在电压与电阻位置时，按此键选择测量量程模式
6		背光按键： （1）按下 BACK LIGHT 按钮打开背光灯 （2）再次按下 BACK LIGHT 按键关闭背光灯

(3) 测试项目选择开关

汽车万用表测试项目选择开关如图 8—3—5 所示，各测试项目的使用方法见表 8—3—3。

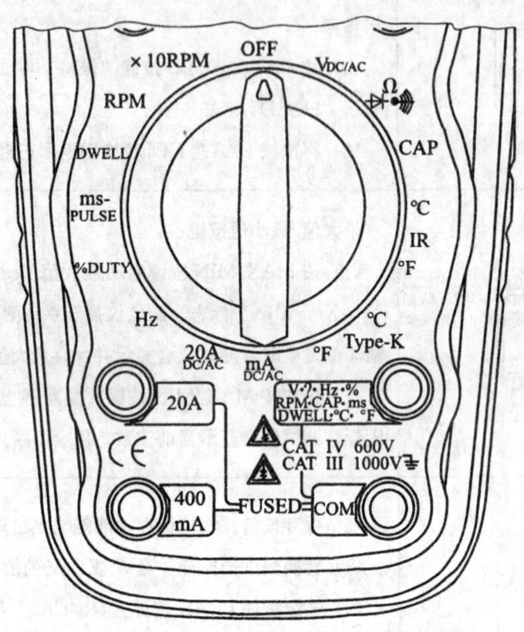

图 8—3—5　汽车万用表测试项目选择开关

表 8—3—3　　　　汽车万用表各测试项目的使用方法

序号	测试项目选择开关	测试功能操作
1	VDC/AC 位置 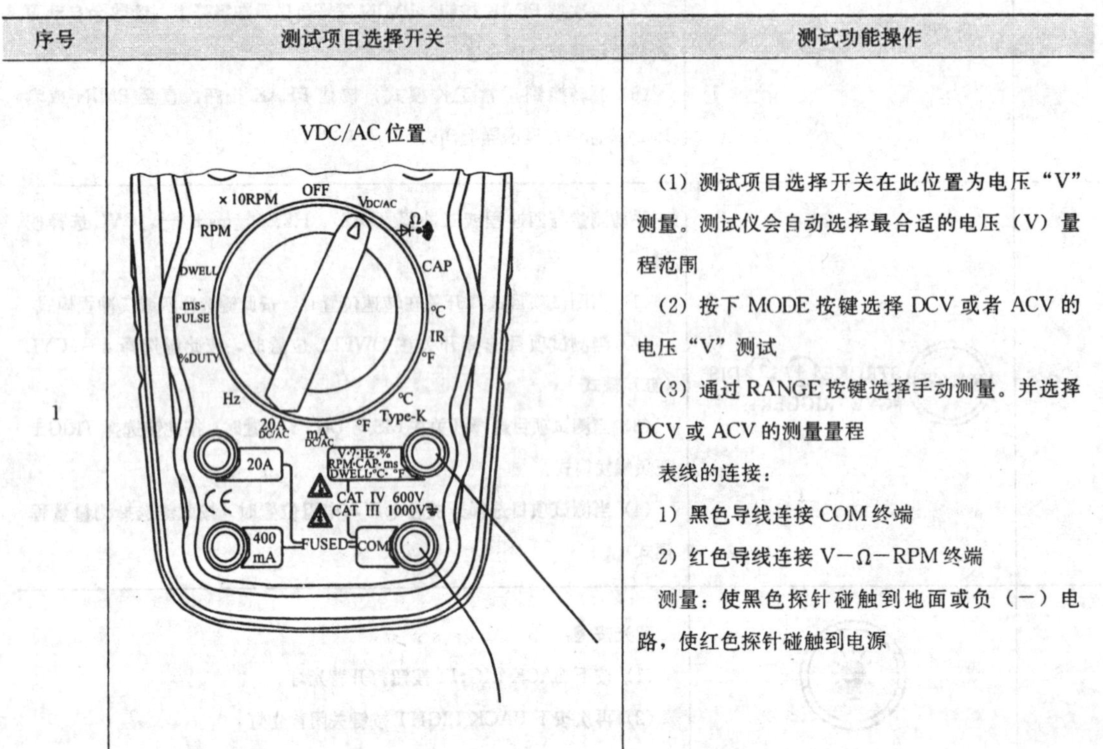	(1) 测试项目选择开关在此位置为电压“V”测量。测试仪会自动选择最合适的电压(V)量程范围 (2) 按下 MODE 按键选择 DCV 或者 ACV 的电压“V”测试 (3) 通过 RANGE 按键选择手动测量。并选择 DCV 或 ACV 的测量量程 表线的连接： 1) 黑色导线连接 COM 终端 2) 红色导线连接 V－Ω－RPM 终端 测量：使黑色探针碰触到地面或负(－)电路，使红色探针碰触到电源

续表

序号	测试项目选择开关	测试功能操作
2	电阻（Ω） 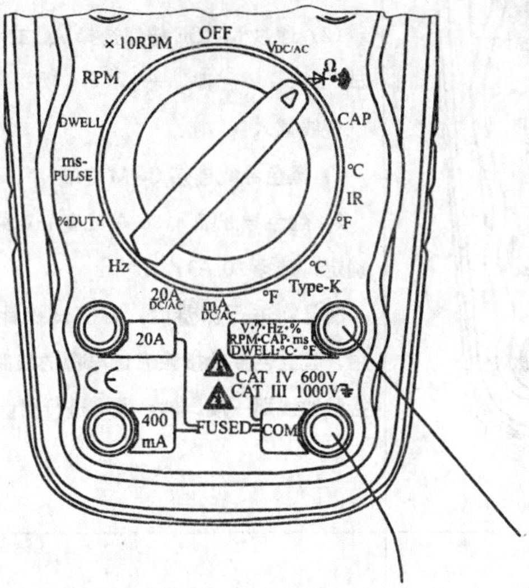 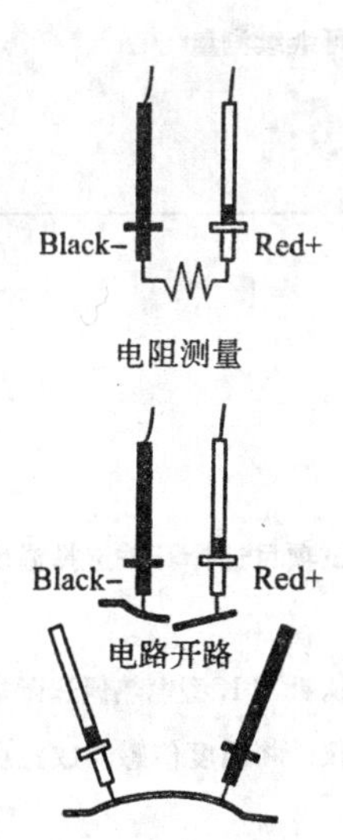 电阻测量 电路开路 线路短路蜂鸣测试 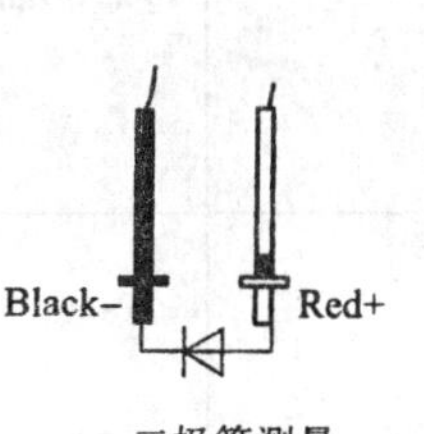 二极管测量 一个好的二极管，读数在探针交换前和交换后显示的读数会一个高一个低。有缺陷的二极管，在探针交换前和交换后读数则相同，或者两个读数都在 1.0～3.0 V之间	（1）通过测试项目选择开关选择“Ω”的功能，测试仪会自动选择电阻测试及最合适的电阻（Ω）量程范围 （2）按下 MODE 按键选择电阻“Ω”功能 （3）通过 RANGE 按键选择手动测量。并选择电阻的测量量程 表线的连接： 1）黑色导线连接 COM 终端 2）红色导线连接 V－Ω－RPM 终端 测量：使用红、黑表笔分别碰触被测电阻的两端 注意事项： 1）如果被测电阻开路或阻值超过仪表最大量程时，显示器将显示“OL”。如果表笔短路时的电阻值不小于 0.5 Ω时，应检查表笔是否有松脱现象或其他原因 2）测量 1 MΩ 以上的电阻时，可能需要几秒钟后读数才会稳定。这对于高阻的测量属正常 3）不要输入高于直流 60 V 或交流 30 V 以上的电压，避免伤害人身安全 4）在完成所有的测量操作后，要断开表笔与被测电路的连接 5）如果正在测试的电路中有电容器的应用，应确认关闭所有测试电路电源和所有电容充分放电。如果存在外部或残留电压，则无法得到准确测量结果 模式选择：通过按 MODE 按键分别选择短路蜂鸣测试及二极管测试

续表

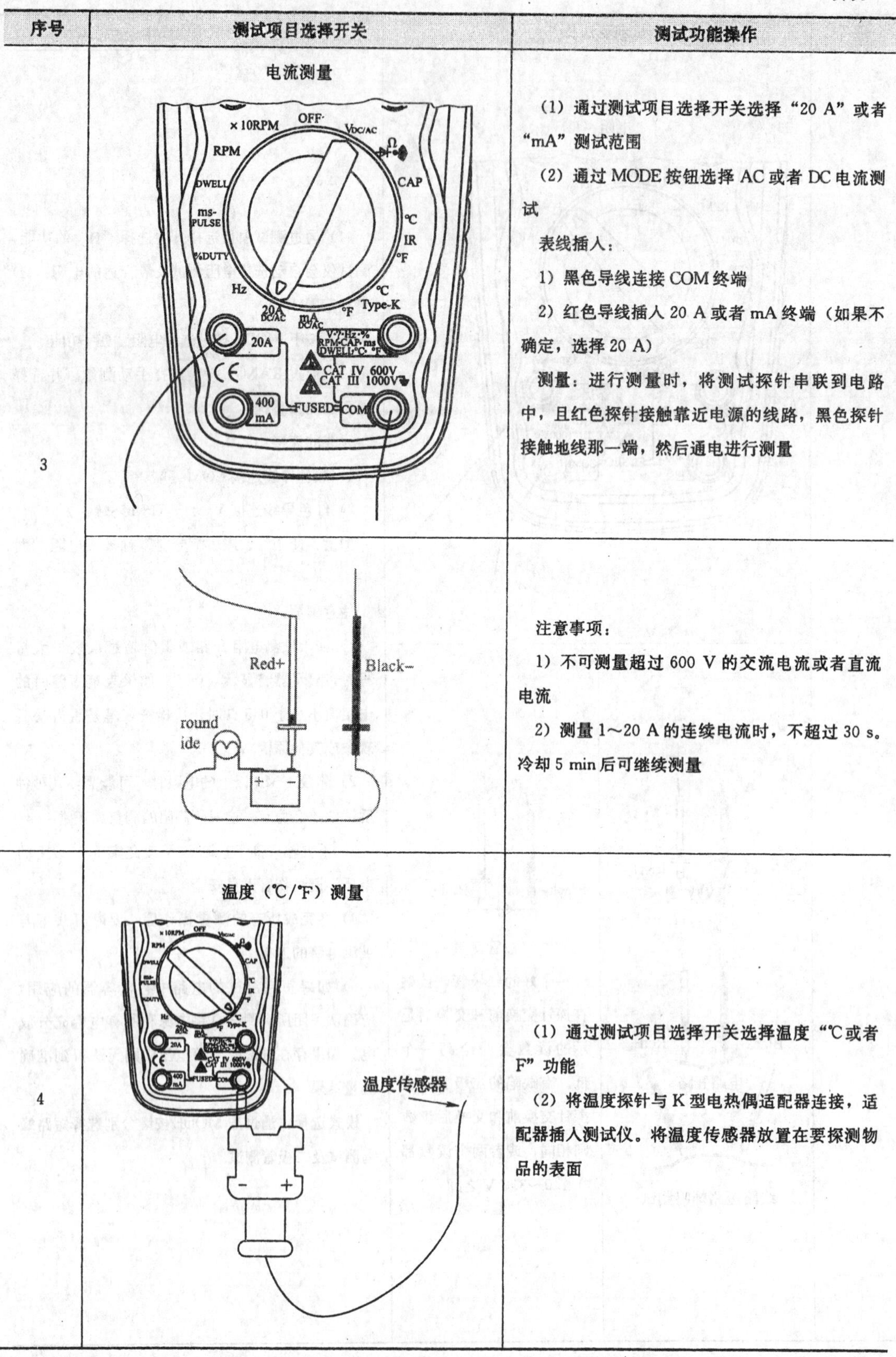

序号	测试项目选择开关	测试功能操作
3	电流测量	(1) 通过测试项目选择开关选择“20 A”或者“mA”测试范围 (2) 通过 MODE 按钮选择 AC 或者 DC 电流测试 表线插入： 1) 黑色导线连接 COM 终端 2) 红色导线插入 20 A 或者 mA 终端（如果不确定，选择 20 A） 测量：进行测量时，将测试探针串联到电路中，且红色探针接触靠近电源的线路，黑色探针接触地线那一端，然后通电进行测量
		注意事项： 1) 不可测量超过 600 V 的交流电流或者直流电流 2) 测量 1～20 A 的连续电流时，不超过 30 s。冷却 5 min 后可继续测量
4	温度（℃/℉）测量 温度传感器	(1) 通过测试项目选择开关选择温度“℃或者F”功能 (2) 将温度探针与 K 型电热偶适配器连接，适配器插入测试仪。将温度传感器放置在要探测物品的表面

续表

序号	测试项目选择开关	测试功能操作
5	频率（Hz）测试 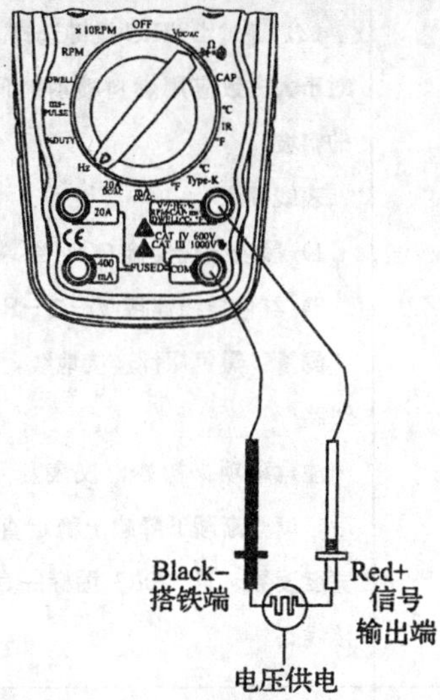 Black－ 搭铁端 Red+ 信号输出端 电压供电	（1）通过旋转开关选择频率“Hz”功能 （2）或通过按压 RANGE 按键选择 Hz 的测量量程 表线插入： 1）黑色导线连接 COM 终端 2）红色导线连接 V－Ω－RPM 终端 测量：将黑色探针连接地线，将红色探针与被测试元件的“信号输出”导线连接
6	闭合角测试 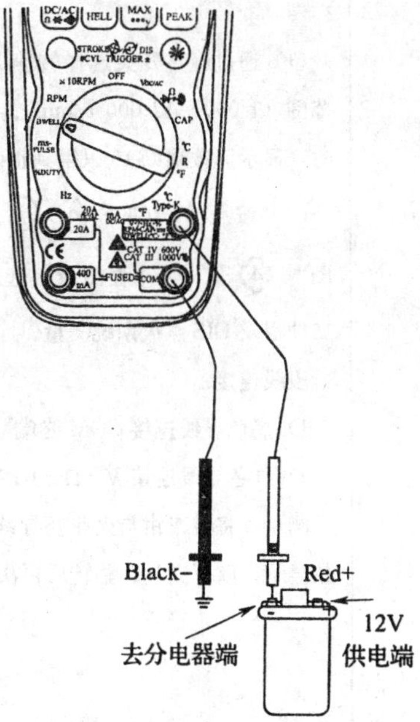 Black－ Red+ 12V 供电端 去分电器端	通过旋转开关选择“DWELL”功能 表线插入： 1）黑色导线连接 COM 终端 2）红色导线连接 V－Ω－RPM 终端 测量：黑色探针连接地线，红色探针与执行元件断路部分的线路连接
7	占空比测试	通过旋转开关选择占空比“%”功能 表线插入： 1）黑色导线连接 COM 终端 2）红色导线连接 V－Ω－RPM 终端 测量：黑色探针连接地线，红色探针连接信号线路

续表

序号	测试项目选择开关	测试功能操作
8	脉冲宽度和脉冲周期（ms）	（1）通过旋转开关选择“mS－Pulse”功能 （2）通过±TRIG按键选择TRIG＋或TRIG－，对于大多数应用燃料喷射时间是在显示负（－）的斜坡 表线插入： 1）黑色导线连接COM终端 2）红色导线连接V－Ω－RPM终端 测量：黑色探针连接地线，红色探针连接信号线路 注意事项：初始，仪表显示“OL”图标，然后，读数渐渐下降趋于稳定直至显示正确的脉冲宽度读数。若“OL”图标一直出现，则需重新连接线路
9	转速测量 高压线 转速钳	（1）通过旋转开关选择转速RPM或×10RPM范围（1 000～12 000 r/min）。当选择×10RPM时，显示读数乘以10以得到正确转速 （2）按压STROKE ④ ②/DIS按键，选择RPM ④进入四冲程测量；选择RPM ②进入二冲程及DIS点火系统测量 表线连接： 1）黑色导线连接COM终端 2）红色导线连接V－Ω－RPM终端 测量：将转速钳与火花塞导线连接，若没有读数显示，取下夹具，翻转后再次连接

二、汽车故障诊断仪

故障检测仪（汽车解码器）是利用配套的连接线和车上微机数据诊断连接插座（DLC）相连，从而达到与各种电控系统控制微机进行数据交流的专用仪器。使用时，只要把该车型的检测仪与汽车上的故障诊断插座连接，然后打开点火开关，就可方便地从检测仪的显示屏上读出所有储存在汽车微机中的故障信息。

1. 汽车解码器的分类

解码器可分为专用型和通用型两大类。

(1) 专用解码器

汽车厂家配套的专用解码器，如德国奔驰、大众的进口品牌专用检码器相对故障定位精确，但价位稍高，而且大多为英文显示，需要汽车电气维修人员有一定的英文基础，且这种微机检测仪只能用于指定的车型，对于其他厂家的车型不能使用。

如图 8—3—6 所示为大众检测仪 VAG1551 型和 VAG1552 型，如图 8—3—7 所示为大众检测仪 VAS5051 型。

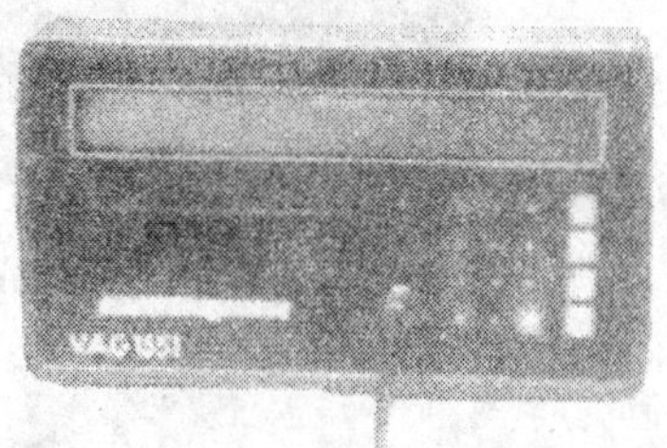

图 8—3—6　大众检测仪 VAG1551 型和 VAG1552 型

(2) 通用解码器

现在，汽车采用了越来越多的电控系统，检修汽车微机及控制系统的检测设备也在不断发展。一些汽车维修设备制造厂为检修不同车型的微机设计出了一些通用型的汽车微机解码器。

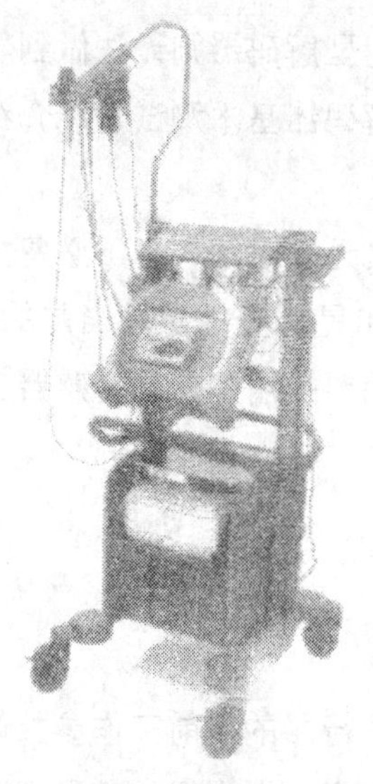

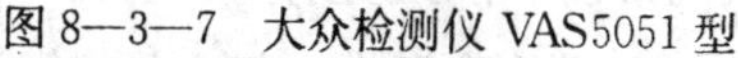

图 8—3—7　大众检测仪 VAS5051 型

图 8—3—8　深圳元征电眼睛 X431 型

目前，在我国汽修市场上的通用微机故障诊断仪主要有以下几种：美国的 OTC 仪、瑞典的多功能汽车微机检测仪（Multi－Testerplus)、台湾地区的红盒子 Scanner 和国产品牌如元征电眼睛、修车王、金德等，如图 8—3—8～图 8—3—10 所示。国产的故障解码器功能与进口品牌相似，其优点是价格稍低、中文显示，而且适用车型较广，如电眼睛对亚、欧、美车型普遍可测。

图 8—3—9 深圳车博仕 A2600＋型修车王

图 8—3—10 金德 KT600 型

2. 解码器的测试功能

解码器的测试功能随车系、车型不同而有差异。对同一车系、车型的测试，不同型号解码器，其测试功能也不尽相同。对于车辆的测试范围，不同型号的解码器也各不相同。有的只能检测一个系统，有的则可检测多个系统，包括发动机、A/T、ABS、SRS、防盗系统、巡航、A/C、悬挂、仪表、TCS 等，其区别主要在于车辆的配置和诊断程序的开发周期上。对于特定车系的特殊测试功能来讲，专用型解码器的功能要强于通用型解码器，如对车载微机的程序进行重新编写、防盗系统的编程匹配等，许多通用型解码器则无法做到。

解码器的功能可分为基本测试功能和特殊测试功能。解码器基本测试功能介绍如下。

(1) 测试故障码

操作按键，检测仪就会提示故障码及其含义，维修人员无须跳线，也不必费力查阅故障码的含义。故障检测仪对故障代码有比较详细的说明，比如是历史性还是当前的故障代码、故障出现的次数。另外要注意的是，对故障代码的定义说明要搞清楚，是传感器、执行器自身故障（信号不正常），还是线路故障（短路还是断路）。

(2) 清除故障码

操作按键就可实现消码。

(3) 读发动机动态数据流

所谓数据流分析就是将电控系统的一些主要传感器和执行器的目前工作参数值（如发动机当前转速、蓄电池电压、空气流量、喷油时间、节气门开度、点火提前角和水温等）提供给维修人员参考，维修实践中可以通过阅读数据流来分析发现故障所在。每个传感器和执行器在一定条件下的工作参数值是有一定标准的，可以通过实际值与标准值的比较来判断某一传感器和执行器是否存在故障。

(4) 英汉词典

如今许多进口车的资料是以英文提供的，这对维修人员的英文水平提出了要求。微机诊断仪里的英汉词典可以查阅到大多数的汽车专业词汇。这样，即使英文水平不高的维修人员也能看懂简单的英文。

(5) 元件测试

该功能使得维修人员利用仪器来操纵电控系统的执行元件。如控制喷油嘴的喷油量、控制怠速电磁阀的动作等。用以检测该执行器是否处于良好工作状况。

(6) 示波功能

在故障检测仪的数据流功能中，很多传感器和执行器的信号是采用电压、电阻、频率或其他参数以数字的形式表示。从而可以利用故障检测仪自带的示波器功能对传感器的信号进行波形分析。把所测信号波形与标准信号波形相比较，如有异常之处，需要进一步检查。

技能训练

实训任务　KT600 型综合智能诊断仪的检测

一、实训准备

1. 工具：KT600 型综合智能诊断仪一台。
2. 设备：帕萨特 B5 发动机实训台架一台或实训车一辆。

二、实训要求

1. 认识 KT600 型综合智能诊断仪的组成。
2. 掌握 KT600 型综合智能诊断仪的使用方法。

三、操作步骤

1. 金德 KT600 型组成

金德 KT600 型综合智能诊断仪外形如图 8—3—11 所示，具有示波器和汽车解码器的功能。KT600 型综合智能诊断仪的主体部分包括主机、诊断盒、示波盒和打印机四大件。这四大件可以分开，各自具有独立的功能和作用，可根据需要和配置情况进行工作。但是，通常其中三大件（诊断盒和示波盒选一）通过插接组合为一个整体，外面加上保护胶套，防止松动和磨损。此外，KT600 型还配有一些进行汽车诊断和网上升级所需的附件，如测试延长线、电源延长线、汽车鳄鱼夹、点烟器接头、14 V 电源、CF 卡、CF 卡读卡器，以及各种测试接头等。金德 KT600 型主机结构及功用见表 8—3—4，金德 KT600 型配件及其功用见表 8—3—5。

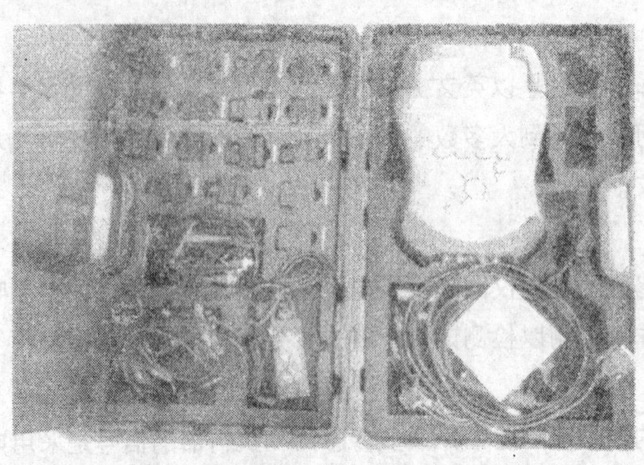

图 8—3—11　金德 KT600 型综合智能诊断仪

表 8—3—4　　　　　　　　　　**金德 KT600 型主机结构及功用**

图示	序号	项目	功用
	1	触摸屏	TFT640×480、6.4 英寸真彩屏，触摸式
	2	ESC	返回上级菜单、退出键
	3	OK	进入菜单、所选项目确认键
	4	⏻	电源开关键
	5	[▲][▼] [▶][◀]	方向选择键
	6	F1 F2 F3 F4	多功能辅助键
	7	打印盒	内装热敏打印机和 2 000 mA·h 锂电池
	8	打印机卡扣	按下打印机卡扣，滑出打印盒盖板，安装打印纸
	9	手持处	弧形设计更人性化，有利于手持使用
	10	卡锁	锁住诊断盒（或示波盒），确保它们和仪器的连接
	11	触摸笔槽	用于插装触摸笔
	12	保护带	防止手持时仪器滑落
	13	胶套	保护仪器，防止磨损

续表

图示	序号	项目	功用
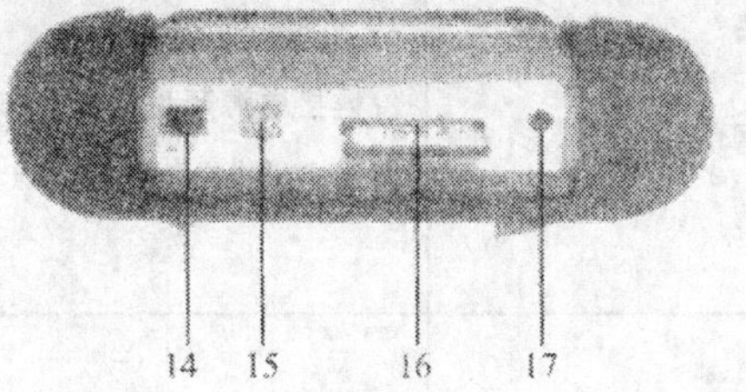 14　15　16　17	14	网口	直插网线可实现在线升级
	15	PS/2	可外接键盘和鼠标，也可通过转接线转成串口和 USB 接口
	16	CF 卡	解码器外存，用以存储诊断程序及数据文件
	17	Power	接这个端口给主机供电
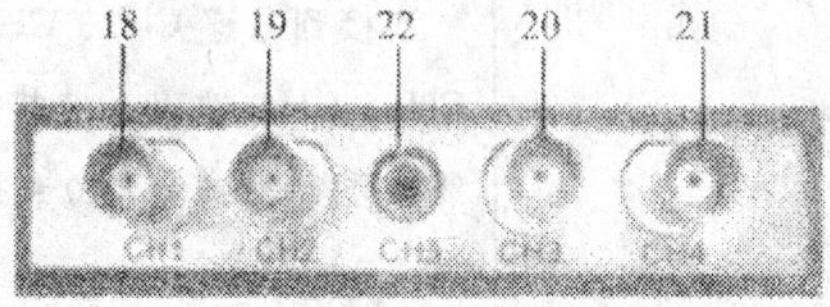 18　19　22　20　21	18	CH1	示波通道 1
	19	CH2	示波通道 2
	20	CH3	示波通道 3
	21	CH4	示波通道 4
	22	CH5	触发通道
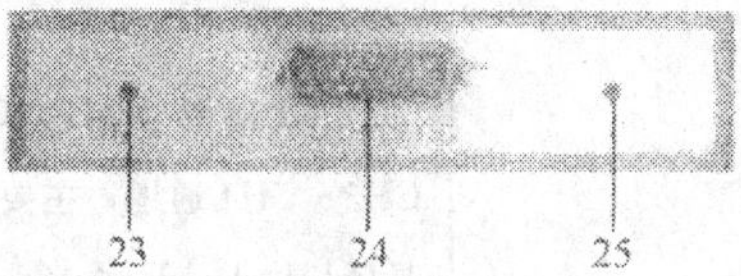 23　24　25	23	DIAG	有数据通信时，该指示灯亮
	24	DIAGNOSTIC	测试端口
	25	LINK	解码盒正确连接并通电后，该指示灯亮

表 8—3—5　　金德 KT600 型配件及其功用

序号	图示	名称	功用
1	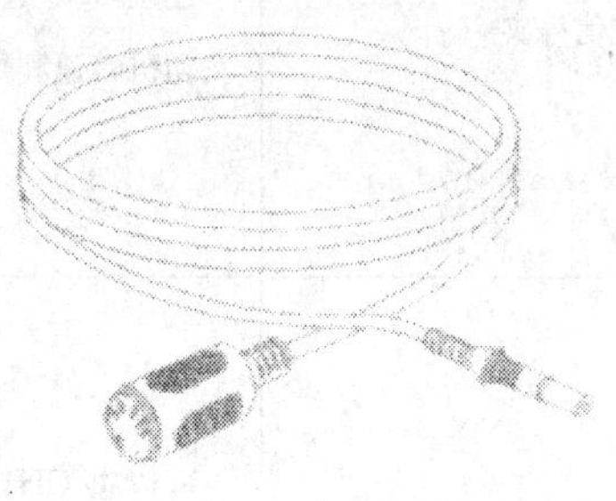	电源延长线及其接头或者汽车鳄鱼夹	给主机提供电源，可以连接汽车点烟器
2	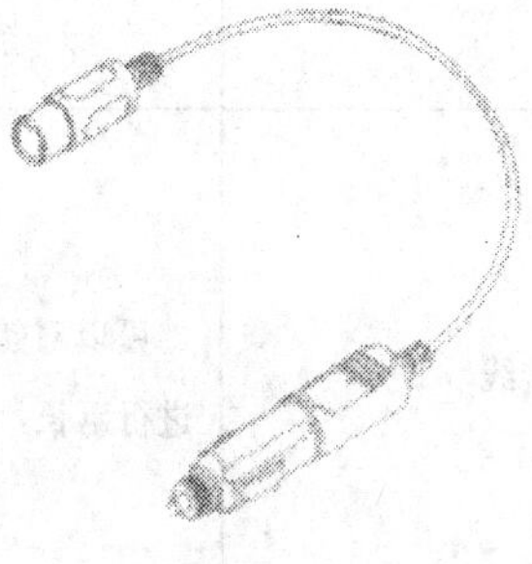	汽车点烟器接头	连接电源延长线和汽车点烟器给主机供电

续表

序号	图示	名称	功用
3		汽车鳄鱼夹	连接电源延长线和汽车电瓶给主机供电
4	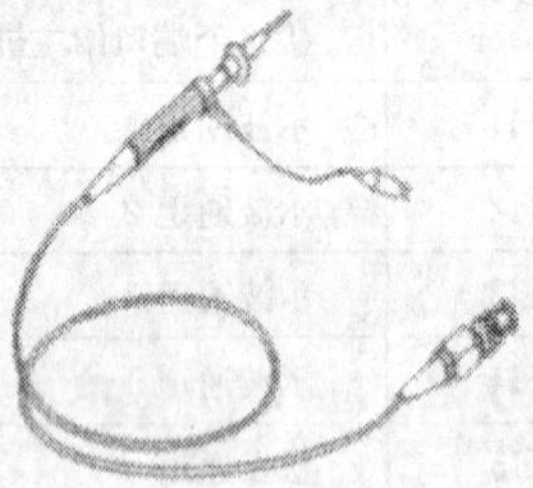	测试探针	连接到通道 CH1、CH2、CH3、CH4 输入，带接地线，可以×1 或者×10 衰减
5	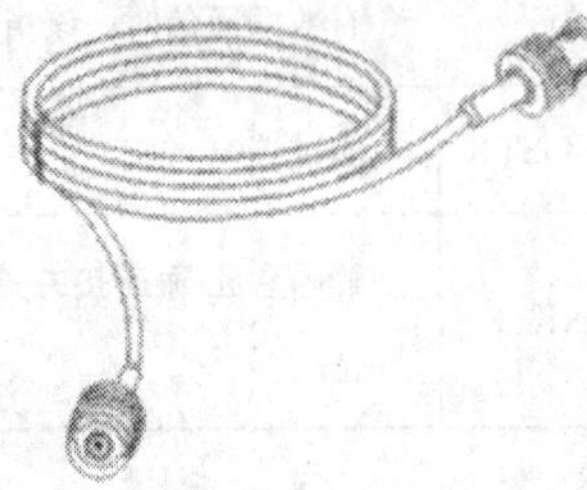	示波延长线	可以连接 CH1、CH2、CH3、CH4 通道，主要功能是延长输入信号线
6	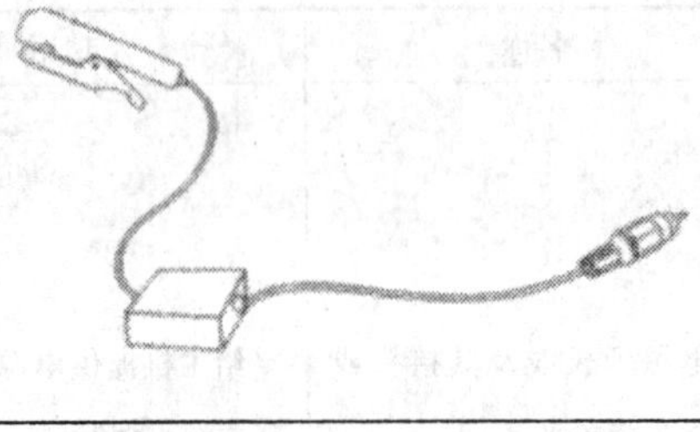	一缸信号夹	连接 CH5 通道，可以检测发动机转速和作为触发信号
7	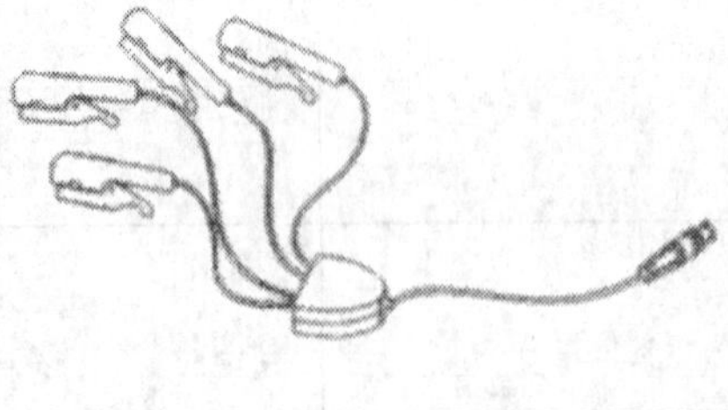	容性感应夹	可以接 CH1、CH2 通道，感应次级点火信号
8	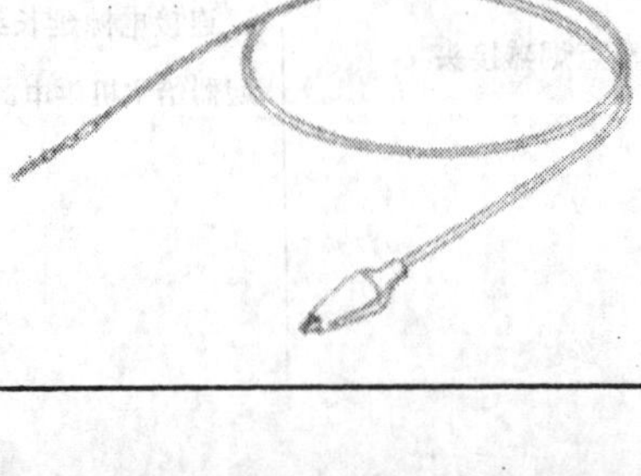	示波连接线	可以对接地线或者信号线进行延长，方便连接

续表

序号	图示	名称	功用
9		测试接头	用于连接汽车诊断插座与 KT600 型仪器，进行汽车诊断

2. KT600 型使用

(1) 主机供电

KT600 型主机有 4 种供电方式，可以根据需要进行选择。

1) 交流电源供电。找到机箱内 KT600 型标准配置的电源适配器，其中一端连接在仪器的电源供电端口，另一端接至 100～240 V 交流插座。

2) 汽车蓄电池供电。找到机箱内 KT600 型标准配置中的电源延长线和汽车鳄鱼夹，其中一端连接在仪器的电源供电端口，另一端接至汽车蓄电池。

3) 点烟器供电。找到机箱内 KT600 型标准配置中的电源延长线和汽车点烟器，其中一端连接在仪器的电源供电端口，另一端接至汽车点烟器。

4) 通过诊断座供电。

(2) 开机

连接好主机电源后，按下 KT600 型正面左下角的电源开关按钮，屏幕先出现下载条，等待后进入启动界面。

(3) 任务模块

进入主界面后，可以看到 KT600 型提供的四大任务模块：汽车诊断功能、系统设置功能、示波分析仪功能和辅助功能。用户可以通过单击触摸屏上的各个功能模块进入各功能的操作界面。

3. KT600 型诊断功能

(1) 设备连接

1) 将 KT600 型的诊断盒插入诊断插槽，注意插入方向，将印有“UP”字样的一面朝上。

2) 确定诊断插座的位置、形状以及是否需要外接电源。

3) 根据车型及诊断插座的形状选择相应的接头。

4）将测试延长线的一端插入 KT600 型的测试口内，另一端连接测试接头。

5）将连接好测试延长线的测试插头接到车辆的诊断插座上。

一定要先连接好主机、测试延长线和诊断接头后，才可把测试接头连接到诊断插座上，否则容易导致连接过程中因导线短路造成诊断插座的熔丝熔化。若汽车诊断插座不供电时，具体连接参考如图 8—3—12 所示的连接。

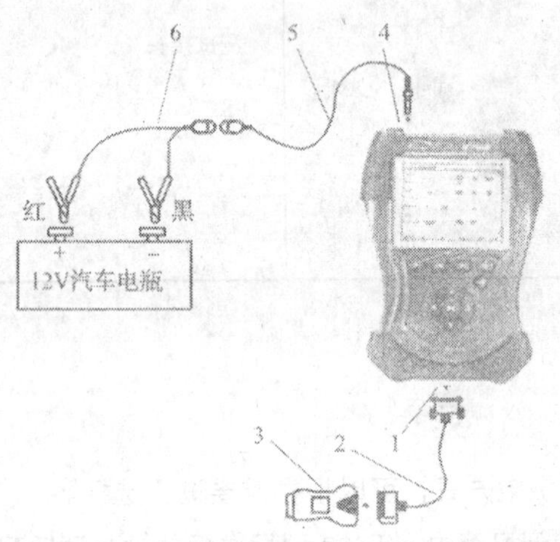

图 8—3—12　KT600 型供电与蓄电池的连接

1—KT600 型测试口　2—测试延长线　3—专用测试接头

4—KT600 型电源接口　5—电源延长线　6—双钳电源线

（2）进入诊断系统

1）连接好仪器接通电源，启动 KT600 型进入主菜单，选择汽车诊断模块进入诊断系统，如图 8—3—13 所示。其故障测试界面说明见表 8—3—6。KT600 型汽车诊断程序是以车型车标图形为按钮，单击某汽车相应的图标即可对该车进行诊断。

图 8—3—13　诊断系统界面

表 8—3—6　　界面菜单功能简介

序号	项目	说　明
1	车系选择	中国车系/美国车系/欧洲车系/日本车系/韩国车系/OBDII，可根据被测车辆正确选择
2	维修帮助	包含了“音响解码功能”“演示教程”“资料库”“电路图”“KT 系列注册升级指导”“防盗系统”“遥控器系统”和“维修手册”（包含故障码分析、数据流分析、基本设定与调整技巧、控制单元编码技巧及第二、三代防盗系统匹配）
3	ESC	触摸按钮，退出，返回上级菜单
4	⇧⇩⇦⇨	触摸按钮，方向选择
5	OK	触摸按钮，确认选择
6	选择车型	根据被测车型正确选择（车型图标会根据使用的频率自动排列）

2）选择相应的车型图标进行车辆故障测试，如点击中国车系下的奥迪大众图标，屏幕显示该车型的诊断信息，V02.32 为当前仪器内该车型的诊断车型版本（根据测试版本的不同，该版本号在程序升级后会随之改变），如图 8—3—14 所示，界面按钮说明见表 8—3—7。

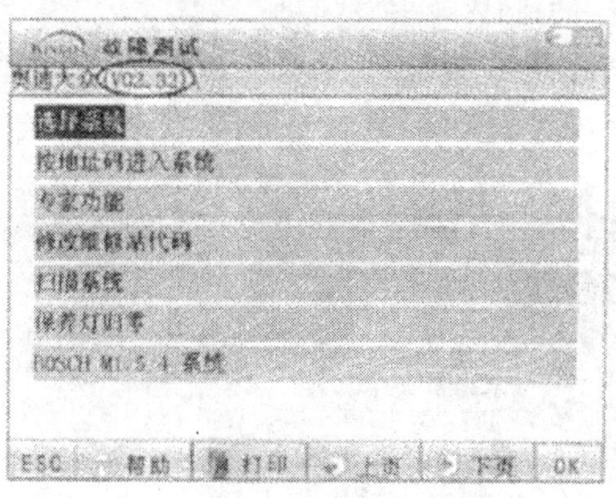

图 8—3—14　车辆故障测试界面

表 8—3—7　　按 钮 说 明

按钮	说　明
OK	触摸按钮，确认选择，执行当前任务
ESC	触摸按钮，退出，返回上级菜单
帮助	提供当前页面相关帮助信息
打印	将当前页面内容通过仪器自带的打印机打印出来或者以文件形式保存至 CF 卡的 Temp 文件夹中
上页/下页	当所有内容无法在一页内全部显示时，由它实现翻页功能

3）由于大众系列车型的诊断方法一样，所以直接单击选择系统栏进入下一级操作界面，如图 8—3—15 所示。

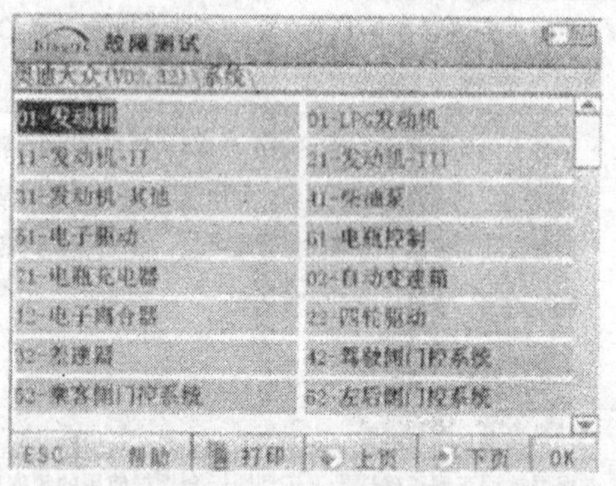

图 8—3—15　测试系统选择

KT600 型可以诊断目前国内所有奥迪大众车型，还有斯科达系列、SEAT 系列、装备有博世电控系统的小红旗和一些微型车辆；可以测试原厂 88 个电子控制系统。

4）选择 01一发动机，将显示汽车电脑版本号，部分车型会有多屏显示，可单击查看。读取完汽车电脑版本号后，按任意键，进入系统诊断界面。

5）测试系统功能选择

①读取车辆电脑型号。在系统功能选择菜单中选择 01一读取车辆电脑型号，屏幕显示如图 8—3—16 所示。

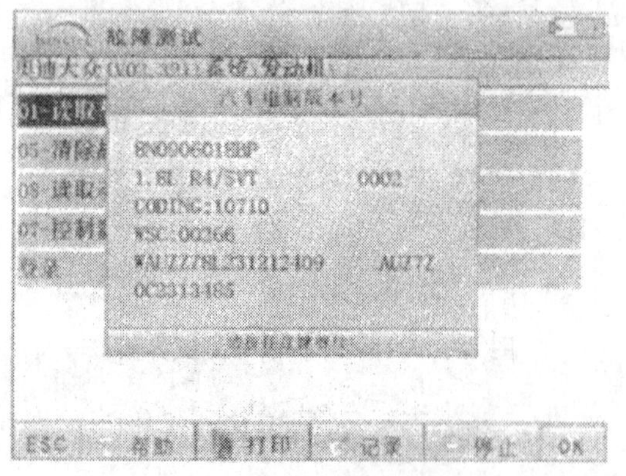

图 8—3—16　车辆电脑型号

此项功能可以读取被测试系统的电脑信息，包括版本号、CODING 号、服务站代码以及相关信息。一般更换车辆控制单元时，需要读出原控制单元信息并记录，以作为购买新控制单元的参考，对新的控制单元进行编码时，需要原控制单元信息。有些车型存在多屏信息，按任意键或单击屏幕将会显示下一屏相关信息，若按 ESC 返回上一级。

②读取故障码。此项功能可以读取被测试系统 ECU 存储器内的故障代码，帮助维修人员快速地查到引起车辆故障的原因。在系统功能选择菜单中选择 02一读取故障码，系统开

始检测电脑随机存储器（ROM）中存储的故障记忆内容，测试完毕屏幕显示出测试结果，如图 8—3—17 所示。

图 8—3—17　故障代码显示页面

通过滚动条滚动屏幕查看所有故障码信息，若所测试系统无故障码，则屏幕显示“系统正常”字样，按 ESC 键返回上一级菜单。

③清除故障码。在系统功能选择菜单中选择 05一清除故障码进入操作页面，如图 8—3—18 所示。

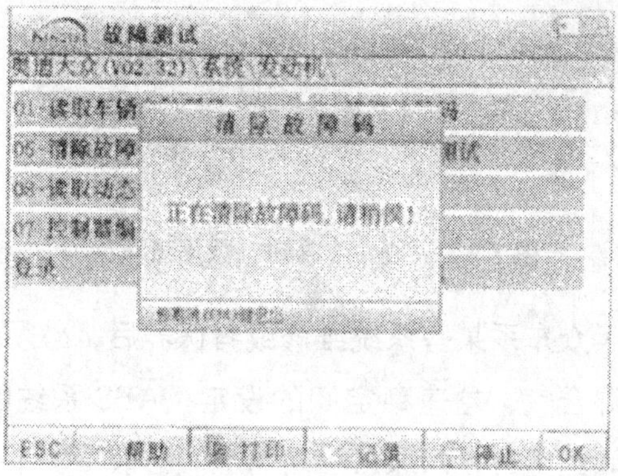

图 8—3—18　清除故障码页面

④元件控制测试。此项功能可以检查执行元件的电路工作状况，进行元件控制测试时可以观察该元件是否正常工作，如果该执行元件不正常工作，则需要检查相关电气元件、接插头线束或机械部位是否存在故障。在系统功能选择菜单中选择 03一元件控制测试进入操作页面，如图 8—3—19 所示。

⑤读取动态数据流。奥迪大众车系的数据流很齐全，但是需要原厂手册支持，否则只显示数据而不知道其内容。在系统功能选择菜单选择 08一读取动态数据流菜单进入操作页面。

例如，进入奥迪大众的测试系统，仪器默认读取 1、2、3 组数据流，如图 8—3—20 所示。用户可以通过单击屏幕界面上的组号调节框顺序增减组号大小，选择不同的数据流组；或者可以直接单击组号框，利用页面弹出的小键盘输入具体的数据流组号，如图 8—3—20 所示。因此，通过此项功能，用户可以读取到任意组的动态数据流。

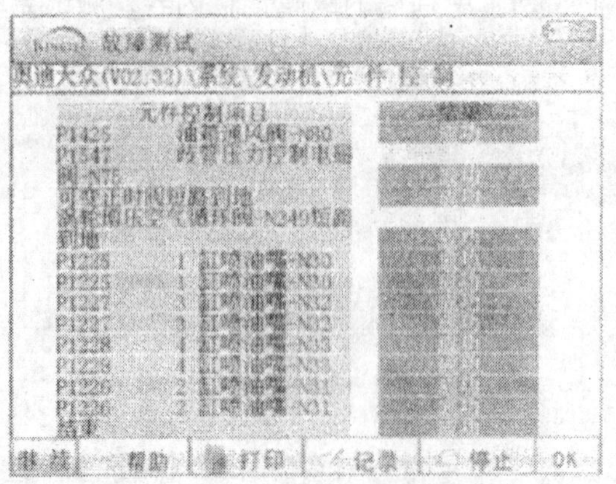

图 8—3—19 元件控制测试页面

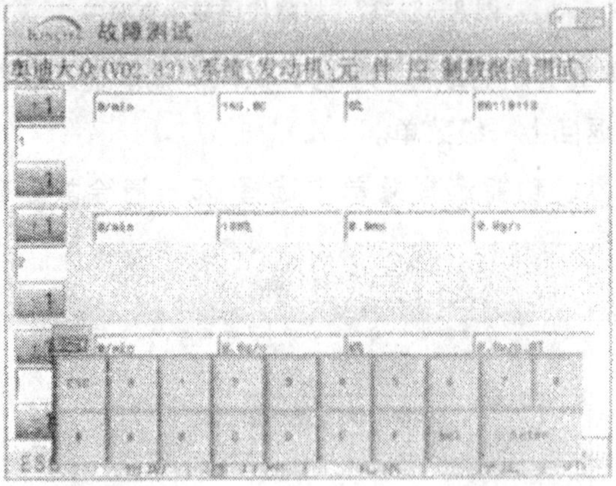

图 8—3—20 读取动态数据流页面

⑥基本设定。对奥迪大众车系某些系统维修或者保养后，必须进行基本设定，如节气门自适应过程、点火正时、混合气、怠速稳定阀的设定，ABS 系统的排气等，不同车型、不同参数的基本设定选择不同的组号，以原厂手册为准。一般情况下，可以先查看基本设定组号对应的数据流，如果无此组数据流或者数据流和基本设定内容不符合，则此基本设定组号不正确。基本设定的操作步骤如下：在系统功能选择菜单里选择 04—基本设定功能，屏幕显示如图 8—3—21 所示。

用户可以通过界面弹出的小键盘进行组号设定，完成设定后选择 OK 键确认并退出。

注意：

设定条件为控制单元内无故障码存储；冷却液温度不低于 80℃；关闭所有电气元件（设定时散热器电风扇必须关闭），空调关闭。

⑦控制器编码。如果车辆的代码没有显示或者主电脑已经更换后，则必须进行控制单元编码，如果新的控制单元零件号和索引号完全和旧的控制单元一样，只需读出旧的控制单元的编码，然后编入新的控制单元。一般如果车辆配置不同，控制单元编码就肯定不同，一些

车型的控制单元可能只允许编码一次，且错误的编码轻则会导致车辆的性能不良，重则给车辆带来严重故障，所以尽量不能误操作。在系统功能选择菜单里选择 07一控制器编码，系统将会弹出编码值并录入相应框，确认屏幕显示如图 8—3—22 所示。

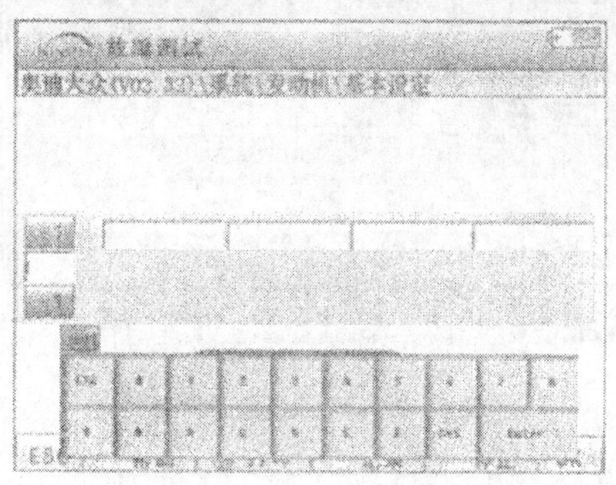

图 8—3—21　基本设定页面

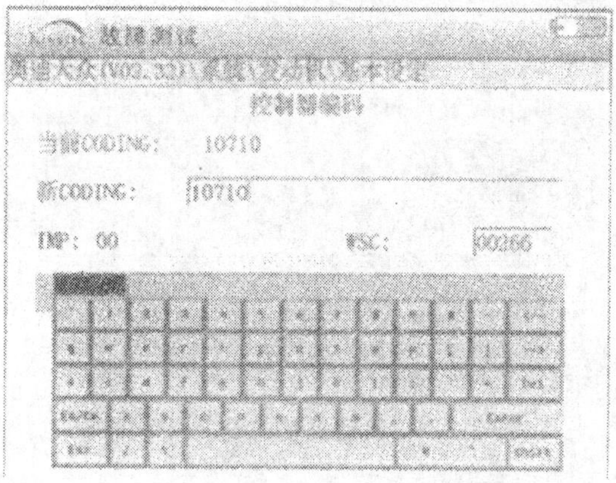

图 8—3—22　控制器编码页面

⑧登录。一般在对系统执行 10一调整功能时，需要先登录，然后才能进行调整。比如，防盗钥匙匹配、对仪表系统一些组号进行的调整，还有一些车型的怠速调整等，均需要先登录然后才能执行各项功能。

在系统功能选择菜单里选择登录功能，按 OK 键，屏幕显示如图 8—3—23 所示，通过单击小键盘输入登录密码后，单击 Enter 键确认并退出，或者直接选择小键盘上的 ESC 键退出小键盘，单击界面提示菜单上的确定键即登录成功。按 ESC 键返回上一级菜单。

⑨调整。调整功能在各系统中的组号有不同的用途，需要查看该车型的原厂手册，方可对车辆进行操作，但并不是所有车型都具备该功能，关键在于该车型的控制单元是否支持该调整功能。通过该功能用户可以实现防盗钥匙匹配、怠速稳定阀的设定等功能。首先在系统功能选择菜单里选择登录功能，登录成功后，选择 10一调整功能进入如图 8—3—24 所示操作页面。

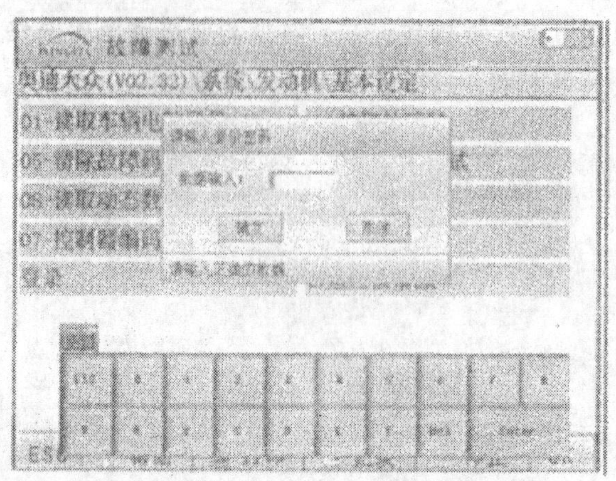

图 8—3—23　系统登录界面

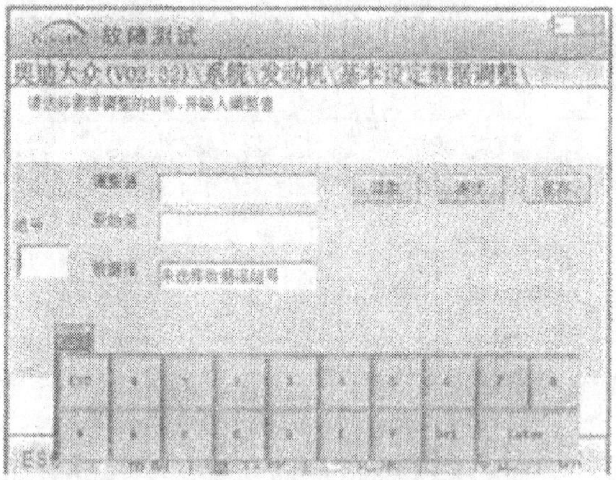

图 8—3—24　发动机基本设定调整页面

在使用调整功能时，应参照车型的原厂手册，首先输入组号，通过页面弹出的小键盘输入所要调整的组号后，单击读取按钮，系统将自动读取该组号的原始值。选择调整值框通过页面弹出的小键盘，录入想要的数值，单击测试键进入测试阶段，测试完成以后单击保存按钮，系统将自动保存刚才的调整信息，按 ESC 键退出调整功能。

注意：

在做防盗钥匙匹配时，每把钥匙适配时间不得超过 30 s，不得将刚匹配的钥匙重新插入点火开关重复匹配，否则防盗钥匙匹配自动终止，需重新执行此功能。没有带芯片的钥匙不能匹配。

⑩自适应值清除。自适应值清除功能相当于调整功能的 00 组，是为了恢复控制单元的初始值。在奥迪大众车系安装第二代防盗微机的车型更换发动机微机时，只用进入防盗系统，在系统功能选择菜单中选择自适应值清除功能，无需进行钥匙的匹配。

选择自适应清除按 OK 键，屏幕显示“是否确认要执行该操作”，按确定键执行，系统信息将会提示“自适应值已被清除”，自适应值清除成功，按ESC键或任意单击触摸屏退出。

当用非法钥匙启动发动机时，也会触发防盗，此时只需要用合法的钥匙插入点火开关，打开点火开关不启动发动机，用自适应清除功能，可解除防盗，不需要配钥匙。

注意：

如果发动机闭锁了，则只有将合法钥匙插入点火开关，等待闭锁结束，方可启动发动机。

⑪设定底盘编码。奥迪大众车系使用第三代防盗技术的车辆，如果同时更换发动机控制单元和仪表，则需要进行设定底盘编码。在系统选择菜单中选择17—仪表板组合（防盗），按OK键，在系统功能选择菜单里选择15—设定底盘编码功能，按OK键进入，屏幕显示如图8—3—25所示。

图8—3—25　设定底盘编码页面

利用页面弹出的小键盘输入该车的底盘号，单击［设定］按钮，系统执行参数设定，参数设定完成后单击触摸屏退出。

注意：

只有同时更换发动机控制单元和仪表板系统时才需要执行此项功能，而且只能设定一次。

四、示波分析仪

金德KT600型汽车专用示波器，它可以实时采集点火、喷油、电控系统传感器的波形，通过对传感器波形的分析可以准确地诊断传感器是否故障，通过对点火波形的分析不仅可以诊断点火系统的火花塞、高压线、点火线圈等各元件的故障，还可以分析出进气系统和燃油系统的可能故障点，为汽车的运行技术状况和故障诊断提供科学的依据。

1. 金德 KT600 型示波分析仪基本功能

(1) 高速五通道汽车专用示波器，并可以进行参考波形存储。

(2) 汽车初级、次级点火波形分析；有纵列、三维、阵列、单缸等多种次级波形显示方式，并显示点火击穿电压、闭合角、燃烧时间等。精确的点火同步，自动检测点火信号极性，无论是分电器点火、独立点火、双头点火都能可靠检测，相当于一台手持式发动机分析仪。

(3) 通用示波器功能。

(4) 记录仪功能。

(5) 发动机分析仪功能（选配）。

2. 基本功能与操作

(1) 设备连接

1) 将 KT600 型示波盒插入诊断插槽，注意插入方向，将印有 "UP" 字样的一面朝上。

2) 根据被测试车型的蓄电池位置，选择蓄电池供电或者点烟器供电。

(2) 在主界面上选择示波器分析仪，确认进入如图 8—3—26 所示主界面。

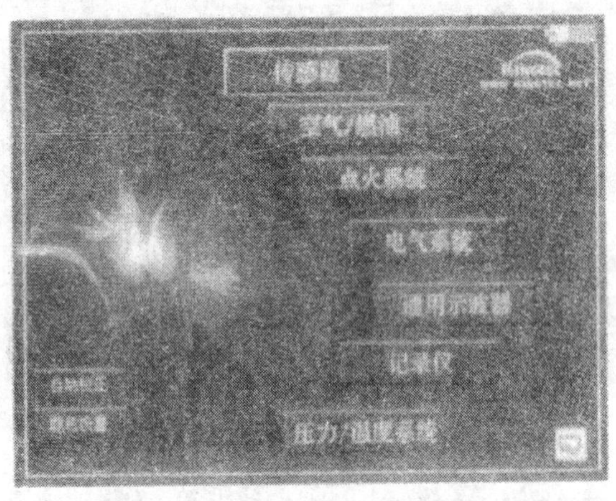

图 8—3—26 示波器分析仪主界面

在 KT600 型的菜单里按上下方向键选择需要检测项目，按［ENTER］键可以进入下一级菜单，直到选择需要的测试项目，按［EXIT］键可以返回上级菜单。

3. 通用型示波器的调整方法

一般情况下，汽车专用示波器的波形显示不需要调整。当要做超出汽车专用示波器标准菜单以外的测试内容时，可以选择通用示波器功能，也就需要掌握一定的调整方法，在汽车专用示波器测试过程中如果有相似菜单，调整方法也相同。

选择通用示波器，按［ENTER］键确认，显示如图 8—3—27 所示页面。在屏幕右侧有十个选项：通道、周期、电平、幅值、位置、停止、存储、载入、光标、触发、打印、退出，下方有三个功能选项：通道设置、自动设置、配置取存。按右下方左右方向键，可以对选择项目进行调整。

图8—3—27 通用示波器页面

(1) 通道调整

选择通道调整，按屏幕下方功能键可以选择通道1（CH1)、通道2（CH2)、通道3（CH3)、通道4（CH4）任意组合方式，如图8—3—28所示。

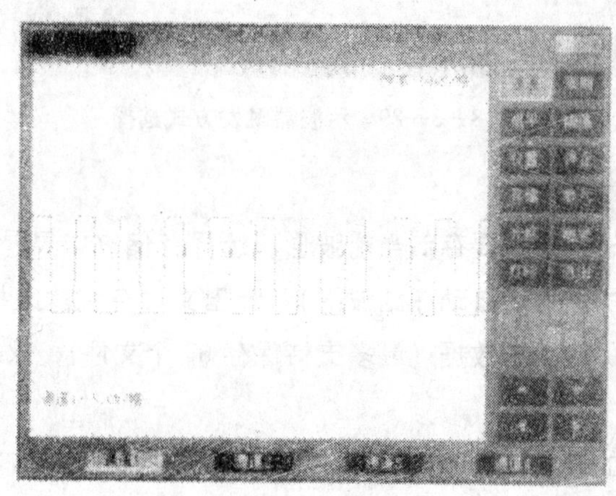

图8—3—28 示波器通道选择

(2) 周期调整

选择周期调整，按上、下键可以改变每单格时间的长短，如果开机时设定的是10 ms/格，按向下键则会变为5 ms/格，波形就会变稀；按向上键则会变为20 ms/格，波形会变密。

(3) 电平调整

对纵轴的触发电平进行调整，对于同一波形，选择不同的触发电平，波形在显示屏上的位置就会跟着变化，如果触发电平的数值超出波形的最大、最小范围时，波形将产生游动，在屏幕上不能稳定住。

(4) 幅值调整

按上下方向键可以调整纵向波形幅值的大小，KT600型可以选择1∶100 mV、1∶200 mV、1∶0.5 V、1∶1.0 V、1∶2.5 V、1∶5 V、1∶10 V和1∶20 V。

(5) 位置调整

选择位置调整可以对波形的上、下显示位置进行调整，按向上方向键，波形就会上移；按向下方向键，波形就会向下移动。

(6) 触发方式调整

选择触发方式调整在高频（<50 ms/格）可以对波形的触发起点进行调整，使用功能键可以选择触发的方式：上升沿出发，下降沿出发，电平触发，如图 8—3—29 所示。

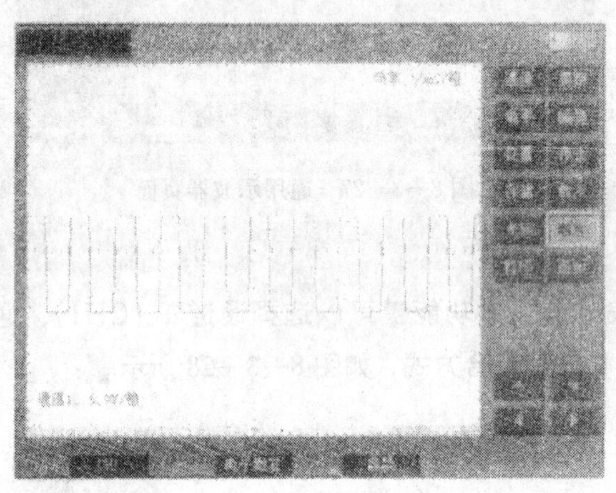

图 8—3—29　示波器触发方式选择

(7) 波形的存储和载入

在选择通用示波器时，如果要存储当前波形，选择存储（如果是刷新频率≥50 Hz/格，系统会等待采集完当前屏波形后自动冻结波形），弹出文件存储的人机页面，用户可以设定存储波形的名字，然后保存波形数据（最多支持保存 64 个文件），保存完以后系统会自动退出存储页面。

如果要载入已储存的波形，选择载入，要是波形文件存在，系统将会自动浏览到系统已保存的文件，用户可以根据自己需要调出波形。单击“退出”键或按“ESC”键可以退出载入页面，如图 8—3—30 所示。

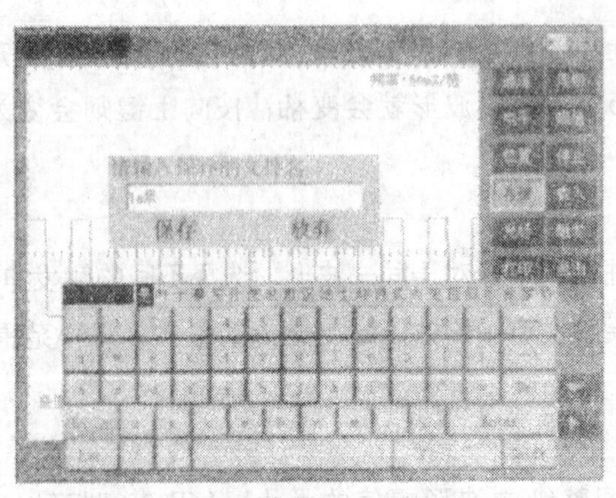

图 8—3—30　波形存储

第 9 章　电控发动机综合故障诊断

电控发动机是一个精密而又复杂的系统，特别是现在的新型电控发动机更是如此，因此难免出现各种各样的问题，如发动机运转不良、发动机不易启动、发动机启动不着火等故障。造成电控发动机不工作或工作不正常的原因可能是电子控制系统问题，也有可能是电子控制系统以外的其他部分的问题。如果能够将各系统结合起来综合分析，就能以较为简单的方法准确而迅速地找出问题故障所在。

§9—1　电控发动机综合故障诊断程序

学习目标

1. 了解电控发动机维修注意事项。
2. 掌握电控发动机故障诊断原则。
3. 掌握电控发动机主要故障原因。
4. 掌握电控发动机故障诊断方法。

一、电控发动机维修使用注意事项

1. 接通点火开关时，不允许拆开任何 12 V 电气装置，防止电气装置中的线圈由于自感作用产生的瞬时电压而损坏 ECU 或传感器。

2. 发动机故障灯亮或出现故障时，不可断开蓄电池连接线。应读取故障码后，根据故障显示部位再进行维修。

3. 故障诊断时，应先排除机械故障，再进行电控系统维修。

4. 对燃油系统检修前，应拆开蓄电池负极，以免损坏电控系统元件。

5. 加装电气设备应远离 ECU，防止干扰，或加装防干扰屏蔽设施。

6. 电控发动机不宜安装功率较大（8 W 以上）的电磁辐射装置，防止电磁干扰。

7. 线束不应有油污、潮湿、松动，保持连接器清洁、连接可靠。

8. 蓄电池的极性不许接反，禁用外接电源启动发动机，以免电压过高损坏电控系统元件。跨接启动其他车辆或用其他车辆跨接车时，须先断开点火开关，才能跨接。

9. 必须使用无铅汽油，定期更换燃油滤清器。油箱不应缺油，防止油泵烧毁。

10. 维修中，注意该车型线束连接器的锁扣型式，不可盲目用力硬拉。安装时要插接到位，锁扣锁住。

11. 对电控系统电路或元件进行检查时，不能用试灯法去测试任何与微机连接的电气装置，必须使用高阻抗数字万用表检查电压、电阻或电流。

12. 发动机熄火后，燃油供给系统残余压力仍较高，对该系统进行拆检前，必须释放燃油系统的残余压力。

13. 微机必须防止受到高温、高湿、剧烈振动等。ECU 或传感器禁止用水直接冲洗。

14. 带有安全气囊系统的车辆，在检修过程中必须严格按操作程序进行。

15. 在车身上进行电弧焊时，应先断开蓄电池负极线，以免损坏电控系统元件。

二、电控发动机故障诊断的基本原则

电控发动机发生故障时的检测诊断，应按照先机械后电子、先一般后专项、先易后难的规则进行处理。电控发动机故障诊断排除的基本原则可概括为以下六点。

1. 先外后内

在发动机出现故障时，先对电子控制系统以外的可能故障部位予以检查。这样可避免本来是一个与电子控制系统无关的故障，却对系统的传感器、微机、执行器及线路等进行复杂且又费时费力的检查，即真正的故障可能是较容易查找到却未能找到。

2. 先简后繁

能以简单方法检查的可能故障部位先予以检查。比如，直观检查最为简单，人们可以用看（用眼睛观察线路是否有松脱、断裂；油路是否漏油；进气管路有无破损漏气等）、摸（用手摸一摸可疑线路连接处有无不正常的高温，以判断该处是否接触不良等）、听（用耳朵或借助于旋具、听诊器等听一听有无漏气声，发动机有无异响，喷油器有无规律的“咔嗒”声等）等直观检查方法，将一些较为显露的故障迅速地找出来。直观检查未找出故障，需借助于仪器、仪表或其他专用工具来进行检查时，也应对较容易检查的部位先予以检查。能就车检查的项目先进行检查。

3. 先熟后生

由于结构和使用环境等原因，发动机的某一故障现象可能是以某些总成或部件的故障最为常见，应先对这些常见故障部位进行检查。若未找出故障，再对其他不常见的可能故障部位予以检查，这样做往往可以迅速地找到故障，省时省力。

4. 代码优先

电子控制系统一般都有故障自诊断功能，当电子控制系统出现某种故障时，故障自诊断系统就会立刻监测到故障，并通过“检测发动机”等警告灯向驾驶员报警，同时还以代码的方式存储该故障的信息。但是对于有些故障，故障自诊断系统检查前应先按制造厂提供的方法，读取故障代码，并检查和排除代码所指的故障部位。待故障代码所指的故障消除后，如果发动机故障现象还未消除，或者开始就无故障代码输出，则再对发动机可能的故障部位进行检查。

5. 先思后行

对发动机的故障现象先进行故障分析，在了解可能的故障原因的基础上再进行故障检查。这样可避免故障检查的盲目性：既不会对与故障现象无关的部位作无效的检查，又可避免对一些有关部位翻检而不能迅速排除故障。

6. 先备后用

电子控制系统的一些部件性能好坏、电气线路正常与否，常以其电压或电阻等参数来判断。如果没有这些数据资料，系统的故障检测将会很困难，往往只能采取新件替换的方法，这些方法有时会造成维修费用猛增且费工费时。所谓先备后用是指在检修某型车辆时，应准备好维修该车型的有关检修数据资料。除了从维修手册、专业书刊上收集整理这些检修数据资料外，另一个有效的途径是利用无故障车辆对其系统的有关参数进行测量，并记录下来，作为日后检修同类型车辆的检测比较参数。如果平时注意做好这些工作，会给系统的故障检查带来方便。

电控发动机是比较复杂的系统，其故障比普通发动机复杂得多，在诊断故障时需要掌握系统的综合检修步骤和方法。从原则上讲，在对电控发动机进行故障诊断时，需要首先系统全面地掌握电子控制系统的结构、原理和电路连接方法。明确电控系统中各部分可能产生的故障以及对整个系统的影响；运用科学的故障诊断方法对系统故障现象进行综合分析、判断，确定故障的性质和可能产生此类故障的原因和范围；制订合理的诊断程序进行深入诊断和检查，直到圆满解决，使汽车恢复应有的性能和技术指标。

装有电控发动机的汽车，微机通常都具有故障自诊断功能，当电控系统出现故障时，它能将故障信息以代码的形式存储起来，并可以向驾驶员和汽车维修人员提供电控系统有关故障代码，这给诊断电控发动机故障提供了一定的帮助，维修电控发动机时，要充分利用电脑的这一功能。但是，由于微机只能对与控制系统有关的部分进行故障自诊断，并不是对所有的故障都可以进行自诊断。另外，自诊断系统的诊断结果往往还需要对故障原因进行进一步的深入诊断与检查，所以在对电控发动机进行故障排除时，仅仅依靠故障自诊断系统还是不能完全解决电控发动机所有问题的。

如果要诊断排除一个可能涉及电控系统的故障，首先应判定该故障是否与电控系统有关（特别注意，电控发动机的故障并非一定出在电子控制系统）。如果发现发动机有故障，而故障警告灯未亮（未显示故障代码），大多数情况下该故障可能与发动机电控系统无关。此时，就应该像发动机没有装电控系统那样，按照基本诊断程序进行故障检查。否则，可能遇到一个本来与电控系统无关的故障，却检查电控系统的传感器、执行器和电路等，花费了很多时间，而真正的故障却没有找到。

三、电控发动机主要故障原因

(1) 机械故障。

(2) 燃油控制系统故障。

(3) 电控点火系统故障。

(4) 传感器、执行器故障。

(5) 接插件接触不良或搭铁不良。

(6) 导线短路或断路。

(7) ECU 故障。

四、电控发动机故障诊断一般程序

对电控发动机故障的诊断，应有步骤地进行。故障诊断的一般程序应按以下八个步骤进行。

1. 收集信息

无论使用什么诊断设备，开始修理车辆之前，故障诊断的第一步是收集所能收集的所有信息。如果可能，询问车主故障具体发生情况及现象。必须收集的信息如下。

(1) 车辆存在什么故障现象，故障发生的时间、路况和天气。

(2) 症状和故障灯亮了多长时间。

(3) 驾驶时故障灯是否闪烁。

(4) 车辆同一故障在其他地方有没有修理过，维修过什么部位或更换过什么零部件。

(5) 在正常维护保养期内，是否按照厂家规定进行维护保养（比如高压线和火花塞需要定期更换，否则可能导致失火故障）。

2. 看和听

一旦收集到各种信息，就可以通过彻底检查车辆开始诊断步骤。即使认为与故障无关，也应先做基本检查。

检查冷却液液位是否充足，观察排气系统工况并检查它是否泄漏，打开发动机罩查看真空和排放控制软管是否损伤、压扁、破碎、断开或丢失。

观察发动机和所有附件齐全并安装正确。启动发动机，观察怠速质量。看发动机工况，仔细听发动机有无失火或其他异常噪声。绕车身一周，听燃油泵噪声是否太大，或三元催化转换器有无松动或烧坏的“咔哒”声。一般常规检查如图 9—1—1 所示。

3. 5 min 快速测试

如果车辆通过所有直观检查，没有必要去修理那些基本故障，就可以执行一些快速检查，判断主要电气元件和电路的完整性。所有传感器信号都是以 ECU 供给的电压为比较测量基础的，所以蓄电池工况和充电状态是第一步检测。蓄电池电压应不低于 11.5 V，

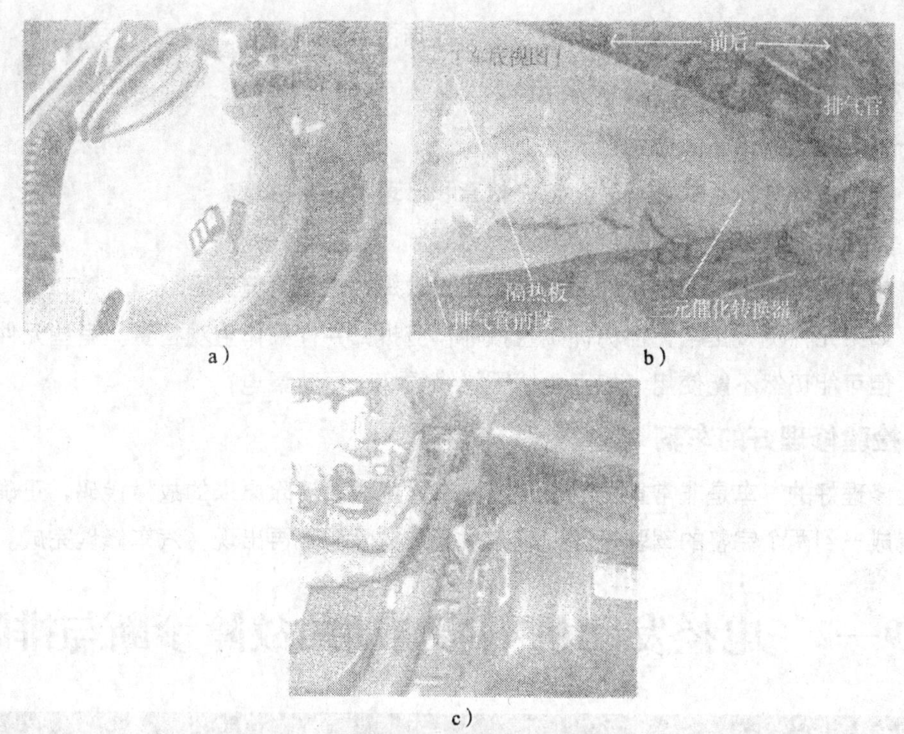

a）　b）　c）

图 9—1—1　常规检查

a）检查冷却液位　b）检查三元催化转换器　c）检查管路

启动电压不低于 9.5 V，否则应对蓄电池进行充电或更换。启动发动机，充电电压应为 13.8～14.7 V，否则说明充电系统存在故障，应先排除充电故障，最后进行接地检测。

4. 读取故障码

执行完基本检查而且排除明显的基本故障后，下一步就是进行解码器的连接，读取故障信息，查看数据参数。在阅读诊断信息的过程中，记得考虑上述第一步和第二步中发现的有可能相关的任何异常项目。重点考虑解码器显示出的明显传感器或电路故障的基本原因。需要注意的是，泄漏或弯曲的 MAP 传感器软管也会引起传感器信号异常故障，氧传感器故障可能是因为其他故障引起，维修时应特别注意。

5. 检查厂家维护更新信息

如果以上检查没有解决问题，应暂停故障诊断，寻找厂家技术服务公报。有时，在车辆销售以后，只需要从制造厂商更新最新的 PCM 软件，就能解决一些特定车型的故障问题。这种形式的故障通常在新型车辆上很容易发现。

6. 观察所有可用数据

根据故障码提示的特定系统、子系统或电路，就可以开始检测所指示的故障。首先查找车辆对应年款、厂家、车型的电路图或维修手册，以便知道测试什么颜色的导线或者特别元件的准确位置，以及测试部位及正常数据。然后将解码器转到数据流模式，运转发动机，检查与故障码有关的数据。不要确信传感器操作的一般正常范围，因为正在维修的车辆可能完全不同，所有数据应比对维修手册。通过这些数据再分析故障。

7. 执行特定故障码常规诊断步骤

执行特定故障码诊断的规则如下。

(1) 当指示一种以上故障码时，首先检查和修理传感器故障。

(2) 使用制造厂家推荐的测试步骤进行诊断。

(3) 检查从电路中断开的元件时，一般使用欧姆挡检查阻值范围。

(4) 如果元件测试正常，但仍怀疑它损坏，应拆卸并仔细作直观检查。有些元件电气检测正常，但可能仍然不能使用（如点火线圈绝缘损坏，导致漏电）。

8. 检验修理好的车辆

检验修理好的汽车是非常重要的一步。汽车修好后，清除原来的故障代码，正确路试该汽车，完成一到两个完整的驾驶循环，确定故障或故障码不再出现，汽车修理完成。

§9—2 电控发动机不能启动的故障诊断与排除

学习目标

1. 掌握电控发动机不能启动的故障现象、故障原因。
2. 掌握电控发动机不能启动故障的诊断流程。
3. 掌握发动机不能启动的故障排除方法。

一、电控发动机不能启动的故障现象

发动机不能启动故障现象有：启动发动机时，发动机不转，或能转动但不着火，有着车迹象但发动机不能启动。

二、故障原因

1. 启动系统故障。例如，蓄电池电量足、防盗系统故障、起动机损坏或起动机电路存在故障等。

2. 机械故障。例如，发动机气缸压力低、正时传动带断裂、配气正时错误、排气管堵塞（重点检查三元催化转换器）、进气管漏气、进气歧管及进气门附近积炭过多导致燃油吸附、曲轴位置传感器或霍尔传感器安装不牢或间隙不符合标准等。

3. 电控系统故障。例如，燃油泵不工作、喷油器不喷油、点火系统不点火、曲轴位置传感器或霍尔传感器故障、液温传感器信号失准或线路故障、ECU 或电控系统控制电路故障等。

三、电控发动机不能启动故障诊断流程

电控发动机不能启动故障诊断流程如图 9—2—1 所示。

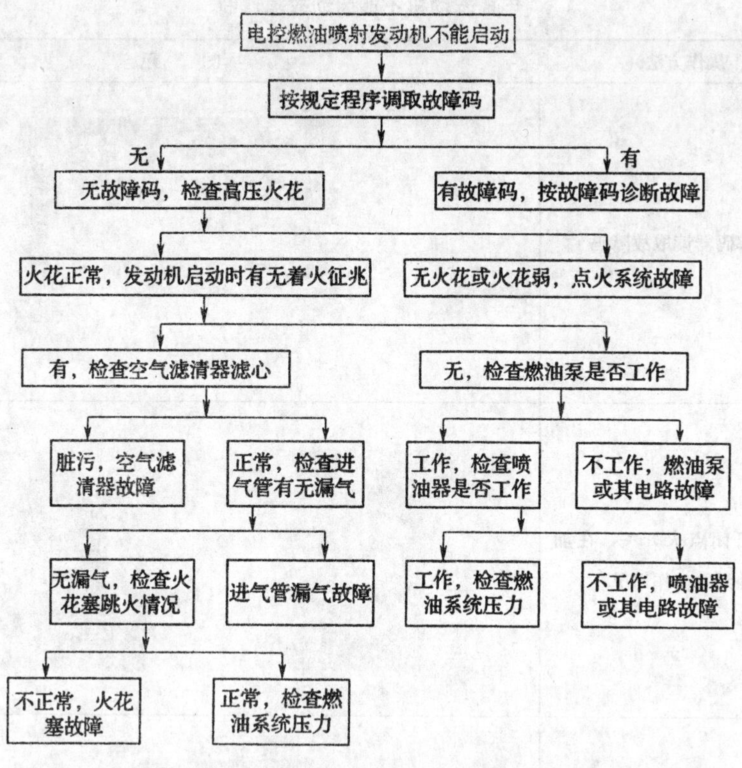

图 9—2—1　电控发动机不能启动故障诊断流程图

技 能 训 练

实训任务　电控发动机不能启动故障诊断

一、实训准备

速腾轿车或发动机试验台架、举升机、灭火器、X431 型或 KT600 型汽车解码器、数字万用表、燃油压力表、气缸压力表、火花塞，棉纱、密封胶圈、专用工具、延长导线、维修手册、钳子、旋具等工具。

二、实训要求

1. 通过实训能够掌握电控发动机不能启动故障诊断方法。
2. 能够查找发动机不能启动一般故障部位并排除。

三、实训步骤

实训步骤见表 9—2—1。

表 9—2—1　　电控发动机不能启动故障诊断

步骤	操作方法	图　示
1	利用解码器读取故障码	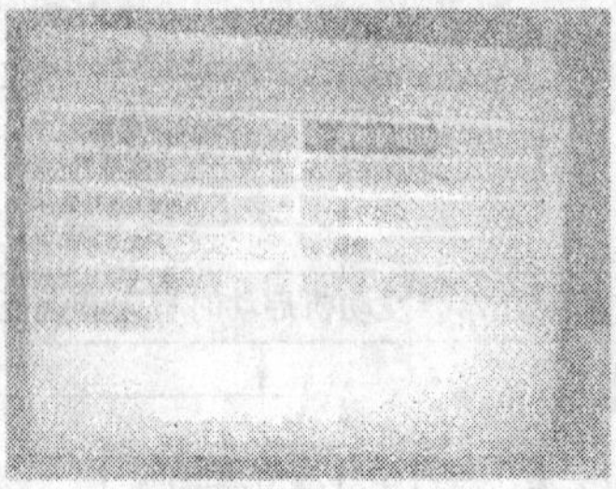
2	反复开闭点火开关，在加油口听油泵的工作情况	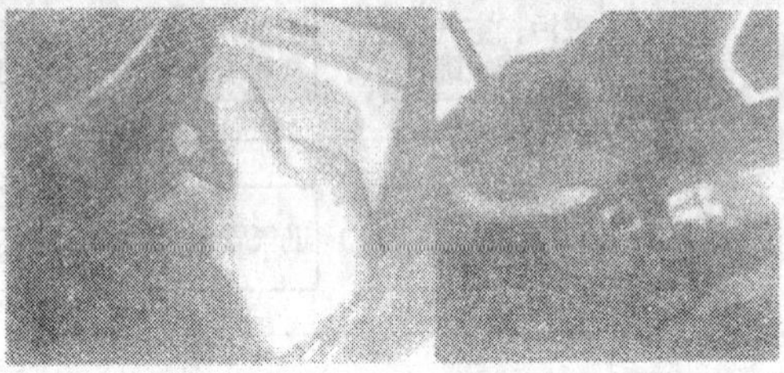
3	高压试火	
4	检查空气滤清器	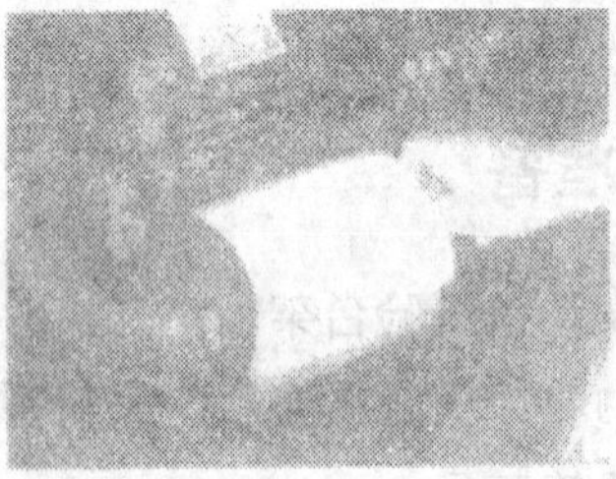
5	检查进气管路连接情况	

续表

步骤	操作方法	图示
6	检查火花塞	间隙测量
7	测试油压	
8	气缸压力测试检查前应先预热发动机至正常温度，然后卸下所有火花塞进行检测	
9	检查转速传感器连接情况或其信号波形	微机（ECU） 30 11 19 1 2 3 传感器 转速传感器的信号图

§9—3 电控发动机不易启动的故障诊断与排除

学习目标

1. 掌握电控发动机不易启动的故障现象、故障原因。
2. 掌握电控发动机不易启动故障的诊断流程。
3. 掌握电控发动机不易启动的故障分析。
4. 掌握电控发动机不易启动的故障排除方法。

一、电控发动机不易启动的故障现象

发动机不易启动故障现象：发动机连续多次或长时间启动才能着车，或启动着车后很快又熄火。对于不易启动故障，应分清是冷车时出现还是热车时出现，或者是冷车、热车都出现。

二、电控发动机不易启动的故障原因

1. 进气系统漏气，导致混合气过稀。
2. 空气滤清器的滤芯堵塞，导致进气不足。
3. 高压火太弱，导致点火不良。
4. 油压调节器故障导致燃油压力过低或过高。
5. 冷却液温度传感器故障。
6. 空气流量传感器或进气压力传感器故障。
7. 怠速控制阀或电子节气门故障，导致发动机无怠速。
8. 喷油器堵塞或雾化不良。
9. 发动机气缸压力低或起动机运转无力。
10. 无启动信号或点火开关至 ECU 信号导线损坏。
11. 防盗系统故障，如大众汽车防盗器作用，发动机启动后自动熄火。
12. 电控发动机 ECU 故障。

三、电控发动机不易启动故障的诊断流程

对于电控发动机不易启动，如果只出现冷车不易启动，就应该先查启动时混合气是否过稀；如果只出现热车启动困难，就应该先查启动时混合气是否过浓。

1. 用汽车解码器读取故障码，按故障码显示查找相应故障原因。

2. 检查空气滤清器有无堵塞。拆下空气滤清器，发动机能够正常启动，说明空气滤清器堵塞，应更换空气滤清器。

3. 检查防盗指示灯是否闪亮，如亮，检查防盗系统。

4. 检查怠速控制装置。如果节气门在 1/4 开度（切忌不可将加速踏板踩到底，因为此时发动机处于清除溢流状态而断油）时发动机能正常启动，而节气门全关时不易启动，应检查怠速控制装置是否工作正常。

5. 用真空表检查怠速时进气管的真空度。怠速时若进气管的真空度小于 66.7 kPa，说明进气系统有空气泄漏，应检查进气管各个管接头、连接处、真空管是否连接牢靠，活性炭罐电磁阀、EGR 阀是否泄漏或损坏等。

6. 检查燃油压力。连接燃油压力表，启动发动机燃油压力不得低于 250 kPa，如不正常，则应检查燃油供给系统。

7. 检查冷却液温度传感器和空气流量计。利用解码器读取发动机冷却液温度及空气流

量计数据流，如不符合规定，则应检查冷却液温度传感器及空气流量传感器或其与 ECU 的连接电路。

8. 拆检喷油器，检查喷油器是否脏堵，如有，则应清洗或更换。

9. 检查启动开关至 ECU 的启动信号是否正常。如不正常，应检查线路连接情况。

10. 检查气缸压力。用气缸压力表检测各气缸压力，如压力过小（低于 0.8 MPa）则应拆检发动机。

11. 检查发动机 ECU。如以上检查均正常，可换一个新的 ECU 试试，如正常则说明发动机 ECU 损坏。

12. 清除故障代码。

技 能 训 练

实训任务　电控发动机不易启动故障诊断

一、实训准备

速腾整车或发动机试验台架、举升机、灭火器、X431 型或 KT600 型汽车解码器、数字万用表、燃油压力表、火花塞，气缸压力表、棉纱、密封胶圈、专用工具、延长线、维修手册、钳子、旋具等工具。

二、实训要求

1. 通过实训能够掌握电控发动机不易启动故障诊断方法。
2. 能够查找发动机不易启动一般故障部位并排除。

三、实训步骤

实训步骤见表 9—3—1。

表 9—3—1　　**电控发动机不易启动故障诊断**

步骤	操作方法	图示
1	检查进气系统连接情况	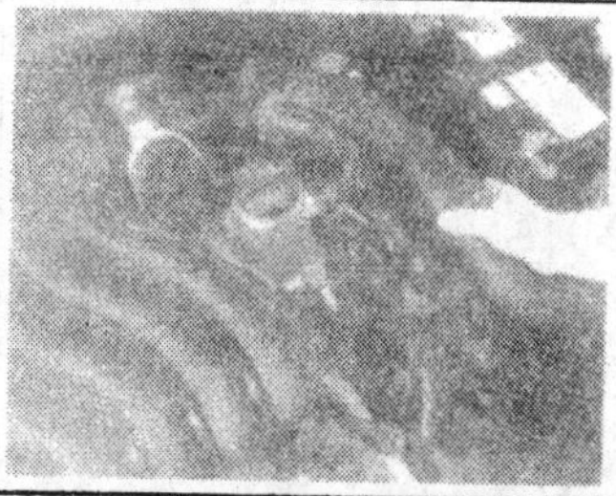

续表

步骤	操作方法	图示
2	检查空气滤清器	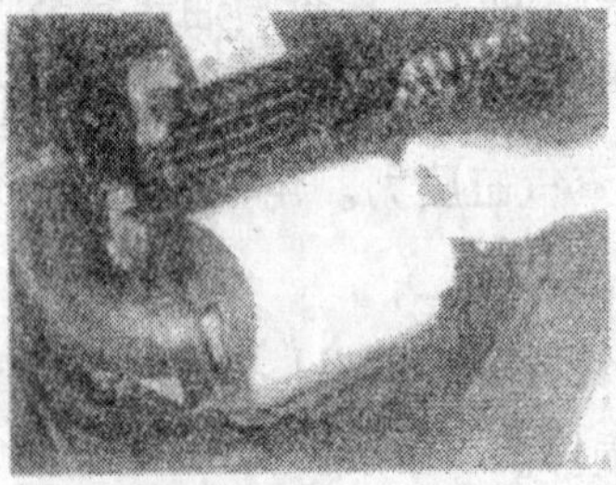
3	检查火花强度	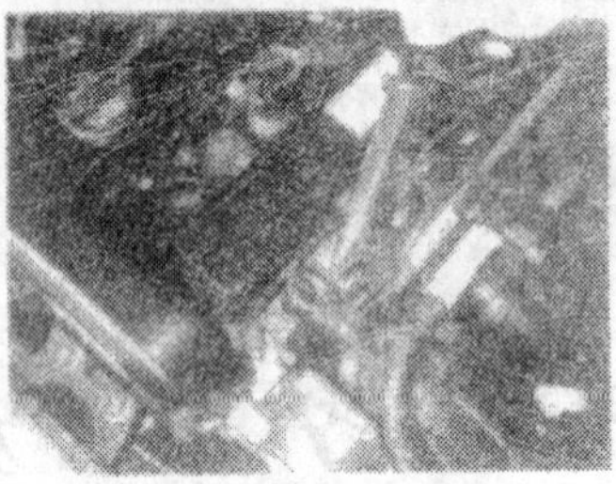
4	(1) 检查防盗系统 (2) 黄灯闪亮，说明防盗系统故障	 防盗指示灯
5	利用解码器数据流功能读取液温传感器信息	
6	进气压力传感器检测	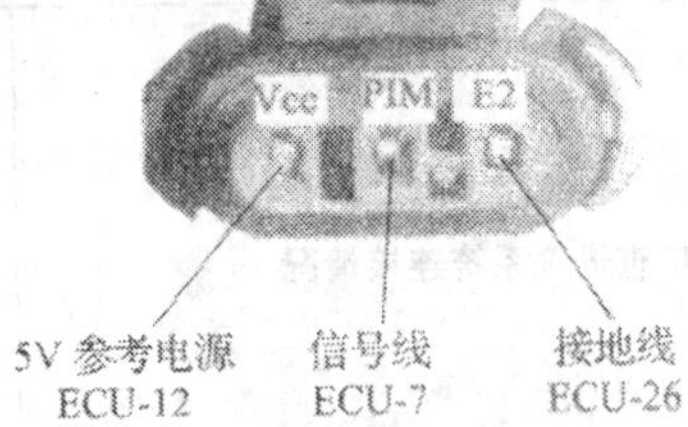 Vcc PIM E2 5V 参考电源 ECU-12 信号线 ECU-7 接地线 ECU-26

§9—4　电控发动机运转不良的故障诊断与排除

学习目标

1. 掌握电控发动机运转不良的故障现象及原因。
2. 掌握电控发动机运转不良故障的诊断流程。
3. 掌握电控发动机运转不良故障的排除方法。

一、电控发动机运转不良的故障现象

电控发动机运转不良的故障现象：发动机启动时正常，但启动后怠速不稳定，转速忽高忽低，发动机抖动严重，易熄火；踏下加速踏板后发动机转速不能迅速提高，加速反应迟缓，汽车达不到最高车速，有时出现回火或放炮等。

二、电控发动机运转不良的故障原因

1. 进气系统漏气，导致混合气过稀。

2. 燃油蒸发回收或废气再循环系统工作不正常，在怠速或加速时开度过大导致混合气过稀。

3. 燃油滤清器堵塞、燃油压力调节器损坏、油泵泵油不足导致燃油压力过低。

4. 喷油器工作不良。喷油器堵塞使喷油量过少，造成混合气过稀。

5. 空气滤清器堵塞导致进气不足。

6. 怠速调整不当或怠速调节装置工作不良。

7. 火花塞间隙不正确、积炭、漏电导致点火不良使发动机故障不稳定。

8. 曲轴位置传感器、霍尔传感器故障或其线路损坏导致点火正时失准。

9. 空气流量计或进气压力传感器工作不良，导致混合气比例失调。

10. 个别气缸缺缸或工作不良。

11. 各气缸压力不均或过低，使发动机部分气缸不工作或运转不稳定。

12. 液温传感器或其线路故障造成信号失准，导致混合气过稀或过浓。

13. 电控发动机 ECU 故障。

三、电控发动机运转不良故障的诊断流程

1. 检查各连接管路及线束插头有无松脱，如有则应连接牢靠。

2. 用真空表检查进气系统有无漏气。如有漏气，应排除。

3. 检查燃油蒸发回收系统或废气再循环系统是否漏气，如有，则应检查活性炭罐电磁阀是否卡滞，废气调整阀、三通阀是否正常等。

4. 利用汽车解码器读取故障码，根据解码器显示内容进行诊断。

5. 怠速时，逐个切断各缸喷油器，检查发动机转速的下降值是否相等。如果某个缸在断油时，发动机转速基本不变，说明该缸工作不良或不工作，应检查该缸火花塞或喷油器是否有故障、喷油器或点火控制电路是否正常、该缸压力是否过低。

6. 检查怠速阀工作是否正常。拔下怠速阀接线插头，如果发动机转速无变化，说明怠速阀或控制电路有故障，应检修电路，清洗或更换怠速控制阀。

7. 利用解码器数据流功能读取电控发动机点火提前角，怠速时一般为10°左右，随发动机转速升高应逐渐增大，如不正确，应检查曲轴位置传感器、霍尔传感器信号及连接情况。

8. 利用数据流读取液温信号，如不正常，检修冷却液温度传感器电路或更换冷却液温度传感器。

9. 用听诊器听各喷油器在怠速时的工作声音，如果各缸喷油器工作声音有差异，说明各缸喷油量不相等，应清洗或更换喷油器。

10. 检查各缸高压火花，如某缸火花弱或无火，应检查点火线圈、高压线、点火控制线等。

11. 检查火花塞，检查电极是否烧蚀或积炭，火花塞间隙是否正常。

12. 检查燃油压力。怠速时燃油压力应为250 kPa左右，如油压过低或过高，应检查燃油供给系统。

13. 检查空气流量传感器或进气压力传感器工作情况，如不正常检修或更换空气流量、进气压力传感器。

14. 检查气缸压力。用气缸压力表检测气缸压力，如果压力过低或各缸压力差过大，应拆检发动机。

15. 检查ECU。如上述检查均正常，则说明发动机ECU故障，应更换新的发动机ECU。

16. 故障排除后，清除故障代码。

技能训练

实训任务　电控发动机运转不良故障诊断

一、实训准备

速腾整车或发动机试验台架、举升机、灭火器、X431型或KT600型汽车解码器、数字万用表、燃油压力表、真空表、听诊器、火花塞，气缸压力表、棉纱、专用工具、延长线、钳子、旋具等工具。

二、实训要求

1. 通过实训能够掌握电控发动机运转不良故障诊断方法。
2. 能够查找发动机运转不良一般故障部位并排除。

三、实训步骤

实训步骤见表 9—4—1。

表 9—4—1　　电控发动机运转不良诊断

步骤	操作方法	图示
1	检查管路、线束连接情况	
2	用真空表检查进气系统有无漏气	
3	检查活性炭罐电磁阀	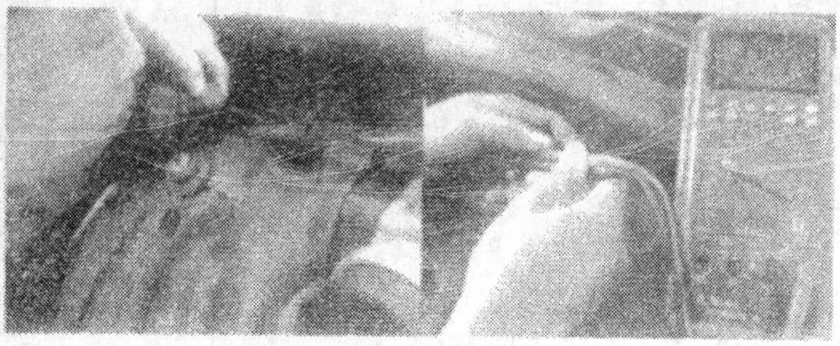
4	利用解码器数据流功能读取点火提前角、液温数据	

续表

步骤	操作方法	图示
5	利用听诊器听喷油器喷油声音	
6	检查火花塞	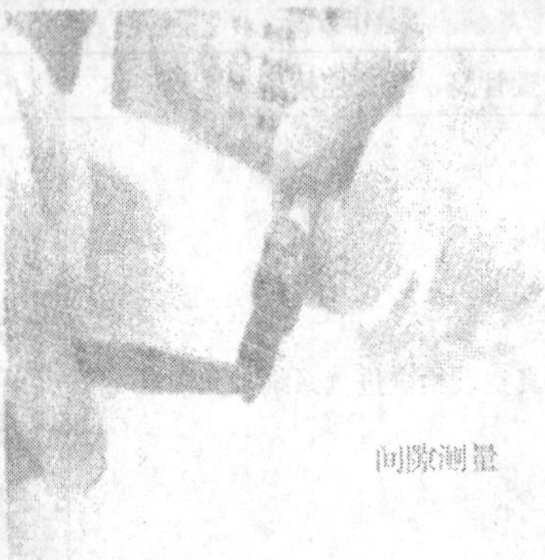 
7	检测燃油压力	

续表

步骤	操作方法	图示
8	检查气缸压力	 
9	清除故障码	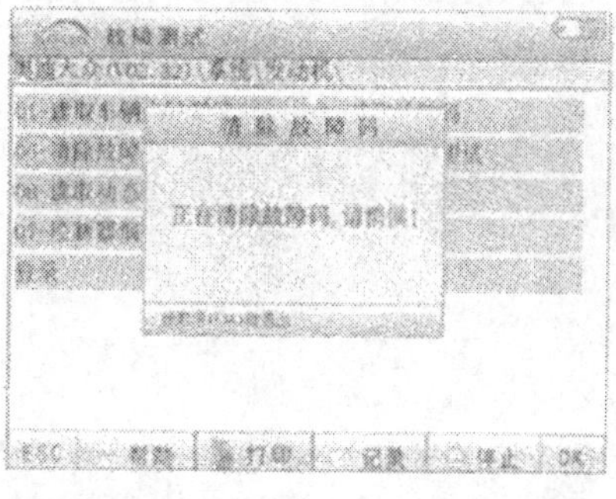